A ERA DE OURO DA HUMANIDADE

A Iniciação

Carlos Torres

A ERA DE OURO DA HUMANIDADE

A Iniciação

Publicado em 2015 pela Editora Alfabeto

Supervisão geral: Edmilson Duran
Revisão de texto: Luciana Papale
Capa e diagramação: Décio Lopes

DADOS INTERNACIONAIS DE CATALOGAÇÃO DA PUBLICAÇÃO

Torres, Carlos

A Era de Ouro da Humanidade – A Iniciação / Carlos Torres.
4ª Edição | São Paulo | Editora Alfabeto | 2023.

ISBN 978-65-87905-55-6

1. Conhecimento antigo 2. Esoterismo 3. Nova Era I. Título.

Todos os direitos reservados, proibida a reprodução total ou parcial por qualquer meio, inclusive internet, sem a expressa autorização por escrito da Editora Alfabeto.

EDITORA ALFABETO
Rua Protocolo, 394 | CEP 04254-030 | São Paulo/SP
Tel: (11)2351.4168 | E-mail: editorial@editoraalfabeto.com.br
Loja Virtual: www.editoraalfabeto.com.br

Amor infinito é a única verdade

Agradecimentos

Dedicamos este livro aos nossos leitores e admiradores que nos acompanham desde 2007, pois sem eles nada seria possível.

Gratidão a todas as pessoas que surgiram em nossas vidas e nos transmitiram tantos conhecimentos e aprendizados.

Obrigado especialmente a você que está com este livro em mãos neste exato momento.

Sumário

Prefácio 13
O Despertar Cósmico 17
A Nova Terra 27
Um Novo Mundo em Gestação 30
Clarear da Mente 37
Os Saltos Quânticos 43
A Preparação 47
A Escolha 53
Boas-vindas 62
A Experiência 67
Atlântida 70
A História Paralela 78
A Vida na Atlântida 81
Imagens Comparativas 93
A Esfinge 96
O Egito Oculto 102
A Escola de Mistérios 115
O Olho que Tudo Vê 122
Os Illuminatis 127
Pirâmide de Saqqara 132
Imhotep 140
Sete Leis Herméticas 145
    A Lei do Mentalismo 145
    A Lei da Correspondência 146
    A Lei da Vibração 146
    A Lei da Polaridade 146
    A Lei do Ritmo 147
    A Lei do Gênero 147
    A Lei da Causa e Efeito 148

Rei Tut e o Anel Atlante 156
    Sobre o Anel Atlante 156
    O significado dos dedos para uso do Anel Atlante. 157
    Busto de Tutankhamon 159
Os Maias 162
    Correspondência entre o Zodíaco de Dendera dos Egípcios
    e o Calendário Maia 165
O Cinturão de Fótons 174
    A Inversão das Polaridades 174
    Pirâmides Individuais 178
O Grande Pulso 181
A Aceleração 188
As Raças Raízes 192
    Tabela Antropogenética 191
    A Raça Adâmica 194
    A Raça Hiperbórea 194
    A Raça Lemuriana 195
    A Raça Atlante 196
    A Raça Ariana 197
Sintonia 199
    Sobre as Crianças Índigo 204
A Consciência 209
Transmutação 216
    Mensagem complementar de Mustah 219
Leis Universais 220
    A Lei da Compreensão 220
    A Lei da Eternidade 221
    A Lei do Propósito 229
    A Lei da Atração 238
    A Lei da Aceitação e Gratidão 246
    A Lei da Intenção 266
    A Lei da Escolha 277
    A Lei da Certeza 283
O Mundo Futuro 300
    As Mulheres de Ouro 300
    A Governança Matriarcal 301

A Era do Compartilhamento 305
   O Grande Projeto..305
Seis Passos Rumo ao Futuro 311
   Primeiro Passo – A Informação 312
   Segundo Passo – As Ideias e os Ideais 315
   Terceiro Passo – Os Valores 317
   Quarto Passo – Energia Livre 327
   Quinto Passo – O Sistema Doors 341
   Sexto Passo – O Compartilhamento Espiritual 350
Sobre a Meditação 355
A Vida Eterna 357
Nossos Anseios 358
Mensagem Final 363
   Sobre a Felicidade 363
Construindo a Realidade 373
   Descubra o grau de consciência que você está: 376
Decreto de Renascimento 381
Sobre o Autor 383

Prefácio

Sejam bem-vindos à Nova Terra

*A Nova Terra não é um lugar. É uma frequência vibracional.
Um estado elevado de consciência.*

Não é por acaso que este livro está em suas mãos. A Era de Ouro já chegou e com ela uma grande transformação vibracional se aproxima. As mudanças já começaram e, dentro de poucos anos, o mundo mudará radicalmente. Nosso objetivo é ativar e preparar você para uma nova jornada interior e um novo modelo de integração entre as pessoas.

Os sistemas de governo que a população mundial acredita serem indestrutíveis, também sofrerão grandes mutações nas próximas décadas, visto que, o mundo, nos últimos tempos, se encontra num imenso abismo governamental de extrema desigualdade socioeconômica, estando a um passo do caos. Portanto, os governos ao redor do globo serão forçados a modificarem e reformularem urgentemente suas diretrizes e caminharem rumo a uma Nova Era, em que os acontecimentos vividos até então, serão meras lembranças do passado.

Desde o ano de 2001, com a queda das Torres Gêmeas de Nova Iorque, e de 2008, com a crise do Suprime nos Estados Unidos, a população mundial sofreu uma espécie de choque de consciência e está sendo forçada a repensar sobre si mesma e sobre os reais propósitos da humanidade. As pessoas vêm sentindo as mudanças acontecendo na economia mundial, na democracia, na cultura, nas relações com o dinheiro, na tecnologia e nas relações pessoais.

O ápice dessa transformação cósmica ocorreu no final de 2012 e início de 2013, quando houve a entrada definitiva da grande Era de Ouro – A Era de Aquário – que você compreenderá com profundidade durante esta leitura.

No momento dessa ruptura, observa-se o nascimento de um novo dia cósmico, o nascimento de uma Nova Terra, onde tudo passou a ficar mais acelerado, inclusive em nosso dia a dia. Por isso as pessoas vêm sentindo desconfortos, irritabilidade, confusões, discórdias e contratempos em suas vidas, pois suas consciências estão tentando acompanhar essa aceleração. Porém, também estão sentindo que o velho mundo morreu e aos poucos está deixando de existir para dar lugar a uma nova forma de viver e não apenas de sobreviver.

Durante a leitura deste livro, você compreenderá que não estamos caminhando para uma Era de destruição e desespero como muitos estão pregando, estamos sim vivenciando algo nunca visto pelo homem moderno, algo que acontece ciclicamente no Universo, mas que nunca tivemos a oportunidade de presenciar em toda a nossa existência conhecida.

Definitivamente, estamos vivendo um momento único na história e tendo a possibilidade de sentir essa grande passagem de Era acontecendo bem na nossa frente. Muitas mudanças já ocorreram, porém muitas ainda estão por vir. Contudo, serão mudanças que virão para ampliar nosso crescimento e nossa evolução como seres humanos conscientes e criadores que somos.

A nossa finalidade como escritores e pensadores inquietos que somos, é ajudar nossos leitores a se libertarem da egrégora do medo que possam estar envolvidos, pois a Era de Ouro é uma Era baseada no bem-estar psíquico, físico e mental, e terá como alicerce principal a abundância e a paz espiritual. Mas para que entremos com força e determinação nesse novo ciclo de crescimento, é necessário uma preparação, pois a passagem, a manifestação completa de uma grande Era, não virá como um apagar e acender de luzes. É necessário um período para as transformações acontecerem, justamente para trazer a ideal adequação da consciência humana e da consciência de todos os seres que aqui vivem, tanto os físicos como não físicos.

Através desta leitura, você compreenderá o que significa realmente essa Nova Era e para onde a humanidade está caminhando.

Chegamos a um ponto crítico em nossa evolução como seres humanos, o mundo já está preparado e disposto a reativar os antigos conhecimentos sobre as Leis Universais e a se conectar novamente com a Fonte Criadora. Os mistérios e segredos do Universo são infinitos, mas, à medida que a humanidade vai expandindo a consciência coletiva, ela passa a almejar novas verdades que se revelam e abrem novos canais de evolução.

Percebemos, portanto, que os conhecimentos sobre o Universo não devem mais ficar nas mãos dos poucos grupos que detêm o poder e o controle mundial, pois a Era da Doutrina e dos Dogmas está com os dias contados. Entramos na Era da Informação e do Compartilhamento, mas ainda não nos demos conta do potencial que está por vir. Estamos começando a vislumbrar uma transformação completa dos sistemas tecnológicos e dogmáticos.

Dentro de pouco tempo, veremos o que nunca antes foi imaginado: a convergência entre a ciência e a espiritualidade. Algo que virá com força total e trará uma expansão nunca antes imaginada para a humanidade.

Muitos lutarão para evitar o inevitável. Muitos travarão batalhas para evidenciar e manifestar o apocalipse e o final dos tempos sobre a face da Terra, porém, lutarão em vão, pois a força da expansão e da verdade prevalecerá.

A nossa intenção é apontar exatamente o contrário, mostrar que o positivismo, a abundância e o bem-estar são nossas heranças universais e deverão imperar e se manifestar sobre a Terra pelos próximos anos que se seguirão.

Durante muitos anos tivemos a oportunidade de conhecer várias pessoas ao redor do mundo que pensam e vibram na mesma egrégora de esclarecimento e elevação que nós. Por isso, agradecemos com alegria em nossos corações por todas as oportunidades e dificuldades que se apresentaram, pois todas elas nos fizerem crescer como seres humanos.

Tivemos também o auxílio indiscutível de nossos mentores espirituais de proteção e orientação: Shantaka, Mustah, Punjab e o Povo Azul. Com a união das nossas forças e das nossas intenções, esta obra pôde ser realizada e concluída. Agradeço a Deus por essa permissão!

A partir deste momento, desejamos amorosamente que adentre e participe deste novo mundo que humildemente costumamos chamar de *A Era de Ouro*. Um mundo que está disponível e lhe esperando de braços abertos.

Permita-se usufruir desta leitura com a mente livre de preconceitos. Não se preocupe em acreditar ou desacreditar, você é livre para questionar ou duvidar, porém, liberte-se das amarras do julgamento e abra-se para as verdades do Universo. Sinta-se um livre pensador, pois, a partir de agora, está prestes a reativar algo extremamente intenso que há muito tempo está guardado dentro da sua alma. Nossa sugestão é que leia e acredite em tudo o que está escrito, no entanto, absorva somente o que for bom para você.

Aqui não há imposição, apenas proposição.

O Despertar Cósmico

O homem acredita possuir o poder destrutivo, mas se engana pensando dessa forma. O homem possui sim o poder criativo, pois nasceu para criar e não para destruir. O homem foi criado à imagem e semelhança de um Ser Criador.

Mas, e os desastres e as catástrofes profetizados até então?
Toda profecia é feita justamente para que a própria profecia não se realize. Esse é o paradoxo e a missão dos profetas, principalmente a do apóstolo preferido de Jesus, João Evangelista, o autor do *Livro das Revelações do Apocalipse*, escrito na Ilha de Patmos, na Grécia.
Então, o que devo fazer?
Apenas não tenha medo. Não dê espaço para que o temor entre em sua vida. A mensagem principal é não aceitar o medo como condição. Sobreponha-se a ele e neutralize-o com o amor. Comece mudando a si mesmo e verá mudanças gigantescas ao seu redor.
Mas como?
Esqueça-se da violência e ela não mais fará parte do seu dia a dia. Esqueça-se da falta de dinheiro e ele jamais faltará. Esqueça-se da falta de oportunidades e passará a atrair pessoas prósperas. Esqueça-se das pessoas que lhe fazem mal e elas desaparecerão de sua vida. Esqueça-se da desesperança, pois esta não existe. Esqueça-se das informações negativas que entram em sua casa através da televisão, pois autorizar que catástrofes e tragédias entrem na sua própria casa gratuitamente é uma permissão que se dá para o medo fazer parte da sua família. Pare de fofocar, de falar dos outros, de invejar aqueles que possuem mais do que você. Ao invés de invejar, admire, e se não for capaz de admirar, abstenha-se e não diga nada. É melhor não falar nada do que falar mal. Julgar e apontar o dedo para quem quer se seja, cria uma egrégora de negatividade destrutiva dentro do seu próprio lar.
Então perguntamos:
Para que fazer isso? Por que se alimentar disso e se envolver com vibrações de discórdia e negatividade?
Perceba que esse comportamento não pode acrescentar nada para sua vida. Somente fortalece aquilo que diz tanto odiar.
Atenção: falar sobre o mal só atrai mais o mal.

*O Planeta não sucumbirá. Muito pelo contrário,
ele brilhará cada vez mais.*

Apenas neutralize essa ideia. Se algo negativo está invadindo seu lar, tenha coragem e desligue a televisão e nada disso mais fará parte de sua vida. Ao invés de se abastecer de desgraças, de notícias sobre corrupção, guerras, assassinatos e desesperança, opte por ler um bom livro, uma boa história, assista um filme que o emocione e eleve seu espírito. Troque a passividade pela atividade. Pratique alguma atividade física, ouça uma boa música, ou simplesmente mude de canal, qualquer coisa positiva, por menor que seja, certamente será melhor e mais produtivo.

Não é preciso se omitir dos acontecimentos cotidianos e viver uma vida isolada da realidade que o cerca. A ideia não é essa. Você pode continuar sabendo sobre tudo o que está acontecendo no mundo, porém não fará parte disso, não alimentará a egrégora do mal. Pois estará se posicionando contra ele e combatendo-o com a força do bem.

O bem constrói, o mal destrói. Essa é a grande Lei. Então, em qual lugar você deseja estar? Na velha ou na Nova Terra? A velha Terra você já conhece. A nova ainda não, pois ela ainda está em gestação. Mas já podemos senti-la, como uma mãe sente as contrações do bebê que está por vir em seu ventre.

Opte pelo amor sempre, esse é único caminho a seguir. Mesmo se o caminho do mal aparentemente se mostrar mais fácil, não se iluda, o único caminho que pode levá-lo para algum lugar é o do bem. Esqueça-se de tudo que lhe faz mal, elimine qualquer sequela de medo, de violência e inunde sua vida com palavras positivas, deixe o amor fazer parte dela, permita que ele se manifeste e banhe-se de prosperidade, de harmonia, de paz, de confiança e de alegria. Inunde-se de solidariedade, de compaixão, de agradecimento e de gratidão. Demonstre aceitação, faça melhorias em sua vida. Deixe que a riqueza, a saúde física e mental, a lucidez, a certeza, a convicção e as oportunidades cheguem até você.

E faça com que a perfeição, a beleza, o entusiasmo, a motivação, a disposição, a satisfação e o prazer seja uma constante em sua vida. Busque sempre o crescimento, o conhecimento, a força, a vontade, a perseverança, a coragem, a sabedoria e a fé.

A partir de hoje, esse será o seu escudo protetor – as energias do bem e do amor – que aos poucos vai se transformando num emissor vibracional de positividade, emanando cada dia mais brilho e proteção para si mesmo e para os seus.

Sinta-se em paz. Seja autêntico. Encontre-se e encontrará os tesouros do Universo. Os mais valiosos estão dentro de nós.

Você é um ser criador. É justamente isso que está fazendo neste exato momento. Criando a sua própria realidade, a cada instante, por meio de seus pensamentos, desejos e lembranças.

Estar consciente do seu poder criador é uma virtude inigualável que o colocará em posição de soberania e conforto. É a mais eficiente forma de atração de novas possibilidades e oportunidades.

Se assim fizer, nunca mais se sentirá refém da sua própria condição e trará à tona o poder do livre-arbítrio, que lhe foi dado de presente quando nasceu. Além disso, após esta leitura, poderá usufruir de um dos sentimentos mais nobres e sublimes já experimentados: a liberdade de consciência.

A sabedoria é, sem dúvida, o mais antigo e eficiente poder de libertação que possuímos, porém, em algum momento da história, nos esquecemos ou nos fizeram esquecer desse poder incrível.

Neste livro você verá que, além do livre-arbítrio e do poder de escolha, temos que aprimorar o nosso poder libertário, pois a liberdade jamais conseguiremos comprar, trocar, barganhar ou negociar, só poderemos conquistar por meio da busca e da vontade interior de crescer e aprender: O tão falado e importante autoconhecimento.

As Leis Universais que descreveremos durante esta leitura lhe farão, de fato, conectar-se novamente com a mente suprema, a fonte de energia superior, a luz, o Cosmos ou o Todo, como queira definir.

Se permitir essa reconexão, sentirá uma nova ligação com o Grande Criador e estará definitivamente junto a Deus. O magnífico e esplendoroso Ser que não podemos enxergar, mas que podemos sentir presente e vibrante em todas as células do nosso corpo sempre que estivermos dispostos a isso.

Deus não está lá fora, olhando ou julgando.
Ele está presente dentro de você. Vivo em cada célula do seu corpo.

Você é uma réplica perfeita do Grande Criador. Por isso veio a esse mundo com a missão de criar, e assim deve fazer.

Se temos o poder de pensar, de sentir, de vibrar, de criar e de modificar o mundo e as pessoas mediante nossos atos e pensamentos, então todos somos partículas ativas de Deus, criamos e transformamos o mundo como Ele. Podemos estar conscientes disso ou não, mas acredite: somos soberanos, podemos ser e ter tudo que desejarmos, só precisamos realmente querer, e isso significa sentir verdadeiramente no fundo da alma.

Trazemos conosco todo esse potencial de conexão. Em nossa energia consciencial tudo está muito bem integrado, só precisamos aprimorar esse dom que nos foi dado. Contudo, não somente aperfeiçoar por meio de técnicas, mas, principalmente, por meio de conhecimento.

Estamos acostumados à mecanização e preferimos sempre receber tudo pronto e acabado. Preferimos comprar, abrir e consumir. Estamos condicionados a isso. Infelizmente, fragmentamos a nossa percepção de realidade e nos tornamos seres factíveis às frustrações e decepções.

Sonhamos com a ideia de ir a um supermercado e comprar felicidade, prosperidade, saúde mental e física, riqueza e tudo mais o que é oferecido pelos meios de comunicação e dos padrões sociais.

Porém, esses bens aos quais vamos descrever e falar bastante durante esta leitura, não são de consumo, são bens que só conseguimos obter com a evolução da consciência e do entendimento do mundo que nos cerca, praticando o aprimoramento constante das emoções e percepções intuitivas.

Algumas pessoas não precisam de qualquer aperfeiçoamento, elas já estão prontas e utilizam esse poder intuitivo sem ao menos saber que os possuem. Outras precisam se lembrar de quem realmente são e reativar esse conhecimento. Há, contudo, aquelas que estão ainda em estado de hibernação e anestesiadas perante a avalanche vibracional em que se encontram, e preferem permanecer contrárias aos seus padrões naturais, lutando para seguirem as normas impostas e se transformarem em pessoas normais.

Mas, o que é ser uma pessoa normal?

Esqueça a normalidade, pois ser normal é apenas mais uma de tantas normas que foram impostas a você. Uma regra que o faz acreditar que o outro é correto e você o errado, e que o faz desistir de sonhar e buscar seus desejos mais profundos em detrimento de uma "normalidade" que não faz qualquer sentido.

Portanto, esqueça a normalidade e opte pela naturalidade. Siga sua própria natureza. Inicialmente, aqueles que se dizem normais logicamente se assustarão e dirão com todos os argumentos possíveis que você enlouqueceu. Mas você não tem nada a perder seguindo a voz que vem do fundo do seu coração. Essa é uma decisão que em breve terá de tomar. E lhe dizemos com toda a certeza do mundo: para realizar seus sonhos do fundo se sua alma, os seus sinceros desejos, terá de enfrentar a si mesmo, a sua família e depois o mundo. Está disposto a fazer isso?

Temos certeza que sim, caso contrário não estaria lendo este livro.

Outras pessoas ainda sentem uma grande desconexão com o mundo em que vivem, justamente por seus padrões de pensamento e de antigas crenças, não conseguem se harmonizar e vivem em constante conflito interno, não compreendem os que vivem ao seu redor e não conseguem entender o porquê dessa condição. Encontram-se constantemente diante de diversas situações totalmente incompatíveis com o seu modo de pensar. Enxergam uma inexplicável discrepância moral na sociedade, aceitando essa situação como sendo normal por algum tempo, porém, logo caem em conflitos internos novamente. Muitas são perfeitamente saudáveis e ativas e não têm nada de errado com elas, pelo menos externamente, apenas estão vibrando em frequências diferentes e se colocam numa situação de não ressonância com o Universo. Isso é prejudicial, mas perfeitamente neutralizável por meio de uma conscientização de que o mundo está passando por mudanças de grande proporção e que, além delas, existem milhões de outras pessoas que se encontram na mesma situação, mas, infelizmente, ainda estão inconscientes. Por isso, conscientizar-se é sem dúvida o primeiro passo.

As mudanças de comportamento e de valores vêm junto à aceleração vibracional que a Terra está sofrendo. Quando essa conscientização coletiva se tornar real, tudo se tornará claro como a Luz Original.

Muitos de nós trazemos como bagagem vivencial o conhecimento e a sabedoria das escolas iniciáticas da antiguidade, pois, em algum ponto dentro do tempo, todos nós vivemos em lugares de extrema espiritualidade, vivenciamos grandes transformações e tivemos acesso a amplos conhecimentos sobre as verdades do Universo. Todas essas informações estão arquivadas dentro da sua consciência. Elas só precisam ser reativadas.

Buscar e aprender, na realidade, não é mais do que apenas recordar.
Platão – O filósofo (Grécia 427-347 a.C.)

Temos um grande potencial oculto pronto para ser ativado, e habilidades necessárias para usufruir de uma vida próspera e abundante. Somos extremamente inteligentes e bem informados sobre todos os assuntos atuais, entendemos o mercado financeiro, as novas tendências, a qualidade de vida, os negócios imobiliários, os relacionamentos, o estilo de vida ideal e saudável, etc. Contudo, não conseguimos nos desligar um minuto sequer da realidade externa e da massa pensante na qual estamos inseridos.

Durante o século 20, criamos uma realidade estressante e cruel e agora estamos todos mergulhados nela. Sequer paramos para perceber que somos seres de Luz, que viemos para esse mundo com um propósito a ser cumprido e para realizarmos algo maior para nós e para o próximo. Esquecemos, ou não sabemos mais, como agradecer pelo que conquistamos ou pelos frutos que já colhemos por tudo o que já plantamos.

Ao invés de agradecer como nossos antepassados longínquos faziam, passamos a reclamar e nos queixar pelo que não temos, criando assim um vazio existencial que não tem correspondência alguma com as grandes Leis Espirituais que regem nosso mundo. Isso tudo provoca instantaneamente uma desconexão com a Fonte que nos rege. Acabamos, enfim, acreditando ser normal esse tipo de situação.

Desesperados e realmente descrentes, iniciamos um processo vicioso e criamos um mundo de pesadelos e grandes dificuldades, repleto de falsas esperanças, ansiedades e a crença incessante na falta, na competição desenfreada como regra primeira da sociedade, colocando o Deus "mercado" acima de tudo e de todos. Mas para quê? E as pessoas? Onde elas estão? Para onde elas vão?

Criamos um mundo regido por crenças, envolvido pelo mais completo despreparo espiritual. Esquecemos que existe uma grande Fonte Criadora de extrema abundância, que nos gerou e que pode suprir nossas necessidades sempre que precisarmos. Mas estamos acomodados e preferimos procurar outras formas de energia, muito mais densas e finitas, para abastecer nosso egoísmo e orgulho sem limites. O ser humano necessita de energia vital, no entanto, ele se esqueceu como se abastecer dela. Ensinaram-nos durante séculos a não mais nos prover dessa energia Superior, como faziam os povos das antigas civilizações, e em troca, nos deram crenças, regras, medos e condicionamentos, tudo para controlar e manter o poder sobre as pessoas, como se fossem escravos modernos disfarçados com roupas e carros novos.

Já que não sabemos mais onde buscar essa energia vital essencial para nossa sobrevivência, aprendemos, durante muitos séculos, a resistir e a buscá-la de outras formas. Infelizmente, a única maneira que conseguimos encontrar foi extraindo-a de outras pessoas. Sendo assim, nos transformamos em sugadores de energia uns dos outros. E fazemos isso o tempo todo inconscientemente.

Repare como as pessoas se abastecem umas das outras, gerando um imenso desequilíbrio vibracional, por meio da intolerância, das brigas, da inveja e do apego. Além do despreparo emocional, do julgamento e dos conflitos familiares, profissionais e políticos. Tudo envolto pelo medo, pelo desamor e pelo desejo de vingança e discórdia.

Esse formato é a causa principal de todos os conflitos que existem entre as pessoas, desde um pequeno desentendimento entre casais dentro de uma pequena família, até desordens em uma cidade ou país, pois esse padrão competitivo e degradante tem como prioridade fabricar medo; a força inversa do amor.

Essa condição precisa ser transmutada, e será. Porém, não consistirá na vinda de um salvador que fará a transformação. A mudança será feita por todos nós. Cada pessoa deve se tornar um ser soberano e íntegro, desprendendo-se dessa gigantesca espiral descendente de energia densa e se religando à verdadeira fonte geradora de energia vital, que pode nos abastecer perfeitamente sem qualquer prejuízo ou dificuldade.

Iremos ajudá-lo nesse processo e mostraremos que existe uma estrada que pode levá-lo diretamente ao encontro dessa energia pura, que brota de uma fonte abundante e infinita.

Durante a leitura irá perceber a constante ênfase dada a essas palavras: reconexão e religação, pois esse é o objetivo final desta obra; religar você a algo que há tanto tempo busca. Reconectá-lo com a fonte que pode lhe abastecer pelo resto da sua existência. Espero que esteja disposto a seguir adiante, pois chegamos num ponto crucial, caso queira desistir, este é o momento de fechar esse livro e colocá-lo na estante.

Se de fato decidir continuar, saiba que a nossa intenção é mostrar que existe a possibilidade de fazer essa reconexão, religar-se com o Universo e a energia neutra do amor incondicional que tudo constrói.

Existe a possibilidade de encontrar a paz interior e seguir em frente, apoiado sobre o poder da determinação e da convicção. Acredite: tudo pode se manifestar por meio da certeza. Só precisa religar-se consigo mesmo, com seu propósito e missão pessoal e com suas reais intenções perante a vida. Se assim permitir, sua reconexão se estabelecerá e tudo fluirá com extrema perfeição. Com isso estará se religando a si próprio e, a partir daí, vibrará na mesma frequência em que vibram os Planetas, os Sistemas Estelares, o Sol, a Terra, toda a Via Láctea e o grande Cosmos. Estará em ressonância com a energia neutra do Universo, a força poderosa do Amor Universal de Osíris.

Conheça-te a ti mesmo e conhecerás o Universo e os Deuses
Sócrates (Atenas 469-399 a.C.)

As religiões, ao longo dos séculos, foram se moldando aos padrões de cada época, criando "leis" as quais os seres humanos se tornaram vítimas do sistema atuante, reféns de manipulações e imposições, impedindo que o poder criador se manifestasse em sua plenitude. O sofrimento e o julgamento passaram a ser vistos como princípios a serem aceitos, e a humanidade passou a acreditar que esses conceitos vinham de Deus, do Criador Supremo de todo o Universo. Mas, se somos feitos a imagem e semelhança de Deus, como viveríamos a mercê do julgamento e do sofrimento? Se nos foi dado o livre-arbítrio, como julgar nossas escolhas?

Um Pai não julga o seu filho.
Ele o ampara em suas escolhas.

Diante dessa premissa, como uma religião pode convencer alguém a não ter o poder de criar a própria realidade?

É justamente esse poder que precisamos retomar. É preciso encontrar outra forma de viver o aspecto "religioso". Não que seja errado ter uma religião, ela pode ser muito importante no caminho espiritual, mas é preciso viver a sua religião (religação) no sentido pleno de seu significado, sem julgamentos, preconceitos, culpas ou imposições, livre para sentir Deus vivo em todas as células do seu corpo.

A palavra religião vem do grego (re-ligare), e significa religar-se. Essa é a intenção maior de todas as religiões existentes no Universo: que você se reencontre e se religue com o seu Deus através de si mesmo.

Deus não está fora, mas, sim, dentro de você, sem esforços ou penitências.

O que estamos lhe dizendo é que religião não se limita em templos e igrejas, ela deve ser vivida a partir dos seus atos e pensamentos, pois somos templos vivos de Deus e, por essa razão, não se pode mais aceitar a ideia limitada de que Ele habita somente em lugares predeterminados. Deus encontra-se onde você está, e estar ciente de que somos filhos Dele derruba a muralha que há milhares de anos foi construída com o intuito de manipular a nossa fé, confiando na crença de que, se não estivéssemos na casa de Deus, seríamos excluídos. Os templos e igrejas fazem parte da nossa história e têm a sua importância, muitos de nós ainda precisam dessa manifestação religiosa para se sentir seguro e protegido espiritualmente. A oração coletiva tem poder de transformar as pessoas que realmente estão abertas a sentir a emanação Divina em suas vidas, além de ser uma forma de confraternizar o Amor Maior. Contudo, devemos manifestar esse sentimento por meio de nossas vivências, é em nosso dia a dia que devemos manter acesa a chama da religião em nossa vida.

A manifestação de Deus está em tudo, em todos e o tempo todo.

Devido a esse momento muito específico no qual estamos atravessando, a comunicação com os seres não físicos está sendo extremamente facilitada ao redor do globo. Eles estão mais presentes justamente para nos auxiliar nessa passagem tão importante e única da humanidade para uma Nova Era de sabedoria, paz e evolução: a Era de Ouro, que durará aproximadamente 2.160 anos e que você compreenderá com detalhes durante esta leitura.

Queremos repassar da maneira mais simples possível todas as orientações que recebemos, para que de alguma forma fique evidente que não há ninguém sozinho nesse mundo, tão pouco excluído, pois a exclusão não existe no Universo, fazemos parte de algo muito maior e sempre seremos essenciais, mesmo que muitos não acreditem nisso.

As mensagens vêm através de canalizações.

Canalização, como a própria palavra diz, é um canal que se abre para se estabelecer a comunicação com esses seres não físicos. Essa abertura se estabelece para determinadas pessoas que são mais sensíveis vibracional e intuitivamente, e para aqueles que trazem em seus códigos existenciais o propósito de serem mensageiros.

Gostamos de definir as canalizações como inspirações Divinas, palavras recebidas do plano espiritual com a intenção de esclarecer e elevar.

Isso significa que não somente as escrituras sagradas de todas as religiões foram originalmente canalizadas, mas também muitos trabalhos artísticos e musicais. É algo absolutamente comum, que acontece todos os dias e nem sequer nos damos conta que estamos sendo inspirados a todo o momento. Por exemplo: Deus não escreveu a Bíblia, quem a escreveu foram os homens enquanto estavam divinamente inspirados.

Essa magnífica máquina da criação, a consciência, é nosso maior instrumento de percepção e compreensão do mundo, nossos olhos eternos dentro da eternidade, que tudo pode ver compreender e sentir.

Quando falamos de eternidade é inevitável não falar em espiritualidade e reencarnação. Agora, com mais de 150.000 exemplares de nossos livros vendidos, temos a certeza de que a semente foi lançada, e que devemos disseminar cada dia mais o máximo de informação possível para as pessoas, pois, uma nova forma de relacionamento social que mudará o mundo nas próximas décadas está se aproximando a passos largos e pode ser resumida em duas simples palavras: Compartilhar e Evoluir.

Essa grande Lei, que chamamos de A Lei do Compartilhamento, não será imposta, mas, sim, proposta. Virá com força total e abancará todos os cantos do Planeta. Mas só será implantada quando a humanidade estiver pronta, pois ela apenas poderá se manifestar através das pessoas, somos realmente o único veículo capaz de fazer essa transposição; com a ajuda de todos os mentores, dos anjos, dos amparadores e dos guias espirituais, sim, mas a responsabilidade será nossa e somente nossa. O conhecimento e a informação são caminhos que nos levarão rumo à verdade. Temos que começar a agir e parar de viver com esperança, pois quem vive assim, está sempre esperando algo que talvez nunca chegue. Ter esperança é somente uma forma bonita de esperar. Devemos agir, pois quem age prospera. Devemos trocar a palavra esperança pela palavra confiança, pois quem confia não espera, tem a certeza da vitória. Quem confia tem o poder de acreditar naquilo que não se pode ver, mas pode sentir. Aquele que confia tem fé.

O Tempo é só um Portal, o que for para ser, já é.

A Nova Terra

O Povo Azul – Orientadores da Consciência

Mensagem do Povo Azul recebida dia 23 de dezembro de 2010.

Aproveitamos este início de mensagem para dizer aos autores, e a todos os colaboradores deste livro, que só estamos fazendo este trabalho em conjunto, porque nossos propósitos são semelhantes. Sim, nós sempre nos unimos por meio da força das intenções.

Caso as intenções de alguma das partes se modifique, a conexão e o nosso pacto também se romperão. Não por força maior, mas, sim, por uma simples mudança vibracional. Se as intenções mudam, as vibrações também se modificam, e assim, torna-se praticamente impossível manter um canal de comunicação. É como se fôssemos uma estação de transmissão de rádio que emite um sinal e o autor fosse a estação de recepção desse sinal. Portanto, se a frequência vibracional de uma das partes se modifica, o contato e a comunicação se perdem. Compreendem?

É desse modo que funcionam as conexões no plano astral. Essa regra, baseada na afinidade vibracional, é válida para tudo e para todos. Aqui, tudo é fundamentado e manifestado por intermédio das forças vibracionais e das intenções.

Quando falamos sobre vibração e frequência vibracional, estamos falando exatamente sobre intenções. É por meio delas que os iguais se atraem e os diferentes se repelem.

Assim é no plano físico, como também é no plano astral, a diferença é que, no primeiro caso, existem máscaras, jogos emocionais, interesses e muitas manipulações mentais, que acabam dando poder para as autocorrupções do ego, mascarando muito bem as diferenças e as igualdades existentes entre as pessoas que vivem dentro do plano das dualidades da Terra.

No plano astral é bem diferente. Aqui tudo é uno, ou seja, é tudo unificado. Não estamos submetidos às dualidades do mundo físico. Neste plano não se pode mentir ou enganar, justamente porque as forças das intenções, das vontades e das verdades são predominantes. Se uma pessoa tentar forjar uma intenção, imediatamente sua frequência vibracional e sua aura energética a condena. Se alguém é extremamente egoísta e por algum motivo tenta se passar por uma pessoa altruísta, é desmascarado em apenas um segundo. Se usar a mentira para enganar, imediatamente a verdade será revelada pela sua própria mudança vibracional, porque o que está no comando é a vibração e sua respectiva intenção, e não o mudo e invisível pensamento.

Os planos superiores são sempre perfeitos, por esse motivo, são regidos e comandados por leis universais também perfeitas. Aqui, a dúvida e a mentira não fazem sentido algum, pois vivemos dentro de um plano repleto de luz e de verdade.

O que queremos dizer é que, em breve, um pouco desse ambiente ordenado e unificado será transportado aí para o plano físico, logicamente não será integralizado, mas aos poucos todos se beneficiarão de muitas coisas que aqui já estão disponíveis. Vocês estão prestes a experimentar uma drástica expansão das suas consciências e, por consequência dessa mudança, suas intuições se ampliarão entre 30 a 40%.

Com essa força intuitiva ativada, vocês serão capazes de fazer a leitura vibracional completa das pessoas que estiverem ao seu redor e também dos ambientes onde convivem e trabalham. Serão capazes de acessar informações de vidas passadas e futuras, sem que tenham a necessidade do auxílio de terceiros, como médiuns e terapeutas. Será o início de uma nova forma de vida, o começo de uma existência multidimensional repleta de revelações.

Vamos explicar um pouco mais sobre isso mais adiante, quando falarmos sobre a junção entre a ciência e a espiritualidade.

Enfim, para fechar esta mensagem, queremos que compreendam que é por esse motivo que nos unimos a esses autores, para a produção deste e também de outros livros, por uma simples afinidade de propósitos e intenções. Nosso foco é claro e direto, a intenção maior é passar o máximo de esclarecimento para as pessoas, para que sejam quebrados muitos paradigmas que continuam impedindo que vocês se lembrem do que um dia foi perdido e deixado para trás, num passado distante. No fundo, a nossa missão é apenas essa: fazê-los relembrar do que um dia foi esquecido.

Gratidão – O Povo Azul.

Um Novo Mundo em Gestação

A humanidade é como um grande oceano. Não é porque algumas gotas estão sujas que ele está sujo por inteiro.

Como foi previsto em nosso livro *2012 A Era de Ouro*, o ano de 2012 passou rapidamente e não vimos o apocalipse profético tão esperado e comentado ao redor do mundo. Não vimos a extinção da raça humana e da vida sobre a Terra, mesmo algumas pessoas querendo fazer uma estranha apologia ao terror.

Mas, graças a Deus, como já dizia Galileu Galilei, a verdade é filha do tempo e não da humanidade, e a força da evolução continua seguindo seu rumo para o alto. Sim, a humanidade tem muitos problemas para serem solucionados, porém são mudanças que precisam de tempo para ser manifestadas. Temos que ser humildes o suficiente para compreendermos e aceitarmos que a nossa geração atual é hipócrita e pouco interessada em resolver os problemas que assolam a sociedade, o meio ambiente e os animais. Por enquanto, ainda estamos vivendo uma época de orgulho e egoísmo desenfreado, a chamada "Era do EU", uma época onde todos estão apaixonados por si mesmos e pelos prazeres mundanos. Porém, as gerações futuras, os nossos descendentes que viverão nos próximos cinquenta anos, renascerão com outros códigos intrínsecos em suas consciências, substituindo os propósitos egoístas atuais pelo comportamento altruísta, ou seja, eles transmutarão o mundo inteiro e trarão à superfície uma nova forma de viver sobre o Planeta. Essa fase futura chamamos de "A Era do Nós", uma época onde tudo será compartilhado e dividido em prol do bem maior.

Pode parecer utopia, mas assim está determinado e previsto nos anais ocultos do tempo.

No fundo, todos têm a certeza de que o mundo não terminará de forma catastrófica como muitos profetizam e desejam. Se as pessoas realmente acreditassem na destruição do mundo, elas não teriam mais razão para continuar vivendo e confiando na vida. Não desejariam mais se casar ou ter filhos, não almejariam uma casa, não cuidariam da saúde e não perseguiriam seus sonhos e ideais.

Mas essa egrégora em que vivemos é completamente compreensível, estamos realmente perdidos e desorientados em meio a tantas informações desencontradas e interpretações distintas originadas da ciência, dos novos filósofos do apocalipse intelectuais e líderes religiosos que pregam o final dos tempos. Temos que respeitar e procurar não julgar todas as informações. Nossa intenção com este livro é mostrar o lado místico, no sentido mais positivo da palavra, o lado transformador, com ênfase nas questões espiritualistas, transmitindo as informações que recebemos, fazendo uma correlação com a história não oficial da humanidade, baseando-se nos conhecimentos teosóficos sobre as Antigas Civilizações da Atlântida e das Escolas de Mistérios do Antigo Egito.

Analisaremos também, as mais recentes manifestações em prol da evolução e da preparação de todos ao redor do mundo.

Muitos leitores e admiradores se identificam tanto com essas histórias e com os detalhes sobre as Antigas Civilizações, que não se contêm e partem em busca de um conhecimento vivencial direto, rumo aos antigos templos ao redor do mundo. Grupos estão se formando e inúmeras pessoas, quando chegam aos templos e lugares sagrados, revivem experiências verdadeiramente emocionantes e extremamente reais em razão do grau de emoção que sentem, simplesmente pelo fato de lembrarem que já viveram ali um dia.

O império do mundo é o império da luz.
Eliphas Levi (Ocultista Francês – 1810-1875)

O Egito é um dos berços da humanidade, quando alguém se identifica com ele jamais consegue se desligar. São experiências únicas, regadas de fabulosas lembranças e uma incrível renovação interna. Como se fosse um despertar por meio de algum tipo de *Déjà vu*.

Déjà vu é uma expressão da língua francesa que significa "já visto". É uma reação psicológica que traz à tona imagens e cenas de lugares supostamente já vividos em alguma época.

Eliphas Levi

É sabido que nossa memória às vezes pode nos enganar. Nem sempre conseguimos distinguir o novo do que já era conhecido, como, por exemplo: "Eu já li este livro! Já assisti a esse filme! Já estive neste lugar antes! Já vi essa pessoa em algum lugar!"

Você pode até se sentir um pouco confuso, indeciso ou triste por perceber que sua memória já não tem a mesma nitidez de outros tempos, mas isso é natural; o sentimento associado ao *Déjà vu* clássico não é de confusão ou de dúvida, mas, sim, de estranheza. Não há nada de estranho em não se lembrar de um livro lido ou de um filme assistido, estranho é sentir que a cena vivida lhe parece familiar e não deveria sê-lo. Tem-se a sensação esquisita de estar revivendo alguma experiência passada, mesmo sabendo que é materialmente impossível que ela algum dia tenha ocorrido.

No entanto, o mais intrigante é o fato de experimentar a estranha sensação de já ter vivenciado tais cenas e relatar quais serão os acontecimentos seguintes. Por exemplo, quem passa por uma experiência de *Déjà vu*, pode conhecer tudo à sua volta em uma cidade que nunca tenha visitado antes.

Sonhos, reencarnação e até viagem fora do corpo (projeção astral) não estão excluídas da lista de possíveis explicações para esse fenômeno. Certamente, muitos de nós já vivemos nesses locais sagrados como o Antigo Egito e Atlântida.

Mesmo após milhares de anos, ainda vivemos à deriva desses maravilhosos conhecimentos originados das antigas civilizações que foram tão evoluídas espiritualmente, conhecimentos estes, que foram repassados ao longo de muito tempo por diversas gerações.

Temos agora a oportunidade única de agrupar os dois lados do conhecimento adquirido: o lado espiritual que é o poder do espírito e das divindades, com o lado material, que tanto expandimos nesse último século por meio da tecnologia, da medicina e da ciência. São dois lados distintos, mas que se fundamentam e se completam para um dia transformar o ser humano em um super-humano capaz de viver em harmonia consigo e com os outros, uma vez que a nossa única dificuldade, o único obstáculo que temos de transpor nesse início de Nova Era, é o relacionamento entre as pessoas. Quando fizermos isso, todos os nossos conflitos começarão a desaparecer.

O Universo é cíclico e está em eterna expansão. E nós, como seres criadores que somos, devemos compreender que também somos seres individuais e que não devemos temer nada, somente acreditar nessa força extraordinária que rege a nossa vida e que costumamos chamar de Deus.

Enfim, devemos nos entender como tal, como seres em expansão, complementares e essenciais dentro desse Universo que está em eterno crescimento.

Não estamos aqui à toa ou por mera coincidência. O Universo não funciona desta forma. Nem mesmo o acaso acontece por acaso. Existem planos divinos alicerçados por grandes Leis que tudo gerencia. São leis físicas, vibracionais e espirituais, e todas elas foram desenvolvidas pela Força Criadora.

A mente humana ainda não tem a capacidade de compreender a imensidão desses infinitos processos da Criação, e essa não é realmente nossa intenção nesta obra. Uma vez que nos expuséssemos a isso, estaríamos marchando rumo à utopia; a verdade total não está sob o domínio do ser humano. Estamos fadados a viver pelo prisma das verdades relativas e não das verdades absolutas, pois vivemos uma intensa relação sobre o que pensamos ser e o que realmente somos.

Albert Einstein, um dos maiores físicos da modernidade, enquanto estava a caminho da comprovação da Teoria da Relatividade em meados de 1905, disse:

O Universo não se movimenta ao acaso.
Se assim o fizesse, viveríamos o extremo caos.
Por isso, Deus não joga dados.

Essa é a premissa básica para iniciarmos a grande viagem dentro de nós mesmos.

Se o acaso não existe, então também não estamos vivos por mera casualidade. Viemos a esse mundo com um propósito maior de vida, e muitos de nós não conhece ou não se lembra disso. Porém, mesmo não lembrando, todos possuem um propósito, e esse deve ser descoberto e seguido, pois é seu norte, a sua direção, o sentido real de sua vida.

Mas, quem escolheu esse propósito de vida? Quem determinou qual seria a minha missão?

Indiscutivelmente uma escolha foi feita, e essa escolha só pode ter sido feita por uma pessoa: você. Dentro do templo da eternidade, você sempre esteve e sempre estará no comando de sua própria vida, porém, sempre estará amparado por mentores de proteção, esclarecimento e orientação. Ninguém viaja pelas rotas da eternidade, sozinho. Sempre estamos acompanhados por seres de luz.

Se por um instante ficou irritado, descontente ou aflito com essa breve informação, então esteja pronto para exercitar uma das principais Leis Universais necessárias à preparação rumo a Era de Ouro: A Lei da Aceitação.

Sempre fazemos as escolhas para a nossa vida, tanto as boas como as más. Na verdade, ambas sempre têm um mesmo objetivo e levam sempre ao mesmo lugar. Em direção à expansão, ao aprendizado e ao crescimento pessoal.

Só existem duas maneiras de aprender:
Pelo amor ou pela dor.

Sua condição de vida atual não se define por sua qualidade ou suas dificuldades, mas, sim, pelo grau de evolução que se encontra. Não existem pessoas mais ou menos evoluídas, a evolução não se difere pelo gênero, mas pelo grau. Então, quando uma pessoa se dirigir a você e disser:

Sou mais evoluída espiritualmente que você. Não preciso acreditar nessas coisas que está dizendo, pois na minha igreja (ou no meu templo) sabemos tudo sobre a verdade de Deus e por isso somos mais evoluídos que todas as outras pessoas...

Se por ventura alguém lhe disser algo parecido, pode acreditar: essa pessoa não é mais evoluída que você ou que ninguém, pois ela ainda pratica o julgamento em seu dia a dia.

Esse plano físico chamado Terra é uma grande escola. Portanto, aqui, ninguém está acima de ninguém, estamos todos no mesmo barco e tentando aprender um pouco mais sobre a vida e a justiça divina. Estamos apenas em graus diferentes rumo à ascensão. Tão somente graus e não gêneros. Imagine um transferidor, desses que as crianças usam na escola, são 360 graus existentes dentro da circunferência total. Imagine que em cada grau desenhado, desde o primeiro até o último, você conseguisse colocar um grupo de pessoas, cada qual com suas características específicas e particulares, suas vivências e convicções, experiências, crenças e religiões distintas, com condições sociais, financeiras, raça, credo e classes diferentes. Evidentemente, perceberá que todos são extremamente diferentes entre si se forem comparados de forma razoável. Alguns são muito evoluídos espiritualmente, outros, nem tanto, e outros ainda, totalmente descrentes.

Enfim, somos todos distintos em nossa forma de pensar, ninguém é igual a ninguém, porém, somos semelhantes e vivemos num mesmo ambiente, fazemos parte de um todo, viemos do mesmo lugar e estamos vivenciando uma experiência.

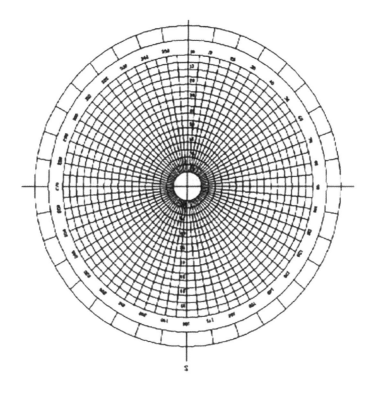

O que nos difere, portanto, é o grau em que estamos inseridos, o grupo de pessoas que convivemos e nos relacionamos. Esse grupo se distingue pelo grau e não pelo gênero (melhor ou pior). Nada identifica um gênero, mas, sim, um grau, uma frequência ressonante volátil dentro de um Universo vivo.

Em resumo, o que queremos dizer é: julgar não significa evoluir.

Pergunte a si mesmo:

Eu ainda pratico o julgamento em meu dia a dia?

Comece a reparar como constantemente julgamos as pessoas. Muitas vezes não é porque estamos querendo falar sobre a pessoa em questão, estamos no fundo simplesmente querendo nos compreender através dela. Usamos as outras pessoas como espelhos para nós mesmos. Isso é um sinal de que nosso ego inferior está se manifestando constantemente no dia a dia.

Quem pode dizer que um monge budista, que vive na clausura das montanhas do Tibet é mais evoluído espiritualmente que uma enfermeira que cuida de dezenas de crianças em um orfanato na periferia de Recife, ou de qualquer outra cidade do mundo, e ainda tem três filhos para cuidar quando chega a sua casa tarde da noite?

Então, essa não deve ser a sua preocupação. Cada qual deve saber a condição em que se encontra e o caminho que deve seguir. Não devemos julgar nem tampouco reclamar. O que importa é que "todos estamos no mesmo barco", experimentando e aprendendo o valor de nossas responsabilidades individuais e coletivas.

Conforme o previsto, a partir do ano de 2013, as revoluções sociais começariam ao redor do mundo como forma de eclosão de um novo tempo que está prestes a nascer. As formas de governo, as pessoas, os governantes, terão que mudar, pois tudo está em mudança. O mundo está sofrendo grandes contrações invisíveis, e os seres humanos estão sentindo essas mudanças diretamente em suas vidas. Estamos a caminho de algo novo nunca experimentado antes. Um mundo novo está sendo gerado dentro do ventre oculto da Mãe Terra. Uma nova Terra está por nascer e estamos começando a sentir as contrações desse extraordinário parto que está por vir num futuro próximo.

O Mundo está grávido de outro Mundo.

Clarear da Mente

O Povo Azul – Orientadores da Consciência, Mentor pessoal de Carlos Torres

Mensagem recebida dia 03 de fevereiro de 2010.

Queridos irmãos, esta é a mensagem principal que queremos passar para vocês nesta obra. A partir dela, todas as outras mensagens poderão ser compreendidas na sua plenitude.

Dentro dos anais do tempo, está previsto um futuro de glória para vocês. Com muito orgulho viemos com o intuito de anunciar e propagar as maravilhas e os adventos da Nova Terra.

Viemos também parabenizá-los por todas as vitórias que já conquistaram até aqui. Ao contrário do que pensam, vocês são vitoriosos e não culpados. Vocês não são culpados de nada e nunca serão. Queremos que não se culpem mais, pois essa é uma das maiores ilusões que o ego de vocês carregam sobre os pesados ombros.

Queremos que saibam que estamos imensamente orgulhosos. Vocês já estão prontos para exercerem seus poderes criadores com toda a intensidade necessária e descobrir todas as potencialidades que os envolvem.

Sim, nós sabemos que ainda há muito a fazer, mas sabemos também que os caminhos já estão se abrindo para poderem agir livremente. Muitos de vocês já estão num estado evolutivo bastante avançado, porém, outros nem tanto, mas todos estão evoluindo e fazendo parte de uma mesma família cósmica em expansão.

Não são diferentes uns dos outros. Só estão separados por graus evolutivos distintos. Vivem todos num mesmo plano e são semelhantes entre si, o que os diferencia não é o gênero, mas, sim, o grau em que cada um de vocês se encontra; essa é a única diferença que existe entre vocês. As diferenças sociais, econômicas, raciais e culturais são apenas alegorias. Não existe ninguém aí na Terra nem melhor, nem pior, mesmo acreditando que uns são melhores que outros, nós afirmamos que não. Não há melhores nem piores, todos estão em aprendizado. Não há gurus ou escolhidos, há mensageiros e orientadores, somente isso. Não devem vangloriar um e outro em detrimento de suas condecorações, mas, sim, das suas atuações e intenções verdadeiras.

Então, se estão separados por graus evolutivos, os mais evoluídos são melhores do que os menos evoluídos, por estarem mais bem posicionados?

Espiritualmente, essa afirmação não faz sentido algum, pois cada pessoa está no grau que alcançou por merecimento próprio, pelo esforço e pela coragem de encarar os mais dificultosos enfrentamentos na Terra.

Estão vivendo na Terra porque escolheram viver aí, pois sabem que para seguir adiante precisam enfrentar as dificuldades maiores e os medos mais profundos, e a Terra é o lugar que foi determinado pelas hierarquias da criação para se cumprir isso. A Terra é uma grande escola de justiça divina.

Mas que justiça é essa se na Terra só existe injustiça?

Como diz a lei de Thelema de Hermes: "Para compreender tudo sobre algo, você deve compreender tudo sobre o lado contrário dele. Aprendereis tudo sobre a justiça para se tornar uma consciência lúcida e justa consigo mesmo e para com os demais."

Acreditem: seus medos mais íntimos são realmente os maiores obstáculos que precisam enfrentar nesta vida, porém, devem enfrentá-los com confiança e perseverança e nunca se entregarem aos sabores amargos da descrença e do desamparo. Isso é totalmente possível e queremos que saibam que vocês já estão preparados para este enfrentamento. A vida é a grande iniciação. Rituais, cenários, vestimentas, são somente artifícios. O que importa é o estado de consciência e lucidez que se observa durante essa breve passagem terrena. Queremos que absorvam todos os ensinamentos que a vida transmite todos os dias. Ela é a grande professora, a suma sacerdotisa que vence o tempo e dissolve os paradigmas petrificados em suas consciências durante todas as suas existências.

Como dissemos antes, muitos de vocês já estão em estado evolutivo avançado e podem começar a colaborar conosco na realização do grande projeto divino que está previsto para a Terra.

Quando falamos sobre os diferentes graus de evolução que existe entre vocês, precisam saber que as pessoas mais ricas e as mais poderosas, como seus governantes, por exemplo, não são melhores ou mais evoluídas do que as pessoas mais pobres e menos instruídas intelectualmente. Quando falamos de evolução espiritual, não estamos falando de status social ou de grau de intelectualidade, tão pouco queremos elevar suas mentes para a necessidade de acúmulo de conhecimento e de sabedoria científica. O que importa para nós, como orientadores de consciências, é mostrar que a verdadeira evolução humana está ligada diretamente a evolução do espírito e não a evolução material.

A evolução da matéria está sob a responsabilidade da ciência experimental, já a do espírito está sob a responsabilidade dos experimentos vivenciais.

A ciência e a espiritualidade são polos extremos de um mesmo poder chamado conhecimento, como o frio e o calor também são os polos contrários da temperatura. Tanto a espiritualidade quanto a ciência andam juntas, por isso, mesmo parecendo serem coisas distintas, são essencialmente iguais, pois ambas sempre terão o mesmo objetivo: descobrir o Universo em que se vive e conhecer as maravilhas da grande obra.

Não importa se essa revelação vem por meio da ciência ou da espiritualidade. Na verdade, as grandes descobertas da humanidade virão através da convergência desses dois polos de conhecimento.

De qualquer forma, vocês já têm a possibilidade de viverem as suas vidas amando e apreciando as maravilhas da Criação. Essa deve ser a base do que vocês chamam de bem-estar e qualidade de vida. Nosso foco sempre será o espírito e não a matéria.

Quando falarmos sobre evolução espiritual, queremos que levem suas atenções para o desenvolvimento de suas consciências, e quando falamos de evolução de consciência, estamos nos referindo à Luz. Especificamente para a quantidade de luz que vocês são capazes de absorver em suas consciências e refletir para o além, como se fossem espelhos refletores.

Quanto mais luz vocês conseguem refletir para além de suas consciências, maior a quantidade de pessoas que vocês conseguirão atingir com suas luzes próprias. Essa luz, que é refletida para fora, é capaz de atingir o infinito. Aqui, essa luz é chamada de exemplo. Sim, exemplos.

Quando se tornam pessoas exemplares perante os outros, significa que estão se iluminando interiormente e, através da irradiação das suas luzes próprias, tornam-se referências para muitas outras pessoas. Quando isso acontece, estão servindo como ferramentas da luz divina; por meio de seus exemplos, estão manifestando os poderes do Criador e estão cumprindo o que se propuseram a cumprir aí na Terra. Vão se transformando aos poucos nos verdadeiros seres de luz que são.

Alguns podem duvidar, mas a forma mais sutil e eficiente de se praticar a caridade é por meio do exemplo pessoal.

Essa luz potencialmente absorvida e refletida por suas consciências é o que determina o grau de evolução de cada um, pois os graus evolutivos estão diretamente ligados ao da lucidez que seus espíritos estão manifestando.

A luz que absorvem vem do centro galáctico que os criou, uma fonte de vida que jorra luz manásica[1] o tempo todo, sem parar. Esse é o lugar onde seus espíritos residem.

O Sol Central é a fonte que jorra a luz que tudo abastece. A vibração da mente e dos pensamentos do Criador. A luz que jorra do Sol Central da Galáxia é a voz que sai da boca de Deus.

> *Sim, ele te humilhou, e te deixou ter fome, e te sustentou com o maná, que nem tu nem teus pais conheceis; para te dar a entender que o homem não vive só de pão, mas de tudo o que sai da boca do Senhor. Disso vive o homem.*
> Deuteronômio 8.3

Todos os seres são essencialmente consciências vivas dentro de um imenso processo de crescimento e aprendizado.

Todos recebem a luz original do Criador, da mesma forma que um filho recebe o leite materno de sua mãe para poder crescer e viver.

Como vocês ainda são filhos, o correto é serem alimentados como tais. São consciências ainda em crescimento e, por isso, necessitam continuar recebendo alimento de quem um dia os gerou.

Esse alimento chega até vocês em forma de luz manásica. Somente alimentando seus espíritos com esse dito pão celestial é que estarão prontos para crescer, expandir e compreender a vida como ela deve ser.

---

1 Manásica: originado da palavra maná dos Hebreus de Moisés.

Estão realmente no início de suas vidas cósmicas, mas, aos poucos, estão percebendo que precisam deixar de lado as confusões da mente racional e resgatar a leveza do espírito.

A evolução espiritual está diretamente ligada à capacidade de acumular conhecimento sobre si próprio e também sobre o ser maior que os criou.

Por isso afirmamos que vocês estão aí para apreciarem as belezas da Criação. Para um dia terem o privilégio de conhecer a verdade suprema e terem plena consciência dos projetos divinos que foram determinados para a Terra.

Vocês são centelhas divinas, foram criados para se tornarem Deuses.

Se pudéssemos resumir em poucas palavras o objetivo maior do Criador, a resposta certamente seria essa: "A Imensa Vontade de transformá-los em Deuses Criadores".

Por esse motivo, vocês são dotados de poderes criativos, talentos e dons especiais. Só precisam reencontrar essas virtudes ocultas dentro de seus espíritos e começar a utilizá-los em comunhão com o que está em cima. Vocês não imaginam o poder que possuem dentro de si. Mas, muitas vezes, esses poderes estão blindados e envoltos por grossas camadas de medo, condicionamento e esperança.

A evolução que queremos que foquem suas atenções é a da consciência e do espírito. Sabemos sobre a importância da matéria nos processos de realização pessoal, porém, não enfatizaremos a evolução da matéria em nossas mensagens, pois essa não nos compete.

Sabemos que a evolução do mundo material também é importante, mas, sobre esse campo não espiritual, vocês têm a capacidade e a inteligência necessária para avançarem sozinhos; nesse quesito não precisam da nossa ajuda, pois possuem especialistas em grande quantidade por aí. Principalmente aqueles que servem como exemplos de honestidade e compartilhamento das suas sucessivas vitórias.

A palavra evolução, quando se aplica a espiritualidade, tem o mesmo significado que a palavra lucidez.

Quanto mais evoluídos vocês estiverem, mais lúcidos estarão. Isso significa que estão conseguindo absorver cada vez mais luz para dentro de suas consciências.

Quanto mais luz vocês conseguem acumular, mais claras e mais iluminadas ficam suas mentes. E quanto mais claras elas ficam, mais esclarecidos vocês se tornam. Portanto, fica entendido aqui que, quanto mais luz absorvida, maior é o esclarecimento, maior o grau de lucidez e, consequentemente, maior é o grau de evolução espiritual.

Todos os quesitos referenciais, condecorações, experiências, crenças, obstáculos, relacionamentos, ganhos, perdas, alegrias ou tristezas que possam vir a vivenciar aí no plano físico, só são proporcionados a vocês com uma única finalidade: trazer luz e esclarecimento para as suas consciências!

Não importa as formas que elas se apresentam. Todas as manifestações – boas ou ruins; vindas do sofrimento ou da dor –, são sempre fontes de aprendizado e crescimento pessoal.

Enfim, o que queremos dizer com toda essa explanação, é que a palavra esclarecimento tem o mesmo significado que a palavra iluminação. Esclarecimento nada mais é do que o ato de clarear uma mente.

Cada aprendizado, conhecimento, ou uma nova descoberta, significa que mais um fóton de luz manásica foi absorvido por suas consciências, e mais uma palavra divina iluminou suas mentes. Como se fosse um pequeno fragmento da verdade suprema que ilumina uma parte ainda obscurecida. Todo aprendizado é uma forma direta de esclarecimento, um presente divino, uma luz que invade e ilumina as partes assombradas das suas mentes.

É dessa forma que a consciência humana se expande e o espírito cresce. É através da absorção da luz cósmica original vinda do Sol Central que vão adquirindo mais e mais lucidez.

Obrigado pela manifestação. Somos O Povo Azul em Manifestação.

Evolução espiritual não significa chegar ao mais alto, mas, sim, chegar o mais perto. Mais perto de si mesmo.

O Povo Azul

Os Saltos Quânticos

Cada ato de esclarecimento é como um copo de água lançado ao mar. Por menor que seja sempre será somado ao todo.

A primeira mensagem do Povo Azul vem elucidar sobre o objetivo principal desta obra. A expansão e iluminação da consciência e a dissolução das partes obscurecidas da mente humana.

As menores partículas de matéria das nossas consciências são iluminadas pela luz manásica. Isso significa que estamos absorvendo mais uma nova informação, e quando esse novo conhecimento é compreendido, ele se torna algo real e intransferível. Uma verdade pessoal se estabelece na mente de quem a recebe e, a partir daí, essas partículas começam a se iluminar e a se expandir cada vez mais.

Quando um fenômeno desses ocorre, essas partículas jamais conseguem voltar ao seu tamanho anterior, pois agora estão repletas de luz.

Essas pequenas manifestações de matéria começam a acumular cada vez mais energia, luz e informações, até o momento que não suportam mais tamanha concentração energética e acabam explodindo. Sim explodindo!

Nesse momento, toda a energia que ficou acumulada em forma de luz dentro daquela pequena partícula de consciência é lançada para fora, transformando uma minúscula partícula numa micro usina capaz de produzir e irradiar luz própria. Essa emanação energética é conhecida como *Energia Livre Exemplar*.

A partir do momento em que essa energia livre é irradiada, ela provoca milhares de minúsculas reações luminosas que acabam alterando todas as outras partículas. Cria-se então uma reação luminosa em cadeia e todas as partículas acabam se tornando, também, pequenas usinas de luz e veículos de informação.

Esse fenômeno, o conjunto de partículas iluminadas e agrupadas, é o que alguns chamam de salto evolutivo da consciência. A explosão dessas partículas subatômicas é o que determina esse salto. Quando uma partícula de consciência sofre uma explosão dessa magnitude, ela nunca mais volta ao seu estado original.

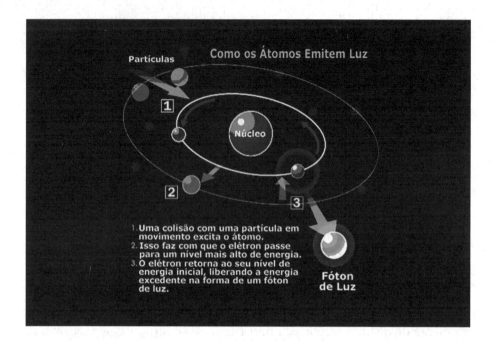

Em resumo, quando uma mente se torna esclarecida, extinguem-se todas as formas de ignorância.

Pois bem, chegamos ao ponto principal, esse processo é o que chamamos de Despertar, e nada mais é do que uma forma de iluminação.

A partir de agora, sempre que falarmos sobre o Despertar de Consciência, estaremos falando sobre micro explosões de luz, sobre irradiação de informação e sobre exemplos pessoais, ou seja, estaremos falando de saltos evolutivos de recepção, de absorção e reflexão energética.

Portanto, deixamos declarado aqui que o nosso desejo é de que milhares de pequenas explosões e saltos quânticos ocorram em sua consciência durante a leitura desta obra literária. Essa é nossa intenção.

Os processos de Despertar e da Iluminação Atômica podem ser individuais ou coletivos.

Os despertares coletivos são extremamente poderosos e possuem uma enorme força transformadora.

Por exemplo: a possibilidade que tivemos de ver o nosso Planeta Terra flutuando no espaço sideral há algumas décadas, foi um fenômeno espetacular, o último e mais importante salto evolutivo coletivo que a humanidade presenciou.

Ver o Planeta Terra de cima foi, sem sombra de dúvida, um dos maiores despertares coletivo já documentado. Tão espetacular que até hoje nossas vidas estão girando em torno desse breve momento.

Até os dias de hoje, os estilhaços originados por aquela grande explosão de consciência estão sendo compartilhados pela humanidade devido ao grande salto coletivo ocorrido na época. Vejam quantas transformações a sociedade humana presenciou depois desse evento extraordinário.

Aquela imagem ocasionou uma explosão na consciência coletiva. A mente humana mudou, a consciência da humanidade inteira mudou, pois, ali, abriu-se um novo portal de conhecimento sobre os assuntos cósmicos e espirituais. Antes disso, não tínhamos ideia de como era o lugar onde vivíamos.

Primeira imagem da Terra divulgada em 1969.

Já conhecemos quem nos abastece: o Sol. Já conhecemos quem nos abriga: a Terra. Mas ainda não conhecemos quem nos criou. Essa será a grande revelação.

Dentro em breve, nossas consciências deverão se expandir espantosamente. Se não estivermos preparados, não conseguiremos absorver as informações necessárias e poderemos nos perder em meio à gigantesca avalanche informativa que virá num futuro próximo.

Uma nova onda de informação, repleta de novas possibilidades, está por vir, possibilidades estas que precisam estar adequadas para os novos padrões de consciência que estão se manifestando rapidamente em grande quantidade dentro da atmosfera terrena.

Essas novas consciências que já estão chegando são extremamente avançadas e não suportam a mentira, a doutrinação e o medo como condicionamento para suas vidas. São consciências mais evoluídas, provenientes de um mundo futuro bem diferente deste onde vivemos atualmente e que glorificam a ética, o amor, a moral, a justiça e todas as formas de compartilhamento. Porém, abominam a competitividade e não compreendem o significado das palavras "guerra" e "violência".

Essas consciências têm como missão reorganizar o Planeta e a sociedade humana como um todo, e aos poucos introduzir as novas leis de compartilhamento que serão instituídas no futuro.

Por isso devemos nos preparar para receber esses novos habitantes.

Mas quem são esses novos habitantes, quem são essas pessoas?

Essas novas consciências são as nossas belas e inquietas criancinhas. Logicamente que não são todas as crianças, por enquanto, são apenas algumas, mas, em breve, serão muitas. Sugerimos que cuidem bem delas, tenham paciência e tentem compreendê-las, pois são almas maravilhosas e estão determinadas a fazer o que lhes foi determinado a ser feito.

Essas são as crianças chamadas Índigo e Cristal, devido à cor de suas auras azuladas e cristalinas.

Sejam bem vindas!

A Preparação

Mensagem recebida dia 16 de dezembro de 2010.

Queridos amigos de tantas Eras,

As pessoas já estão prontas para adentrar no novo mundo que está nascendo. Porém, elas ainda não despertaram totalmente dos seus sonos profundos e hipnóticos. Contudo, não é hora de se preocuparem com isso, pois, aos poucos, as pessoas vão despertando no seu devido tempo.

O tempo é curto sim, mas ainda há tempo. O que queremos dizer é que o despertar não pode mais ser apenas individual, é chegado o momento de um despertar coletivo, e é por isso que estamos aqui, em manifestação. Porque acreditamos que este livro alcançará muitas e muitas pessoas ao redor do mundo.

Infelizmente, a maioria das pessoas já não acredita mais no oculto e no desconhecido, e por esse motivo o despertar coletivo se torna cada dia mais difícil. As pessoas se acostumaram a acreditar somente naquilo que seus olhos físicos conseguem ver através do prisma das três dimensões e ignoram totalmente as demais dimensões existentes. Não por atrofia física dos seus órgãos oculares, mas, sim, devido à atrofia das suas consciências que há tanto tempo se encontram obscurecidas e acortinadas pelos condicionamentos mentais que teimam em esconder as verdades por trás de um fino e negro véu.

Sim, isso é o que separa vocês das suas verdades maiores, um fino e negro véu, a cortina do medo e do orgulho. No entanto, quando esse fino véu for retirado – o que há muito tempo ficou encoberto será descoberto e revelado em glória.

A verdade está para ser revelada aos povos da Terra para trazer de volta o sublime aconchego dos céus, o suave amparo espiritual que suas almas tanto vêm necessitando ultimamente.

Nós também já passamos por muitos contratempos e provações em nossa história, exatamente como vocês estão passando atualmente, e também enfrentamos muitas dificuldades e discórdias, mas tudo isso aconteceu por descuido e por mera preguiça de agir. Sim, foi tudo fruto da preguiça mental, o grande infortúnio que atrasou imensamente nossa evolução. A mesma preguiça mental que avança em passos largos na sociedade humana atual e que poderá atrasá-los demasiadamente se não começarem a agir assertivamente.

O que temos a dizer, é que não será possível manter essa resistência por muito tempo. O futuro está próximo, e a glória da humanidade está prevista para acontecer, mas, para que ela se manifeste, é necessário muito trabalho, muita perseverança e muita vontade. É preciso uma ação direta e assertiva para dominar essa preguiça que teima em não largar as suas mentes. É preciso que se levantem e saiam da zona de conforto que os envolve para começarem a agir conscientemente em prol da humanidade, sem hipocrisias ou receios.

É hora de pararem de deixar tudo a cargo dos governantes e comandantes e começarem a agir em detrimento dos seus, pois só assim descobrirão que, juntos, vocês têm um imenso poder de transformação bem na palma das mãos.

Queridos, uma consciência desperta é incapaz de aceitar mentiras, enganações, injustiças, corrupções, rejeições e a medíocre falta de ética. Por mais que os falsos profetas venham pregar o fim dos tempos e a desgraça da raça humana sobre a Terra, o amparo maior virá e trará de volta a lucidez necessária. Há muito ainda a ser feito, o importante agora é despertarem do sono profundo e voltarem a olhar para seus semelhantes como a fonte das suas próprias existências.

Vemos também com alegria em nossos corações que muitas pessoas estão voltando a estudar as invisíveis leis que regem a vida terrena. É com alegria que observamos, daqui deste plano, centenas de milhares de pessoas num contínuo processo de busca e esclarecimento.

Daqui, conseguimos ver a luz de suas consciências brilhando e iluminando o Planeta inteiro, como se fosse uma imensa nuvem de vagalumes invadindo o globo terrestre e dissolvendo uma enorme camada de culpa e remorso que persiste em envolvê-los há muito tempo. Está tudo indo embora com a cauda dos ferozes ventos que o Planeta está deixando para trás enquanto navega pela infindável rota da eternidade.

A busca pelo esclarecimento, pelos temas espirituais e o autoconhecimento estão clareando exponencialmente suas mentes, e por consequência dessa busca, todo o Planeta também está se iluminando por cadenciação.

Vocês devem estar pensando: como assim? Agora esses seres azuis vêm aqui e dizem que o Planeta está se iluminando e melhorando? Mas como isso pode ser possível se nós aqui na Terra estamos vendo somente sujeira, desgraça, catástrofes, corrupções e injustiças por todos os lados, como se uma praga maléfica tivesse invadindo toda a sociedade? Essas mensagens só podem ser mentiras e enganações, como todas as teorias esotéricas fictícias que existem por aí!

Esse deve ser o pensamento que está na mente de muitos dos que estão lendo esta mensagem agora.

Nós dizemos que, de certo ponto de vista, esse questionamento tem fundamento, pois as pessoas estão passando por momentos de extrema provação. Mas, ao mesmo tempo, afirmamos que muitos de vocês estão começando a despertar e isso não é obra do acaso. Vocês estão despertando porque no fundo, além de desejarem a liberdade, querem mudanças urgentes na sociedade. No entanto, para que essas mudanças ocorram, muitos obstáculos e muitas pedras ainda precisam ser retiradas do caminho.

Essa vontade de mudar acaba favorecendo muito os conflitos e os desentendimentos ao redor do mundo. Muitas pessoas querem realmente as mudanças, enquanto outras não querem mudar nada e lutam para manter o mundo acomodado e condicionado como ele está; pelo simples fato de não quererem enfrentar seus próprios medos e também por precisarem demasiadamente da ignorância e da submissão da população como um todo para continuarem mantendo o poder e o controle uns sobre os outros.

É simples assim. Muitos grupos continuam focados na ânsia pelo poder e lutam para manter o mundo exatamente da forma como está: caótico, doentio e preguiçoso.

A diferença é que agora a luz da verdade está agindo sobre o globo terrestre e, toda a sujeira que antes estava escondida e "invisível debaixo do tapete", está vindo à superfície e se tornando muito mais visível.

Imaginem um velho celeiro que há muito tempo ficou abandonado num lugar longínquo e inóspito e ficou trancafiado por dezenas de anos num ambiente totalmente escuro, sujo e repleto de bichos peçonhentos, mas que agora suas portas foram abertas para uma grande faxina. A partir do momento que esse celeiro foi aberto, a luz que há tanto tempo não adentrava naquele lugar, agora começa a iluminar novamente tudo o que existe lá dentro.

É dessa maneira que podemos comparar a situação do Planeta Terra atualmente. Como se ele fosse um velho celeiro que foi abandonado num passado muito distante e que agora está sendo reaberto, limpo e arrumado outra vez, pois ele foi encontrado sujo, muito escuro e infestado de bichos peçonhentos e maléficos.

Compreendem o motivo pelo qual vocês estão vendo tanta sujeira e tanta desordem nos dias de hoje? Isso só está acontecendo, porque já estão começando a varrer o pó e a sujeira que ninguém até hoje teve coragem de mexer. Agora vocês decidiram que precisam colocar os móveis e os utensílios em seus devidos lugares e precisam jogar fora tudo o que é inútil e não tem valor.

Esse monte de sujeira que está vindo para a superfície e se apresentando em todos os lugares ao redor do mundo, na verdade, sempre esteve aí, o que acontece é que antes estava bem escondida em meio a uma gigantesca escuridão que impossibilitava as pessoas de vê-la. Por um motivo muito simples. Não havia luz suficiente. Compreendem?

Nós perguntamos: vocês conseguiriam arrumar seus quartos, limpar as prateleiras da cozinha e varrer o chão de suas casas com as luzes apagadas?

É evidente que não, pois não poderiam enxergar a poeira, a sujeira e os bichos peçonhentos no escuro.

Neste momento fica claro que, para haver uma grande limpeza é preciso haver luz – muita luz. Felizmente, o Planeta já está sendo iluminado novamente e, em pouco tempo, a luz manásica que está vindo do centro galáctico, do Sol Central, chegará até as mais distantes bordas da Via Láctea, exatamente onde vocês estão, e assim iluminará as entranhas escuras da Terra. Quando o "grande pulso de luz" chegar, suas consciências se iluminarão radicalmente e o Planeta clareará por inteiro.

Por esse motivo, nós queremos que compreendam que ação é a palavra de ordem desse começo de Era. É chegado o momento de agir e limpar toda a sujeira que foi colocada "debaixo do tapete". É momento de trabalhar e começar a por para fora desse velho celeiro chamado Terra, todo o velho feno que há tanto tempo ficou estocado sem serventia.

Mas como assim? As pessoas estão dispersas e não despertas. Como poderemos alcançar qualquer mudança com uma sociedade caótica e doentia como essa?

Queridos, nós estamos longe de vocês, mas sabemos o que estamos falando, mais sofrimento que prosperidade, mais fome que abundância, mais desordem que ordem, não é?

Primeiro queremos dizer que não estamos tão longe assim de vocês, o que nos distancia é apenas o espaço e não o tempo. Do ponto de vista espacial, estamos sim muito longe, no entanto, mais perto do que vocês possam imaginar do prisma dimensional e temporal.

Já, sobre a quantidade de pessoas que estão dispersas, nós concordamos, infelizmente elas estão em maior número neste momento. São aproximadamente 95% de pessoas dispersas, 4,9% de pessoas em memorização e 0,1% de pessoas devidamente despertas, vivendo hoje sobre a Terra.

Mas não importa se os dispersos estão em maior número, para que o grande projeto se realize, será preciso somente 144 mil consciências despertas ao redor do mundo. A iluminação de todos os demais ocorrerá de forma exponencial e crescente e todos serão atingidos através da força exemplar desses seres despertos. Portanto, fiquem tranquilos, pois os dispersos em breve também despertarão.

Tudo será feito pela força do exemplo – o maior e mais eficiente credo que existe –, que entrará novamente em ação e sobrepujará todos os quesitos religiosos e proféticos do apocalipse. Ele é o maior e mais poderoso meio de transmutação vibracional que existe.

O exemplo é o maior de todos os credos.
Está acima de qualquer religião.
Jesus, Buda e Krishna sao exemplos disso.

A energia que será emanada através do exemplo e dos ensinamentos destes 144 mil seres despertos, será capaz de alcançar 1/3 da humanidade, recolocando assim todo o Planeta dentro dos novos padrões crísticos e deixando o mundo pronto para a implantação do grande projeto de compartilhamento.

Porém, haverá um líder entre vocês que trará muitos ensinamentos. Essa pessoa ainda não está por aí, e levará algum tempo para que essa grande consciência ressome na Terra.

Mas não se preocupem e nem esperem essa grande liderança voltar, vocês não dependem necessariamente dessa presença física para começarem a colaborar com a alma do mundo, pois, mesmo ele estando fisicamente ausente, sua energia está sempre presente.

Nós também o sentimos aqui. Muitos de vocês já estiveram na sua presença e já sentiram a magnitude da sua energia e compaixão. Não há segredo sobre isso e nem mistificação, nós afirmamos: a presença do mestre aqui também se faz presente, ele também nos ensinou muito sobre o amor e sobre os poderes do compartilhamento mútuo. Sim, Jesus, Yoshua Ben Pandira, também é o nosso mestre, e será exatamente ele que voltará para o mundo de vocês, porém virá com outro nome, outra constituição física e não estará ligado à religião.

Saibam que muitos de vocês que estão lendo este livro agora, já estiveram presentes com ele nas encostas das belas colinas de Cafarnaum, enquanto ensinava a mais bela e mais poderosa das orações: O Pai Nosso.

Boa parte das 144 mil pessoas que participarão do despertar de 33% da população mundial, esteve com ele durante esse episódio histórico em Israel. Foi realmente um encontro magnífico, onde milhares de alquimistas da alma e guerreiros da luz se reuniram para a comunhão entre o mestre e o Criador.

Agradecemos por mais esta manifestação.

Nós, o Povo Azul, somos viajantes do tempo e estamos aqui para estar onde um dia já estivemos.

A Escolha

O poder da escolha está em suas mãos. Você pode continuar aí, em sua zona de conforto, alimentando sua preguiça mental e se vitimizando, se autocorrompendo e culpando o mundo por seu sofrimento, ou pode, a partir de agora, assumir definitivamente o seu papel dentro da Nova Terra. Você pode descobrir seu caminho através do poder da intuição. O reencontro com você mesmo será, daqui para frente, o seu alimento, sua motivação e sua fonte de entusiasmo. Seu propósito é seu norte e ele lhe atrairá sempre que o intuir. Pode resistir a essa atração e continuar pelo caminho contrário, ou pode começar a trilhar o caminho correto, da busca interior e do propósito pessoal, e seguir mais seguro e convicto.

Se essa for a sua decisão, quando estabelecer essa reconexão poderá até se assustar num primeiro instante, pois tudo se mostrará mais fácil e sua vida fluirá com mais tranquilidade. Não se preocupe, em pouco tempo perceberá que está no caminho certo, os sinais surgirão e seguirá devidamente protegido pela vida.

Não devemos duvidar dessa simples verdade, pois essa é a base de todos os antigos ensinamentos, contudo, só somos capazes de ver claramente o caminho correto quando experimentamos os extremos da dualidade. Só conseguimos enxergar a harmonia de uma vida plena e próspera vivendo as dificuldades que ela nos impõe. Só compreendemos a força do bem, vivenciando ou experimentado a força do mau. Isso é claro como a luz do sol, que por sua vez também não existiria se não houvesse a escuridão.

Neste mundo físico em que escolhemos viver, tudo é dual. Aqui as coisas coexistem entre si e se conectam pelos seus extremos. A dualidade existe para que possamos aprender por meio das diferenças e contrapontos. Essa é a base das Leis Herméticas de Hermes Trismegisto – O Três Vezes Grande – O primeiro alquimista que pisou neste plano.

Como o próprio Hermes diz em seu livro de ocultismo supremo, o *Caiballion*, o medo é o inverso do amor, são energias com ressonâncias totalmente contrárias, no entanto, coexistem entre si justamente para nos ajudar em nossa evolução. São polos contrários que se ligam por seus extremos, como o calor e o frio que se tocam em suas extremidades. Veja, por exemplo: sem a escuridão como poderíamos descrever a luz? Se não existisse a injustiça, como poderíamos compreender a justiça? Se não existisse o sofrimento, como poderíamos presenciar as curas?

Por isso, sempre que tomamos uma decisão e fazemos uma escolha, precisamos seguir a nossa intuição. Devemos obedecê-la com fervor, pois junto dela teremos sempre a presença da certeza e da fé que nunca nos engana.

Quando intuímos, automaticamente estamos nos atrelando à força da Criação. A intuição é o nosso "fio", a nossa linha de conexão direta com a Mente Suprema.

Sempre que se utilizar desse fabuloso instrumento irá perceber que suas escolhas serão continuamente as melhores e as mais adequadas.

O poder intuitivo além de nos guiar, nos ancora com nossos anjos pessoais (os anjos da guarda) que lutam o tempo todo pelo nosso bem-estar. Eles estão sempre ao nosso lado, porém é necessário invocá-los e atraí-los. No entanto, atrair não significa pedir, rezar e implorar, mas, sim, potencializar suas intenções e demonstrar seus verdadeiros anseios. Quanto maior o poder intencional e intuitivo, maior será a comunicação e a proteção vinda do mundo espiritual.

O autoconhecimento é a grande busca. O veículo que nos levará rumo à expansão e à evolução. Sejam quais forem esses caminhos, eles sempre nos levarão de encontro à sabedoria. Isso não quer dizer que seremos perfeitos, mas, sim, que estamos no caminho, e cada vez mais próximos de nós mesmos e dos propósitos descritos por Deus no livro da vida.

Portanto, identificar o desígnio de vida é essencial para cada indivíduo. Não importa a classe social, raça ou credo que a pessoa esteja. Pode ser um rei ou presidente de um país, um embaixador, diplomata, uma dona de casa, uma empregada doméstica ou um operário, não importa, todos têm um papel especial no mundo e um propósito a seguir. Independentemente do quão importante seja seu cargo e sua responsabilidade, se está vivo é porque veio com um propósito, e a busca dessa intenção é o que o conduzirá para o melhor.

Um presidente pode ter muito poder, mas também precisa assumir muitas responsabilidades, e isso realmente não é nada fácil. Mas a dona de casa, mãe que zela pelo bem-estar de uma família, tem uma função tão difícil e tão importante quanto à de um presidente da República, e como tal, igualmente, não é nada fácil.

Isso significa que estão em graus distintos, mas são complementares e essenciais ao Universo.

Essa é uma questão muito individual, falaremos mais sobre as dualidades do Universo, a aceitação, a compreensão, o ego inferior e superior no capítulo, A Lei da Escolha.

Não devemos nunca nos comparar aos outros e praticar a inveja. Procure sempre substituí-la pela admiração. Assim estará exercitando a gratidão e a compaixão.

O ano de 2012 veio para renovar e iluminar definitivamente a humanidade. É evidente que isso não ocorrerá do dia para a noite. Desde o ano de 1992, mudanças já estão acontecendo em todo o Planeta, tanto na esfera das vibrações mentais, como em nosso corpo físico, nas células, moléculas e átomos. Dizemos que a transposição final foi em 2012, pois a passagem entre uma Era e outra se faz dessa maneira, como o alvorecer de um novo dia. Todo ciclo tem um período específico para se concretizar. Nesse caso, o tempo necessário para finalizar a passagem entre as grandes Eras que duram 2.160 anos cada, é de 20 anos.

Conforme os calendários dos antigos egípcios, cada Era Cósmica tem 2.160 anos. Os sacerdotes das Escolas de Mistérios observaram, por meio do estudo da abóbada celeste, doze grandes Eras Zodiacais com essa mesma duração, totalizando um ciclo de 25.920 anos.

Estamos exatamente dentro de um desses períodos de transição entre Eras, acabamos de sair da Era de Peixes, que se iniciou 120 anos a.C. e terminou em 1992.

Essas mudanças são colossais, quase inimagináveis ao homem, e atingem diretamente todos os corpos celestes, a Terra, o Sistema Solar e o Cosmos. Estão acontecendo e sempre aconteceram, mas nunca tivemos o privilégio de ver e documentar tais fenômenos como podemos fazer hoje por meio das tecnologias disponíveis. Infelizmente, não temos relatos históricos convincentes, mesmo sabendo que muito já aconteceu neste Planeta.

O que conhecemos oficialmente nos foi passado pelas antigas escrituras deixadas por grandes filósofos, religiosos e sacerdotes das mais diversas culturas sobre os magníficos movimentos astronômicos.

As mudanças continuam ocorrendo e se intensificarão cada vez mais. Sentimos o ápice dessa grande transição planetária no ano de 2012, exatamente 20 anos depois do final da Era de Peixes, em 1992 (No decorrer da leitura, nos capítulos seguintes, esclareceremos melhor sobre essas datas, como e de onde surgiram). Portanto, o ano de 2012 foi o início definitivo da Era de Aquário, a Era de Ouro da humanidade, nunca vista ou experimentada antes por nenhum de nós.

Milhares de pessoas ao redor do mundo, influenciadas pelo apocalipse bíblico de João, o Evangelista, vinham alimentando a egrégora de medo do fim dos tempos desde a passagem do ano 2000, mas, felizmente, nada aconteceu. Motivados em se manterem nessa egrégora passaram a acreditar que seria em 2012, e mais uma vez nada ocorreu.

O continente perdido de Atlântida, uma fabulosa civilização que existiu há aproximadamente trinta mil anos, se extinguiu após enfrentar um grande cataclismo de magnitude espetacular, exatamente entre a passagem da Era de Virgem para a Era de Leão há 12.900 anos. Até hoje não conseguimos obter qualquer tipo de comprovação científica dos fatos, mas temos os relatos do filósofo grego Platão e também informações recebidas através de canalizações e projeções extracorpóreas de Edgar Gayce, e ainda os livros da patrona da Teosofia mundial, Madame Blavatsky, que os corrobora.

O grande cataclismo e a queda da Atlântida estão descritos em diversas escrituras sagradas das mais diversas religiões ao redor do mundo. A partir desse grande acontecimento, originaram muitas interpretações, cada uma delas com suas particularidades e crenças específicas.

Poucos foram os sobreviventes desse fenômeno cataclísmico – o grande dilúvio –, mas foram exatamente eles os responsáveis pelo florescimento das novas civilizações extremamente espiritualizadas e avançadas que recolonizaram o globo. Foram dos atlantes que descenderam em diferentes lugares ao redor do Planeta, os sumérios, os egípcios e os maias.

Todas essas civilizações são semelhantes entre si, pois são remanescentes e se originaram de uma mesma egrégora evolutiva. Os egípcios, os maias, e muitos outros, são descendentes diretos da esquecida civilização atlante e, por consequência disso, de alguma forma somos descendentes deles também.

Por sua vez, dos egípcios, derivaram grandes religiões hoje atuantes no mundo inteiro. De Abraão, o grande patriarca, bifurcou o judaísmo, o cristianismo e o islamismo, como também de Moisés, o último sacerdote egípcio, e muitos outros que construíram grandes religiões, doutrinas e fabulosas sabedorias. A maioria dos personagens que marcou a história das religiões cristãs, judaicas e muçulmanas viveu ou passou parte de suas vidas no Egito.

Sociedades com propósitos evolucionistas como Maçonaria e Rosacruz, também cresceram a partir dali e continuam extremamente ativas hoje em dia, ainda que discretamente ao redor do mundo, determinando os rumos da humanidade, da economia, das ciências, da política e da tecnologia.

Muitos segredos e mistérios ainda precisam ser revelados e já estamos nos preparando para essas novas descobertas. A humanidade nunca esteve tão ansiosa por informações, já não suportamos mais ficar a deriva dos arcaicos conhecimentos sobre as verdades do Universo e sobre as Leis da Criação. É hora de nos abrirmos ao novo, aceitar o invisível e agir com consciência para seguirmos adiante.

Após o grande cataclismo, a sabedoria espiritual e o conhecimento tecnológico atlante foram carregados pelos grandes sacerdotes que sobreviveram ao dilúvio bíblico. Hoje, por incrível que pareça, os antigos conhecimentos continuam presentes ao redor do mundo e permanecem atuantes dentro das sociedades secretas, mantendo, assim, parte do verdadeiro conhecimento universal trancado a sete chaves e sendo utilizado em benefício de poucos grupos.

Felizmente, milhares de pessoas, ou parte da humanidade, já estão preparadas para receber esses antigos conhecimentos que a tanto ficaram suprimidos. Os grandes segredos do Universo estão sendo desvendados e resgatarão a nossa conexão com a fonte divina.

Graças ao amparo espiritual, a revolução nas comunicações – a qual também é uma providência divina –, somado ao desejo latente de milhões de pessoas ao redor do mundo, a humanidade está fadada a reencontrar as verdades perdidas do Universo.

Você pode estar se perguntando neste exato momento:

Mas 12.900 anos é uma eternidade para nós. Está muito longe da nossa realidade atual, somos muito mais desenvolvidos tecnológica e materialmente. O que isso tem a ver comigo? Luto para ter a minha casa, sustentar minha família, meu trabalho e ganhar meu dinheiro no final do mês. Por que eu teria que me preocupar com isso agora?

A resposta pode ser simples e imediata. Se você está com este livro em suas mãos neste momento, é porque está à procura de respostas que talvez nem saiba exatamente quais são.

Temos dentro de nossa mente mais de mil perguntas esperando por respostas. A sua consciência é plena, soberana e está conectada diretamente com a grande consciência de Deus que tudo vê e tudo sabe. Você reconhece que necessita dessas informações neste momento, sabe que precisa de respostas agora! Pois está sentindo e pressentindo que algo diferente está acontecendo na sua vida e na das pessoas com quem convive também. No fundo, todos estão sentindo as mudanças, mas ninguém parece compreender exatamente o que é.

É fácil perceber a transformação, pois uma mudança vibracional está se tornando cada vez mais presente em nosso dia a dia. É comum ouvir comentários pelas ruas como:

- O tempo não é mais como antigamente! Está tudo tão rápido!
- Eu gostaria que o dia tivesse 48h para fazer tudo o que preciso!
- Nossa! Está tudo muito acelerado, parece que todos estão perdidos, estressados e mal-humorados!
- As pessoas estão totalmente individualizadas. Tudo está estranho, elas estão completamente desinteressadas umas pelas outras e sempre com a intenção voltada a si próprias, parece que não se importam com mais nada além do dinheiro.
- Isso não é normal, algo estranho está acontecendo, não tenho mais tempo para nada, o ano já está acabando e o Natal já está chegando outra vez!

Essas frases são cada vez mais comuns em nosso cotidiano. Não apenas os mais idosos percebem essa aceleração do tempo, mas também os jovens sentem essa estranha e excessiva rapidez. Ontem foi carnaval, dentro em breve será Páscoa, férias escolares de julho e num estalo o Natal.

Mas será que esse sentimento é ilusório ou tem uma base real?

Não existe comprovação científica, mas afirmamos que é a mais pura verdade. A percepção do aumento da velocidade do tempo e as diversas situações as quais estamos constantemente nos deparando durante o dia estão presentes, e não conseguimos muitas vezes compreender o porquê disso tudo estar acontecendo. Na verdade, tudo está diretamente ligado à aceleração vibracional que a Terra está sofrendo dentro do Cinturão de Fótons em que estamos inseridos atualmente. Não é somente a Terra que está acelerando, mas, sim, todo o Sistema Solar.

A Ressonância Schumann, descrita pelo físico alemão W.O. Schumann, aborda exatamente esse assunto e procura dar uma explicação. Ele constatou, em 1952, que a Terra é cercada por um campo eletromagnético poderoso, que se forma entre o solo e a parte inferior da ionosfera, cerca de

100 km acima de nós. Esse campo possui uma ressonância mais ou menos constante, da ordem de 7,83 pulsações por segundo.

Funciona como uma espécie de marca-passo responsável pelo equilíbrio da biosfera, condição comum para todas as formas de vida. Verificou-se também, que todos os vertebrados e o nosso cérebro são dotados da mesma frequência de 7,83 hertz.

Empiricamente, fez-se a constatação de que não podemos ser saudáveis fora dessa frequência biológica natural. Sempre que os astronautas, em razão das viagens espaciais, ficavam fora da Ressonância Schumann, adoeciam. Mas, submetidos à ação de um Simulador Schumann, recuperavam o equilíbrio e a saúde.

Por milhares de anos as batidas do coração da Terra tinham essa frequência de pulsação, e a vida se desenrolava em relativo equilíbrio ecológico. Ocorre que, a partir dos anos de 1980, e de forma mais acentuada a partir da década de 1990, a frequência passou de 7,83 para 11 e para 13 hertz.

O coração da Terra disparou. Coincidentemente, desequilíbrios ecológicos se fizeram sentir, como perturbações climáticas e maior atividade dos vulcões e também crescimento de tensões e conflitos no mundo, assim como aumento geral de comportamentos desviantes nas pessoas, entre outros.

Devido à aceleração geral, a jornada de vinte e quatro horas, na verdade, hoje é de dezesseis.

Portanto, a percepção de que tudo está passando rápido demais não é ilusória, mas teria base real nesse transtorno descrito pela Ressonância Schumann.

Se quisermos que a Terra reencontre o seu equilíbrio, devemos começar por nós mesmos. E o que fazer?

Podemos começar fazendo tudo sem estresse, com mais serenidade, equilíbrio e amor, energias essencialmente harmonizadoras.

Comece amando a si próprio e começará a amar sua própria vida, ame sua situação atual, ame seu corpo, sua casa, seu trabalho, seus amigos, ame suas contas, afinal elas lhe proporcionam bem-estar, ame os obstáculos que encontra pela frente, os desafios e as dificuldades, pois são eles que lhe levarão adiante. Ame sem impor condições e sem julgamentos e em pouco tempo estará praticando o amor incondicional. Mas, para isso, precisamos ter coragem de parar de praticar a cultura dominante que nos obriga a sermos cada vez mais competitivos e eficientes. Precisamos parar e respirar em comunhão com a Terra, para conspirar com ela pela paz e pela harmonia.

Muitos irão dizer:

Mas isso é pura utopia e romantismo, o Planeta está em decadência. Nosso futuro é um caos iminente e inevitável.

Nós dizemos que não, pois se pensássemos assim, não teríamos mais motivo para continuarmos vivendo e escrevendo. Isso não significa ter esperança num mundo melhor, mas, sim, ter convicção e a certeza de um mundo melhor. Significa que a confiança está presente e o caminho para mudar esse antigo paradigma destrutivo está aberto.

Um novo sistema vibracional já se instalou e estamos começando a perceber e sentir os efeitos em nossa vida. Esse modelo se padronizará e, de uma maneira ou de outra, nos transformará. Não existe retorno, pois o ciclo é expansivo e segue adiante, é inevitável, só podemos nos adaptar e seguir o fluxo natural.

Podemos então, mais uma vez, usufruir do nosso poder de livre--arbítrio e optar por estarmos conscientes, nos adequando a essa nova condição, ou então, ficarmos inconscientes a essa inovação que se aproxima e continuarmos com o estresse, a raiva, o desespero e o temido pensamento negativo que tantos infortúnios trazem para nossa vida, frutos diretos do medo e da falta de confiança.

Você perceberá que trocaremos a palavra fé pela palavra confiança neste livro, justamente para forçar a sua mente a se acostumar com o verbo confiar. Ter fé é confiar, é ter convicção nas suas escolhas, conhecer o seu propósito, ter o poder de acreditar naquilo que não se pode ver. Ter fé é confiar em si próprio e, com isso, estar com a força da Criação presente dentro da alma. Portanto, a regra daqui em diante é confiar, confiar e confiar.

A Nova Ordem desta Era terá seus grandes pilares muito bem alicerçados, mas caberá a cada um de nós fixá-los em solo seguro e tranquilo para seguirmos em paz e sem sofrimento. Esses pilares estarão fixados essencialmente no âmbito espiritual e mental. Teremos que aprimorar o autoconhecimento, o exercício da aceitação, a compreensão do Universo, a identificação do seu propósito pessoal, o refinamento da intuição, a prática da intenção, o poder das escolhas, da reciprocidade, do respeito pelo Tempo Universal, o exercício constante da confiança e, por fim, nos reconectarmos com nosso centro de sinergia para vivermos num ambiente de abundância e bem-estar.

Essa será a nossa base de apoio. Porém, muitas pessoas não a aceitarão justamente por não estarem preparadas para o grande salto quântico, outras optarão pelo conforto da ignorância e outras ainda não terão sequer a oportunidade de acesso a esse tipo de informação que estamos tendo o privilégio de receber neste momento. A missão de cada um a partir de hoje, se assim desejar, será ajudar a disseminar essa informação da melhor maneira possível.

Surge então mais uma pergunta:

Estarão essas outras pessoas excluídas dessa Nova Era? Como elas viverão?

A resposta é sim. Essa será a diferença principal nessa transposição. Estarão separadas não por imposição, mas, sim, por opção.

Muitas, ou quase a maioria das pessoas, não sabem o que está acontecendo. Outras, como dissemos anteriormente, ainda preferirão não se manifestar frente a essas transformações e novos acontecimentos e continuarão vivendo da mesma maneira, dentro das suas zonas de conforto durante muito tempo. Isso mesmo. Elas continuarão do mesmo jeito e nada mudará em suas vidas, pois o livre-arbítrio atua para todos sem exceção, ou seja, se nada quiserem mudar em suas vidas, então nada acontecerá. Essa é uma lei natural, a Lei da Ação e Reação. Não estarão exercendo a força de criação (criar + ação).

Se não provocarem uma ação, consequentemente não poderão esperar por qualquer reação. Mas se agirem e buscarem aprimoramento, as respostas virão com força total. Logo as reações surgirão e com elas as mudanças de realidade, e um novo mundo de prosperidade e novas possibilidades se estabelecerão.

Boas-vindas

Mustah – Mentor de Iniciação das escolas superiores de ocultismo do Olho de Hórus do Antigo Egito – 1546 a.C.

Estaremos unidos a partir de agora, nesta obra, com os pensamentos dos nossos irmãos das dimensões superiores, e você sentirá uma ampliação da sua consciência. Tudo será consequência de uma reconexão, não tenha medo nem receio. Só a luz da verdade estará presente neste momento, com objetivo do esclarecimento e da elevação do seu próprio espírito. Obrigado pela oportunidade e pela vontade de seguir adiante. Estou extremamente orgulhoso de vocês.

Desde 2005, muitas informações estão surgindo do mundo não físico e chegando até nós por intermédio de nossos irmãos interdimensionais. Muitas canalizações e psicografias já foram escritas ao redor do mundo para a melhoria e a preparação da humanidade rumo à Nova Terra. E continuarão chegando com a mesma intensidade para a instalação da quinta geração da humanidade dentro da Era de Aquário.

Muitos mistérios ainda estão por vir, pois o Universo é e sempre será misterioso e enigmático – Graças a Deus.

O dinheiro, o trabalho, a carreira e tudo o que sonhamos continuarão sendo muito importantes nesse novo mundo, serão sim nossos veículos principais para a liberdade individual que tanto desejamos. No entanto, a mudança espiritual será necessária. Devemos apenas nos reposicionar perante os bens materiais e colocarmos o espírito sobre a matéria e não a matéria sobre o espírito. O espírito deve retomar o comando, pois, infelizmente, quem comanda hoje é a matéria. Devemos nos reconectar e reencontrar a fonte de abundância do Universo. O único caminho é o aprimoramento espiritual através do clareamento da consciência.

Mas, como devo fazer esse aprimoramento, qual é a técnica, existe um curso, como devo proceder?

Você pode estar fazendo essa indagação neste momento, pois quem está no comando é a matéria e a mecanização. Nós sabemos que as pessoas querem receber tudo pronto, não é?

Dizemos para não se preocuparem em como fazer, pois as respostas virão com o passar do tempo. O entendimento, o livre-arbítrio, a liberdade, a intenção e a intuição levarão você a esse aprimoramento de forma natural, sem regras, sem mandamentos, sem doutrinas, sem dogmas ou condições.

O dinheiro continuará exercendo um papel essencial ao ser humano, mas a relação com essa energia tão atuante mudará com o passar do tempo. Ao contrário do que estamos acostumados a fazer todos os dias, contando, negando, escondendo, perseguindo e manipulando o dinheiro que tanto necessitamos, mudaremos radicalmente a nossa relação com ele e as formas de conquistar a dita riqueza material.

Dentro de pouco tempo o dinheiro não poderá mais trazer o desconforto, a violência e o desespero. Levamos ao limite do caos essa relação, confundindo o dinheiro com poder e dominação. Muitos chegam a matar por ele, pois a matéria está sobrepondo totalmente o espírito. Poucos realmente sabem lidar com esse bem tão precioso e abundante. O dinheiro deve trabalhar para você e não você para ele. Deve trazer a liberdade e a paz e não o aprisionamento e guerras. O dinheiro também é energia e está presente em tudo nos dias de hoje. O mais importante é compreender que ele deve ser uma energia libertária, e não repressora e condicionante. Nos capítulos finais deste livro você compreenderá as novas formas e modelos de compartilhamento de riquezas que estão previstos para o futuro próximo.

O dinheiro, o trabalho e suas relações devem ser em prol da liberdade e do bem-estar, devemos desejar a riqueza sim, pois viemos a esse mundo para viver e proporcionar o bem-estar, mas estamos sobre efeito da egrégora do medo, e é isso que proporciona todas as dificuldades.

Quando pronunciamos ou ouvimos a palavra dinheiro, imediatamente nossa mente o relaciona ao medo. Medo de não ter, de perder, de não merecer, de ver o vizinho tendo mais do que nós, medo do pecado (avareza, ganância), medo da violência, da perseguição e etc.

Se perguntarmos para várias pessoas o que elas fariam se ganhassem na loteria, cinquenta milhões de reais, por exemplo, muitas delas certamente terão respostas ligadas ao medo. Já ouvimos respostas do gênero:

- A primeira coisa que eu faria seria não falar para ninguém, para evitar que alguém me pedisse dinheiro emprestado. (Egoísmo e medo das pessoas).
- Eu ficaria bem quieto, porque poderia ser sequestrado. (Medo da violência).
- Eu guardaria tudo ou investiria para não ficar sem dinheiro no futuro. (Medo do futuro e foco restrito na falta).
- Não consigo nem imaginar uma situação dessas na minha vida. (Medo do desconhecido).

Você pode até estar pensando:

Isso tudo é bobagem. Se eu ganhasse na loteria, viajaria pelo mundo, compraria a casa dos meus sonhos e um carro novo. Uma parte eu investiria em imóveis e ações, e a outra parte ajudaria minha família e ainda alguma instituição de caridade.

Será que faria isso mesmo?

Se realmente você ganhasse na loteria, se tivesse um bilhete premiado de verdade agora mesmo em seu bolso, o que faria? Responda para si mesmo.

Quando percebermos essa condição a que estamos realmente condicionados, poderemos neutralizá-la, desviando nosso foco da falta e do medo e focando no sentimento de confiança. Digo percebermos, por estarmos nos referindo a nós mesmos, os autores Carlos Torres e Sueli Zanquim, pois todos nós devemos reaprender essa relação com o dinheiro, pois ele é a energia mais atuante e vibrante atualmente no mundo.

O dinheiro altera o nosso humor, as nossas emoções e nossos sentimentos em questão de minutos. Construímos uma civilização monetária e nossas relações estão totalmente baseadas nela, queira você ou não. O papel moeda é uma energia e deve ser movimentado, distribuído, repassado, multiplicado e potencializado mediante sentimentos de gratidão, de felicidade, de alegria e bem-estar. Deve ser desejado e multiplicado e não odiado e manipulado. Enquanto muitos o perseguem desesperadamente, opte por atraí-lo, é muito mais saudável e eficaz. Ele foi criado para trazer liberdade às pessoas e não para aprisioná-las, e deve vir até você como uma coroação de um trabalho exercido e não como uma vã recompensa.

Uma pequena parábola conta que uma moça se dirigiu a outra moradora da mesma rua em que morava e disse:

– *Minha querida! Estou tão triste! Gosto tanto de borboletas, mas elas nunca sobrevoam o meu jardim. Tenho muita inveja da minha vizinha, pois no jardim dela todos os dias vejo as mais belas borboletas indo e vindo. São tão belas e coloridas! Não sei o que acontece!*

A outra moradora lhe respondeu:

– *É simples querida! Sua vizinha cultiva flores perfumadas em seu jardim! Ela não precisa chamar as borboletas, elas são atraídas pelo aroma delicioso que as flores emanam todas as manhãs.*

Você deseja riqueza para sua vida? Então pare de correr atrás dela. Apenas atraia a prosperidade até você.

Mas como?

Plante sonhos verdadeiros e cultive-os todos os dias. Plante desejos reais e repletos de intenções puras. Em pouco tempo a riqueza começará a fazer parte da sua vida e novas ideias, inspirações, oportunidades, possibilidades e pessoas começarão a surgir no seu caminho para realizar seus maiores sonhos.

O que fazer?

Ofereça seu potencial ao Universo, mostre seus ideais e sonhos para esta vida. Seus desejos são as flores que colorem e perfumam seu dia. Sua certeza e confiança são as forças que atrairão tudo o que for necessário para que suas realizações se manifestem.

Mas, lembre-se: dinheiro não cai do céu. Jogos de azar como loterias, bingos existem, mas quando falamos sobre jogos, estamos falando de probabilidades matemáticas, e isso não tem ligação com intenção e atração vibracional.

A intenção é força, potência, intensidade. É ela que move e transforma o mundo. É a força ativa da criação.

O que atrai é a vibração que se emite. Pensamento é apenas imaginação – intenção é vibração. Da mesma forma que a borboleta foi atraída para aquele jardim por causa do aroma das flores, suas intenções se transformam em frequências vibracionais que atraem a abundância e as pessoas com as mesmas frequências intencionais que a sua, mostrando caminhos, formas e modelos para melhorar e alavancar a sua vida.

A criação é perfeita, tanto para os animais, como também para as plantas, os minerais e tudo o que está vivo. Tudo se manifesta pela força da atração. Pode ser atração sonora, visual, olfativa intuitiva ou molecular. Todas elas, de alguma forma, estão interagindo na força de atração que empurra para a manutenção da vida. Tudo tem um motivo, uma origem e uma quantificação, e está em movimento para que a existência se mantenha. Esse é o código da vida: a manutenção da própria vida.

Evolução e expansão – Esse é o propósito de Deus.
Esse é o ritmo que comanda a Criação.

A Experiência

Dentro de uma década, veremos essencialmente uma substituição de valores e um novo sistema tecnológico sendo implantado no mundo. (Explicaremos no final do livro sobre este magnífico e revolucionário sistema operacional). Quem não compreender que estamos seguindo na direção de algo muito maior, sentirá rapidamente uma gigantesca desconexão com o universo e as pessoas. Poderíamos dizer que será algo comparado com a implantação dos celulares nas décadas de 1980-1990 ao redor do mundo. Antes deles existirem, ninguém se preocupava ou se imaginava carregando um celular dentro da bolsa, pois todos viviam tranquilamente sem eles.

Mas, a partir do momento que os celulares se tornaram reais e essências para a vida moderna, todos começaram a utilizá-los, o mundo mudou, acelerou e modificou uma geração inteira. Hoje é impossível imaginar a população sem esse pequeno aparelho que todos carregam praticamente 24 horas por dia.

A mesma coisa aconteceu com os computadores pessoais e a Internet. Quem hoje não utiliza essa nova tecnologia está completamente excluído do mercado de trabalho e das relações pessoais. Quem não acompanha a evolução passa a ter dificuldades de adaptação. É exatamente isso que acontecerá com esse novo desenvolvimento tecnológico do futuro, que virá para revolucionar tudo o que conhecemos até então.

Estamos falando logicamente de uma mudança comportamental e não material.

Já sabemos que tudo o que está dentro da nossa mente no tempo presente (dinheiro, carreira, trabalho, riqueza, relacionamentos, sonhos, etc.) se projeta para o futuro através da força da consciência e das intenções vibracionais, que se manifestam dentro de uma realidade atemporal holográfica e por intermédio da Lei da Atração. Isso quer dizer que o futuro nada mais é que o reflexo daquilo que estamos fazendo neste exato momento (pensamentos, sentimentos e ações).

Os itens citados anteriormente: dinheiro, carreira, trabalho, riqueza e relacionamentos serão, portanto, meros coadjuvantes de um roteiro muito bem traçado e direcionado por você mesmo, que, por meio dessa mudança comportamental, poderá se tornar em um super-homem ou uma supermulher se realmente compreender os poderes que estão integrados dentro da sua consciência e prontos para serem usados.

Quer você acredite ou não, a sua realidade é exatamente o que projetou no passado, mas hoje, desperto, você pode usar o poder criador a seu favor e não mais contra você.

Recebemos um instrumento, uma máquina evoluidíssima, extremamente eficiente, capaz de feitos extraordinários e perfeito, mas, ao mesmo tempo, parece que roubaram o complexo manual desse magnífico aparelho chamado mente, uma máquina que trabalha em total sincronismo com o corpo e o espírito. Ainda não conseguimos utilizá-la adequadamente, entretanto, estamos começando a identificar seus mecanismos com as descobertas da ciência. Temos muito para descobrir sobre nós mesmos. Não conseguimos usar sequer 6% de todo o potencial existente em nosso cérebro. O que seríamos capazes de fazer se utilizássemos 20% desse potencial? Imagine então se conseguíssemos usar 90 ou 100%? Pense nisso.

Acreditamos que esse manual foi realmente perdido no tempo, mas temos agora em nossas mãos a extraordinária oportunidade de resgatar e conhecer um pouco mais sobre essa maravilha que recebemos de presente. A Era de Ouro chegou para mostrar que, durante milhares de anos, a humanidade evoluiu e está prestes a ligar o mundo material com o mundo espiritual. Algo nunca vislumbrando pelo homem pós-diluviano – nós.

Somos seres espirituais, vivendo uma incrível experiência no mundo material.

A cada passo que dermos para dentro de nós mesmos, mais perto estaremos da verdade e da paz, pois Deus não está lá fora, sentado em seu trono de ouro, imponente e autoritário, como muitos de nós aprendemos a imaginar. Um Deus amedrontador de crianças, que determina o que deve e o que não deve ser feito, o que é e o que não é pecado, construindo um mundo irreal de terror e medo. Ele está sim, dentro de nós, em todas as células, moléculas e átomos de nosso corpo, até mesmo dentro dos elétrons, dos prótons e dentro do pequeno vazio que existe entre eles.

Está em tudo o que é vivo, em tudo o que já existiu, existe e existirá. Está em todos os tempos, em todos os lugares, no passado, no presente e no futuro. Nas plantas, nos insetos, nos minerais, nos cristais, na prata, no cobre e no ouro. No vácuo do espaço, no calor do Sol e na escuridão da noite.

Está presente na Galáxia, no Cosmos, no infinito e na luz Suprema, da qual todos vieram e para onde todos voltarão – a Grande Luz, a nossa verdadeira morada.

Essas palavras podem parecer um tanto místicas e surreais, mas a sua consciência está preparada para compreender o lado místico como algo real, pois estamos vivendo dentro de uma experiência física material densa e muito diferente da leveza e da fluidez do mundo espiritual. Temos dentro de nossa consciência todo esse conhecimento integrado. Da luz nós viemos e para ela voltaremos. Sendo assim, o conhecimento magístico está inserido em nós como se fosse um grande catálogo universal – só precisamos acessá-lo novamente.

Acredite, durante a leitura deste livro, nossos amigos espirituais estarão ao seu lado lhe amparando e intuindo numa única direção, a sua realização. Isso é o que eles realmente desejam. Que você realize e tenha ideais definidos, e persiga-os independentemente das dificuldades. Querem que exerça o poder criativo, que ouse sonhar, que crie, modifique e agradeça pela vida que recebeu de presente. Desejam que você mostre para que veio a este mundo e ocupe seu lugar de direito.

Eles estarão, a partir de agora, sempre ao seu lado, se assim permitir e solicitar. Se durante essa leitura você se sentir confortado e inundado por um sentimento de alegria, um despertar e um sentimento de proteção interior, isso significa que foi ativado e automaticamente estará conectado de alguma forma com esses seres maravilhosos de alta frequência vibracional.

Não tenha medo, só o bem estará presente, pois como dissemos em nosso primeiro livro *A Lei da Atração*, em 2006, os seres se atraem por suas semelhanças latentes, e suas vibrações são construídas pela força das suas intenções e funcionam independentemente do tempo e do espaço. Essa atração não se prende somente ao mundo físico e material como estamos acostumados a imaginar. A Lei da Atração é uma força divina que rege nossas emoções e principalmente as nossas intenções. Ela foi criada para todos os seres; tanto os seres físicos, como nós, humanos, como também para os seres espirituais e para todas as dimensões existentes.

Seja bem-vindo a esse maravilhoso grupo de seres que querem o nosso bem e a nossa evolução, e nunca mais se sinta sozinho ou desamparado, pois eles estarão com você. Sempre que sentir a necessidade de uma presença superior, não hesite em chamá-los. Durante essa leitura você formará um vínculo espiritual com eles, se assim permitir e desejar. Lembre-se: nada pode ser imposto.

Atlântida

A História Oculta

Antes do grande dilúvio de Noé existiu uma grande civilização da qual todos nós descendemos, essa civilização se chamava Atlante, no entanto, poucos se atrevem a falar sobre esse tema devido aos dogmas impostos e também por puro desinteresse. Você certamente já deve ter ouvido falar sobre a antiga civilização de Atlântida. Existem documentários, filmes feitos em Hollywood em décadas passadas, com aspecto imaginário e fantástico. Os roteiros desses filmes sempre foram baseados em fatos históricos colhidos pelos historiadores das escritas de filósofos antigos, como Platão (Atenas 428/27 a.C. – 347 a.C.). Foi ele a única pessoa que descreveu essa maravilhosa civilização com riqueza de detalhes. Ele dizia em seus contos que a Atlântida era uma civilização detentora de tecnologias desconhecidas e extremamente evoluídas. Outros filmes e desenhos animados também foram feitos, porém com uma linguagem lúdica e pouco esclarecedora.

Na verdade, todas essas manifestações artísticas foram bem vindas, pois colocou em pauta novamente a discussão, no século 20, sobre a existência de um povo que viveu numa época dourada da humanidade, e que esse ciclo se encerrou devido a um grande dilúvio de proporções extraordinárias nunca vista pelos seres humanos, pelo menos durante os últimos 12.900 anos.

Esse período foi extremamente marcante para a raça humana e está descrito em quase todos os antigos livros religiosos de diversas culturas ao redor do mundo. O período pós-dilúvio marcou uma Nova Era, o final da quarta e o início da quinta raça evolucional da humanidade. Tudo aconteceu durante a passagem da Era de Virgem para a Era de Leão. As religiões e as crenças que conhecemos atualmente derivam todas desse incrível acontecimento. O primeiro livro da Bíblia, o Gênesis, se refere ao grande dilúvio como o renascimento da Criação no qual todos os seres habitantes da Terra ressurgiram a partir desse momento.

Diz na Bíblia, que Noé se tornou o grande salvador e dele ressurgiu a vida. Pois este, como grande conhecedor dos planos de Deus para o Planeta naquela época, sabia que deveria construir uma grande arca de madeira e partir rumo ao desconhecido para renovar os seres na Terra e enfrentar um novo começo.

Esse fato foi real, contudo, não existe nenhum relato histórico descrito sobre o que existiu antes desse acontecimento, antes do dilúvio que extinguiu toda uma geração de grandes homens e mulheres evoluídos tecnológica e espiritualmente, que sofreram muito com os fenômenos naturais e a passagem de um grande Ciclo Cósmico.

Somado a fúria dos Deuses, esse cataclismo foi devastador. Os atlantes, mesmo chegando a um alto grau de desenvolvimento espiritual e tecnológico, num certo momento se desencontraram e se renderam a desarmonia e ao imperialismo. Seus poderosos governantes experimentaram, no fim da civilização, a arrogância e o pretencionismo material. Estavam na verdade vivendo um momento de transformação vibracional de extrema importância, e seus sumos sacerdotes sabiam que um novo ciclo se aproximava e traria catástrofes nunca antes imaginadas.

Como dissemos, a única fonte de informação concreta que sobreviveu ao tempo e às gerações subsequentes foram as escritas pelo filósofo Platão, elaboradas nas cavernas da antiga Grécia.

Em sua obra *Timeu e Crítias*, Platão descreve detalhes específicos sobre uma civilização da qual todos nós descendemos. Seus registros, como quase todas as antigas escrituras, são sempre textos pouco compreensíveis quando lidos de maneira racional, por conter poucas palavras usuais nos dias de hoje, deixando o texto fantasioso e de difícil entendimento lógico. Por esse motivo, muitos alegam serem apenas escritas lúdicas de uma história surreal inventada por um homem que viveu numa época totalmente diferente da nossa.

No entanto, sabemos que Platão foi um dos maiores filósofos de todos os tempos, grande estudioso dos segredos e mistérios do Universo, da mente e do homem. Seus ensinamentos estão presentes em todas as grandes universidades do mundo, e assim se manterão por milênios. Esse foi o homem que descreveu a Atlântida, a civilização perdida que muitos gostariam de encontrar e comprovar a sua existência, colocando-se definitivamente nas páginas da história como um grande descobridor, como fez, por exemplo, o desbravador da tumba de Tutankhamon, o Sr. Howard Carter, em 1922, na cidade de Luxor no Egito.

Atlântida foi realmente uma magnífica passagem da raça humana na Terra, mas, infelizmente, ainda não temos essa comprovação científica, e talvez nunca tenhamos.

Governos de diversos países já tentaram encontrá-la no Mar Mediterrâneo, próximo à ilha de Creta, outros ainda procuraram incansavelmente no Caribe, devido ao enigma do Triângulo das Bermudas que aterrorizou os navegadores e aviadores na década de 1950.

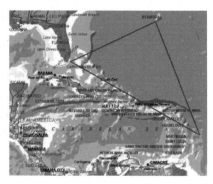

O Triângulo das Bermudas é uma área de 3.900.000 quilômetros quadrados, situada no Oceano Atlântico, circundada pelo litoral do sul da Virgínia, as Ilhas Bermudas e as Ilhas Flórida. Essa região tem um estigma de ser acometida por vários tipos de acontecimentos sobrenaturais. Foram constatados diversos desaparecimentos de aviões, barcos de passeio e navios. Uma das possíveis explicações para esses fenômenos são os distúrbios que essa região passa no campo magnético da Terra. Um dos casos mais famosos é o chamado voo 19. Muito embora existam diversos eventos anteriores, os primeiros relatos mais sistemáticos começaram a ocorrer entre 1945 e 1950.

O exército de Adolf Hitler também partiu com fervor em busca da descoberta da Terra Perdida de Atlântida, pois ele acreditava piamente em sua existência. Seu desejo era encontrar a localização exata e mostrar ao seu povo que deveriam seguir rumo ao poder total do Planeta, pois, em sua concepção, a Raça Ariana, a quinta raça evolucional humana, era descendente direta da civilização atlante, e ele, por consequência disso, seria o sumo sacerdote reencarnado, que restabeleceria o poder ao povo ariano. Como grande líder desse povo, Hitler deveria novamente instituir o poder mundial e usufruir dos poderes secretos da espiritualidade que estariam escondidos embaixo do Oceano Atlântico. Primeiro ele enviou o exército alemão ao Mediterrâneo e depois ao Caribe, no Golfo do México. Durante anos seus soldados disseram ter encontrado alguns vestígios da antiga civilização, porém nunca foram divulgados. Certamente muitas informações foram perdidas e suprimidas pelas autoridades. Nunca saberemos a real história sobre essas expedições, ficando então no âmbito das conspirações.

Platão, em sua época, fez o papel de disseminador da informação. Se não fosse a sua sagacidade e perseverança em mostrar ao mundo, naquela época, o poder do homem associado ao poder da mente, hoje poderíamos estar amargando muitas derrotas e estaríamos centenas de anos atrasados em todos os aspectos da nossa vida, tecnológica, cultural, psicológica e social. Isso só vem comprovar mais uma vez que nossos atos realmente mudam o mundo, pois dizemos novamente:

Somos seres criadores e para isso estamos aqui, para criar, modificar e evoluir nossa raça, ajudar os seres e cooperar na expansão do Planeta.

Platão de Atenas (428/27 a.C. – 347 a.C.): foi um filósofo grego. Discípulo de Sócrates, fundador da Academia e mestre de Aristóteles. Acredita-se que seu nome verdadeiro tenha sido Aristócles; o nome Platão provavelmente se devia a um apelido que fazia referência à sua característica física – ombros largos e porte atlético – ou à sua ampla capacidade intelectual para tratar de diferentes temas. Πλάτος (plátos), em grego significa amplitude, dimensão, largura. Sua filosofia é de grande importância e influência. Platão ocupou-se com vários temas, entre eles ética, política, metafísica e teoria do conhecimento.

Em um de seus diálogos (*Timeu e Crítias*), Platão nos conta que Sólon, no curso das suas viagens pelo Egito, questiona um sacerdote que vivia em Sais, no Delta do Nilo, e que este lhe fala de tradições ancestrais relacionadas com uma guerra perdida nos anais dos tempos entre os atenienses e o povo de Atlântida. Segundo o sacerdote, o povo atlante viveria numa ilha localizada para além dos pilares de Héracles (o estreito de Gibraltar), onde o Mediterrâneo terminava e o Oceano começava.

Quando os deuses helênicos partilhavam a Terra, a cidade de Atenas pertencia à deusa Atena e Hefestos, mas Atlântida se tornou parte do reino de Poseidon – O deus dos Mares.

No centro da Ilha de Atlântida, nas montanhas, vivia uma jovem órfã chamada Clito. A lenda conta que Poseidon teria se apaixonado por ela e para coabitar junto a sua paixão, teria divisado uma barreira constituída por uma série de muralhas de água e fossos aquíferos em volta da morada da sua amada. Dessa maneira, viveram por muitos anos, e dessa relação nasceram cinco pares de gêmeos, a qual o mais velho recebeu do deus dos mares o nome de Atlas.

Suposta imagem da cidade central de Atlântida. Ao centro, avista-se a Pirâmide de Icalitron, o templo da cidade de Poseidon.

Após dividir a ilha em dez áreas anelares, ele autorizou a supremacia governamental para Atlas. Dedicou-lhe a montanha de onde espalhava o seu poder sobre o resto da ilha. Em cada um dos distritos (anéis terrestres ou cinturões), reinavam as monarquias dos descendentes dos filhos de Clito e Poseidon. Eles se reuniam uma vez por ano no centro da ilha, no palácio central, no templo dedicado a Poseidon, com seus muros cobertos de ouro brilhando ao Sol. A reunião marcava o início de um festival cerimonioso em que cada um dos monarcas dispunha-se à caça de um touro. Uma vez o touro caçado, beberiam do seu sangue e comeriam sua carne, enquanto sinceras críticas e comprimentos eram trocados entre eles ao luar.

Atlântida seria uma ilha de extrema riqueza vegetal e mineral, não sendo somente prolífica, de forma magnífica, em depósitos de ouro, prata, cobre e ferro, mas também rica em *orichac*, um metal que brilhava como fogo. Os reis de Atlântida construíram inúmeras pontes, canais e passagens fortificadas entre seus cinturões de terra, cada um protegido com muros revestidos de bronze no exterior e estanho no interior. Tanto a riqueza e a prosperidade do comércio, como a inexpugnável defesa das suas muralhas, se tornariam uma marca da ilha.

Platão descreveu que essa civilização foi destruída por um desastre natural cerca de nove mil anos antes da sua Era, 329 a.C. Crê-se ainda que os atlantes teriam sido vítimas das suas ambições de conquistar o mundo ao serem dizimados pelos atenienses nessa tentativa. Além das preciosas escritas de Platão, muitas informações sobre Atlântida e seu povo foram passadas através de canalizações intuitivas feitas por algumas pessoas como Helena Blavatsky, Charles Webster Leadbeater e Edgar Cayce, durante o século 19, entretanto, essas informações foram pouco divulgadas pela mídia da época. Vamos elucidar a partir de agora e correlacionar às informações do século 19 com as escritas antigas de Platão.

Aristóteles: Filósofo grego nascido em Estagira (384-322 a.C.), foi um dos maiores pensadores de todos os tempos, considerado o criador do pensamento lógico. Suas reflexões filosóficas – por um lado originais e por outro reformuladas da tradição grega – acabaram por configurar um modo de pensar que se estenderia por séculos. Contribuiu em diversas áreas do conhecimento humano, destacando-se na ética, política, física, metafísica, lógica, psicologia, poesia, retórica, zoologia, biologia e história natural. É considerado por muitos o filósofo que mais influenciou o pensamento ocidental, por ter estudado uma variada gama de assuntos e por ter sido também um discípulo, que em muitos sentidos, ultrapassou seu mestre, Platão.

Sócrates: Em grego Σωκράτης, Sōkrátēs, (470-399 a.C.), foi filósofo ateniense e um dos mais importantes ícones da tradição filosófica ocidental. Mestre de Platão.

Helena Petrovna Blavatsky: Ekaterinoslav – em russo – foi ativista, escritora, ocultista, teósofa e uma das fundadoras da Sociedade Teosófica. Nasceu em 12 de agosto de 1831, na Ucrânia, e faleceu em 8 de maio de 1891, em Londres. Foi responsável pela sistematização da moderna Teosofia. Escreveu obras importantes como "Ísis Sem Véu" e "A Doutrina Secreta", escritos em 1875 e 1888, respectivamente. Um de seus livros mais grandiosos "O livro de Dzya" descreve fatos ocorridos na Atlântida que se relacionam com novas canalizações de outras pessoas que também tiveram a capacidade de visualizar esse antigo mundo.

Charles Webster Leadbeater: Clérigo da Igreja Anglicana e da Igreja Católica Liberal, Leadbeater (1847-1934), foi escritor, orador, clarividente e um dos mais importantes membros da Sociedade Teosófica. Autor de uma grande coletânea de livros e artigos da literatura teosófica e esotérica, considerados célebres pelos teosofistas e estudiosos do ocultismo, principalmente advindos de suas investigações clarividentes, com destaque para: "Os Chakras", considerado pela comunidade teosófica como um dos mais famosos livros sobre a descrição dos centros energéticos invisíveis do corpo humano, "As Vidas de Alcyone", investigação sobre as trinta últimas vidas de Krishnamurti, tendo como coautora Annie Besant, e "O Homem Visível e Invisível", onde descreve em detalhes, segundo os seus dons clarividentes, a formação e coloração do corpo astral, corpo mental e outros corpos espirituais do ser humano.

Vamos nos basear nessas visões e canalizações e elucidar uma Atlântida nunca antes imaginada e, por meio de um breve resumo, destacar alguns pontos importantes sobre seu povo; o que faziam; como viviam; sua cultura; seus rituais espirituais; como encaravam a vida e a morte; a cidade; a localização e as causas de seu desaparecimento.

Em seguida, faremos uma correlação com o grande dilúvio e as grandes civilizações que surgiram e descenderam da Atlântida depois desse fenômeno que marcou a história da humanidade. As civilizações Egípcias e Maias receberam as influências diretas do povo atlante, e carregaram por muitas gerações seus conhecimentos e qualidades. Muito dessas culturas ainda se encontram presentes até os dias atuais.

Eis como Moisés, o último sacerdote egípcio, relata o pavoroso evento cataclísmico de Atlântida:

E esteve o dilúvio quarenta dias sobre a terra; e todos os altos montes que havia debaixo de todo o céu, foram cobertos. E expirou toda a carne que se movia sobre a terra... Tudo que tinha fôlego de espírito de vida sobre a terra, tudo o que havia no seco, morreu... E ficou somente Noé e os que estavam com ele na Arca.

A narração sumério-babilônica feita por Ziusudra, rei da Décima Dinastia, considerado o Noé sumério:

O Senhor do impenetrável abismo anunciou a vontade dos deuses, dizendo: "Homem de Surripak. Faz um grande navio e acaba-o logo; eu destruirei toda a semente da vida com um dilúvio". Quando Xamas veio, no tempo prefixado, uma voz celestial bradou: "à noite farei chover copiosamente; entra no navio e fecha a porta". Quando o sol desapareceu, fui preso do terror, entrei e fechei a porta... Durante seis dias e seis noites o vento soprou e as águas do dilúvio submergiram a terra. Cheio de dor eu contemplei então o mar; a humanidade em lodo se convertera e, como caniços, os cadáveres boiavam.

A tradição egípcia:

Houve grandes destruições de homens, causadas pelas águas. Os deuses, querendo expurgar a terra, submergiram-na.

A tradição persa acrescenta:

A luz do Ised da chuva brilhou na água durante trinta dias e trinta noites; e ele mandou chuva sobre cada corpo por espaço de dez dias. A terra foi coberta de água até a altura de um homem. Depois toda aquela água foi outra vez encerrada.

Os códigos esotéricos hindus narram:

Vishnou ordena ao santo varão Vaiswasvata que construa um grande navio, entre nele com sua família e outros espécimes de seres vivos, para que, assim, possa ser preservada na terra a semente da vida. Assim que isso foi feito desabou a chuva, os mares transbordaram e a terra inteira desapareceu sob as águas.

Pelos chineses da seguinte forma:

Quando a grande inundação se elevou até o céu, cercou as montanhas, cobriu todos os altos, e os povos, perturbados, pereceram nas águas.

Encontramos entre os tibetanos e os tártaros a mesma recordação histórica de um dilúvio havido em tempos remotos.

Uma voz tinha anunciado o dilúvio. Rebentou a trovoada e as águas, caindo sempre dos céus. Arrastam imundícies para o oceano, purificando a morada dos homens.

A História Paralela

Suposto mapa da localização do Continente de Atlântida e da Lemúria (MU) no Oceano Pacífico.

No apogeu de sua cultura, essa civilização foi compreendida na história pela sua habilidade intuitiva. O homem de hoje organiza a realidade por meio da razão, fragmenta-a, analisa e a conclui, transformando-a em definições, por isso a nossa realidade parece tão injusta e imperfeita; resultando na crença num Deus mal e rancoroso.

As informações recebidas e que descrevem esse mundo antigo não têm comprovação científica, pois foi auferida por uma fonte emocional muito forte, por meio de um canal intuitivo, uma canalização.

Atlântida estaria localizada exatamente no meio do oceano, em cima de uma das sete placas tectônicas do Planeta, que se movem constantemente devido a expansão do globo pela deriva dos continentes, chamada de Pangeia (movimento de descolamento ocorrido durante duzentos milhões de anos entre os continentes da Terra). Na verdade, a ilha toda não foi submergida simplesmente pelas águas; Atlântida foi praticamente engolida para dentro de uma dessas grandes placas tectônicas e, por essa razão, até hoje não foi encontrado nenhum vestígio e nenhum artefato submerso no oceano.

Segundo as canalizações de Helena Blavatsky, a Atlântida se localizava no centro do oceano Atlântico e foi destruída por um grande cataclismo global em uma noite e um dia, no final da Era de Virgem, há 12.900 anos. Nessa passagem de Eras, muitas transformações climáticas aconteceram, ocasionando o descongelamento dos Polos e fazendo o nível dos mares subir até 130 metros acima do normal, devido a grandes tsunamis com ondas acima de 800 metros de altura.

As Placas tectônicas se moveram bruscamente devido a alteração do centro de gravidade que o Planeta sofreu nesse momento, uma mudança brusca de polaridade ocorrida na passagem entre a Era de Virgem e a Era de Leão.

O Sistema Solar demora 25.920 anos para dar a volta completa em torno do centro da Galáxia, e em cada metade desse grande ciclo, ou seja, a cada 12.900 anos, o Planeta se refaz e muda de posição, o polo Norte vira polo Sul e vice e versa. Esse movimento logicamente deve transformar drasticamente o centro de gravidade do Planeta. Observamos que esse próximo ciclo de 12.900 anos está ocorrendo exatamente agora, conforme os calendários maia e egípcio, durante a passagem da Era de Peixes e a Era de Aquário. Veremos mais adiante sobre a mudança de polaridade da Terra.

Catástrofes acontecerão? O final dos tempos está chegando? As profecias do apocalipse se revelarão definitivamente verdades?

Não. Pois cataclismos como o ocorrido na Atlântida só acontecem na mudança de uma raça mãe. E estamos muito longe de passar da Raça Ariana (quinta raça hominal) para a Raça Koradi (sexta raça angélica – de um total de sete raças mães).

A lenda de Platão diz que os atlantes submergiram devido ao materialismo egoísta. Por querer sentir emoções e experimentar os prazeres do corpo, deixaram-se levar por poderosas forças que os fizeram vibrar em densidades extremamente baixas, enquanto se maravilhavam com seu próprio poderio. Os paralelos entre esse tempo e o nosso são incríveis. Eles realmente acreditavam que a única forma de viver a realidade seria aquela criada por eles mesmos, os donos do mundo na época. No entanto, com esse tipo de pensamento, tornaram-se imperialistas, e com sua avançada tecnologia, quiseram impor a vontade e a cultura sobre os povos vizinhos por meio de guerras, as quais foram registradas em muitos livros antigos.

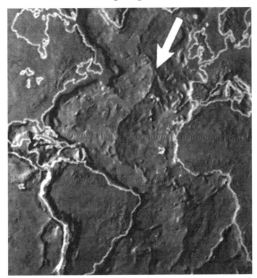

Localização do Continente de Atlântida, no meio do Oceano Atlântico, exatamente sobre as grandes Placas Tectônicas do Planeta.

Conforme sua escritura, portanto, Platão diz que os atlantes abnegaram de seu extremo conhecimento espiritual, conquistado durante milênios, para se entregar aos prazeres materiais e ao ego inferior, provocando a ira do Deus Poseidon.

Neste momento, a humanidade está vivendo uma situação semelhante de transformação, porém no sentido inverso. Enquanto os atlantes migraram, 12.900 anos atrás, do espírito para a matéria, hoje estamos migrando no sentido contrário, novamente da matéria para o espírito. Esse é o caminho que devemos seguir; colocar definitivamente o espírito sobre a matéria.

Com um alto grau de conhecimento material e racional já adquirido, o homem, que se diz moderno, ainda acredita ser o dono absoluto do Planeta, contudo, agora ele está buscando aprimorar novamente o seu lado espiritual e o sentido da vida e da alma. Este realmente é o momento exato de abertura e a oportunidade única de usar o corpo e a mente para reencontrar seus sentidos superiores, que regem verdadeiramente nossa vida, e crescer junto ao meio ambiente, essencial à sobrevivência da raça.

A Vida na Atlântida

Uma pessoa que também deixou uma enorme quantidade de informações sobre Atlântida foi Edgar Cayce. Nascido nos Estados Unidos em 1887, Edgar foi um menino com estranhas habilidades, conseguia dormir com a cabeça sobre um livro e no dia seguinte podia descrever todo o seu conteúdo.

Era um católico convicto e curou milhares de pessoas com seu poder psíquico. Durante as diversas leituras psíquicas que fez, começaram a aparecer informações detalhadas sobre vidas passadas e diferentes pessoas que viveram na Atlântida.

Segundo ele, no meio do Atlântico existiu uma cadeia de dez ilhas, sendo nove pequenas e uma grande (o continente) onde se situava a capital do império atlante, chamada Poseidon em homenagem ao seu rei, e ficava no litoral, no centro da grande praia do Sul. Os atlantes possuíam colônias ao redor do Planeta, e suas capitais ficavam na malha eletromagnética, desde o Egito, Tibet e México, e nas montanhas do Peru, onde se situou a quarta raça, o quarto estado de evolução da humanidade. Um povo que tinha um conhecimento tecnológico inimaginável para aquela época.

Disse também que, a partir do século 20, os habitantes da Atlântida começariam a voltar a reencarnar na Terra para trazer novamente a evolução tecnológica e ajudar a humanidade na escalada evolucional. Realmente o avanço tecnológico do século 20 foi extraordinário, incomparável a qualquer outro período histórico que conhecemos.

Edgar Cayce

Ao norte da ilha, encontravam-se os dois grandes vulcões, Atlas e Galdeiros, que sustentavam os céus da ilha e de onde derretia a neve que descia as encostas e brotavam enormes cachoeiras de água potável, necessárias para a sobrevivência de todo a população, gerando um clima tropical extremamente agradável. A água era canalizada e represada em aproximadamente 600 enormes quadriláteros navegáveis, facilitando o cultivo e o transporte de todos os suprimentos necessários para a população. A cidade era projetada com uma sucessão de grandes anéis circulares de terra e água ligados por pontes pênseis, chamados de Tinah pelos atlantes.

Possuíam grandes reservas de metais, todas situadas na Ilha de Tarchi, dando-lhes a possibilidade de projetar grandes construções com os mais diversos tipos de estruturas metálicas. As casas eram em forma de domos, redondas e brancas. Além do transporte fluvial e marítimo tinham também o domínio do transporte aéreo os quais utilizavam para exportar o excedente produtivo para suas colônias ao redor do globo.

Na grande ilha existiam, além de touros, milhares de elefantes que conviviam pacificamente com os humanos. Uma dessas grandes pontes com pilares de bronze ligava a cidade ao centro de Poseidon, na grande praça circular, com um quilômetro de diâmetro, onde situava a grande pirâmide branca, construída com placas de granito polido que resplandecia ao Sol. Esse núcleo era a força central da experiência atlante, chamada de o Templo Sagrado de Icalitron, com 150 metros de altura. Uma pirâmide de cristal com uma reluzente ponta de ouro. Ao redor da pirâmide existiam gigantescas palmeiras milenares e belos jardins.

Templo de Abydos – Egito – Inscrições de aviões, barco e helicóptero e uma espécie de nave em formato ovalado. Lápide com aproximadamente dois metros de comprimento.

No seu interior, a pirâmide parecia uma enorme gruta com estalactites douradas. Olhando para cima, podia-se ver a ponta dourada de ouro e cristal por onde era possível adentrar a luz do sol, deixando seu interior com milhares de brilhos de luzes brancas que fluíam em todo o ambiente. A pirâmide era considerada o ponto neutro da ilha, o lugar onde as energias se neutralizavam e as dimensões entre os mundos se abriam, chamado pelos atlantes de O Grande Portal.

Dentro da pirâmide, no seu centro, exatamente abaixo do topo dourado que brilhava ao sol, encontrava-se uma base central de baquelita vermelha, com aproximadamente dez metros de comprimento. Acima dessa grande base flutuava em constância um enorme cubo transparente de cristal de quartzo, com aproximadamente cinco metros. Nesse ponto ocorria um fenômeno chamado de *não gravidade* e o grande cubo de cristal de "O cristal de fogo da morte".

Pilares com as descrições no Templo de Abydos.

A Pirâmide de Icalitron. As primeiras pirâmides construídas pelos atlantes e depois copiadas e reconstruídas pelos egípcios e maias.

Na parte superior desse cubo, elevava-se uma luz branca límpida como se fosse um farol que subia até a ponta de ouro no topo da pirâmide. No entanto, o cubo que flutuava e a luz que dele emanava não eram alimentados por nenhuma força elétrica ou qualquer tipo de combustível, contudo, aquela energia se mantinha acesa há séculos. Aquele local era, na verdade, um ponto escolhido pelos sacerdotes atlantes com exatidão, pois ali havia um vórtice energético de extrema força, um portal interdimensional que ligava o mundo finito ao mundo infinito. O mundo visível ao invisível.

Através desse portal, os sacerdotes atlantes formados pela Escola de Mistérios de Naacal estabeleciam constantes contatos com seres de outras dimensões, com a finalidade de trazer conhecimentos e tecnologias de um futuro distante para seu povo.

Marcando a entrada do grande templo de Icalitron, podiam-se ver dois enormes obeliscos de ouro entalhados em forma de hieróglifos com os símbolos e arquétipos da sua sociedade. O interior da pirâmide, como eles costumavam dizer, era gigantesco, capaz de abrigar 75.000 pessoas sentadas durante os rituais de partida.

Ali também eram feitos os rituais de passagem de todos que morriam. Uma espécie de funeral. Colocavam a pessoa sob o grande cubo de cristal e suavemente iam subindo até que a luz manásica o tocasse. Nesse instante, quando o morto era tocado, seu corpo desintegrava em segundos,

partindo diretamente para uma nova dimensão. Nada podia tocar o grande cubo, tudo que nele encostasse instantaneamente era desintegrado, como acontecia também com a lenda da arca da aliança, a qual nós vamos detalhar nos próximos capítulos.

Na Atlântida não existia cemitérios, todo cidadão, no momento de sua morte, era levado imediatamente à grande pirâmide para que sua passagem para a outra dimensão fosse feita com perfeição. Por esse motivo, chamavam-no de "O Fogo da Morte". Esse era um ritual comum e sagrado para eles, não havia para o povo ou para a família nenhum aspecto de perda ou desamparo no momento da morte, encaravam apenas como uma passagem entre as dimensões inferiores e as superiores. Sabiam que "tudo o que está em cima é igual ao que está embaixo", posteriormente, esse mesmo ensinamento foi descrito por Toth, o grande sábio, em suas escrituras, mas precisamente na famosa Tábua de Esmeralda, escrita sobre pedra com a ponta de um diamante dentro da grande pirâmide de Gizé, no Egito.

As pessoas que morriam longe da capital Poseidon deveriam ser levadas até a pirâmide de Icalitron para serem desintegradas pela Pedra do Fogo da Morte. Eles acreditavam ser uma calamidade um cidadão atlante não passar pelo portal interdimensional após a sua morte. Se isso não fosse feito, o corpo astral permaneceria ligado ao corpo físico e ao plano material, dificultando a libertação espiritual. Esses rituais eram comandados pelos sacerdotes da Escola de Mistério de Naacal, que antecedeu a Escola Superior do Olho de Hórus.

Os sacerdotes dessa escola viviam ao norte, na ilha de Undi, e viajavam constantemente para a capital para seus afazeres. O templo de Naacal foi construído entre os dois grandes vulcões, Atlas e Galdeiros. Ali foi edificado o colégio dos sacerdotes atlantes que era governado por um grande mestre, o *Incaliz – Chiquitet Arelich Vomalites –*, o qual era reverenciado e ouvido por todos, pois era encarregado da comunicação com as entidades do plano físico e com outras culturas da Galáxia.

Dos ensinamentos da Escola de Mistérios de Naacal derivaram, portanto, depois do dilúvio, os conhecimentos necessários para a criação de diversas escolas sacerdotais em outras épocas e lugares. Dentre elas provieram principalmente a Escola Babilônica, a Escola dos Essênios do Mar Morto e a Escola de Mistérios do Olho de Hórus no Egito.

Os sumos sacerdotes em Naacal descobriram que o Universo e o Planeta Terra obedeciam a um ritmo, tinha ciclos e estações que se sucediam constantemente. Esses sábios sacerdotes sabiam que estavam vivendo o fim de um grande ciclo e que tudo acabaria. Tentaram avisar os governantes sobre a iminente catástrofe que estava por vir, mas sem o apoio da maioria da população eles seguiram em frente com suas convicções e iniciaram o processo de construção de embarcações blindadas e cobertas com uma força eletromagnética, capaz de penetrar e dissolver a matéria. Logicamente, não eram arcas de madeira, como estamos acostumados a imaginar.

Nesse momento, todos foram comandados pelo sacerdote *Chiquitet Arelich Vomalites*, ordenando que suas famílias e animais domésticos subissem a bordo das embarcações. Os sacerdotes afastaram-se de Atlântida em busca de uma Nova Terra e um Novo Tempo (Zep-Tepi) que acreditavam estar chegando. Em pouco tempo veio o grande dilúvio que durou 148 dias, acabando com todos os vestígios dessa antiga civilização.

Depois de sobreviverem a essa destruição de caráter mundial, desembarcaram em pontos específicos onde se situavam suas antigas colônias, como o Vale do Rio Nilo no Egito, onde já existiam as três grandes pirâmides de Gizé e a Esfinge, a mais antiga e enigmática estátua do mundo.

Eles sabiam exatamente que ali seria o ponto ideal para dar devida continuidade à vida, pois o Egito era um dos centros energéticos mais poderosos do Planeta. Mas precisavam encontrar os pontos ideais onde fluíam as forças telúricas da Terra para construírem outras pirâmides que ressoassem, concentrassem e transformassem o pensamento do homem em energia eletromagnética. Esses pontos deveriam ser semelhantes aos que estavam acostumados a viver no continente atlante. O Vale de Gizé era exatamente um desses pontos – um dos mais poderosos chakras energéticos do Planeta.

Um dos sobreviventes do grande dilúvio, o Noé bíblico, sabia que esse local predeterminado era rodeado de belas planícies e banhado por um grande rio – o Rio Nilo. Em suas margens de água azul escura, ele encontraria o grande marco que seus antepassados distantes tanto veneravam – o Vale de Gizé e a Esfinge.

A primeira embarcação atracou no Monte Ararat (atual Turquia) e, após as águas terem baixado, Ziusudra – O Noé sumério – desceu ao sul e chegou até a grande Esfinge de Gizé, marco que já havia sido construído há milhões de anos pela raça anterior à Raça Atlante, a terceira raça da humanidade; a Raça Lemuriana. A planície Mesopotâmica e o Egito foram as regiões do Oriente Médio escolhidas para gerar uma nova civilização sobre a Terra.

Estátua de Gudeia, governador de Lagash, uma das mais belas peças da escultura sumeriana e de toda a arte mesopotâmica (Museu do Louvre, Paris).

À direita – Ziusudra – O Noé Sumério.

Os sumérios descrevem sobre uma civilização anterior ao grande dilúvio em suas primeiras placas encontradas. Uma civilização muito sábia, com homens que praticamente não envelheciam. Uma sociedade modelo de equilíbrio, sabedoria e justiça. Essa civilização eles chamavam de Utu.

Para a história oficial, a Atlântida é um mito, não se aceita que tenham existido seres pensantes que desenvolveram uma civilização pré-diluviana e que essa civilização desapareceu há 12.960 anos.

A primeira civilização aceita pelos historiadores tradicionais foi a Civilização Suméria 4446 a.C.

Duas importantes criações atribuídas aos sumérios são: a escrita cuneiforme, que provavelmente antecede todas as outras formas de escrita, e as cidades-estado, sendo a mais conhecida delas provavelmente a cidade de Ur de Caudeus, construída por Ur-Nammu, o fundador da Terceira Dinastia Ur, por volta de 2000 a.C.

Escrita cuneiforme é a designação dada a certas formas feitas com auxílio de objetos em formatos de cunha. Essa prática foi criada e desenvolvida pelos sumérios por volta de 3500 a.C. Inicialmente, a escrita representava as formas do mundo (pictogramas), mas, por praticidade, foram se tornando cada vez mais simples e abstratas. Ao sumérios é atribuído o conhecimento astronômico mais sofisticado da antiguidade. Essa cultura agrupou as estrelas das constelações que hoje reconhecemos, e deram a elas os nomes que ainda usamos nos dias atuais. Todos os conceitos de astronomia esférica, os polos, os eixos de rotação, a eclíptica, os solstícios, e o mais incrível dos ciclos chamado de "precessão dos equinócios"; foram descobertos pelos sumérios. A precessão dos equinócios é uma medida de tempo muito grande, que corresponde a 25.920 anos, como vimos, tempo necessário para que o Sistema Solar complete um giro inteiro ao redor do Sol Central da Galáxia.

Outra informação surpreendente é que os sumérios deixaram registrados a existência de todos os Planetas do Sistema Solar, inclusive Urano, Netuno e Plutão, que só foram redescobertos recentemente pela astronomia moderna. A pergunta é: de onde teriam obtido tanto conhecimento?

Certamente das escrituras sumerianas. Séculos depois, os egípcios agruparam o tempo terrestre ao tempo celeste que acompanhamos até hoje. Essa enorme medida de 25.920 anos do giro do sistema solar ao redor do centro da Galáxia, foi dividida em doze quadrantes iguais, separados em 30 graus cada, como se fossem pedaços de pizza.

A cada quadrante foi dado o nome de um animal, os animais estão simbolizados no zodíaco de Dendera (veremos detalhes em seguida). Cada quadrante corresponde a 2160 anos dentro de ciclo total de 25.920 anos. Essas doze divisões descritas no zodíaco egípcio é o que estabelece a divisão das Eras que queremos mostrar. O Calendário Sumério foi escrito no ano de 4446 a.C., na Era de Touro. No entanto, eles consideravam que o tempo havia começado na Era de Leão, quando a Terra se inundou e poucas pessoas se salvaram do grande cataclismo, como Ziusudra – o Noé sumério.

Uma das doze colunas do salão de entrada do templo. Representando a Deusa Hathor. A amada de Hórus, o filho de Osíris e Ísis.

Templo de Hathor. Mais conhecido como templo de Dendera. Local onde foi encontrado o Zodíaco por Napoleão Bonaparte e seu exército.

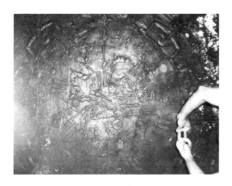

Réplica do Zodíaco, foto feita em loco pelo autor no Templo de Hathor, em 2008. O Zodíaco tem aproximadamente três metros de diâmetro e está no teto do salão superior direito do Templo, dentro de um salão onde os sacerdotes estudavam o firmamento celeste. O Templo de Hathor era considerado o centro científico e astronômico da época. A NASA dos egípcios antigos.

O zodíaco circular egípcio confirma isso. Ele foi encontrado no interior do Templo de Dendera, por Napoleão Bonaparte, na ocasião em que invadiu o Egito com suas tropas, no século 16.

O Templo de Dendera está localizado no sul do Egito e foi construído para homenagear Hathor, a amada esposa de Hórus. O famoso zodíaco estava localizado, especificamente, no teto do terraço do templo desenvolvido pelos sacerdotes da escola do Olho de Hórus.

Napoleão entendeu o significado do zodíaco e o levou para França, através do Nilo e pelo Mar Mediterrâneo. Hoje, essa peça histórica se encontra exposta no Museu do Louvre, em Paris, e curiosamente também tem o formato de uma pirâmide.

Assista ao vídeo feito no local pelo autor:
http://www.youtube.com/watch?v=wY8nlJ5kJY0

A próxima ilustração mostra exatamente como os egípcios, descendentes diretos dos atlantes, compreendiam o Universo. O Sistema Solar se movimenta de forma constante e já completou o ciclo de 25.920 anos milhares de vezes. Verifique a perfeição com a nossa atual cronologia e, em seguida, correlacione novamente com o calendário Maia, o qual obedece a mesma cronologia temporal, pois os maias também foram descendentes do grande dilúvio bíblico, porém

Zodíaco Circular de Dendera – Idade aproximada 50 a.C. Atualmente está exposto no Museu do Louvre, em Paris.

tiveram outro Noé como colonizador. Na verdade, o sumo sacerdote *Incaliz* enviou exatamente 144 representantes para os mares, para recolonizar o Planeta após o cataclismo.

Podemos perceber que o dilúvio descrito por Platão ocorreu 12.960 anos atrás, na exata passagem da Era de Virgem para a Era de Leão, depois, passamos por Câncer, Gêmeos, Touro, Áries e Peixes, que por sua vez se iniciou a 148 a.C. e cessou no ano de 1992, dando início a Era de Aquário, A Era de Ouro que está nascendo.

Museu do Louvre – Paris – França

Acabamos de sair de um período de sombras de 20 anos, o período de preparação para a entrada definitiva para uma Nova Era. Perceba que a cada passagem de Era, para que ela se concretize totalmente, devemos aguardar um período de alvorecer que dura o tempo de 20 anos. Nós já passamos esse período conhecido como o "Tempo do Não Tempo", a "Época das Sombras", como detalha os maias em suas profecias. Os maias, da mesma forma, também descenderam dos atlantes, mas se localizaram na América, mais precisamente no México.

Esse período de sombras significa para eles a "Era do não saber", daí o medo do desconhecido que veio e ainda vem tomando conta da humanidade nos últimos tempos, ou seja, passamos dentro de um alvorecer como se estivéssemos saindo da noite para a aurora da manhã. Demora alguns minutos para que a noite dê lugar ao dia, nesse período, não conseguimos descrever se ainda é noite ou se já é dia. Da mesma forma acontece no Cosmos, mas o tempo logicamente é maior, 20 anos. Portanto, dentro desse período de sombras não conseguimos distinguir em qual Era estávamos exatamente, se a de Peixes ou a de Aquário. Na verdade, estamos nos despedindo de um antigo mundo que não volta mais e entrando em um novo.

Esses períodos de transição entre Eras marcam grandes mudanças de consciência. É um tempo que existe exatamente para nos prepararmos às mudanças necessárias que virão. Não seria possível passar de uma Era para outra num piscar de olhos, como se apagasse uma luz e acendesse outra. Esse período presente que ainda estamos vivenciando é um período de medo, mas, em breve, cessará e trará a confiança novamente à superfície da consciência humana.

Lembrando que o Sistema Solar, dentro desse grande plano descrito pelos egípcios, chamado de Precessão dos Equinócios, é praticamente invisível. Se pudéssemos realmente ver a Galáxia por cima, como se estivéssemos dentro de uma nave espacial sobrevoando o centro de OM^2, sequer conseguiríamos enxergar o Sistema Solar, pois ele seria como um pequeno grão de areia girando dentro dessa imensidão.

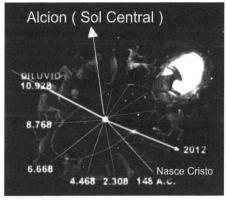

Mapa demonstrativo da rotação do sistema solar ao redor do Sol Central da Galáxia.

Mas, acredite: a Via Láctea é um organismo vivo e o Sistema Solar faz parte dele, os planetas, a Terra e nós, os seres humanos, também. Por menor que pareçamos ser dentro dessa imensidão cósmica, somos essenciais para o conjunto. Fazemos parte desse gigantesco organismo chamado Universo.

Um som sagrado e dotado de poder. A maioria das autoridades espirituais vê o mantra *OM* como a vocalização do som de Deus propriamente dito, a vibração que está presente em todo o Universo, audível para aqueles que estão em estados superiores de consciência.

OM é a sílaba sagrada do hinduísmo, que se originou da tradição védica, e é por vezes referida como o mantra primordial, não só porque é considerado o som primordial, mas também porque a maioria dos mantras começa com ele.

Encontrado em primeiro lugar nas escrituras védicas do hinduísmo, *OM* ou *AUM* tem sido visto como a primeira manifestação do manifesto

---

2 *OM é o som do qual emana o Universo, a substância essencial que constitui todos os outros mantras, sendo o mais poderoso deles.*

Brahman, que resultou no universo fenomenal. Basicamente, todo o cosmos provém da vibração do som "*AUM*" na cosmologia hindu. Na verdade, o som é tão sagrado, que é o prefixo e sufixo de todos os mantras e encantamentos hindus. É sem dúvida o símbolo mais representativo do hinduísmo. A vibração primordial do cosmos.

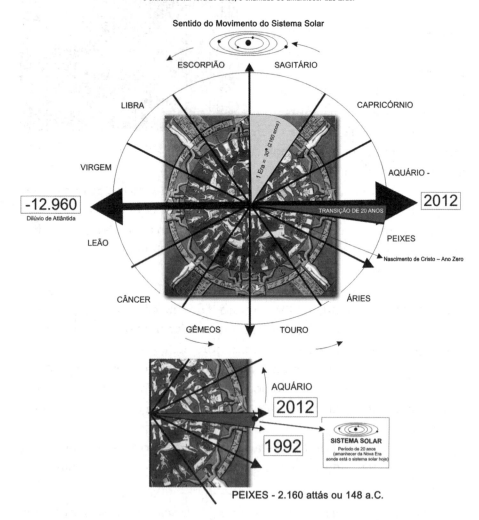

Imagens Comparativas

Veja as proporções a seguir e tome suas próprias decisões sobre o que realmente somos dentro do infinito Universo. Faça a si mesmo algumas perguntas:

- Somos realmente os únicos seres vivos inteligentes nessa imensidão?
- Será que meus problemas são suficientemente grandes como acredito?
- Existe realmente um grande arquiteto do Universo? Se a resposta é sim, onde ele está?
- Qual o meu papel dentro desse Mundo?
- O que movimenta tudo isso?
- Se há vida consciente nesses lugares será que temos uma forma de estabelecer algum contato?
- Qual o tamanho da importância que estou dando aos meus problemas atuais? O que é realmente importante?
- Será mesmo que sou um ser eterno, um turista intergaláctico vagando na imensidão da eternidade?
- O que existe além de tudo isso afinal?

As referências se perdem quando nos comparamos aos níveis galácticos e universais. Sequer estamos perto do centro da Via Láctea que comporta pelo menos 100 bilhões de sóis iguais ao nosso e é apenas uma das 100 bilhões de galáxias que compõem o Universo conhecido. E pasmem, existem por volta de septilhões de estrelas dentro desse Universo que conhecemos, imaginem então quantas estrelas existem no que ainda é desconhecido?

Nosso Sol, nossa maior referência celestial, é apenas uma pequena estrelinha se for comparado, por exemplo, com Betelgeuse que é trezentas vezes maior que ele, ou então com a estrela monstro chamada Canis Majoris, que é pelo menos um bilhão de vezes maior do que o nosso Sol.

A Terra nessa proporção é tão pequena que caberia pelo menos um milhão delas dentro do nosso Sol, e um quatrilhão dentro da estrela Canis Major.

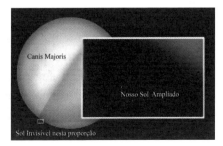

Veja as seguintes comparações:

A primeira delas mostra a Terra e Vênus com tamanhos muito parecidos, o raio equatorial da Terra é de 6378 km, enquanto que o raio de Vênus é de 6051 km. Uma diferença não muito grande.

Marte, por sua vez, é bem menor. Seu raio é de 3397 km, ou seja, um pouco maior que a metade do nosso Planeta. Marte é 1,3 vezes maior que Mercúrio, que por sua vez é o dobro de Plutão. A maioria dos telescópios de médio porte não consegue ver Plutão, pois ele é menor que a nossa Lua.

Agora veja:

Júpiter, o maior planeta do Sistema Solar, é onze vezes maior que a Terra. Saturno, o segundo maior planeta, não fica atrás, seu raio é de 60268 quilômetros. Já, Urano e Netuno são bem menores, mas mesmo assim, são aproximadamente oito vezes maiores que a Terra. A figura mostra bem o quanto somos pequeninos perto destes gigantes.

Na sequência, vemos o Sol, que é cem vezes maior que a Terra. Mesmo o gigantesco Júpiter não passa de uma bolinha de gude quando comparado ao nosso astro rei.

Mas, não se animem, nem o Sol é tão grande quanto parece. A ilustração da página seguinte mostra que até ele se torna uma pequena estrela quando comparado aos outros sóis que estão anos-luz

distantes de nós. Nosso Sol não passa de uma lanterna quando é comparado, por exemplo, com Sirius, a estrela mais brilhante do firmamento celeste.

Mas, até mesmo Sirius, quando comparada à grande Arcturus, perde sua majestade. Essa estrela gigante é dezessete vezes maior que o Sol.

Já nesta comparação, a enorme Arcturus se torna muita pequena perto de Antares, uma estrela vermelha gigantesca, que está a seiscentos anos-luz da Terra. Antares é setecentas vezes maior que o nosso Sol, brilha dez mil vezes mais e se localiza no centro da constelação de Escorpião e, devido à sua coloração avermelhada, alguns astrônomos a chamam de Coração do Escorpião.

A estrela mais próxima do Sol é a Próxima Centauri, que se situa a 4,2 anos-luz daqui, ou seja, para chegarmos até ela, viajando na velocidade da luz, levaríamos aproximadamente quatro anos para chegar.

Visto isso, deixo aqui alguns questionamentos para você leitor:

Dentro de todo esse contexto sobre as grandezas cósmicas conhecidas até hoje, será que somente uma raça de seres viventes baseada em carbono, como nós, pode ter se transformado em seres inteligentes? Será que estamos realmente sozinhos no Universo? Nossos problemas pessoais e corriqueiros que tanto nos incomodam diariamente são realmente grandes? Não estamos supervalorizando nossas dificuldades mundanas e nos esquecendo dos propósitos maiores do espírito? Estamos certos de que nossas dificuldades são tão difíceis de serem resolvidas assim? Será que não existe algo ou alguém nesse imenso Universo que possa vir e nos ajudar ou pelo menos nos orientar?

Pense nisso...

A Esfinge

A Guardiã das Pirâmides

A Esfinge de Gizé – Obra Lemuriana com mais de um milhão de anos.

No mapa-múndi atual, podemos perceber que os pontos onde se encontram as pirâmides do Egito – Mesopotâmia (Sumérios); Pirâmides dos Maias, no México, e no Tibet (Cidade de Lhasa), todos estão na mesma longitude, como se tivesse sido escolhido o local exato para fixar seu povo.

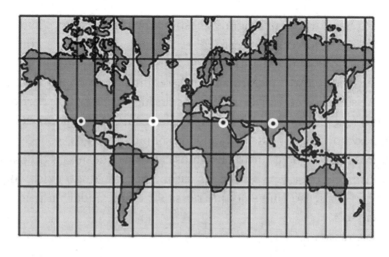

México   *Cairo – Egito*   *Lhasa – Tibet*

E assim fizeram após o dilúvio. Com o conhecimento astronômico e a sabedoria de seus sacerdotes, escolheram sim os lugares exatos, alicerçaram as suas civilizações justamente sob os vórtices energéticos da Terra (chakras planetários), pontos específicos por onde flui a energia eletromagnética planetária, onde poderiam exercer a não gravidade e estabelecer novamente os portais interdimensionais que sempre mantiveram na Atlântida.

Alguns desses pontos são conhecidos pelos governos que, por meio de tecnologias secretas, são capazes de produzir formas de levitação e antigravidade. Os atlantes sabiam que esses eram os pontos ideais para manipular a gravidade através da energia da consciência (Energia Taquiônica que falaremos mais à frente).

A Atlântida também se situava sob outro vórtice energético de mesmo poder, mas estava no centro do oceano Atlântico.

As pirâmides de Gizé não foram construídas para servirem como túmulos para os grandes Faraós, mas, sim, para servirem como grandes antenas que se conectariam diretamente com o Cosmos e, por meio delas, abrirem canais de desdobramento corpóreo para comunicação com as moradas maiores, Sirius e Órion, e também para atrair, transformar e potencializar a energia cósmica originada do centro da Galáxia. Mais à frente, veremos que as pirâmides não foram construídas com força escrava, mas com conhecimento tecnológico e com total noção da Física e da Ciência de Toth (Imhotep).

A lenda egípcia diz que a Esfinge com corpo de Leão foi construída para marcar a passagem da Era de Leão; e o cataclismo vivido nesse período, o evento mais marcante e importante já ocorrido para os atlantes.

Sua cabeça humana é o símbolo de Aquário, justamente para marcar o próximo ciclo que se aproxima com o arquétipo da constelação de Aquário. A Esfinge vem, depois de milhares de anos, alertar-nos para o grande chamado, assinalando a época em que estamos entrando e indicando a duração e finalização de um grande ciclo cósmico.

Não se sabe ao certo, mas consta que a Esfinge foi construída muito antes das pirâmides que se situam atrás dela, há mais de um milhão de anos. Por esse motivo, essa obra fantástica é a mais antiga e enigmática do mundo, pois já vivenciou muitos cataclismos e dilúvios. Quem se aproxima dela pode verificar com os próprios olhos as dezenas de erosões horizontais que marcaram sua existência, ou seja, a Esfinge já ficou submersa por oceanos muitas vezes e vivenciou o tempo como se fosse uma entidade eterna. E continua olhando para o horizonte, pois sabe que muito ainda verá no futuro.

Demonstração das erosões horizontais na Esfinge de Gizé.
Foto: Sueli Zanquim – Acervo dos autores – 2007

A Esfinge é uma obra lemuriana, construída há muito tempo, sobre um único bloco de monólito. Não há registros científicos sobre isso, somente registros akáshicos (registros espirituais) que podem ser acessados de forma extracorpórea através do Nirmanakaya (plano das verdades universais).

Acreditamos que muitos conhecimentos atlantes se encontram embaixo da Esfinge, a mais de trinta metros de profundidade, abaixo do que conhecemos como a câmara do médico. Um local onde estão guardados os conhecimentos herméticos, a tábua de esmeraldas de Imhotep e os cristais de sabedoria divina (chips cristalinos de tecnologia extremamente avançada).

A "Estela dos Sonhos", encontrada nos pés da Esfinge, traz escrituras sobre Tutmósis IV. Entre as enormes patas da Esfinge de Gizé existe uma estela com formato retangular, medindo 144 cm de altura por 40 cm de largura, que registra um sonho que Tutmósis IV (c. 1401 a 1391 a.C.) teria tido quando ainda era apenas um príncipe. Ele sonhou que durante uma expedição de caça no deserto parou para descansar à sombra da Esfinge. Enquanto dormia, a Esfinge lhe dirigiu a palavra e revelou que ele se tornaria rei se removesse a areia na qual ela estava quase que totalmente enterrada. Depois de atender ao pedido da Esfinge ele se tornou faraó e ergueu uma estela que conta a história do seu sonho. Uma capela foi construída próximo ao monumento para venerar esta divindade solar.

Já as grandes pirâmides foram construídas pelos próprios atlantes para se tornarem uma espécie de fortaleza de proteção para a grande Esfinge, mas também como biblioteca universal, máquina de transposição atemporal e usina de energia consciente.

É realmente um enigma. Os egiptólogos estão incessantemente à procura de antigas escrituras que confiam estar embaixo da Esfinge. Acreditam que esses documentos existam, mas só serão revelados aos seres humanos quando estivermos devidamente preparados. Os mentores dizem que somente após uma autorização espiritual poderemos acessar tais câmeras de conhecimento.

Acreditam estar descritos nesses pergaminhos ou cristais, relatos reais sobre a antiga civilização atlante e lemuriana, sua cultura, seus habitantes e seus conhecimentos sobre o Universo e as verdades da Criação. Certamente seriam estes os documentos mais preciosos e desejados pelo homem, comparados ao Santo Graal tão cobiçado por diversos povos ao redor do mundo.

A Esfinge, inacreditavelmente, está colocada com extrema precisão com o seu rosto voltado para o Leste, para o nascer do sol, com seu olhar enigmático olhando para o futuro e para o passado ao mesmo tempo. Foram feitas análises completas por computadores a pedido de egiptólogos e arqueólogos, para saber para onde essa gigantesca estátua com corpo de Leão e rosto de humano estaria olhando no momento exato do dilúvio 12.900 anos atrás, e para onde estaria olhando em dezembro de 2012.

A resposta veio e todos ficaram perplexos com a descoberta: há 12.900 anos, ela olhava justamente para o céu, diretamente para a Constelação de Leão, exatamente como descrito no Zodíaco de Dendera e nos mapas astronômicos atuais. E em 2012, estava olhando precisamente para a Constelação de Aquário, marcando então o início da Nova Era que estamos vivendo.

O que isso significa?

Significa que os lemurianos e atlantes sempre tiveram o conhecimento astronômico sobre as passagens das Eras e suas consequências.

Mas, será que eles sabiam que iríamos passar por momentos de extremas mudanças climáticas como eles supostamente passaram em suas épocas?

Será que sabiam que viveríamos uma enorme mudança vibracional que transformaria nossa maneira de ver o mundo e as pessoas?

Será que sabiam sobre a nossa empáfia perante a natureza e nossa falsa supremacia perante os povos pobres e sofredores? E que a nossa ânsia pelo poder estaria tão exacerbada a ponto de vivermos sobre um prisma imperialista econômico financeiro sem precedentes, e que estaríamos mergulhados no egoísmo e no individualismo?

Será que estavam cientes de que estaríamos numa busca desenfreada pelo conhecimento espiritual, tentando descobrir o propósito da vida e prestes a encarar um novo mundo? Que estaríamos vivendo num ambiente de extrema arrogância, chegando a acreditar que somos realmente os únicos seres inteligentes no Universo? E que mesmo sendo extremamente evoluídos tecnologicamente viveríamos guerreando e matando nossos semelhantes em detrimento do dinheiro e do poder?

Será que eles sabiam que nos transformaríamos em pessoas cheias de medos e vazios a serem preenchidos?

Simulação real da época. A grande pirâmide era coberta totalmente por uma camada de quartzo branco que brilhava com a luz do sol, mas, se olhar para a pirâmide de Quéops atualmente, pode-se perceber claramente que essa camada, como sendo valiosa, foi roubada por ladrões e diversos exércitos durante os séculos e milênios que se passaram. A Esfinge, na sua forma original era pintada na cor vermelha, a cor do Egito, com suas planícies verdes e arborizadas, e possuía uma barba que foi quebrada.

Logicamente que nunca responderemos a essas perguntas, mas com certeza nossos antepassados distantes sabiam que essa passagem que estamos vivenciando neste exato momento, seria uma época de grandes mudanças para a humanidade. Por um simples motivo: eles já vivenciaram tudo isso um dia. A Esfinge é uma espécie de guardiã dos tempos, um arquétipo do tempo que tudo sabe e tudo vê. Ela foi construída pelos Titãs lemurianos para marcar a imagem da eternidade sobre a Terra para todo o sempre. Assim é e assim sempre será. As pessoas morrem, as guerras começam e terminam, os dilúvios vêm e vão, a terra e as crenças religiosas se modificam através do tempo, mas a Esfinge está sempre no mesmo lugar, olhando tudo com seu olhar enigmático e onírico.

O que está acontecendo conosco hoje, também aconteceu com os atlantes. Tudo o que estamos passando atualmente é um reflexo do que um dia aconteceu com essa antiga civilização no passado, uma espécie de espelho cármico coletivo.

A Esfinge, para muitos, pode ser somente um grande monumento histórico, mas para os atlantes foi um marco de extrema importância magística e iniciática.

Já para os sobreviventes do dilúvio, como Noé e seus descendentes Sem, Abraão e Imhotep, o Vale de Gizé era o ponto ideal para a construção dos futuros templos e pirâmides, o local onde poderiam restabelecer a conexão com Órion e Sirius, a morada original dos seres humanos.

As pirâmides eram enormes antenas que tinham uma ligação direta com o centro da Galáxia e, através delas, os sacerdotes da Escola de Mistérios do Olho de Hórus estabeleciam uma fonte ininterrupta de energia autossustentável. Uma energia pura e abundante que canalizavam para dentro dessa gigantesca máquina quântica, e que pouco ainda conhecemos sobre seu funcionamento. O que se sabe é que sem a presença do homem e de sua energia consciente agindo juntamente à pirâmide, nada poderia ser feito. As pirâmides eram as máquinas, e os homens, os instrumentos de conexão que faziam a grande usina funcionar através da Energia Taquiônica (energia do pensamento).

Os sacerdotes iniciados tinham facilidade em trabalhar por diferentes formas de meditação e estados alterados de consciência, alcançados em seus treinamentos e rituais no interior das grandes pirâmides. São fatos descritos em muitos templos egípcios, contudo sempre de forma simbólica.

O Egito Oculto

As grandes pirâmides têm uma localização precisa, astronômica e geomagnética. Atualmente se encontram a 30 graus de latitude da linha do Equador e 28`58 51 a leste de Greenwich, mas, devido ao movimento das placas tectônicas continentais durante os séculos que se sucedeu, essa posição se modificou. Na época em que foram construídas estavam exatamente a 30 graus de latitude e 30 graus de longitude; localização matematicamente precisa.

Uma construção feita com mais de 2.000.000 (dois milhões) de blocos de pedras, 203 degraus, chegando à altura de um prédio de 48 andares. Com altura precisa de 147,8 metros, uma exata fração da distância do Sol com a Terra, hoje conhecida de 147.8 milhões de km.

Montagem de uma possível rampa para construção da Pirâmide.

Nem mesmo com a atual tecnologia é possível hoje executar um projeto de tal magnitude. Os japoneses tentaram construir uma pirâmide, em 1981, com um tamanho 50% menor, mas com a mesma escala. A construção caiu com seu próprio peso e tiveram de abandonar o projeto.

Cada pedra da pirâmide pesava entre duas e seis toneladas, se fossem feitas rampas para levá-las até o seu topo, elas teriam de ter pelo menos dois quilômetros de comprimento, teria duas a três vezes o peso total da própria pirâmide. Essa hipótese é muito pouco provável.

Elas foram sim construídas manipulando e trabalhando conscientemente a força da gravidade anulando assim o peso das gigantescas pedras.

Estudos atuais mostram que é possível anular a força da gravidade e reduzir o peso dos objetos em até 90%. Mas ainda não se consegue aplicar essa tecnologia como fizeram os egípcios. Para conseguir isso, utilizavam essencialmente a força da consciência humana que, somadas com a potência de canalização de energia do Cosmos pelas pirâmides, tinham o poder de atuar sobre a força da gravidade ou produzir energia. Uma energia livre e consciente.

A pirâmide possuía 144.000 blocos de granito branco, perfeitamente polidos, cortados com exatidão matemática e revestidos por uma camada de quartzo. Na parte superior, sua ponta era coberta de ouro, como a pirâmide de Icalitron, no centro de Atlântida.

Depois de pronta, a grande pirâmide se tornou a mais brilhante e espetacular forma já construída. Quando algum peregrino chegava ao Egito, imediatamente era inundado por aquela fantástica visão, algo indescritível. A pirâmide era uma espécie de espelho que refletia a luz do Sol, chamada por eles de IKHET (Luz Gloriosa) capaz de ser vista do espaço. Certamente esse era o objetivo principal dos egípcios: construir uma espécie de antena, um canal perfeito de ligação com as estrelas de Sirius e Órion, mundos paralelos dos Deuses Ísis e Osíris.

Nas figuras a seguir, podemos comparar com a imagem de satélite como as três pirâmides estão colocadas como espelhos do Cinturão de Órion. Perceba na foto que as duas grandes pirâmides, a de Quéops e a de Quéfren, estão em uma perfeita conjunção diagonal, e a pirâmide menor de Miquerinos está um pouco fora dessa diagonal. Compare com a imagem da constelação de Órion, são como espelhos. Imagine as duas imagens como se fossem duas folhas de papel e junte-as. As pirâmides e as estrelas se unem perfeitamente.

104 | A Era de Ouro da Humanidade

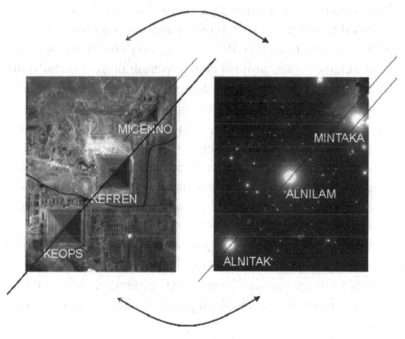

Foto de Satélite das pirâmides   *Foto do Cinturão de Órion*

Ligação entre as pirâmides e a constelação de Órion (O caçador)

Na Pirâmide de Quéops, em particular, nota-se um detalhe no mínimo interessante. Os dutos de ventilação que desembocam na Câmara do Rei permitem que, a partir do sarcófago de granito vazio que existe no interior da Câmara, visualize-se, numa determinada época do ano, o "Cinturão de Órion" (As Três Marias para os brasileiros) por um duto, e a estrela Sirius, a mais brilhante de todo o firmamento, pelo outro.

Nas paredes externas das pirâmides que ficavam expostas ao Sol, existiam milhares de escrituras, que se fossem registradas em folhas de papel, poderiam escrever um livro com mais de seis mil páginas. Essas escritas nos revelariam todos os mistérios e a sabedoria dos egípcios, inclusive os objetivos principais dos Faraós e seus propósitos reais. Novamente, é inaceitável acreditar que as pirâmides foram construídas com o intuito de serem somente túmulos como muitos acreditam. Há milhares de anos, essas placas que ficavam na parte externa das paredes da pirâmide foram roubadas por saqueadores e exércitos durante dezenas de guerras que se sucederam. É possível ver atualmente a destruição feita por esses saqueadores em suas paredes. Originalmente, as pirâmides eram polidas com uma cor branca, que chegava a ser ofuscante, e o topo era coberto de ouro. Veja a imagem da pirâmide de Quéops, seu topo é mais saliente e abaixo dele toda uma camada foi retirada. Era exatamente ali que estavam esculpidas as escrituras de Toth (Imhotep, o grande escriba egípcio).

A palavra pirâmide vem de *Pira* (luz ou fogo) e *Mydos* (medição), ou seja, elas eram medidores de luz. Os maias do outro lado do Atlântico as chamavam de *Pirhua Manco*, que significa Revelador de Luz.

Na verdade, era uma máquina quântica, e seu construtor foi Toth, sumo sacerdote que dominava os conhecimentos vindos de Atlântida. Seu desígnio era de religar todo o povo egípcio com a Luz Original. Ele construiu uma máquina perfeita que era capaz de fazer a ligação entre mente espírito e matéria, manipulando facilmente as energias fabricadas dentro das pirâmides. Sua primeira construção foi a pirâmide de Saqqara, a mais antiga do Egito. Chamada de A Pirâmide Escalonada.

A Grande Pirâmide de Gizé, como também a Esfinge, não são obras feitas pelos egípcios, mas, sim, pelos atlantes. A tecnologia utilizada para construir esses grandes monumentos era muito avançada e totalmente desconhecida ainda por nós.

O grande alquimista Imhotep descobriu parte desses conhecimentos antigos deixados pelos sacerdotes atlantes e conseguiu copiar algumas obras piramidais desse fabuloso povo.

Por volta do ano 3840 a.C, sob as ordens do Faraó Djoser, Imhotep (reencarnação de Toth) construiu a pirâmide de Saqqara; uma réplica da pirâmide de Gizé, que naquela época já existia. Diferentemente da pirâmide de Gizé, a de Saqqara era escalonada, sendo proporcionalmente menor que a de Gizé, mas é uma obra magnífica, intrigante e até hoje pouco compreendida.

Complexo de Saqqara
Aproximadamente 30 km do Centro da cidade do Cairo.

A pirâmide de Saqqara é uma verdadeira máquina quântica, e através dela, Imhotep, o próprio Hermes, junto a muitos outros sacerdotes e sacerdotisas egípcias, conseguia absorver a mais pura energia cósmica, originada da grande fonte galáctica, e em seguida a transformava e a reutilizava das mais diversas formas no plano físico. Desde a fabricação dos primeiros ladrilhos azuis de cerâmica da história, que eram aquecidos a mais de 1.500 graus, até a inversão da polaridade da matéria e a levitação dos grandes blocos de pedra para a construção das pirâmides.

Assista ao vídeo do autor sobre Saqqara para compreender melhor sobre o funcionamento dessa magnífica máquina quântica:

http://www.youtube.com/watch?v=fTW53Q3b2so

Quando Imhotep construiu Saqqara, a grande pirâmide de Gizé já existia há aproximadamente oitenta mil anos, por isso não corresponde à hipótese da *Câmara do Rei*, encontrada no centro dessa pirâmide, ter sido realmente construída para ser a tumba do Faraó Quéops, pois se as pirâmides foram construídas há mais de oitenta mil anos, numa época onde sequer existiam Faraós e egípcios, isso realmente não poderia ser possível.

As grandes pirâmides, assim como a Esfinge, foram construídas pelos atlantes como forma de eternizar a raça humana e guardar os mais valiosos mistérios da criação. Grande parte desses segredos milenares está guardada dentro das próprias pirâmides, e parte deles continua escondido ainda embaixo delas e também abaixo, nas areias quentes do deserto.

Se as grandes pirâmides e a Câmara do Rei tivessem mesmo sido construídas pelos egípcios, teriam de ser construídas sob o comando de um Faraó, e se assim fosse, elas certamente teriam sido marcadas com o nome dele e de seus sucessores com hieróglifos esculpidos e belas esculturas, como sempre foi feito pelos Faraós em todos os templos do Antigo Egito.

Os Faraós eram homens extremamente vaidosos, nenhum deles deixaria, de forma alguma, uma obra de tal magnitude como a Pirâmide de Quéops e a Esfinge de Gizé sem qualquer identificação. Quéops nunca teria deixado de dizer que ele foi o construtor da grande pirâmide, o maior monumento já construído até hoje sobre a superfície da Terra.

O que quero dizer é que se não existe qualquer escritura nas paredes internas e externas das grandes pirâmides e nem na Esfinge, parto da premissa que essas obras não são egípcias, mas, sim, obras atlantes e lemurianas.

Visto isso, algumas perguntas ficam realmente sem respostas:

Seria possível um Faraó como Quéops, capaz de construir a maior e mais importante obra do mundo, a Pirâmide de Gizé e a Esfinge, não se dar ao luxo de fazer sequer um hieróglifo com seu nome em sua própria câmara mortuária?

Mas então, qual seria o propósito da câmara? Para que ela teria sido construída?

Se ela não foi feita para guardar a múmia de Quéops, então o que teria sido colocado dentro daquele retângulo de granito maciço medindo 1,12 m x 67,5 cm x 67,5 cm, onde dizem ter encontrado o seu sarcófago?

Qual peça sagrada que conhecemos na história que teria essa medida?

Se o propósito da pirâmide não era guardar a múmia de um Faraó, o que os atlantes teriam guardado hermeticamente naquele local?

E quem teria retirado ou saqueado esse templo?

Seria a grande pirâmide a casa protetora de todos os conhecimentos da humanidade e da criação? Ou seria uma espécie de invólucro de pedra poderoso, construído pelos atlantes para guardar um tesouro muito valioso que pudesse resistir ao tempo e as mais diversas catástrofes naturais da história?

O que poderia ter sido guardado ali?

A Câmara do Rei no interior da Pirâmide de Gizé.

Certamente, dentro da chamada *Câmara Mortuária do Rei*, caberia a peça mais valiosa e mais cobiçada do mundo: nada mais nada menos que a Arca da Aliança descrita na Bíblia. A única peça histórica que necessitaria de tamanha proteção, e que caberia dentro daquele retângulo maciço esculpido em granito.

Realmente não existia um lugar melhor e mais protegido no mundo para se guardar o tesouro mais valioso da humanidade.

A peça mais sagrada de toda história deveria ficar guardada hermeticamente, em um local confiável e inviolável, e esse lugar era exatamente a chamada Câmara do Rei, no interior da grande pirâmide de Gizé.

A pirâmide era blindada, sua construção original não tinha nenhuma entrada, hoje existe uma entrada lateral porque foi escavada há muito tempo pelo homem e é utilizada pelos turistas, mas antigamente era um monumento impenetrável. Existem muitos segredos ocultos ainda dentro da grande pirâmide.

Essa história certamente é intrigante e repleta de segredos, então, para não nos aprofundarmos demais nesse assunto, vamos deixá-lo como fagulha para uma futura fonte de pesquisa e, quem sabe, uma próxima obra literária.

A Esfinge e as pirâmides são obras magníficas e muito pouco conhecidas. São obras que falam por si só. Certamente os atlantes utilizavam uma linguagem muito diferente da que nós utilizamos atualmente, talvez uma linguagem simbólica como os hieróglifos egípcios ou como a escrita cuneiforme dos sumérios.

Digo isso porque todas as linguagens ocultas e herméticas só podem ser escritas por meio de símbolos. Conhecimentos ocultos não podem ser escritos de forma racional, pois a simbologia é a única forma possível de descrever os segredos abstratos do Universo. É por esse motivo que todas as antigas civilizações desenvolveram as suas linguagens por meio da escrita hieroglífica e simbólica.

Veja, por exemplo, alguns símbolos egípcios. Um simples desenho vale mais do que mil palavras, pois neles estão intrínsecos muitos conhecimentos antigos, funcionam como se fossem códigos intuitivos. Como o símbolo da Cruz Ankh e o símbolo do Olho de Hórus.

Pare por alguns minutos e veja quantas informações eles podem transmitir diretamente em sua consciência, você pode até não compreender racionalmente, mas existe muita informação oculta nesses símbolos. Tente perguntar a si mesmo o que eles estão lhe transmitindo, certamente algo deverá ser revelado no momento que mirar seu olhar para eles.

O Olho de Hórus simboliza o olho direito de Hórus, filho de Osíris e Ísis. Para vingar a morte de seu pai, Hórus teve de enfrentar Set, seu tio, e durante essa batalha, acabou perdendo o seu olho esquerdo. O símbolo representava a sabedoria e a eternidade da consciência humana, por isso era o maior da Escola de Mistérios do Antigo Egito, e símbolo dos conhecimentos herméticos e espirituais.

A Cruz Ankh é um símbolo egípcio que representa a vida eterna. Também é conhecido por bruxos como a Cruz Ansata, utilizado em rituais de encantamento, fertilidade e divinação. Todo Faraó levava, ao morrer, a cruz junto às narinas para adquirir imortalidade. Também era encontrada sempre nos hieróglifos, sendo segurada como se fosse uma chave pelas divindades egípcias como Osíris, o que nos remete ao seu significado como "a chave dos portões que separam a vida e a morte".

Esses, e muitos outros, são considerados símbolos sagrados; venerados ao redor do mundo até os dias atuais. Isso acontece porque eles possuem muito poder e muita sabedoria acumulada durante o tempo. Muitos símbolos como esses, antes de serem egípcios, foram também atlantes, pois foram simbologias trazidas pelos sobreviventes do dilúvio. O Olho de Hórus e a Cruz Ankh também foram utilizados na Atlântida.

Os egípcios viviam suas vidas adorando o que era desconhecido, eles existiam mais para a morte do que para a vida, eram verdadeiros adoradores da morte; para confirmar isso, basta ver a paixão que os Faraós tinham pela vida eterna e pelos rituais de mumificação. Desde o momento que um Faraó nascia, todo o povo egípcio já começava a se preocupar e se preparar para construir a sua futura tumba e o templo onde ele deveria ser enterrado, tudo com o propósito de eternizar a alma do rei. Os egípcios eram obcecados pela vida após a morte. Certamente conseguiram pelo menos eternizar a história de seus Faraós com os templos e as escrituras deixadas.

Na época em que as pirâmides foram construídas pelos atlantes, o Vale do Nilo e o deserto do Saara eram planícies verdejantes e extremamente produtivas.

No local que hoje é deserto, antigamente era uma região muito rica e próspera, onde se praticava agricultura e mineração em larga escala, era uma das maiores colônias atlantes da era pré-diluviana. Uma terra prometida, fértil e abundante. Ficava sob domínio do continente imperial, cuja capital se situava no centro do Oceano Atlântico, na cidade de Poseidonis.

A lenda egípcia diz que a Esfinge foi construída com corpo de Leão para marcar a passagem do sistema Solar pela constelação de Leão, ou seja, a Era de Leão descrita no Zodíaco, e com a cabeça humana para marcar a passagem do sistema Solar através da constelação de Aquário, ou seja, a Era de Aquário do Zodíaco. A Esfinge é uma obra enigmática, que ultrapassa a compreensão humana, é um símbolo que marca as diversas passagens zodiacais e as raças raízes da humanidade.

Atualmente, o Sistema Solar está passando e recebendo as influências da constelação de Aquário.

A Esfinge foi construída pelos atlantes não para ser uma obra admirável, mas, sim, para se tornar um símbolo para a humanidade e ser um marco no tempo. O conhecimento que ela transmite ainda é um enigma para nós, mas acredito que em breve teremos grandes revelações sobre ela e os conhecimentos que estão escondidos abaixo dela. Ela foi esculpida em único bloco de monólito sob a planície do Rio Nilo, para marcar o local exato onde os sobreviventes do grande dilúvio deveriam construir as novas pirâmides da nova civilização ariana.

Como esses sobreviventes, os "Noés", eram grandes conhecedores da ciência astronômica, ou seja, a astrologia, eles tinham total conhecimento sobre os movimentos galácticos e planetários, como também tinham acesso a tecnologias e materiais hoje desconhecidos, como o metal Oricalc, utilizado em larga escala na Atlântida para a levitação de vários materiais.

Temos certeza de que todo o conhecimento atlante está guardado naquela região, entre a pirâmide de Saqqara e a Esfinge de Gizé, abaixo das areias do deserto, dentro de um enorme labirinto de pedra que começa em algum local abaixo da pirâmide escalonada de Imhotep e segue por centenas de túneis subterrâneos até a base da Esfinge, e com alguns outros túneis menores que levam a entradas secretas para a pirâmide de Quéops, entradas essas ainda desconhecidas pelo homem.

Fica aqui uma pergunta:

Será que os descendentes de Salaam Al Karhem, criado de Napoleão, sabem coisas que nós não sabemos?

Esse grande labirinto foi construído durante as primeiras dinastias egípcias para proteger os conhecimentos atlantes de ladrões e saqueadores, e também de possíveis sacerdotes infiéis e mal intencionados, que poderiam destruir vender ou fazer uso indevido deles.

Quando a tumba do grande Imhotep for encontrada, encontrarão também uma das entradas para esse grande labirinto, ao leste de Saqqara. A humanidade só conseguirá encontrar essa tumba e ter acesso aos fabulosos conhecimentos herméticos atlantes quando estiver devidamente preparada para receber tais informações; por enquanto, não estamos preparados para isso, portanto, essa autorização certamente ainda não será dada.

Existem entidades espirituais protetoras de elevado grau monitorando esses conhecimentos. Essas entidades são os faraós Núbios, negros altos e fortes, com mais de 2.40 m de altura.

Muitos escavadores, sob ordens maiores, buscarão incansavelmente esses túneis subterrâneos em busca da tumba de Imhotep, mas não a encontrarão enquanto ele mesmo não permitir. Durante os primeiros anos deste novo milênio encontrarão alguns túneis subterrâneos e noticiarão com fervor essa descoberta, dirão ao mundo que encontraram a entrada do magnífico labirinto e dirão que isso os levará a descoberta da grande tumba.

Primeiro, encontrarão um grande túnel repleto de canudos ao redor das paredes, dentro de cada um desses canudos encontrarão Íbis mumificadas, mais de um milhão deles. Entusiasmados com essa descoberta, ficarão durante mais de cem dias retirando todas essas pequeninas múmias até chegar ao final do grande túnel. Quando chegarem ao final deste túnel, depararão com mais duas entradas laterais que os levarão a outros túneis repletos de babuínos mumificados, seguirão adiante e chegarão então numa muralha de pedra sem saída. Essa será uma pequena amostra do grande labirinto que existe abaixo do deserto, entre Saqqara e Gizé.

Essas descobertas serão somente paliativas, servirão para distrair a atenção de milhares de arqueólogos e escavadores que chegarão famintos de todas as partes do mundo.

Imhotep diz que nenhum desses arqueólogos encontrará sua tumba, tão pouco serão encontrados os pergaminhos escondidos da Atlântida. Por enquanto será dado ao homem somente pistas e distrações. Essa descoberta deverá ser sutil como foram também muitas outras importantes descobertas da humanidade, e a pessoa que está determinada a encontrar tudo isso ainda nem encarnou na Terra.

Esse imenso labirinto subterrâneo foi construído com o objetivo de proteger os conhecimentos atlantes e muitos tesouros da antiguidade. Eles devem estar escritos em forma de pergaminhos de papiro e esculpidos em pedras de alabastro. Nesses pergaminhos estão relatadas informações reais sobre a antiga civilização atlante, a cultura, os segredos espirituais, a origem do homem, os contatos interdimensionais e extraterrenos, os conhecimentos ocultos da Terra, os ciclos planetários e galácticos e, principalmente, revelações e detalhes sobre as verdadeiras causas do grande cataclismo mundial, o dilúvio. Certamente, se essa descoberta ocorrer, deverá trazer a tona o maior tesouro da humanidade, os documentos mais preciosos e desejados na Terra.

O Egito Oculto | 113

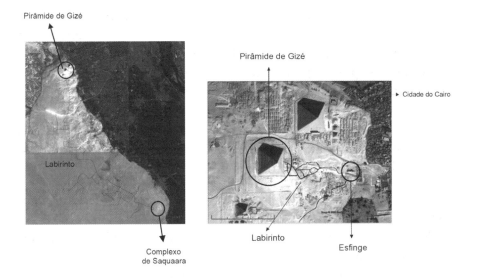

Foto de Satélite: Esfinge e a Pirâmide de Gizé.

A Grande Esfinge de Gisé está situada no norte do Egito, às margens oeste do Rio Nilo, nas cercanias da atual metrópole do Cairo. É a maior obra lavrada numa única pedra em todo o Planeta.

Seu olhar penetrante e seu posicionamento são impressionantes, dá realmente a sensação de que ela está olhando para o passado e o futuro ao mesmo tempo. Essa impressão me intrigou demais, até tive muito sonhos com ela durante a minha visita à cidade do Cairo.

O que significava aquele olhar que rompia as barreiras do tempo? Seria ela a representação simbólica de nossa consciência?

Todas as pessoas que passam por ela certamente ficam intrigadas, afinal, há quanto tempo deve estar ali, parada, com aquele olhar penetrante olhando para o leste e para o nascer do sol todos os dias?

Imaginem quantos sóis ela já não viu nascer?

Como já dissemos, as pessoas nascem, vivem e morrem; as guerras começam e terminam; os impérios ascendem e decaem; os continentes se movem e se transformam; os cataclismos acontecem; as eras zodiacais passam; as estrelas nascem e morrem; a humanidade se modifica e se multiplica e a Esfinge continua imóvel com seu olhar enigmático olhando para o horizonte, como se fosse uma entidade espiritual simbolizando a imortalidade do espírito humano.

Pessoalmente, acredito que ela tenha sido construída para representar exatamente isso, a verdadeira imortalidade da consciência humana, pois foi essa a mensagem que me passou durante os sonhos que tive com ela.

Alguns grupos de pesquisadores afirmam cientificamente que a Esfinge seria muito mais antiga, baseando-se na análise do calcário e nos sinais de erosão horizontais da sua superfície, provocadas pela ação das águas, percebe-se que aquelas marcas nunca poderiam ser feitas pela ação da chuva, são marcas horizontais e só poderiam existir se tivesse ocorrido algum dia, no deserto, uma grande enchente.

Mas, como seria possível acontecer uma enchente no deserto, capaz de cobrir a própria Esfinge?

Seria essa enchente a comprovação do grande dilúvio descrito pela Bíblia no livro do Gênesis e também descrito em muitos outros livros sagrados de outras religiões ao redor do mundo?

É exatamente por isso que, acreditar que as pirâmides foram construídas por milhares de escravos durante muitas décadas, para servirem unicamente como túmulos, no meu modesto ponto de vista, é uma visão extremamente simplista e conveniente.

O homem teme o tempo,
mas o tempo teme as pirâmides.

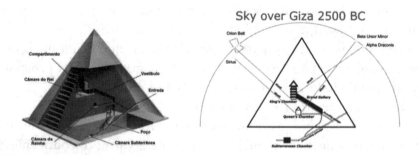

Alinhamento de estrelas com a Grande Pirâmide de Gizé. Orion (associada ao deus Osíris) está com a Câmara do Rei, enquanto Sirius (associada à deusa Ísis) está alinhada com a Câmara da Rainha.

A Escola de Mistérios

O povo egípcio compreendeu, com o tempo, que viviam num mundo construído por um só Deus, que por suas características e momentos da humanidade recebe nomes diferentes, mas sempre mantêm a mesma força.

Os sumos sacerdotes do Egito, com conhecimentos necessários derivados diretamente da Escola de Mistérios de Naacal na Atlântida, criaram uma escola para garantir a sua casta e sua soberania.

A palavra Atlante vem do egípcio e seu significado é (*Atlu* – água) e (*Ante* – divisão de terra). Portanto, o significado de Atlante é "Terra dividida pela água", devido ao grande cataclismo ocorrido no ano de 12.920 a.C.

Os egípcios acreditavam que esse mesmo cataclismo foi mundial, não se restringindo apenas a Atlântida, e que já havia ocorrido em outra época há 38.000 anos a.C., por se tratar de um evento cíclico que ocorre a cada ano cósmico, 25.920 anos, ele era previsível. Esses acontecimentos não tinham para eles um caráter de destruição e desgraça, mas uma possibilidade de dar origem a uma nova forma de desenvolvimento e uma maneira diferente de organização humana. Essas grandes mudanças de Era Cósmica se caracterizam especialmente pelas graves transformações que o Sol e a Terra sofrem durante esse período, mudando seu polo magnético e alterando assim toda a vida e o clima no Planeta Terra.

Os sacerdotes da Escola de Mistérios do Olho de Hórus conheciam os segredos do Universo e se viram diante da necessidade de continuar o processo de outras revelações ao antigo povo. Acreditavam que, como o corpo humano, a Terra e todo o Sistema Solar precisavam morrer e renascer em um ciclo de vida periódico e permanente, e que esses ciclos existiam para renovar e transformar.

Desenvolveram-se, então, ao redor dos grandes templos, com o objetivo de converter e ensinar o povo, instruindo os iniciados a sacerdotes e sacerdotisas a manejar as forças da natureza em prol da expansão e do conhecimento espiritual de toda uma geração. Os ensinos religiosos eram baseados sempre no estudo da reencarnação como ponto principal de qualquer aprimoramento. Ensinavam também ciências, artes, religião e filosofia. O símbolo escolhido por estes sacerdotes, para dirigir o destino do Egito por milhares de anos nas sombras dos Faraós, foi o Olho de Hórus. Uma espécie de código, uma assinatura que aparece nas muralhas e escrituras de todos os templos do Antigo Egito. Um símbolo que traz de imediato à mente uma ideia direta e simples: mesmo muito tempo depois de ter sido desenhado, o Olho de Hórus remete a quem o vê a sabedoria e a liberdade que vive dentro de cada ser humano. É o olho eterno da consciência humana, que tudo sabe e que tudo vê; a consciência sábia de cada um, ligada diretamente à força Divina, chamada por eles de Phi. Hórus foi filho de Osíris e Ísis; seu templo é um dos mais belos de todo o Egito.

O objetivo maior dos sacerdotes da Escola de Mistérios do Olho de Hórus era guiar o povo em paz, revelando informações preciosas sobre Deus, o Universo e o processo de transformação que sofre a consciência do homem através das diversas reencarnações, dentro de cada grande Era Zodiacal descrita no Zodíaco de Dendera.

O método de aprendizagem era feito nos templos Luxor, Karnak e outros, onde moravam milhares de pessoas. Durante 21 anos, os escolhidos a sacerdotes se submetiam aos mais diversos treinamentos mentais até receberem todos os conhecimentos necessários para se converterem em verdadeiros sacerdotes e sacerdotisas. As etapas desse aprendizado se passavam dentro de cada templo, que continha em seu interior informações especializadas sobre o Universo e a razão da existência. O sacerdote deveria se identificar com cada um deles e descobrir assim sua melhor aptidão e seu propósito de vida.

Todos os ensinamentos da Escola de Mistérios do Olho de Hórus eram extraordinários, porém, o mais importante deles era, sem dúvida, a visão de que a vida era um processo desenhado perfeitamente por Deus para ampliar a consciência, e que o espírito do homem reencarna repetidamente para compreender o resultado de suas próprias decisões. Ao viver muitas vidas com experiências opostas, de angústia e de paz, de riqueza e de pobreza, de saúde e de doença, o homem compreende a razão de sua existência e acaba com suas limitações materiais. Mostravam para o seu povo que o ser humano não perde, após a morte, toda a sua experiência e informação que foram acumuladas. Elas ficavam sim gravadas na consciência: "O olho eterno e imortal de cada ser".

O povo compreendeu, portanto, que cada ação e cada escolha geravam reações, e essas lhe traziam harmonia ou desarmonia, angústia ou paz, alegria ou sofrimento. A partir desse princípio, eles começaram um longo processo de aprendizagem através das dualidades entre tudo o que existia, a compreender o valor da harmonia e também que todos os caminhos levam de alguma maneira ao aperfeiçoamento. Por  mais simples que fossem suas atividades, desde pescar, semear e colher, até comandar grandes templos, era uma maneira de se aproximar de Deus. Não existia diferença entre sacro e mundano, entendiam o mundo como uma unidade e assim seguiam livremente sem a dominação do sentimento do medo em suas mentes, respeitando e aceitando todos os seres da mesma forma, iguais perante a Criação, e compreendendo que foram todos criados pela mesma força: A Força do Amor.

Em alguns templos chegavam a ficar dias seguidos dentro de salões totalmente escuros, repletos de crocodilos e serpentes, simplesmente para dominar o medo e ativar dentro da consciência a necessidade do amor.

Devido ao ensinamento e ao constante aperfeiçoamento, os sacerdotes ou sacerdotisas (os egípcios não faziam qualquer distinção entre os sexos) vibravam em altíssimas frequências energéticas, podendo movimentar através dos chakras superiores, grandes quantidades de energia diariamente.

Finalmente, durante a Era de Touro, dedicaram-se a experimentar as formas piramidais de energia, colocando definitivamente o grande conhecimento herdado dos atlantes em prática. Construíram muitas pirâmides nesta época.

As pirâmides eram na verdade grandes maciços com milhares de toneladas de quartzo que vibravam junto ao movimento do Planeta. Hoje, conhecemos que a velocidade de rotação da Terra (ao redor de si mesma) é de 1.800 km/h e a velocidade de translação (ao redor do Sol) é de 108.000 km/h.

A fricção desses maciços de quartzo gera altos níveis de energia que, juntamente ao elevado grau de consciência em que os sacerdotes conseguiam alcançar em rituais dentro das gigantescas pirâmides, podia levá-los a experimentar um nível de vibração desconhecido por qualquer outro ser: "O Sétimo Nível de Consciência", onde o ser humano pode vivenciar verdades universais (estado de Deus homem) e retornar com um grau de conhecimento muito superior ao de qualquer outra pessoa. Os sacerdotes, portanto, tinham a responsabilidade de ultrapassar dimensões de tempo e espaço e revelá-las aos faraós e a todo o povo egípcio.

Podemos dizer que esse processo que os sacerdotes vivenciavam durante 21 anos, era uma espécie de resumo compactado que eles deveriam passar, comparado com toda uma existência cósmica que todos os demais seres humanos devem experimentar durante várias encarnações.

O Ano Solar do Zodíaco de Dendera, que dura 25.920 anos, vem nos mostrar que cada ser humano tem a possibilidade de viver aproximadamente duzentas vidas terrenas durante esse enorme Ciclo Cósmico, conhecido como Ciclo de Samsara. Nesse período, experimentamos as mais diversas personalidades e dificuldades, nascemos homens, mulheres, observamos as mais diversas manifestações emocionais, mentais e espirituais superiores, como a intuição e a inspiração, tudo com o objetivo de compreender o Universo e suas leis, alcançando assim patamares evolutivos superiores e consequentemente a perfeição para sempre.

Hórus é o olho da águia dourada, que sobrevoa por cima de todas as circunstâncias materiais. Representa o momento da ressurreição, da iluminação e da revelação da imortalidade, o fim das limitações materiais. Momento de vivermos todas as vidas já vividas e tornar o conhecimento adquirido através delas real e ativo.

No Antigo Egito, o poder dos sacerdotes da Escola de Mistérios do Olho de Hórus era essencial para manter a base do poder dos grandes Faraós. Atualmente, o poder desse símbolo se modificou drasticamente, no entanto, continua presente no mundo. Inativo no consciente das pessoas em geral, mas extremamente atuante e ativo em muitas sociedades secretas que mantém o poder econômico, político, intelectual e científico ao redor do mundo, o Olho de Hórus tem o poder da iluminação.

Templo de Ísis em Philae
Templo do Princípio Feminino

Templo de Luxor
Iniciações Menores

Templo de Kom Ombo – Templo da Dualidade e das Iniciações Maiores

Esquerda: Pedra das Iniciações Maiores do Tempo de Kom Ombo – Direita: Templo de Ísis na Ilha de Philae. Acervo do autor – Foto Belmiro Gabana – 2013. Assista ao vídeo feito pelo autor e compreenda um pouco mais sobre este incrível templo:
https://www.youtube.com/watch?v=CcSdIp_3AX8

*Templo de Osíris em Abydos – O Templo da Reencarnação.
Local onde foi encontrado o símbolo da Árvore da Vida.*

*Templo de Hathor ou Dendera – Templo da Gestação.
Local onde foi encontrado o Zodíaco de Dendera.*

Templo de Hórus em Edfu – Templo da Iluminação e da Consciência.

A Escola de Mistérios | 121

Templo de Hórus – Vista Aérea.

Templo de Karnak – Templo da Evolução da Consciência. Veja o corredor de Carneiros simbolizando a Era em que foi construído – A Era de Áries. O maior templo do Antigo Egito. No fundo do templo existe um grande lado onde era ensinado aos sacerdotes e sacerdotisas o dom da telepatia, desdobramento corpóreo, apometria e psicografias.

Templo de Hatshepsut – A única faraó mulher – Local onde aconteciam as iniciações das sacerdotisas que viviam ao lado da Rainha Hatshepsut.

O Olho que Tudo Vê

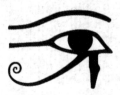

No centro do nosso crânio, no local mais protegido do corpo humano, possuímos um órgão capaz de nos conectar com o mundo espiritual e com nossos mentores extrafísicos. Esse órgão era conhecido pelos sacerdotes das escolas de mistérios do Antigo Egito e, por esse motivo, seu símbolo se tornou o maior da escola de ocultismo da antiguidade e um arquétipo que ultrapassou os tempos.

O Olho de Hórus simboliza o olho da consciência que está sempre desperto, o terceiro olho, que tudo vê e tudo sabe. Um pequeno órgão do tamanho de uma semente de laranja, mais conhecido como Glândula Pineal, a porta capaz de nos levar ao além, ao mundo invisível de Amém, – o mundo oculto de Osíris Maior do Egito – Lord Melquesedeque.

A glândula pineal é o órgão que produz os sonhos, as visões, as clarividências, a clariaudiência, as psicografias e os fenômenos metafísicos. O mesmo olho que recebe as inspirações do mundo espiritual, as canalizações, e as intuições que possibilitam os músicos, artistas, cantores, cientistas, médicos e inventores a trazerem o que existe no mundo espiritual para ser manifestado no mundo físico. O mesmo órgão que transforma pensamento em desejo, desejo em intenção e intenção em vibração, para que os sonhos verdadeiros sejam enviados para o mundo abstrato de Amém, facilitando assim que a Lei Universal da Atração interligue as pessoas através das suas semelhanças latentes.

Portanto, a glândula pineal é o órgão sensorial mais importante e incompreendido pela ciência. Os sumos sacerdotes egípcios sabiam do seu potencial, pois a utilizavam em larga escala para promoverem curas e acessarem os mundos interdimensionais de Órion e Sirius – as moradas maiores de nossos espíritos.

A pineal vibra através das verdadeiras intenções. E tudo se une por meio das vibrações semelhantes, ou seja, o que temos dentro do nosso crânio é um fantástico mecanismo de comunicação interdimensional e telepático pronto para ser usado, porém, esse órgão de extrema importância infelizmente foi mutilado durante muitos séculos, pelas mais diversas formas de magias na antiguidade, principalmente durante a Idade Média e os processos de inquisições, em que o objetivo era manipular e condicionar o povo ao medo e a doutrina religiosa. Os governantes e o clero da época sabiam que, através desse órgão, com a abertura do terceiro olho, as pessoas acessariam outros mundos e descobririam a tão temida verdade velada. A verdade que revelaria aos povos que Deus não é aquele velho sentado sobre as nuvens, maldoso e pronto para castigar os homens e mulheres pecadores. Revelaria também outra informação de grande importância – a de que o diabo nunca existiu.

Mas a ânsia pelo poder e pela manipulação das massas fez com que essa extraordinária ferramenta extrassensorial fosse atrofiada por meio de diversos mecanismos e condicionamentos emocionais, psíquicos e mentais. Infelizmente, após séculos, eles conseguiram o que queriam e, a partir daí, com a população condicionada e hipnotizada pelo medo do mundo espiritual, construíram um mundo completamente submisso e refém das condutas impositivas do pecado original.

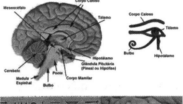

As pessoas se tornaram tementes a Deus e ao diabo e acabaram se transformando em reféns do medo. Incrivelmente a humanidade não conseguiu reagir e vivemos até os dias atuais condicionados da mesma forma desde a Idade Média, acreditando que existe alguém lá em cima nos céus esperando um pecado de nossa parte para nos castigar duramente caso não sigamos as normas e doutrinas preestabelecidas pela sociedade.

Esse projeto de poder mental vem se arrastando até hoje, depois de muitos séculos de guerras e mortes infundadas, porém, agora é chegado o momento da libertação. A livre informação veio para trazer um alento aos seres humanos, pelo menos para aqueles que almejam descobrir a verdade que há tanto tempo está escondida e sendo manipulada por poucos. Essa verdade é a única que poderá libertar você das garras da ignorância e da submissão. Essa é a sua verdade. Ela está trancada a sete chaves e somente uma pessoa pode acessar o que um dia foi trancafiado. A Era de Ouro está trazendo essa oportunidade de libertação. Não somente para alguns intelectuais elitizados ou escolhidos, mas, sim, para todos que não aceitam mais viver num mundo de mentiras e enganações e já decidiram que desejam viver num mundo de verdades e elevação.

Se você está com este livro em mãos até este momento, significa que é uma dessas pessoas que sente que o velho mundo de mentiras está definhando e um novo mundo de elevação está se formando.

Mas você deve estar se perguntando: *por que eu tenho que me esforçar tanto para viver nesse novo mundo se as grandes mudanças talvez demorem décadas para acontecer?*

Esse é o ponto principal. O verdadeiro iniciado não teme o tempo, ele sabe que o investimento que se faz em si mesmo sempre será o melhor. Principalmente aquele que é imaterial, que se faz para a própria consciência, pois, mesmo não podendo vivenciar as transformações que tanto almeja, no fundo, a pessoa sente e sabe que retornará em vidas futuras para usufruir, cooperar e auxiliar na implantação e na melhoria deste mundo. O iniciado é um alquimista da alma e navega pelas rotas da eternidade. Todos navegam sem distinção, mas o que difere o *iniciado* do *não iniciado* é a consciência, é estar consciente e lúcido sobre seus defeitos e virtudes e conhecer seus propósitos de vida e existência espiritual.

Atenção: uma informação muito importante: O diabo não existe e nunca existiu. O que existe é o egoísmo e o orgulho. Esse é o demônio que temos que enfrentar. Ele está dentro de nós. Vença-o. É para isso que está vivo. Para ter a oportunidade de vencer aquele que lhe persegue há tanto tempo.

Sobre a Pineal

A epífise ou simplesmente pineal é uma pequena glândula endócrina localizada no centro do cérebro entre os dois hemisférios, acima do aqueduto de Sylvius e abaixo do bordelete do corpo caloso, na parte anterior e superior dos cálculos superiores e na parte posterior do terceiro ventrículo, e está presa por diversos pedúnculos, que se encontram no tálamo ótico. Apesar das funções desta glândula serem muito discutidas, parece não haver dúvidas quanto ao importante papel que ela exerce na regulação dos chamados ciclos circadianos – os ciclos vitais (principalmente o sono) e controle das atividades sexuais e reprodutivas.

A glândula pineal tem sido considerada desde René Descartes (século 17), ele afirmava que esse era o ponto da união substancial entre o corpo e a alma – um órgão com funções transcendentes. Além dele, um escritor inglês com o pseudônimo de Lobsang Rampa, também se dedicou ao estudo deste fabuloso órgão.

Com a forma de uma pequena pinha, a pineal é considerada uma espécie de antena, pois possui cristais de apatita em sua constituição interna. Cristais esses que vibram e ressoam como se fossem pequenos chips eletromagnéticos que captam as informações que nos cercam, como se fossem nossos "celulares" naturais, que possibilitam as mais diversas manifestações mediúnicas e telepáticas.

Em vários livros espíritas a epífise é descrita como a glândula da vida espiritual de elevada expressão no corpo etéreo, onde presidem os fenômenos nervosos da emotividade, devido a sua ascendência sobre todo o sistema endócrino.

Já na visão dos hindus, ela é o principal órgão do corpo humano, possuidor de dois chakras, centros de energia responsáveis pelo desenvolvimento extrafísico, como receptores e transmissores de energia vital: o *Terceiro Olho* que fica na parte central da testa, acima da altura dos olhos.

A pineal obedece aos chamados Zeitbergers, os elementos externos que regem as noções de tempo, por exemplo, o Sol é um Zeitberger que influencia a pineal, regendo o ciclo do sono e da vigília. Quando essa glândula secreta o hormônio melatonina, dá-se ao organismo a referência do horário.

O tempo é uma dimensão. O espaço-tempo é a quarta dimensão. A glândula pineal traz essa noção de tempo e está em contato com a quarta dimensão. Nós vivemos em três dimensões e nos relacionamos com a quarta dimensão através do tempo. A pineal é a única estrutura do corpo que transpõe essa dimensão temporal. Ela é capaz de captar as informações que estão além da nossa dimensão. René Descartes afirmou que a pineal é a glândula que lida com outras dimensões, isso era conhecido desde as escolas de ocultismo da Atlântida e do Antigo Egito, pois eram escolas de alquimia superior.

René Descartes (La Haye en Touraine, 31 de março de 1596 Estocolmo, 11 de fevereiro de 1650) Filósofo, físico e matemático francês.

Sendo assim, podemos afirmar com tranquilidade que a mediunidade é um atributo biológico natural aos seres humanos, e não algo transcendental e improvável como há muito tempo a ciência vem determinando.

Um hindu, um católico, um judeu ou um protestante que estiver fazendo uma prece, no fundo, está ativando sua capacidade de se sintonizar com o plano espiritual. Isso é o que se chama mediunidade, o poder de intermediar o que acontece entre o mundo físico e o mundo espiritual, ou seja, não é uma bandeira religiosa, mas, sim, uma função natural do homem e está presente em todas as religiões, sem distinção.

Com o passar dos anos, a pineal forma pequenas bolas de cristais de apatita em seu interior, e isso acontece independentemente da idade. Estes cristais têm a ver com o perfil da função da glândula. Uma criança pode ter estes cristais na pineal em grande quantidade, enquanto um adulto pode não ter nada. Percebemos pelas pesquisas, que quando um adulto tem muito destes cristais em sua pineal, ele tem mais facilidade de sequestrar o campo eletromagnético que existe ao seu redor. Quando isso acontece, essa informação chega num cristal e é repelida e rebatida pelos outros cristais. Neste caso, este indivíduo apresenta mais facilidade sobre os fenômenos de incorporação, inspiração artístico-criativa e premonição, pois, no fundo, essas pessoas possuem verdadeiras "bolas de cristais" dentro de si mesmas.

A mediunidade na criança é diferente da de um adulto. As crianças possuem uma mediunidade anímica. Elas simplesmente saem do corpo durante a noite e entram em contato com o mundo espiritual. Algumas lembram muito bem do que vivenciaram enquanto estavam em desdobramento corpóreo, e outras não. Não existe uma regra, cada pessoa possui um histórico existencial e, por consequência disso, possui também atributos, dons, faculdades e talentos específicos.

A real tragédia da vida é quando os homens têm medo da luz.
Platão (Grécia – 456 a. C.)

Os Illuminatis

Acredita-se que os habitantes de Órion sempre tiveram contato com os humanos durante a antiga Suméria, na Atlântida, e posteriormente no Antigo Egito. Esse contato era extremamente forte e se fazia de maneira constante.

Esses seres ajudaram a construir as pirâmides e passaram muitos conhecimentos através dos sumos sacerdotes com os quais mantinham contato por intermédio de canalização intuitiva ou projeção consciente. Muitas informações foram repassadas para os humanos sobre as Leis Espirituais, as Leis Universais e os poderes da mente.

Existe uma teoria atual que diz que esse contato foi realmente feito e houve um cruzamento de DNA com os humanos aproximadamente a 4450 a.C., criando uma raça superior, mista entre os seres humanos e os habitantes de Sirius. A partir dali, esse novo ser humano se perpetuou e seus descendentes continuam ativos e conscientes até hoje.

A mesma teoria diz que eles não só existem nos dias atuais, como são cientes disso e continuam no poder mundial. São denominados os Illuminatis, ou seja, os Iluminados. São líderes mundiais que detêm grande parte do poder em suas mãos e estão sempre atuando diretamente nas principais decisões do mundo.

Todavia, a teoria diz que durante todos esses séculos, após a destruição dos verdadeiros conhecimentos perdidos do Egito e da Biblioteca de Alexandria, depois de inúmeras guerras, os Illuminatis padeceram e também se perderam em meio a seus próprios poderes. Não tendo mais o amparo da Luz e dos Irmãos Estelares de Sirius, perderam a capacidade de voar e transcender o invisível, esvaindo-se completamente o canal de comunicação e perdendo definitivamente o contato com Sirius e Órion.

Obelisco original do templo de Karnak – mais de quarenta metros de altura esculpido numa única rocha de granito puro e trazido da cidade de Aswan, em 2.400 a.C. (peso aproximado de 30 Boeing 747).

Obeliscos modernos

Esses líderes optaram por manter o poder por meio da dominação e da escravização dos seres humanos, e não mais pela força do amor como na antiguidade, mas, sim, pela força do medo e da discórdia, controlando toda a humanidade através da mente e do ego inferior.

Eles mantêm o mundo em constante estado de vigilância, criando frequentes e intermináveis guerras e manipulando o terrorismo ao redor do globo somente para manter o poder que tanto temem perder. Mudaram radicalmente a forma de comandar a humanidade, como os antigos faraós egípcios, e foram destituídos e esquecidos pelos irmãos estelares.

Sendo assim, a casta chamada de Illuminatis vive em segredo, dentro de uma sociedade secreta mantida a altos custos e atuantes nos mais elevados cargos do poder mundial. A mesma teoria diz que muitos dos Illuminatis que já viveram em outras épocas, inclusive no Egito, agora estão voltando à Terra, muito mais evoluídos e prontos para inserir as mudanças necessárias no Planeta.

Muitos não sabem, mas serão exatamente eles que farão a grande transposição para a Nova Era de Ouro, só precisam tomar consciência disso e dar o devido valor aos poderes transformadores que têm. Parece mesmo um paradoxo, mas a lei do Retorno trará a redenção que eles tanto precisam para continuarem vivendo neste Planeta, que caminha para uma grande regeneração.

Eles virão para resgatar todos os erros cometidos no passado e transformarão o mundo. Particularmente, não acreditamos no lado mal dos Illuminatis, preferimos olhar pelo lado espiritualista e evolucionista que os envolvem, pois foram grandes iniciados no passado e trazem consigo o símbolo que é exatamente o Olho de Hórus: "O olho que tudo vê", o mais importante símbolo do Egito antigo, que simboliza a luz, o conhecimento e a justiça. Esse símbolo magístico que possui um grande poder e está presente em todos os templos egípcios e nas mais de sessenta e três tumbas encontradas no Vale dos Reis.

Alguns dizem que a corrida espacial e os bilhões de dólares gastos pelas potências mundiais foram devido à vontade do ser humano em descobrir uma forma de viajar para outros planetas. Essa corrida é movida especialmente pelo desejo interminável dos Illuminatis de reencontrar o seu povo. Eles querem e precisam encontrar uma forma de restabelecer novamente o contato, mas não conseguirão somente com suas formas físicas, pois Sirius e Órion estão muito longe espacial e temporalmente. Não se pode chegar até lá com naves espaciais e foguetes. A única forma de acessar os planos maiores da Criação é através de projeção extracorpórea ou telepaticamente.

A verdadeira intenção das viagens espaciais da década de 1960, não era chegar até a Lua ou Marte simplesmente, mas, sim, reencontrar o caminho para Sirius e Órion.

Veja algumas ligações interessantes do mundo moderno com o mundo egípcio. Após essa leitura, você começará a perceber a presença constante da ideologia egípcia nos mais diversos espaços públicos importantes ao redor do mundo, nas grandes cidades e capitais mundiais, fóruns públicos, palácios de governo, monumentos, museus e etc. Isso porque as filosofias egípcia e atlante ainda estão presentes no mundo por meio de sociedades evolucionistas muito conceituadas e bem estruturadas, que lutam pelo bem-estar, pela prosperidade e pela verdade. É o caso da Maçonaria e dos Rosa Cruzes, instituições de extremo valor para a humanidade, mas que foram estigmatizadas como legiões demoníacas. Mas o que poucos sabem, é que a Maçonaria verdadeira tem como missão principal transformar homens bons em homens melhores. Assim o fazem desde as antigas iniciações nos templos de Luxor e Karnak no sul do Egito.

Os obeliscos modernos são obras integralmente egípcias. Veja o obelisco de Washington, nos Estados Unidos e o do Ibirapuera em São Paulo – Brasil, e compare com o obelisco de Luxor (Tebas – Egito), e a nota de um dólar onde se pode ver a pirâmide e seu ponto flutuante, carregada pelo olho que tudo vê. Esses símbolos têm muito significado e são poderosos. Não foram feitos por acaso.

As duas menções em latim são muito significativas: *NOVUS ORDO SECLORUM* – Nova ordem para os séculos dos séculos. Em outros termos: nova ordem mundial. E *ANNUIT CŒPTIS* – Nosso projeto será coroado de sucesso. Franklin Roosevelt, em 1933, ordenou que se introduzisse esse símbolo nas notas de um dólar. Roosevelt foi um dos treze presidentes dos Estados Unidos que eram Maçons. O Olho da Providência também aparece como parte da iconografia da Maçonaria. O Olho que tudo vê significa para os Maçons o olho observador do Grande Arquiteto do Universo.

Conheça algumas personalidades mundiais conceituadas que eram maçons e modificaram o rumo da história:

Estrangeiros:

- Abraham Lincoln – Presidente dos Estados Unidos.
- Alexander Fleming – Descobridor da penicilina.
- André Citroën – Engenheiro automotivo francês.
- Benjamin Franklin – Inventor estadunidense.
- Charles Chaplin – Cineasta.
- Clark Gable – Ator americano.
- Franklin Roosevelt – Presidente dos Estados Unidos.
- George Washington – Primeiro Presidente dos Estados Unidos.
- Giuseppe Garibaldi – Revolucionário italiano e libertador.
- Henry Ford – Fundador da Ford Motors, Industrial americano.
- John Wayne – Ator.
- Louis Armstrong – Músico de jazz.
- Nat King Cole – Cantor.
- Oscar Wilde – Escritor.

- Simón Bolívar – Presidente da Bolívia.
- Theodore Roosevelt – Presidente dos Estados Unidos.
- Voltaire – Escritor e filósofo francês.
- William Shakespeare – Escritor.
- Winston Churchill – Estadista britânico e primeiro-ministro.
- Wolfgang Amadeus Mozart – Compositor.

No Brasil:

- Ademar de Barros – Médico e político (Governador de Estado).
- Barão de Itamaracá – Médico, poeta e diplomata.
- Barão de Jaceguai – Almirante, escritor e diplomata.
- Barão de Ramalho – Abolicionista e republicano.
- Barão do Rio Branco – Historiador e diplomata.
- Benjamin Constant – Militar, professor e político ("o pai da República").
- Carlos Gomes – Maestro e compositor.
- Deodoro da Fonseca – Militar proclamador da República.
- Dom Pedro I. – Imperador do Brasil.
- Duque de Caxias – Militar patrono do Exército Brasileiro.
- Frei Caneca – Patriota e revolucionário.
- Hermes da Fonseca – Presidente da República.
- Hipólito da Costa – Patriarca da Imprensa Brasileira.
- Jânio da Silva Quadros – Presidente da República.
- Joaquim Nabuco – Escritor, diplomata e líder abolicionista.
- Júlio Prestes – Político (Presidente de Estado).
- Pixinguinha – Compositor popular.
- Teófilo Ottoni – Político e colonizador.
- Washington Luís – Presidente da República.
- Wenceslau Brás – Presidente da República.

Pirâmide de Saqqara
A Máquina Quântica de Imhotep

Como dissemos anteriormente, os egípcios sabiam que podiam aproveitar a energia abundante que fluía através dos pontos energéticos do Planeta (Chakras – Vórtices eletromagnéticos) potencializando-os e transformando essa energia, através das pirâmides, em energias diversificadas, inclusive a antigravidade, principalmente por haver nesses pontos portais interdimensionais que se abrem e se fecham ao entardecer nos dias de *equinócio*[3].

---

3 *Equinócio: em astronomia, equinócio é definido como um dos dois momentos em que o Sol, em sua órbita aparente (como vista da Terra), cruza o plano do equador celeste (a linha do equador terrestre projetada na esfera celeste). Mais precisamente é o ponto onde a eclíptica cruza o equador celeste. A palavra equinócio vem do Latim e significa: "noites iguais". Os equinócios acontecem em março e setembro, as duas ocasiões em que o dia e a noite tem duração igual. Ao medir a duração do dia, considera-se que o nascer do sol é o instante em que metade do corpo solar está acima (ou metade abaixo) do horizonte, e o pôr do sol, é o instante em que o corpo solar encontra-se metade abaixo (ou metade acima) do horizonte. Com essa definição, o dia durante os equinócios tem doze horas de duração. No Hemisfério Norte o equinócio da primavera ocorre no dia 20 de março, e o equinócio de outono ocorre no dia 23 de setembro. Estas datas marcam o início das respectivas estações do ano neste hemisfério. No Hemisfério Sul é o contrário, o equinócio da primavera ocorre no dia 23 de setembro, e o equinócio de outono ocorre 20 de março. Devido à órbita elíptica da Terra, as datas nas quais ocorrem os equinócios não dividem o ano em um número igual de dias. Isto ocorre porque quando a Terra está mais próxima do Sol viaja mais velozmente do que quanto está mais longe.*

Os egípcios herdaram esses conhecimentos da antiga Atlântida, a qual também se situava sobre um desses mesmos pontos nevrálgicos do Planeta, exatamente no meio do Oceano Atlântico, entre a divisão das grandes *placas tectônicas*[4].

Imhotep[5] (também chamado de Toth pelos egípcios ou de Hermes Trismegisto pelos Gregos), conhecia a força que existia dentro desses grandes vórtices e portais interdimensionais. Ele sabia como manipular a energia nesses locais durante os equinócios, e com isso, elevar os primeiros sacerdotes da Escola de Mistérios do Olho de Hórus a outras dimensões, transformando-os em super-homens e supermulheres capazes de transcender a luz e enxergar a verdade total com os próprios olhos. Imhotep foi um grande construtor e grão-vizir do Faraó Djoser, foi ele que construiu a primeira pirâmide pós-diluviana, a mais antiga de todas – a pirâmide escalonada de Saqqara, chamada por ele de máquina quântica, pois foi através dela que Imhotep estabeleceu seu estudo sobre as energias convergentes do Homem x Terra x Cosmos.

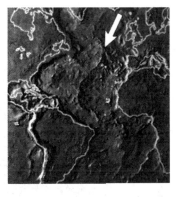

4 *Placas tectônicas: em 1915, o alemão Alfred Wegener disse que, em cerca de 200 milhões de anos, os continentes estariam reunidos em um só continente. Com o passar do tempo, essas placas foram se repartindo em pequenas partes e acabaram se distanciando, devido aos seus movimentos horizontais. As margens dos continentes são semelhantes e se encaixam como um grande quebra-cabeça. Alfred Wegener acreditava que esse acontecimento de movimentos advinha das marés e até mesmo pela rotação da Terra. As placas se movimentam porque a litosfera, mais leve e fria, praticamente "flutua" sobre o material mais quente e denso, e parcialmente fundido, existente no topo da astenosfera, que é a camada que se situa logo abaixo da litosfera, ou seja, elas se deslocam sobre essa astenosfera. Nas regiões onde elas se chocam, ali se originam as cadeias de montanhas e até mesmo vulcões, e é nesses pontos que ocorrem grandes terremotos. Os terremotos e vulcões incidem normalmente próximos aos limites das placas, mas também pode ocorrer no centro delas.*

5 *Imhotep foi um gênio multifacetado. Sumo sacerdote da Escola de Mistérios do Olho de Hórus, foi o primeiro filósofo e alquimista da história, pai da medicina, da arquitetura, da física e da química.*

134 | A Era de Ouro da Humanidade

Saqqara era uma enorme construção que trouxe benefícios espirituais para toda uma população em sua época. Localizada a menos de trinta quilômetros do Vale de Gizé, não era apenas uma pirâmide, mas uma gigantesca e complexa usina capaz de produzir energia para os mais diversos fins. Através dela foi possível mostrar aos iniciados sacerdotes a possibilidade de visitar outras dimensões e trazer informações valiosas dos mestres ascencionados. Ao manejar a energia em seu interior através de vibrações sonoras elevadas, os sacerdotes podiam experimentar o desdobramento extracorpóreo, a verdadeira meditação e a telepatia, adquirindo a percepção da música das esferas moleculares, a dança das partículas dos átomos e o campo eletromagnético que cada ser humano produz em torno do corpo. Podiam ver também, claramente, as auras das pessoas, a corrente das suas próprias reencarnações e elevar seus poderes intuitivos.

No plano físico, Imhotep possibilitou a criação de avenidas energéticas próximas a grande pirâmide. Essas vias eram contornadas por grandes Djeds (*torres de alta condutividade, que também simbolizam a espinha dorsal de Osíris*). Os Djeds eram capazes de captar a energia produzida de dentro para fora da pirâmide facilitando o transporte dos enormes blocos de granito para a construção das grandes pirâmides.

Com a energia potencializada que emanava do interior das construções, geradas pela junção da energia taquiônica (energia da consciência) dos

Estela de Sehel – Lápide com escrituras de Imhotep com a fórmula secreta para fundir as pedras encontradas nas proximidades da cachoeira de Sehel.

sacerdotes e sacerdotisas (convergência da energia feminina e masculina), e da abundante energia canalizada pelas pirâmides vinda do Cosmos, era possível manipular a força da gravidade e neutralizá-la. Esse é um ponto importante sobre a capacidade dos egípcios de construir obras tão fantásticas. Imhotep criou a tecnologia quântica por meio de uma técnica muito avançada e desconhecida até hoje por nós, uma energia alquímica transcendental, baseada no fato de que cargas iguais se repelem. Ficou então comprovado em Saqqara que, vibrando em alta frequência, um objeto perde peso e não é atingido pela gravidade, inclusive o próprio corpo humano.

Descobriu-se na ilha de Sehel, no Egito, uma lápide com hieróglifos entalhados pelo sábio Imhotep. Nessa lápide estava descrito uma fórmula química[6] para fundir um tipo de concreto que depois de seco adquiria a aparência e a resistência de uma pedra. Uma equipe francesa descobriu que essa mistura produz um aglomerado com grande número de cristais de quartzo, elemento capaz de produzir condutividade fazendo vibrar suas moléculas.

Partindo desse princípio, os egípcios colocavam essa mistura em formas, construindo assim seus próprios blocos de pedra – com perfeição nas emendas e nos tamanhos – para levantar as pirâmides e os grandes templos. Através do conhecimento de Imhotep, eles dominaram uma

---

6 *Fórmula de Imhotep para fabricação das pedras egípcias: Imhotep não utilizou rochas para a construção das pirâmides, mas o mais incrível era que ele não usava rochas concretas, mas rochas fundidas. Na ilha de Sehel, nas margens do Rio Nilo, foi descoberto uma lápide com a fórmula química necessária para fundir um concreto que, quando seco, transformava-se em pedra. Por isso as pedras são todas uniformemente talhadas e retas, coladas perfeitamente uma sobre as outras sendo impossível passar sequer entre elas uma carta de baralhos. Pois essas não foram cortadas, mas moldadas em formas próprias para a construção. Franceses PhDs em Polímeros, descobriram que essa fórmula produz grandes quantidades de cristais de quartzo, transformando esses blocos em condutores ideais de eletricidade com eficiente vibração molecular. Os egípcios jogavam dentro dos moldes conchas trituradas de crustáceos e fósseis encontrados em abundância nas planícies de Gizé, areia com alto teor de quartzo e alumínio, pedra-pomes previamente queimada, sais de natrão e água. A mistura produz uma soda cáustica que reage com o alumínio da areia do rio, produzindo aluminado de sódio. Acrescentava-se crisocola, um silício que a converte em silicato sódico de alumínio e, finalmente, acetato de cobre e acelerador integral. Utilizavam essa combinação para fundir as pedras e construir as pirâmides.*

tecnologia extremamente eficaz e inovadora. Além de construir as pedras e seus próprios materiais de construção, podiam estar próximos de onde queriam colocá-las, podiam movimentá-las e levantá-las para onde quisessem, usando a energia eletromagnética de inversão de polaridades capaz de anular o peso das mesmas.

Os escravos que tantos acreditam terem carregado nas costas aquelas gigantescas pedras até o alto das pirâmides, na verdade não exerciam esse tipo de trabalho, a função deles era basicamente ordenar a colocação das pedras e manter os Djeds (torres de alta condutividade) nas avenidas eletromagnéticas que transportavam as grandes pedras pelas imensas avenidas condutoras de energia livre.

Essa pirâmide tinha um formato escalonado, diferentemente do observado nas outras pirâmides, e foi a primeira a ser construída depois do grande dilúvio; a primeira grande obra do grão-vizir Imhotep.

Abaixo da pirâmide de Saqqara havia praticamente outra pirâmide invertida do mesmo tamanho, como se fosse uma cópia idêntica, porém subterrânea, formando uma espécie de espelho entre as partes. Dentro dela foi construído um grande poço revestido por ladrilhos com poderoso poder de condutividade. Esse poço seguia desde o topo externo até o subterrâneo da pirâmide com trinta metros abaixo da terra. Em seu final, encontravam-se vários salões e câmaras, direcionados para os pontos cardeais (dois salões para o Leste, três para o Oeste, quatro para o Norte e cinco para o Sul).

Dentro dessas câmaras era possível produzir notas musicais através de vasilhas de alabastros, colocando-se dentro delas líquidos para alcançar a frequência sonora ideal desejada para cada câmara (MI, FÁ, SOL, LÁ e SI). Essas diferentes câmaras determinavam em que nível cada iniciado ou veterano sacerdote deveriam meditar. Foram encontradas mais de 40 mil vasilhas de alabastros de diferentes tamanhos e formatos dentro das câmaras de sustentação abaixo da pirâmide.

Sacerdotes e sacerdotisas egípcios se uniam em proposição de energias complementares

Complexo de Saqqara. Aproximadamente 30 km do Centro da cidade do Cairo.

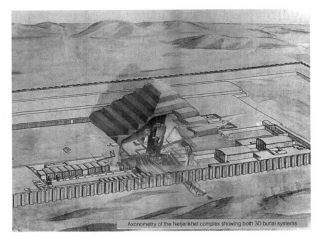

Funcionamento da Máquina Quântica – Pirâmide de Saqqara.
Assista ao vídeo do autor sobre Saqqara para compreender melhor sobre o funcionamento dessa magnífica máquina quântica:
http://www.youtube.com/watch?v=fTW53Q3b2so

(feminina e masculina) pare elevar e ressoar com as frequências semelhantes dos alabastros em movimento.

A menor câmara existente ressoava na escala musical MI e em seu interior existia somente um alabastro de cerâmica. Nesse pequeno espaço encontravam-se paredes de ladrilhos azuis turquesa (As primeiras peças de cerâmica da história construídas por Imhotep), e ela se chamava Câmara Azul. Nesse salão, somente os altos sacerdotes podiam meditar, sempre em duplas, um homem e uma mulher. Ao entrar nessa câmara aos pares, os iniciados da Escola de Mistérios atingiam o equilíbrio, uma neutralização de seus campos eletromagnéticos. O homem girava sua energia no sentido horário e a mulher no sentido anti-horário.

Ao meditar dentro das câmaras azuis, os sacerdotes sintonizados com o som dos alabastros vibrantes, ativavam suas glândulas pineais, situadas no centro gravitacional da cabeça, e ressoavam na mesma frequência de todos os vasos de alabastros, formando assim um ambiente de fabulosa vibração.

Expostos ao poderoso campo eletromagnético produzido pela pirâmide, eles potencializavam seu estado de vibração e alcançavam o FÁ, a nota musical em que vibra o Planeta Terra.

Em conjunto a essa imensa massa de energia produzida pelos tetraedros de quartzo de toda a estrutura da pirâmide – que quando friccionados produzem uma força hoje conhecida pela ciência como compressão elétrica –, os sacerdotes, através da força de suas consciências, de alguma forma conseguiam alcançar notas musicais elevadas e entravam em ressonância com o centro do Cosmos ao chegar à nota máxima SI. Assim que alcançavam a maior nota, condensavam essa energia recebida para utilizá-las de várias formas, transformando-as em energia elétrica, calor, energia eletromagnética e energia livre. Um processo totalmente alquímico desenvolvido pelo primeiro mago e alquimista da história pós-diluviana, o mago Imhotep.

O transporte das grandes pedras de arenito pelas avenidas construídas com as torres de Djeds (com mais de cinco metros de altura), sem a força da gravidade, e a capacidade de queimar cerâmicas azuis a mais de 1.200 graus centígrados sem fogo, eram uma dessas possibilidades criadas por Imhotep com a ajuda de milhares de sacerdotes por ele iniciados.

As grandes e pesadas pedras construídas mediante uma formulação alquímica, ao serem colocadas dentro dessas avenidas vibracionais que eram emanadas para fora da pirâmide de Saqqara, perdiam seu peso e flutuavam sobre a areia do deserto, como quando colocamos um imã sobre outro com os polos invertidos, dessa forma, as pedras flutuavam sobre a enorme avenida de Djeds e eram facilmente transportadas para onde os construtores quisessem.

Imagem do Djed – a mesma forma presente em várias escritas antigas nas paredes dos grandes templos e também no bastão de poder de Ptah (Deus criador do Universo para eles). Djed (Torres de condutividade).

Pirâmide de Saqqara | 139

Foto acervo do autor – feita nos subterrâneos do templo de Edfu – O templo de Hórus. O desenho em alto relevo mostra como os sacerdotes da escola de mistérios utilizam a bioenergia humana para fabricação de lâmpadas e energia elétrica.

O alabastro é um material capaz de produzir ressonância quando se exerce sobre ele uma força periódica com as mãos, que coincida com sua frequência vibratória.

*Ptah e seu Bastão
(Uma junção da Cruz Ankh e um Djed)*

Imhotep
O Grande Iniciado

Construtor das pirâmides, escriba das Tábuas de Esmeralda, do livro Caiballion e das Leis Herméticas, Imhotep foi o mestre maior da Escola de Mistérios do Olho de Hórus. Foi também chamado de Toth na Atlântida, e posteriormente de Hermes Trismegisto pelos gregos, quando esses chegaram ao Egito com o comando de Alexandre, o Grande, por volta de 350 a.C, marcando uma Nova Era dinástica ao império Egito – a Era Ptolomaica que durou até o ano 50 a.C. com o suicídio da última rainha egípcia Cleópatra, ao se expor à mordida mortal de uma naja negra quando ela se viu impotente perante o iminente domínio do Império Romano sobre o Egito.

As Tábuas de Esmeralda

As chamadas Tábuas de Esmeralda são doze placas de metal adornadas por esmeraldas, formadas de uma substância criada por transmutação alquímica. Estão afixadas juntas a ligas de anéis em dourado-negro, suspensas a partir de uma barra do mesmo material. Sobre elas estão gravadas caracteres na antiga língua atlante, os ensinamentos de Toth, considerado mitologicamente o civilizador do Antigo Egito. As placas são imperecíveis, resistentes a todos os elementos e substâncias. Com efeito, a estrutura atômica e celular é fixa e nenhuma mudança jamais acontece. A esse respeito elas violam a lei material de ionização. Sua tradução terminou em 1925, mas só agora foi concedida permissão para ser publicada uma parte.

Acredita-se que as chamadas Tábuas de Esmeralda datam de uns 36.000 anos a.C., e que seu escritor é Toth, um sumo sacerdote atlante.

Toth foi considerado um Deus no Antigo Egito e passou a ser representado como escriba de Osíris em todas as escrituras hierográficas e os famosos pergaminhos do *Livro dos Mortos*.

Imhotep seria a mesma pessoa, reencarnação de Toth, que posteriormente renasceu outra vez na Grécia antiga e foi chamado pelos gregos de Hermes Trismegisto, quando esses conquistaram o Egito no século 3 a.C. Imhotep, Toth e Hermes são o mesmo ser, a mesma consciência, descritas somente por culturas diferentes, por isso foi chamado de Três Vezes Grande.

Imhotep ou Toth foi o construtor das Grandes Pirâmides. Incorporou nela o seu conhecimento da sabedoria antiga e fez registros secretos sobre a antiga Atlântida, também era conhecido como Tehuti. Era um imortal, um Deus, um homem que tinha vencido a morte saindo de cena somente quando queria e, mesmo assim, não pela morte. No decorrer do tempo ele encarnou várias vezes, sendo que uma das suas últimas vidas foi Hermes Trismegisto (o três vezes grande), quando então as Tábuas teriam sido reorganizadas. A primeira Tábua conta a história de Toth a partir do fim de Atlântida, submersa nas águas do Oceano Atlântico. Prossegue com sua chegada ao Egito primitivo e Toth conta sobre a construção da grande pirâmide atribuída a Quéops, já como Hermes Trismegisto.

Foto colhida do Registro Histórico do Museu Nacional de Ciências e Tecnologia – Espanha.

A divindade de Hermes Trismegisto provém da introdução do Deus Toth na religião grega, um Deus egípcio que simboliza a lógica organizada do Universo. Ele é relacionado aos ciclos lunares e expressa a harmonia do Universo em suas escrituras. É conhecido também como Deus da sabedoria, e a ele foi atribuído os escritos de uma série de textos sagrados egípcios, os quais descrevem os segredos do Universo. Os textos Herméticos antigos podem ser considerados também retentores de ensinamentos e uma base de iniciação à antiga religião egípcia.

Como todos os deuses egípcios, Imhotep era adorado localmente. Uma das localidades que foram descritas como a cidade de adoração ao Deus Toth era a Grande Hermópolis.

Com o estabelecimento da Dinastia Ptolomaica naquela região, os gregos imigraram para a cidade sagrada de Toth; desta imigração ao Egito advém a identificação de Hermes como Toth.

Ruínas da cidade de Hermópolis

Toth – Imhotep – Hermes Trismegisto (O Três Vezes Grande)

Eu construí a Grande Pirâmide, modelada após a pirâmide da força da Terra, queimando eternamente de modo que também possa permanecer pelas Eras. Nela edifiquei meu conhecimento da Ciência da Magia, de forma que eu pudesse ficar aqui quando retornar de Amenti. Sim, enquanto eu durmo nos Corredores de Amenti, minha alma livre encarnará outra vez, habitando entre os homens nesta forma ou noutra.

Hermes Trismegisto é a tradução em latim do grego Ερμης ο Τρισμεγιστος. Significa Hermes, "O Três Vezes Grande". Trata-se do nome dado pelos neoplatônicos, místicos e alquimistas ao Deus egípcio Toth, identificado com o Deus grego Hermes. Ambos eram os deuses da escrita e da magia nas respectivas culturas. Hermes era tido como o autor de um conjunto de textos sagrados, ditos "herméticos", contendo ensinamentos sobre artes, ciências, religião e filosofia, o Corpus Hermeticum, cujo propósito seria a deificação da humanidade através do conhecimento de Deus. É pouco provável que todos esses livros tenham sido escritos por uma única pessoa, mas representam o saber acumulado pelos egípcios ao longo do tempo.

Tabula Smaragdina (latim)

Verum sine mendacio, certum et verissimum:

Quod est inferius est sicut quod est superius, et quod est superius est sicut quod est inferius, ad perpetranda miracula rei unius.

Et sict omnes res fuerunt ab uno, mediatione unius,

sic omnes res natæ fuerunt ab hac una re, adaptatione.

Pater ejus est Sol, mater ejus Luna;

portavit illud Ventus in ventre suo; nutrix ejus Terra est.

Pater omnes Telesmi totius mundi est hic.

Vis ejus integra est, si versa fuerit in Terram.

Separabis terram ab igne, subtile a spisso, suaviter, cum magno ingenio.

Ascendit a terra in cœlum, interumque descendit in terram

et recipit vim superiorum et inferiorum.

Sic habebis gloriam totius mundi.

Ideo fugiet a te omnis obscuritas.

Hic est totius fortitudinis fortitudo fortis: quis vincet omnem rem subtilem omnemque solidam penetrabit.

Sic mundus creatus est.

Hinc erunt adaptationes mirabilis quarum modus est hic.

Itaque vocatus sum Hermes Trismegistus, habens tres partes philosophiæ totius mundi.

Completum est quod dixi de operatione Solis.

A Tábua de Esmeraldas (Tradução)

É verdade, certo e muito verdadeiro:
Que o que está embaixo é semelhante ao que está em cima.
E o que está em cima é semelhante ao que está embaixo.
Para realizar os milagres de uma única coisa.

E assim como todas as coisas vieram do Um,
assim todas as coisas nasceram desta única coisa, por adaptação.
O Sol é o pai, a mãe é a Lua,
o vento o embalou em seu ventre, a Terra é sua ama;
O Pai de toda Telesma do mundo está nisto.

Seu poder é pleno se é convertido em Terra.
Separarás a terra do fogo, o sutil do denso,
suavemente e com grande perícia.
Sobe da Terra para o Céu e desce novamente à Terra,
e recolhe a força das coisas superiores e inferiores.

Desse modo, obterás a glória do mundo.
E se afastarão de ti todas as trevas.
Nisso consiste o poder intenso de todo poder:
que vencerá todas as coisas sutis
e penetrará em tudo o que é sólido.

Assim o mundo foi criado.
Esta é a fonte das admiráveis adaptações,
e seu mecanismo é este aqui indicado.

Por essa razão, fui chamado de Hermes Trismegisto,
pois possuo as três partes da filosofia universal.
O que eu disse da Obra Solar é completo.

Obs.: esses textos serviram, em grande parte, de base principal na constituição do filme que obteve repercussão mundial *The Secret* (O Segredo da Lei da Atração) entre os anos de 2005 a 2008. A abertura do vídeo mostra claramente Hermes tentando guardar as Tábuas de Esmeralda em algum lugar seguro para que as próximas gerações humanas um dia as encontrassem.

As Sete Leis Herméticas

As sete principais Leis Herméticas se baseiam nos princípios incluídos no livro *Caiballion*, que reúne os ensinamentos básicos da Lei que rege as coisas manifestadas. A palavra *Caiballion* significa, na língua hebraica, "tradição ou preceito manifestado por um ente de cima". Essa palavra tem a mesma raiz da palavra *kabbalah*, que em hebraico, significa "recepção". O *Caiballion* foi escrito por Hermes Trismegisto e é possível encontrar publicações atualizadas.

A Lei do Mentalismo

O Todo é Mente. O Universo é mental.

O Universo funciona como um grande pensamento divino. É a mente de um Ser Superior que "pensa", e assim, tudo passa a existir. É o Todo. Toda a criação principiou como uma ideia da Mente Divina que continuaria a viver, mover-se e a ter seu ser na Divina Consciência.

A matéria é como os neurônios de uma grande mente, um Universo consciente que pensa. Todo o conhecimento flui e reflui de nossa mente, já que estamos ligados a uma Mente Divina que contém todo o conhecimento.

A Lei da Correspondência

O que está em cima é como o que está embaixo. E o que está embaixo é como o que está em cima. Para manifestar os milagres de uma mesma coisa.

A perspectiva muda de acordo com o referencial. A perspectiva da Terra normalmente nos impede de enxergar outros domínios acima e abaixo de nós. A nossa atenção está tão concentrada no microcosmo que não percebemos o imenso macrocosmo à nossa volta.

O princípio de correspondência diz que, o que é verdadeiro no macrocosmo é também verdadeiro no microcosmo e vice-versa. Portanto, podemos aprender as grandes verdades do Cosmos observando como elas se manifestam em nossas próprias vidas.

A Lei da Vibração

*Nada está parado, tudo se move, e tudo vibra.
Inclusive nossos pensamentos e intenções.*

No Universo, todo movimento é vibratório. O Todo se manifesta por esse princípio. Todas as coisas se movimentam e vibram com seu próprio regime de vibração. Nada está em repouso. Das Galáxias às partículas subatômicas, tudo é movimento.

Todos os objetos materiais são feitos de átomos, e a enorme variedade de estruturas moleculares não está rígida ou imóvel, mas oscila de acordo com as temperaturas e as harmonias da Criação. A matéria não é passiva ou inerte, como nos pode parecer em nível material, mas, sim, cheia de movimento.

A Lei da Polaridade

Tudo é duplo, tudo tem dois polos, tudo tem seu lado oposto. O igual e o desigual são a mesma coisa. Os extremos se tocam. Todas as verdades são meias verdades. Todos os paradoxos podem ser reconciliados.

A polaridade revela a dualidade, os opostos representando a chave de poder no Sistema Hermético. Mais do que isso, os opostos são apenas extremos da mesma coisa. Tudo se torna idêntico em natureza. O polo positivo (+) e o polo negativo (-) de uma corrente elétrica é uma mera convenção.

O claro e o escuro também são manifestações da luz. A escala musical do som, o duro versus o flexível, o doce contra o amargo, o amor e o ódio são simplesmente manifestações de uma mesma coisa – diferentes graus de um sentimento.

A Lei do Ritmo

Tudo tem fluxo e refluxo, tudo tem suas marés, tudo sobe e desce, o ritmo é a compensação e a cadenciação do Universo vivo.

Pode se dizer que o princípio é manifestado pela criação e pela destruição. É o ritmo da ascensão e da queda, da conversão da energia cinética para potencial e dessa para a cinética. Os opostos se movem em círculos.

É a expansão até chegar ao ponto máximo e, depois que atingir sua maior força, torna-se massa inerte, recomeçando novamente um novo ciclo, dessa vez no sentido inverso. A Lei do Ritmo assegura que cada ciclo busque sua complementação, e que tudo cessa, tanto os momentos bons como os ruins que passamos durante a vida.

A Lei do Gênero

O Gênero está em tudo. Tudo tem o princípio masculino e feminino. O gênero se manifesta em todos os planos da Criação.

Os princípios de atração e repulsão não existem por si só, mas somente um dependendo do outro. Tudo tem um componente masculino e um feminino, independentemente do gênero físico. Nada é 100% masculino ou feminino, mas, sim, um balanceamento desses gêneros.

Existe uma energia receptiva feminina e uma energia projetiva masculina, a que os chineses chamavam de Yin e Yang. Nenhum dos dois polos é capaz de ter o poder criativo sem o outro. É a manifestação do desejo materno com o desejo paterno.

A Lei da Causa e Efeito

Toda causa tem seu efeito. Todo efeito tem sua causa. Existem muitos planos de causalidade, mas nenhum escapa à Grande Lei que rege.

Nada acontece por acaso. O acaso não existe. É simplesmente um termo dado a um fenômeno a qual não conhecemos.

Esse princípio é um dos mais polêmicos, pois também implica no fato de sermos responsáveis por todos os nossos atos. No entanto, ele é aceito por todas as filosofias de pensamento desde a antiguidade. Também é conhecido como Karma.

O ser humano é energia. Essa energia é uma força de intensidade zero, ou de maior ou menor intensidade. O ser ativo, participativo, solidário, ético, optativo e decisivo é um ser que emana energia em alta intensidade. Um indivíduo inativo, egoísta, passivo, corruptor e indeciso é um ser de energia de baixa intensidade. Um doente em fase terminal é um ser de intensidade de energia igual a zero. Um ser que faz o mal, vive para o mal, pratica e venera o mal ou participa com a maldade, tem o pensamento voltado para o mal, ludibria a vontade alheia em proveito próprio, tem uma energia de intensidade sofrível. Já um ser que é benevolente, que pratica boas ações, que venera o bem, faz o bem sem olhar a quem, ajuda ao próximo, tem o pensamento voltado para a prática do bem, é altruísta ou provoca a paz entre os homens, tem uma energia de intensidade maior.

Deus Toth: apresentado nos desenhos do Antigo Egito como a figura de Íbis, um pássaro grande integrante da fauna do Nilo.

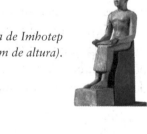

A única estatueta encontrada de Imhotep (11 cm de altura).

Imagem de Hermes, estátua de Imhotep Trismegisto para os Gregos.

As Sete Leis Herméticas | 149

*O que está em cima é igual ao que está embaixo,
para manifestar os milagres de uma única coisa.*
A Tábua de Esmeraldas (Hermes Trismegisto – O Três Vezes Grande)

Os antigos egípcios tinham a mais elevada veneração por Toth, que para eles era o deus Criador desde que trouxera para a Terra o uso da escrita hieroglífica, da alquimia, matemática, arquitetura, medicina, magia e a base de todas as ciências que levaram os egípcios a um altíssimo nível de conhecimento. Segundo Platão, o mesmo filósofo que séculos antes de Cristo descreveu a civilização esquecida de Atlântida, foi Hermes (Toth) o pai da geometria universal, aquele que revelou as letras, o uso dos números e da astronomia. Toth teria deixado mais de dois mil livros escritos, mas, infelizmente, quase todos foram destruídos durante o grande incêndio da Biblioteca de Alexandria, no delta do Nilo, a cidade fundada por Alexandre, o Grande.

Alexandre, depois de reconstruir o Egito e todos antigos templos, fundou Alexandria e nela construiu a Biblioteca de Alexandria (hoje reconstruída e reformada), e também uma das sete maravilhas do Mundo Antigo, o Farol de Alexandria, o qual não existe mais devido à invasão e destruição durante as diversas guerras ocorridas naquela região. Atualmente estão sendo encontrados por exploradores, vestígios claros em ruínas no fundo do Mar de Alexandria. Já foram encontrados os portais de entrada do Farol com pilares de mais de seis metros de altura. O Farol tinha uma altura de 150 metros e transmitia luz para além do mar Mediterrâneo através de

espelhos gigantescos que refletiam o brilho do interior do Farol, esse brilho tinha como origem o metal *orichac*, o mesmo metal encontrado em abundância nas minas de Atlântida, que refletiam para o horizonte o brilho inconfundível que emanava de seu interior. No topo do Farol, erguia-se a estátua imponente de Poseidon, Rei de Atlântida.

Ilustração do Farol de Alexandria. Uma das Sete Maravilhas do Mundo Antigo.

*Estátua de Poseidon – Rei de Atlântida.
Esse certamente era o desejo de Alexandre, o Grande. Ele queria que sua cidade Alexandria fosse protegida pelo grande Poseidon. Alexandre era conhecedor dos segredos e mistérios do Antigo Mundo e das escrituras de Toth.*

Foto aérea da Cidade de Alexandria e a biblioteca atual.

Atual Biblioteca de Alexandria no Egito.

Nada é impossível para aquele que persiste.'
Alexandre, o Grande – O Conquistador

Toth compreendia todos os mistérios da mente humana. Pelas escrituras encontradas no *Livro dos Mortos* ele representa o advogado da humanidade. Em muitas pinturas é representado como o pássaro Íbis ao lado da balança na qual a alma do morto era pesada ante o tribunal do julgamento de Osíris, onde Toth aparece diante da balança para pesar o coração do defunto no mundo pós-morte. De um lado, num dos pratos da balança, era posto uma pena simbolizando a verdade, do outro, era colocado o coração do morto, como símbolo de sua própria consciência.

Para que a alma fosse aceita por Osíris, o coração do morto não poderia pesar mais do que a pena. Cabia a Toth examinar a consciência e determinar sua dignidade, registrando no livro da vida o resultado de seus atos durante sua encarnação. Essas escritas simbolizam a marcação dos registros akáshicos a que todos nós somos submetidos ao chegar à vida espiritual.

É importante saber que a nossa evolução só se estabelece na Terra quando estamos em molde material e invólucro carnal. Somente no mundo físico podemos evoluir nossa consciência. Quando passamos para o plano espiritual, nossa evolução cessa, só retornando a evoluir quando decidirmos reencarnar como seres físicos outra vez.

O Tribunal de Osíris – O Livro dos Mortos do Antigo Egito

Anúbis, Deus da morte, com a cruz ankh[7] simbolizando a vida eterna na mão esquerda, leva o morto que acaba de chegar ao mundo espiritual, ao encontro de Toth, o escriba. Hunefer, o morto, passa por Toth e em seguida Hórus o encaminha até o grande Deus Osíris, resguardado por sua esposa Ísis e sua cunhada Néftis pelas costas. Á sua frente pode-se ver a grande flor de Lótus, símbolo do amor como forma de liberar a alma do morto para o caminho dos céus. Acima de Osíris, vê-se o símbolo de seu filho com Ísis, o Olho de Hórus, que tudo sabe e tudo vê. No tribunal de Osíris, o morto seria incapaz de mentir a si próprio, pois está sob o olhar de Hórus e a vigilância de Ísis, a mãe maior.

No Grande Tribunal está Toth, de pé diante da balança do julgamento dos homens, penetrando na mente para julgar os sentimentos e propósitos do recém-chegado Hunefer.

---

7 *Cruz Ankh é um dos mais importantes símbolos da cultura egípcia. A Cruz Ansata consistia em um hieróglifo representando a regeneração e a vida eterna. A ideia expressa em sua simbologia é a do círculo da vida sobre a superfície da matéria inerte. Existe também a interpretação que faz uma analogia de seu formato ao homem, na qual o círculo representa sua cabeça; o eixo horizontal, os braços e o eixo vertical, o resto do corpo.*

Egípcios antigos acreditavam que antes do morto entrar no mundo de Amém, primeiro seu coração deveria ser pesado na presença de Toth e em seguida na presença de Hórus, Osíris e Ísis. Durante esse ritual, como descrito no *Livro dos Mortos* do Egito, Hunefer deveria pronunciar a si mesmo 42 confissões negativas que, posteriormente, durante os séculos, foram resumidas por um sumo sacerdote do Egito, dando origem aos Dez Mandamentos. Esse homem foi Moisés, o sábio, irmão de Aarão o último sacerdote egípcio, o provocador do êxodo dos escravos hebreus para a Terra Santa de Israel.

No pergaminho do *Livro dos Mortos* localizado hoje no Museu do Cairo, o escriba Toth anotava criteriosamente o resultado de cada julgamento, assinalando se aquele coração que estava sendo pesado havia ou não se conduzido bem e se tivera uma vida sem orgulho, egoísmo e honra. Por isso os egípcios diziam que Toth era o escriba confidencial do deus Osíris, o secretário.

No mito simbólico da morte de Osíris, diz a tradição egípcia que Toth ensinou à deusa Ísis a conjurar encantos, contribuindo assim decisivamente para que ela pudesse reconstituir totalmente o corpo de Osíris que havia sido desfeito em quatorze pedaços pelo seu irmão Set numa luta fatal, que durou sete dias e sete noites.

Escrituras de Toth no Templo de Osíris – Abydos

Os egípcios se referiam a Toth como sendo a mente, a língua e a palavra falada de RA, principal divindade da mitologia egípcia. O verbo constituía o poder com que RA objetivava suas ideias. No Egito existiu uma casta de sacerdotes seguidores de Toth, constituída pelos maiores conhecedores das ciências ocultas da época, especialmente a aritmética. Aqueles sacerdotes afirmavam que toda inspiração provinham de Toth. Muitos estudiosos da história antiga do Egito o consideram um ser dotado de poderes divinos. Podemos afirmar que esta é a verdadeira natureza de Toth; tratava-se de um ser que compreendia os mistérios do Céu e da Terra – da vida e da morte.

Não é somente a Hermes que Toth tem sido comparado. Na realidade, o Hermetismo tem sido comparado a importantes figuras de diversas culturas. Assim, os feitos de Toth são atribuídos a diversos nomes sagrados de diferentes lugares. Na civilização egípcia era Imhotep; na grega, Hermes; na romana, Mercúrio; na maia, Quetzalcoatl; na atlante, Chiquitet. Os Sumérios e outros povos da Mesopotâmia adoravam deidades lunares virtualmente idênticas a Toth. A Lua da Suméria era denominada Sin, e tal como Toth era encarregada de medir a passagem de tempo.

Para os egípcios, Toth era o deus do equilíbrio, por isso nas gravuras ele era estampado como "Mestre da Balança" indicando estar associado com os equinócios e solstícios. Ele representou um papel crucial nas designações e orientações dos templos. Era um escriba, moralista, mensageiro e mágico supremo. Considerado o deus protetor de todas as artes, ciências e produções intelectuais. Porém, segundo o Hermetismo, o termo *Trismegistus* tem outro significado. Ao deus Toth é conferido esse nome por haver sido Grande Mestre de três civilizações; Lemuriana, Atlântida e Ariana. O Texto Hermético chamado *Kore Kosmou*, escrito em Alexandria no Antigo Egito, cita Toth como "O todo astuto", aquele que entendia de todas as coisas. Os ensinamentos de Toth, em parte, foram gravados em pedra, especialmente aquilo que precisava ficar preservado para o futuro como os símbolos sagrados dos elementos cósmicos.

Tais escritos deveriam ser progressivamente conhecidos pelas gerações futuras, na medida em que o desenvolvimento espiritual fosse se abrindo e sendo permitido. Até então, somente aqueles que fossem merecedores poderiam ter acesso aos conhecimentos herméticos (fechados). Estes livros sagrados são frequentemente chamados de *Os 42 Livros de Instruções* ou *Os 42 Livros de Toth*, que trazem os mais elevados conhecimentos esotéricos, místicos e metafísicos e sobre os quais se baseiam a Gnosis Egípcia.

Infelizmente, apenas uma pequena parte desse trabalho de Hermes foi encontrada até a presente data, mas dizem que grande parte dos escritos sagrados está guardada embaixo da grande Pirâmide. A Ordem Hermética afirma que parte desse conhecimento está dentro do "Corredor de Registros" embaixo da Esfinge no Egito e dos quais derivou a alquimia.

Em contraposição à afirmação de muitos egiptólogos, que dizem não existir indícios de um citado "Templo da Esfinge", os veneráveis Herméticos afirmam o inverso. Para alguns, não passa de mera lenda tudo o que é dito a respeito desse templo, no entanto, para outros, são verdadeiras as imagens sagradas esculpidas ao longo das passagens das paredes de pedra da Esfinge. Trata-se de um corredor que conduz para uma câmara divina que leva até o salão que só pode ser aberto com a chave ankh de Osíris, entretanto, essa chave não é material, mas, sim, espiritual, e só será revelada à humanidade no momento preciso e oportuno.

Atualmente, já estão sendo liberados ensinamentos que dizem respeito a outros princípios além dos sete Herméticos clássicos. Nos escritos de Toth há descrição sobre todas as raças que já viveram na Terra, com referências sobre como e onde a vida começou.

Parte disso consta em documentos conhecidos pelo título de *Os Textos de Pirâmide*, que se constituem de uma coletânea de orações mortuárias egípcias, hinos, e feitiços destinados a protegerem um rei ou rainha após a morte, para lhes assegurar a vida e o alimento no mundo futuro.

Esses ensinamentos têm várias origens, alguns oficialmente aceitos pela arqueologia e outros aceitos apenas pelos iniciados. Em parte os conhecimentos não oficiais já foram divulgados em algumas obras reservadas, entre elas *As Tábuas de Esmeralda*, *O Caiballion*, *O Livro Sagrado de Toth* e as mais conhecidas, *Corpus Hermeticum* e *Pistis Sophia*.

Alguns textos herméticos foram inscritos nas paredes das câmaras internas da Pirâmide de Saqqara entre a Quinta e Sexta Dinastia. São os escritos funerários mais antigos de conhecimento do grande público.

Diz Hermes:

Quando a consciência objetiva retrocede, nasce a sabedoria. A ciência que desperta essa sabedoria é o segundo aspecto hermético da sublimidade.

Hermes afirma que esse mesmo tipo de troca é idêntico ao que o gênero humano experimentará durante a transição e ascensão planetária. A transformação de um Planeta de provas e expiações, em um Planeta de regeneração e elevação.

A sabedoria Hermética não se conteria em todos os livros do mundo, pois ela é livre de todo o saber tradicional. Trata-se da sabedoria Universal que não está escrita em livro algum, mas aquela que o estudioso e sincero tem acesso, pois ela existe para que o ser humano possa usá-la para escapar do mundo dialético que o aprisiona.

Rei Tut e o Anel Atlante

Réplica do original em Prata

A história do Anel Atlante começou no Egito há 8000 anos, quando os atlantes deixaram sua imensa sabedoria a certos sacerdotes egípcios. O anel foi descoberto pelo egiptólogo Marquês de Angrain, no Vale dos Reis, dentro do túmulo do sacerdote Juá. Mais tarde, Howard Carter, arqueólogo francês descobridor do túmulo de Tutancâmon, curiosamente foi a única pessoa a escapar com vida da famosa maldição da tumba da múmia do rei Tut.

Defronte o sarcófago do rei havia uma escritura em pedra na entrada do salão principal que dizia:

A morte tocará com suas asas aquele que perturbar o sono do faraó.

Depois de entrarem na tumba, todos os cientistas que o acompanhavam morreram de doenças estranhas, mas Howard Carter se manteve saudável. Percebeu-se que a única coisa que diferenciava Carter das outras pessoas era que ele usava constantemente o famoso Anel Atlante em um de seus dedos, o mesmo anel que havia sido encontrado no dedo do faraó Tutancâmon. Concluíram que foi exatamente o anel que o permitiu permanecer vivo.

Desde então, inúmeros pesquisadores se interessaram pelo Anel Atlante. Sua eficácia se deve as ondas de formas que ele emite, chamadas de "Louksor", cujos agentes invisíveis catalisam energia cósmica.

Sobre o Anel Atlante

O anel é um bem pessoal que se impregna das radiações pessoais, não podendo, portanto, ser emprestado ou ofertado depois de usado. Uma vez por semana é muito importante deixá-lo num copo de água salgada durante uma noite. Se não quiser usar o anel no dedo, use-o no bolso ou como pingente. É apropriado deixá-lo sempre brilhante e bonito.

Principais características.

- **REVITALIZANTE:** o anel ajuda a harmonizar as forças cósmicas e telúricas negativas que o corpo pode receber de ambientes ou pessoas energeticamente desarmonizadas.
- **PROTEÇÃO:** protege nos lugares onde se encontra ondas nocivas de certas magias e pessoas mal intencionadas.
- **CURA:** restabelece as funções perturbadas do organismo e restitui o sistema imunológico por ser um aparelho radiestésico natural e neutralizador.
- **PARANORMALIDADE:** desenvolve certas faculdades paranormais como a intuição que chega a aumentar cerca de 50% e a telepatia.

Foto Kirlian do Anel Atlante: a foto Kirlian é usada para fotografar a aura de pessoas, plantas e animais, amplamente conhecida no mundo todo. Kirliangrafia ou, num termo mais moderno, bioeletrografia, é o método de fotografia descoberto pelo padre Landell de Moura em 1904. Sob a designação de "O Perianto", ele descrevia minuciosamente os efeitos eletroluminescentes da aura das pessoas e dos objetos.

O significado dos dedos para uso do Anel Atlante

- **POLEGAR:** age sobre os maxilares, a linfa, orelhas, faringe e sistema respiratório.
- **INDICADOR:** age sobre o sistema nervoso central, vitalidade vontade e ação, intestino grosso e toda a coluna.
- **MÉDIO.** age sobre circulação, alergias, crânio e pés.
- **ANULAR:** age sobre o sistema genitor urinário, digestivo, sistema nervoso periférico, triplo, hipófise e tiroide.
- **MÍNIMO:** age sobre o coração, intestino delgado e emoções.

Anel Atlante original encontrado no dedo do Faraó Tutankhamon.

158 | A Era de Ouro da Humanidade

Howard Carter (Londres 1922)

Cápsulas que envolviam o sarcófado de Tut quando foi encontrado por Howard Carter, no Vale dos Reis, em 1922. Detalhe para o corredor que desce até a tumba e foi escavado por escravos, não bem menor que as cápsulas de madeira envolvidas por ouro.

Última das sete cápsulas que guardavam a múmia do Rei Tutankhamon. Coberto por ouro 14 quilates. Cairo Museum – Foto acervo do autor.

Tesouro encontrados na tumba de Tutankhamon – Cairo Museum.

O Anel Atlante original foi encontrado no túmulo do Faraó e, posteriormente, na residência do arqueólogo descobridor do túmulo do Rei Tut, Howard Carter, em 1922.

Howard Carter (Kensington, 9 de maio de 1874, – Londres, 2 de março de 1939). Arqueólogo e egiptólogo britânico, foi assistente de Flinders Petrie, um dos mais importantes arqueólogos britânicos. Carter foi conhecedor de vários dialetos árabes. Aos 27 anos, tornou-se inspetor chefe dos monumentos do Alto Egito e Núbia. Depois foi transferido para a inspetoria do Baixo e Médio Egito. Fez descobertas importantes como a tumba de Amenhotep III e de Tutmés IV, além de ter limpado e restaurado inúmeras outras; porém, a descoberta mais espetacular foi a da tumba de Tutankhamon no Vale dos Reis.

Busto de Tutankhamon

Tutankhamon, filho de Akhenaton, foi faraó aos nove anos de idade e faleceu ainda na adolescência. Supostamente também era filho de Nefertiti. Casou-se aos dez anos de idade com Ankhsenpaaton, que mais tarde trocaria o seu nome para Ankhesenamon. Assumiu o trono ainda menino e restaurou os antigos cultos aos deuses e os privilégios do clero. Morreu aos dezenove anos, sem deixar filhos ou herdeiros. Devido ao fato de ter falecido tão novo, o seu túmulo não foi tão suntuoso quanto os dos outros  faraós e, mesmo assim, é o que mais fascina a imaginação moderna, pois foi uma das raras sepulturas reais encontrada praticamente intacta no Vale dos Reis. Ao ser aberta por Howard Carte, em 1922, ela ainda continha peças de ouro, tecidos, mobília, armas e textos sagrados que revelaram muito sobre o Egito de 3400 anos atrás. Desde 2006 a múmia do Rei Tut está sendo exposta para o público dentro da sua tumba original, transportando a imaginação humana imediatamente ao enigmático passado do Antigo Egito.

Temos visto, após anos de estudo com grupos que levamos ao Egito, que algo muito estranho acontece com quem se depara com assuntos egípcios ou vivencia presencialmente os templos e locais sagrados da Terra Mãe. São as mais diversas manifestações de alegria, tristeza, angústia e gratidão.

Uma avalanche de sentimentos e sensações muito particulares que somente a própria pessoa pode compreender.

Quando isso ocorre, a pessoa nunca mais volta a ser a mesma, uma espécie de hipnose toma conta da sua mente e ela não consegue esquecer essa fabulosa civilização e seus incríveis mistérios. Acredite: todos nós, de alguma forma, já vivemos nessas terras sagradas e desérticas, pois o império egípcio durou nada mais nada menos que 3000 anos.

Segue artefatos encontrados no salão do Rei Tut, por Carter, em 1922, a maior descoberta arqueológica de todos os tempos.

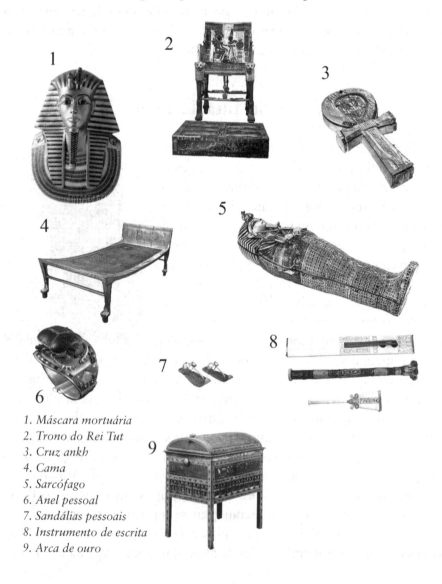

1. Máscara mortuária
2. Trono do Rei Tut
3. Cruz ankh
4. Cama
5. Sarcófago
6. Anel pessoal
7. Sandálias pessoais
8. Instrumento de escrita
9. Arca de ouro

Akhenaton venerando o deus Sol. Também conhecido como Amenóphis IV foi o primeiro faraó a decretar o monoteísmo no Antigo Egito adorando o Sol como o criador e mantenedor da vida. Na verdade, o Sol que ele se referia era Sirius, a morada maior.

Na segunda imagem é possível vê-lo novamente reverenciando o Sol. Detrás dele, encontra-se sua esposa e seus filhos. Veja na imagem e na estátua com mais de quatro metros de altura no museu do Cairo, como Akhenaton era um ser enigmático e diferente de todos os outros faraós que governaram o Egito. Ele tinha cintura de mulher, seios e uma cabeça alongada. Na verdade, Akhenaton era um ser andrógeno e possuia os dois sexos agrupados simultâneamente.

Akhenaton foi casado com a mulher mais bonita do Egito, Nefertiti, que significa "a bela que chegou". Seu filho foi o faraó mais rico e venerado até os dias e hoje. O rei menino Tutankhamon. Tut-Ankh-Amon.

O busto de Nefertiti é uma das mais belas obras econtradas até hoje e faz parte da coleção do Museu Egípcio de Berlim. Atualmente está em exposição no Neues Museum.

Os Maias

Os maias, como os egípcios, são descendentes diretos dos sobreviventes de Atlântida, mas sobre eles ainda sabemos muito pouco, comparado a grande quantidade de informação que esse fabuloso povo pode ter nos deixado.

Não se sabe até hoje o motivo real do desaparecimento repentino dos maias na América, eram centenas de milhares de habitantes vivendo numa grande metrópole para a época. Existem inúmeras teorias sobre esse desaparecimento em massa, mas nenhuma se aproxima de uma conclusão plausível. Particularmente, acreditamos que esse povo, numa certa fase de seu desenvolvimento e merecimento, tiveram um processo de ascensão coletiva; seu sumiço repentino está totalmente relacionado a isso.

Os segredos e as poucas escritas encontradas até hoje estão sendo decifradas pelos arqueólogos, principalmente no México. Os maias foram excepcionais astrônomos e mapearam as fases e cursos de diversos corpos celestes, especialmente a Lua e Vênus. Muitos de seus templos tinham janelas e miras demarcatórias (e outros aparatos) para acompanhar e medir o progresso das rotas dos objetos observados no céu. Templos arredondados, quase sempre relacionados com Kukulcán (versão maia do deus asteca Quetzalcóatl), são observatórios celestes extraordinários.

Em vários templos foram encontradas marcações de miras indicando que ali, observações astronômicas foram feitas. O sistema de escrita maia (geralmente chamada hieroglífica por uma vaga semelhança com a escrita do Antigo Egito) era uma combinação de símbolos fonéticos e ideogramas. É o único sistema de escrita do novo mundo pré-colombiano, que podia representar completamente o idioma falado no mesmo grau de eficiência que o idioma escrito no velho mundo.

Templo do Sol. Pirâmide Maia – México, na época, toda a pirâmide era pintada de vermelho. Ao redor dela residiam mais de 300.000 pessoas.

Decifrar as escritas maias tem sido um trabalho longo e dispendioso, um processo árduo que exige muita dedicação dos estudiosos. Algumas partes foram decifradas no final do século 19 e início do século 20 (em sua maioria, partes relacionadas com números, calendário e astronomia). Mas os maiores avanços se fizeram nas décadas de 1960 e 1970 e se aceleraram daí em diante. Atualmente, a maioria dos textos maias pode ser lido quase que completamente em seus idiomas originais pelos tradutores.

Lamentavelmente, os sacerdotes espanhóis, em sua luta pela conversão religiosa, ordenaram a queima de todos os livros maias logo após a conquista. Assim, a maioria das inscrições que sobreviveram são as que foram gravadas em pedra, grande parte estava situada em cidades já abandonadas quando os espanhóis chegaram. Os livros maias normalmente tinham páginas semelhantes a um cartão, feitas de um tecido sobre o qual aplicavam uma película de cal branca e assim pintavam os caracteres e desenhavam suas ilustrações. Os cartões ou páginas eram atados entre si pelas laterais, de maneira a formar uma longa fita que era dobrada em ziguezague para guardar e, sempre que necessário, eles a desdobravam para a leitura. Atualmente restam apenas três desses livros e algumas outras páginas de um quarto. Frequentemente são encontrados nas escavações arqueológicas, torrões retangulares de gesso que parecem ser restos do que fora um livro depois da decomposição do material orgânico.

O que sabemos sobre os pensamentos maias representa só uma minúscula fração do panorama completo que poderemos ainda descobrir sobre eles, pois foram milhares de livros que formaram a extensão de seus conhecimentos e seus rituais.

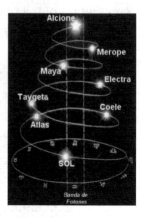

A grande importância dada pelos maias à medição do tempo, decorre da concepção que tinham sobre o tempo e o espaço. Na verdade, eles tratavam o tempo com uma só coisa, algo que flui não linearmente como na convenção europeia ocidental, mas, sim, circularmente e em ciclos repetitivos.

O conceito é chamado de Najt e é representado graficamente por uma espiral. Os maias acreditavam que, conhecendo o passado e transportando as ocorrências para um dia idêntico do ciclo futuro, os acontecimentos basicamente se repetiriam, podendo-se assim prever o futuro e exercer poder sobre ele através do presente.

Por essa razão, a adivinhação e a clarividência eram a mais importante função da religião dos maias. Tanto é assim, que a palavra maia usada para designar seus sacerdotes tem origem na expressão "guardião dos dias".

Para os Maias, a energia se move do centro da Galáxia para o nosso Sol de forma cadenciada, irradiando toda a luz primordial e manásica para as cinco pontas da Via Láctea e, consequentemente, para o Sistema Solar e a Terra.

Essa energia regula desde as marés até as fases de crescimento de todas as coisas em nosso Planeta. Ela é aceita como a força vital *Fiat Lux*. Uma força descrita por Paracelso (Einsiedeln, 17 de dezembro de 1493 – Salzburgo, 24 de setembro de 1541), médico, alquimista, físico, astrólogo e ocultista suíço-alemão que chamou essa energia suprema de *Evestrum*. Os egípcios por sua vez a chamaram de *Kal*, os gregos de *Pneuma*, os hebreus de *Ruan*, os hindus de *Prana*, os japoneses de *Ki*, os chineses de *Chi* e os maias de *Puah*.

Correspondência entre o Zodíaco de Dendera dos Egípcios e o Calendário Maia.

O Calendário Maia, com ciclo equivalente a um ano solar, era chamado Haab e tinha ordinariamente dezoito meses de vinte dias cada. Seu uso era mais atribuído às atividades agrícolas, notadamente na prescrição das datas de plantio, colheita, tratos culturais e previsão dos fenômenos meteorológicos. Era conhecido como o calendário das coisas e das plantas. Já o calendário Tzolk'in que possuía treze meses de vinte dias, com ciclo completo de 260 dias, era usado para as funções religiosas no qual se baseavam para marcar as cerimônias religiosas, se fazia a adivinhação das pessoas e se encontravam as datas propícias para seus atos civis.

Calendário Maia

Zodíaco de Dendera

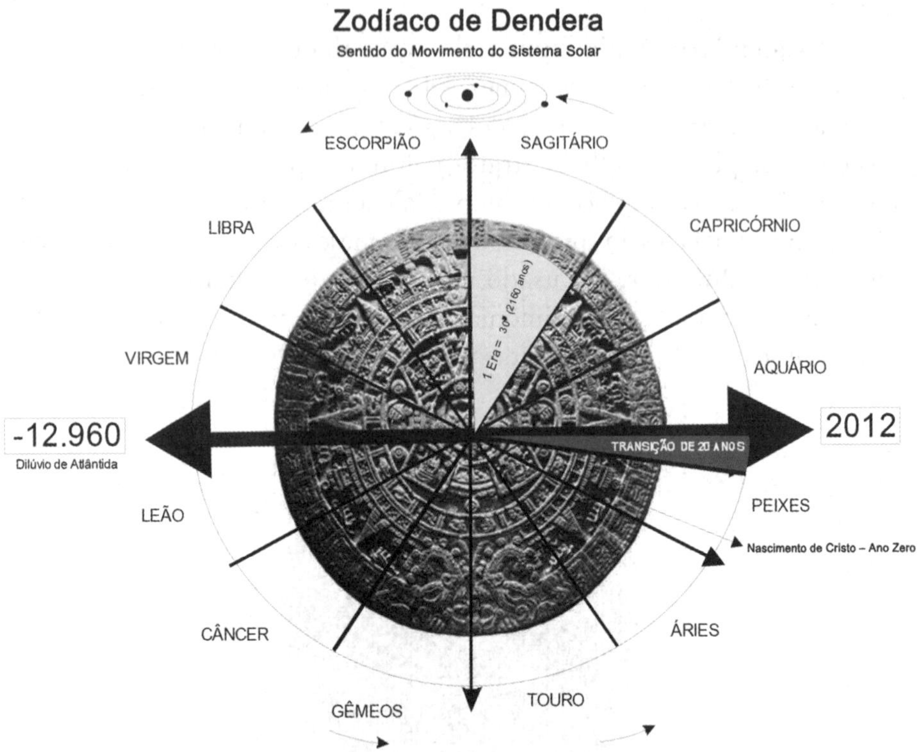

166 | A Era de Ouro da Humanidade

Zodíaco de Dendera
Sentido do Movimento do Sistema Solar

ESCORPIÃO · SAGITÁRIO
LIBRA · CAPRICÓRNIO
VIRGEM · AQUÁRIO
1 Era = 30° (2.160 anos)
-12.960 · 2012
Dilúvio de Atlântida · TRANSIÇÃO DE 20 ANOS
LEÃO · PEIXES
Nascimento de Cristo – Ano Zero
CÂNCER · ÁRIES
GÊMEOS · TOURO

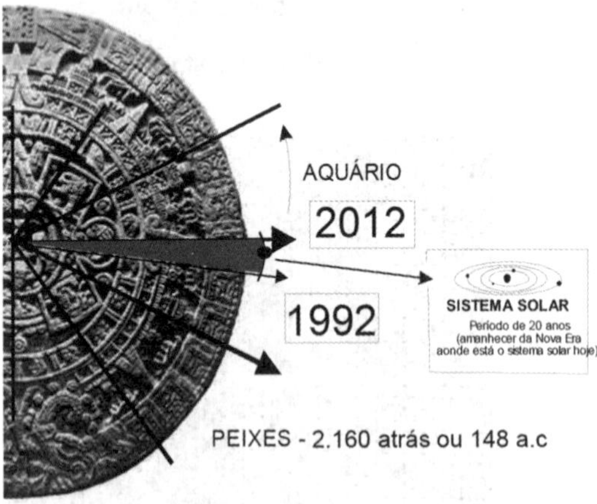

AQUÁRIO
2012
1992
SISTEMA SOLAR
Período de 20 anos
(amanhecer da Nova Era
aonde está o sistema solar hoje)

PEIXES - 2.160 atrás ou 148 a.c

Assim que nascia uma criança, pelo registro akáshico[8], os maias apresentavam-na aos sacerdotes que, em função do dia do nascimento, adivinhavam sua futura personalidade, seus traços marcantes, suas propensões, habilidades e dificuldades, analogicamente ao horóscopo mesopotâmico e encaminhavam essas crianças para os estudos mais apropriados, criando seres extraordinários, alinhados com suas aptidões e seus propósitos pessoais. Esses conhecimentos foram todos perdidos no tempo, como também os conhecimentos reais sobre a verdadeira kabbalah egípcia de Tehuti (Hermes), fonte primária da kabbalah judaica, capaz de prever, com base na data de nascimento, todos os ciclos positivos e negativos que uma pessoa terá durante sua vida na Terra.

Através do oráculo egípcio verdadeiro de Tehuti, é possível mapear facilmente suas aptidões, seus talentos e as heranças genéticas espirituais que carrega na sua essência consciencial. Se o mundo ocidental resgatasse esse conhecimento, certamente muitos contratempos e infortúnios poderiam ser evitados e mentes brilhantes e grandes gênios seriam despertados ainda na infância.

---

8 *Registro Akáshico: Akasha é uma palavra em sânscrito que significa céu, espaço ou éter. Segundo o hinduísmo e diversas correntes místicas, é um conjunto de conhecimentos armazenados misticamente no éter, que abrange tudo o que ocorre, ocorreu e ocorrerá no Universo. Encontram-se na zona intermediária entre os mundos astral e mental, parcialmente astral e parcialmente mental, e, de certa forma, interpenetrando todos os níveis. São registros de todos os pensamentos e eventos que já ocorreram, como um enorme e infinito livro ilustrado de história mental. Os registros akáshicos também contêm probabilidades que brotam e que são criadas por acontecimentos, ações e pensamentos passados e para dentro do futuro. As pessoas que possuem algum tipo de clarividência estão, na verdade, acessando esses grandes registros virtuais que, por sua vez, vão se moldando conforme a crença e o foco de atenção de cada um. Podemos dizer que esse grande registro é realmente um imenso programa que vai se modificando e se construindo a todo instante. Por isso, é muito importante entender que o futuro não está pronto e esperando por você. Previsões, clarividências e adivinhações são meras leituras de um mundo que se apresenta no presente. Se mudar o presente, automaticamente mudará o futuro. Nada é imposto, mas, sim, proposto. Algumas pessoas declaram que já entraram nos registros akáshicos por meio de projeções conscientes e lúcidas, algo parecido com uma grande biblioteca, com livros verdadeiros. O passado, o presente e o futuro estavam registrados lá, como textos, nesses livros. Há até os que dizem que já leram os registros, depois entraram nele e o experienciaram em primeira mão. O registro akáshico pessoal de cada um pode ser acessado por terapeutas e clarividentes pela descrição do nome completo e da data de nascimento.*

Estudiosos defendem que a observação da repetição cíclica das estações do ano e seus eventos climáticos, os ciclos vegetativos e reprodutivos das plantas e dos animais, sincronizados à repetição do curso dos astros na abóbada celeste, foi o que acabou inspirando os maias à criação de seus calendários.

É reconhecido que muito da matemática e astronomia dos maias se desenvolveu sob a necessidade de sistematizar o calendário com os principais eventos cósmicos.

O mês de vinte dias era natural e adequado na cultura maia, já que a sua matemática usava a numeração na base vinte, que corresponde à soma dos dedos humanos das mãos e dos pés. Não é por outra razão que a cada *Katum* (período de 20 anos), data auspiciosa como nossa década, os maias erigiam uma estela, monumento lítico belissimamente decorado, no qual registravam as datas e principais eventos que poderiam ser interpretados no futuro.

Como qualquer outra civilização antiga, os maias sacralizavam os conhecimentos de astronomia, matemática e escrita, sendo estas de função dos sacerdotes e letrados, cujos registros se cristalizaram no sistema de calendários, desde muito cedo aperfeiçoados.

Se a duração do ciclo completo do *haab* (365 dias + 1/5) era demarcada ao compasso do ano solar, a duração do ciclo completo do *tzolk'in* (260 dias) corresponde à duração de um ciclo biológico humano desde a concepção até o nascimento, sendo assim, o *haab* regia a agricultura e as coisas, e o *tzolk'in* a vida das pessoas.

Os maias desenvolveram de forma independente o conceito de zero, de fato, parece que estiveram usando o conceito muitos séculos antes do velho mundo, e usavam um sistema de numeração de base 20.

As inscrições nos mostram, em certas ocasiões, que eles trabalhavam com somas de até centena de milhões. Produziram observações astronômicas extremamente precisas; seus diagramas de movimentos da Lua e dos planetas, se não são iguais, são superiores aos de qualquer outra civilização que tenha trabalhado sem instrumentos óticos. Ao encontro desta civilização com os conquistadores espanhóis, o sistema de calendários dos maias já era estável e preciso; notavelmente superior ao calendário gregoriano.

Nos séculos 8 e 9 a cultura maia clássica entrou em declínio, abandonando a maioria das grandes cidades e as terras baixas centrais. A guerra, o esgotamento das terras agrícolas e a seca, ou ainda a combinação desses fatores, são frequentemente sugeridos como os motivos da decadência.

Os estados maias pós-clássicos também continuaram prosperando nos altiplanos do sul. Um dos reinos maias desta área, Quiché, é o responsável pelo mais amplo e famoso trabalho de historiografia e mitologia maia, o Popol Vuh, fornecendo-lhes preceitos e presságios.

Os maias falavam sobre o final do medo. Diziam que o nosso mundo de ódio e materialismo terminaria em 2012. Nesse dia, a humanidade deveria escolher entre desaparecer do Planeta como espécie pensante que ameaça destruí-lo ou evoluir para a integração harmônica com todo o Universo, compreendendo que tudo está vivo e consciente e que somos partes desse todo, podendo existir em uma Era de Luz. Diziam que, a partir de 1999, restariam treze anos, somente *treze anos*, para realizarmos as mudanças de consciência e atitude de que eles nos falam, e assim, teríamos a oportunidade de nos desviar do caminho do mal para outro que abra nossas consciências e as nossas mentes para nossa integração com o Universo.

Eles sabiam que o Sol, que chamavam de *Kinich-Ahau*, é um ser vivo que respira e que, a cada certo tempo, sincroniza-se com o enorme organismo que existe (Alcion), que ao receber uma manifestação de luz do centro da Galáxia, brilha mais intensamente, produzindo em sua superfície o que nossos cientistas chamam de erupções solares e mudanças magnéticas. Foi dito que isso acontece a cada 5.125 anos, e que a Terra se vê afetada pelas mudanças do Sol mediante o deslocamento do seu eixo de rotação. Para eles, o processo universal, como a respiração da Galáxia, é cíclico e nunca muda. O que muda é a consciência do homem, que passa através deles num processo sempre em direção à perfeição.

Com base em suas observações, os maias diziam que a partir da data inicial de sua civilização – desde o 4° Ahua, 8° Cumku, isso é 3113 a.C., 5.125 anos no futuro – o Sol irá receber um forte raio sincronizador proveniente do centro da Galáxia, mudando sua polaridade e produzindo uma gigantesca labareda radiante. Para este dia, a humanidade deve estar preparada para atravessar o portal dimensional. Neste momento, a civilização atual, baseada no medo, passará para uma vibração muito mais alta de harmonia. Só de maneira individual podemos atravessar o portal que permitirá evitar grandes desastres.

Os maias asseguravam que a sua civilização era a quinta iluminada pelo Sol, o quinto grande Ciclo Solar. Eles alegavam que, anteriormente, existiram outras quatro civilizações que foram destruídas por grandes desastres naturais. Achavam que cada civilização é apenas um degrau para ascensão da consciência coletiva da humanidade.

Para os maias, no último desastre a civilização teria sido destruída por uma grande inundação, que deixou apenas alguns sobreviventes dos quais eles eram seus descendentes. Eles pensavam que ao conhecer o final desses ciclos, muitos humanos se preparariam para o que viria, e que graças a isso, haviam conseguido conservar sobre o Planeta a espécie pensante, o ser humano. Falam sobre o "tempo do não tempo", período de 20 anos chamado *Katum*. Os últimos 20 anos desse grande ciclo de 5.125 anos, ou seja: de 1992 até 2012.

Diziam que nesse tempo, manchas do vento solar cada vez mais intensas apareceriam no Sol, e que, a partir de 1992, a humanidade entraria num último período de grandes aprendizagens e mudanças. Que nossa própria conduta de depredação e contaminação da Terra contribuiria para nossa conscientização e nos forçaria a um novo comportamento perante o Planeta. Essas mudanças acontecerão para que possamos entender como funciona o Universo, e para que avancemos em níveis superiores, deixando para trás o materialismo e nos livrando do sofrimento. Proferiam que a Terra despertará pelo norte e pelo poente, começando uma época de escuridão que todos nós enfrentaríamos com nossa própria conduta. Disseram que as palavras de seus sacerdotes seriam escutadas por todos nós como orientação para o despertar. Eles falavam dessa época como o tempo em que a humanidade entrará no grande salão dos espelhos, uma época de mudanças para que o homem enfrente a si mesmo, para que enxergue e analise seu próprio comportamento com ele mesmo, com os demais, com a natureza e com o Planeta onde vive. Uma época para que toda a humanidade, por decisão consciente de cada um de nós, decida mudar e eliminar o medo e a falta de respeito de todas nossas relações.

Diziam que o comportamento de toda a humanidade mudaria rapidamente a partir do eclipse solar de 11 de agosto de 1999. Nesse dia, como um anel de fogo, cortou o céu um eclipse sem precedentes na história, pelo seu alinhamento cósmico em forma de cruz com o centro da Terra, abrangendo quase todos os planetas do Sistema Solar. Eles nos posicionaram quatro signos do zodíaco que são os signos dos quatro evangelistas, os quatro guardiões do trono que protagonizam o Apocalipse segundo São João. Além disso, a sombra que a Lua projetou sobre a Terra atravessou a Europa, passando por Kosovo, depois pelo Oriente Médio, Irã, Iraque e posteriormente dirigindo-se ao Paquistão e a Índia. Sua sombra parecia prever uma área de conflitos e guerras. Os maias sustentavam que a partir desse eclipse o homem perderia facilmente o controle ou então alcançaria sua paz interior e tolerância, evitando os conflitos, anunciando uma época de mudanças que é a antessala de uma Nova Era. Diziam que a energia que recebemos do centro da Galáxia aumentará e acelerará a vibração em todo o Universo para conduzir a uma maior perfeição. Isso produzirá mudanças físicas no Sol e mudanças psicológicas no ser humano. Serão transformadas as formas de relacionamento e de comunicação. Simultaneamente, mais e mais pessoas encontrarão a paz interior, aprenderão a controlar suas emoções, haverá mais respeito, serão mais tolerantes e compreensivas, encontrarão o amor e a unidade. Surgirão homens com altíssimos níveis de energia interna, pessoas com sensibilidade e poderes intuitivos para a salvação. Todos irão se posicionar segundo o que são, e os que conservam a harmonia entenderão o que aconteceu como um processo de evolução no Universo. Os conflitos existirão, mas também darão lugar às circunstâncias de solidariedade e respeito pelo semelhante. Isso significa que Céu e Inferno estarão se manifestando ao mesmo tempo. Na época da mudança dos tempos, todas as opções estarão disponíveis, praticamente sem nenhuma censura, os valores morais estarão mais evidentes que nunca, para que cada um se manifeste livremente como realmente é.

Devemos então nos concentrar em produzir resultados positivos de nossas ações. Todos esses processos existem para que a humanidade se expanda pela Galáxia, compreendendo sua integridade fundamental com tudo o que existe.

Certamente, muitas mudanças acontecerão, e nesse momento, um dos aspectos mais marcantes será a nossa relação com o sistema capitalista que aí está.

Desde 1995, a economia mundial não é mais dominada pelo intercâmbio de automóveis, aço, trigo e outros bens e artigos reais, mas pela troca de dívidas, ações e títulos de crédito. Isso quer dizer interação da riqueza virtual com a qual se é muito fácil especular. A especulação em torno do capital financeiro levará a uma situação econômica degradante. Nesse momento, quase todas as economias do mundo estarão com problemas, especulações financeiras e os salva-vidas do governo estarão com dinheiro de bancos que se encontrarão à beira da falência. Não será o fim do capitalismo, mas, sim, o início de um novo modelo de relação comercial que virá a ser construído, pois o sistema hoje operante já está em franca transformação.

As escrituras maias dizem que, num certo momento, o Sistema Solar em seu giro cíclico sairia da noite para entrar no amanhecer da Via Láctea. Elas nos falam que no período de 1999 até 2012, a luz emitida desde o centro da Galáxia sincronizaria todos os seres vivos, permitindo a eles concordar voluntariamente com uma transformação interna que produz novas realidades. E que todos os seres humanos teriam, e ainda têm, a oportunidade de mudar e romper suas limitações através do pensamento.

As pessoas que voluntariamente encontrarem seu estado de paz interior, elevando sua energia vital e alterando sua frequência de vibração interior do medo para o amor, poderão captar e se expressar através do pensamento, e com ele florescerá o novo sentido.

A energia adicional do raio emitido por Runacku (ou Alcion, o centro da Galáxia) ativa o código genético de origem divina nos seres humanos que estiverem em alta frequência de vibração, este sentido ampliará a consciência de todos, gerando uma nova realidade individual, coletiva e universal. Uma das maiores transformações ocorrerá em nível planetário, porque todos os homens conectados entre si como um todo, darão nascimento a um novo ser na ordem galáctica. A reintegração das consciências individuais de milhões de seres humanos despertará uma nova consciência, na qual todos entenderão que fazem parte de um mesmo organismo gigantesco. A capacidade de ler o pensamento entre as pessoas revolucionará totalmente a civilização, desaparecerão todos os limites, a mentira será eliminada para sempre, ninguém poderá ocultar mais nada. Iniciará uma época de transparência e de luz que não poderá ser ocultada por nenhuma violência ou emoção negativa. Desaparecerão as leis e controles externos, como a polícia e o exército, porque cada ser se fará responsável por seus atos, não será preciso implantar nenhum direito ou dever pela força. Será formado um governo mundial e harmônico, com os seres mais sábios e evoluídos do Planeta e não existirão fronteiras nem nacionalidades. Findarão os limites impostos pela propriedade privada e não será necessário dinheiro, nem algo que direcione a vida das pessoas e sim seus propósitos individuais. Serão implantadas tecnologias para o controle da luz e da energia e com elas se transformará a matéria, produzindo de maneira simples tudo que for necessário, dando um basta à pobreza para sempre. Com a comunicação através do pensamento, haverá um super sistema imunológico que eliminará as baixas vibrações do medo produzidas pelas enfermidades, prolongando a vida dos humanos, a Nova Era não precisará da aprendizagem inversa, produzida pelas doenças e sofrimento que caracterizaram os últimos milhares de anos da história. A comunicação e a reintegração farão com que as experiências, lembranças individuais e conhecimentos adquiridos estejam disponíveis sem egoísmo, para todos. Será como uma Internet em nível mental, que multiplicará exponencialmente a velocidade das descobertas, e serão criadas sinergias nunca antes imaginadas. Os julgamentos e os valores morais que mudam com o tempo serão extintos. O respeito será o elemento fundamental da cultura, transformando o indivíduo e a comunidade. As manifestações artísticas, as ocupações estéticas e as atividades recreativas comunitárias e culturais ocuparão a mente do ser humano. Milhares de anos, fundamentados na separação entre os homens que adoraram um Deus que julga e castiga, irão se transformar para sempre. O ser humano viverá a primavera galáctica, o florescimento de uma nova realidade baseada na reintegração com o Planeta e com todos os seres humanos.

Neste momento, compreenderemos que somos parte de um único organismo gigantesco e iremos nos conectar com a Terra, uns com os outros, com nosso Sol e com a Galáxia inteira. Todos os seres humanos entenderão que os reinos, mineral, vegetal e animal e toda a matéria espalhada pelo Universo em todas as escalas, desde um átomo até uma galáxia, são seres vivos com uma consciência evolutiva. Na Nova Terra, todas as relações serão baseadas na tolerância e na flexibilidade, porque o homem sentirá os outros seres como parte de si mesmos.

Os dizeres maias contêm em suas escrituras, mensagens para o momento em que você se encontra. Revelam a busca interior e podem ajudá-lo a entender o período que está vivendo para melhor apreendê-lo e compreendê-lo.

O Cinturão de Fótons

A Terra funciona como se houvesse um grande ímã enterrado em seu eixo norte-sul. Seu campo magnético é formado por partículas eletricamente carregadas (íons) e elétrons que estão livres na atmosfera e flui por linhas de força, que partem do polo magnético sul e retornam ao Planeta pelo polo magnético norte. É por isso que as bússolas sempre apontam para o norte.

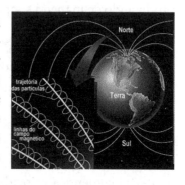

A Inversão das Polaridades

Essa configuração é invertida no decorrer de alguns milhares de anos. Nesse caso, as linhas de força passariam a fluir de norte para sul, e as bússolas apontariam sempre para o sul.

Uma pesquisa feita nos Estados Unidos conseguiu determinar que o polo magnético da Terra muda completamente de sentido a cada 7.000 anos em média.

O fenômeno da reversão de polaridade já era conhecido, porém, não se sabia quanto tempo demorava esse processo.

Os novos dados são resultados do trabalho de cientistas, que estudaram sedimentos profundos cavados em alto mar pelo Programa de Perfuração Oceânica.

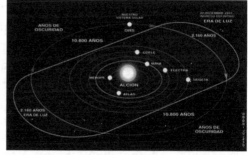

O material examinado continha registros das últimas quatro reversões de polaridade do campo magnético.

Sabe-se que nosso Sistema Solar demora 25.920 anos para orbitar totalmente esse cinturão, isto é, 12.960 para ir de um lado a outro e o mesmo tempo para voltar.

Sabe-se também que esse cinturão apresenta um formato elíptico fechado de tal forma, que nosso Sistema Solar orbita externamente a ele em 83% de seu percurso, isto é, 10.800 anos de cada lado, totalizando um percurso externo de 21.600 anos.

O restante do percurso ocorre com interação (alinhamento) da órbita de nosso Sistema Solar com a elipse do Cinturão de Fótons, totalizando 4.320 anos, sendo 2.160 em cada extremidade da elipse.

O Cinturão de Fótons[9] é a irradiação manásica que o acompanha, é composto por micro partículas de luzes e atua como se fosse uma hélice. Também é conhecido como Nuvem de Fótons. Do ponto de vista científico, é o movimento do Sistema Solar ao redor do Sol Central. Esse movimento cíclico dura 25.920 anos para completar sua órbita ao redor de OM. Durante esse tempo, nosso sistema passa duas vezes pelo Cinturão de Fótons (uma vez para o norte, outra para o sul). A cada 12.400 anos, uma parte dessa hélice passa em nosso sistema e em outros planetas também.

O Cinturão de Fótons começou a passar no nosso sistema no ano 2000, trazendo a passagem do Planeta para a Quinta Dimensão. Assim como o nosso, outros planetas também ascensionarão. A transformação deverá ser de corpo e consciência, numa frequência mais alta e mais intensa. Temos que realinhar nossa atual consciência.

Provavelmente não corremos mais o risco de vivermos uma guerra mundial, o que acarretaria um possível uso de bombas nucleares, levando a uma segunda morte dos seres em evolução aqui. Durante a Segunda Guerra Mundial e o período da Guerra Fria, realmente chegamos muito perto de tal destruição. Mas, acredite, muito foi feito para que a vida na

---

9 *Fóton: partícula elementar mediadora da força eletromagnética. O fóton também é o quantum da radiação eletromagnética da luz. A troca de fótons entre as partículas como os elétrons e os prótons é descrita pela eletrodinâmica quântica, a qual é a parte mais antiga do modelo padrão da física de partículas. Ele interage com os elétrons e núcleo atômico sendo responsável por muitas das propriedades da matéria, tais como a existência e estabilidades dos átomos, moléculas e sólidos.*

Terra não desaparecesse, pois se o Planeta fosse destruído, destruiríamos também todo seu registro akáshico.

Cada planeta é uma célula dentro de um sistema de cadeia infinita de proliferação de vida, é obvio que as Hostes Celestiais não permitiriam que houvesse tamanha destruição, pois uma célula cancerígena comprometeria todo o organismo universal. Lembre-se: o Universo é um organismo completo como o seu corpo, cada célula, por menor que seja, é imprescindível que se mantenha viva e perfeita. Cada corpo é um universo em miniatura, cada cérebro, uma galáxia e cada neurônio tem correlação com os bilhões de planetas e estrelas que coexistem simultaneamente no tempo do não tempo. Essa é a verdadeira alquimia universal, algo que não está nas prateleiras do entendimento do homem, mas, sim, dos deuses criadores. Como diz Toth nas Tábuas de Esmeralda – O *que está em cima é igual ao que está embaixo, para manifestar os milagres de uma única coisa.*

Os nossos pensamentos são mais reais do que nossos corpos físicos devem ser, controlados e especificamente dirigidos. Somos o que pensamos e nesse momento de transição cósmica nos tornaremos como um livro aberto. Não conseguiremos mais esconder a maldade, a desonestidade, a luxúria e o ódio. Nossos pensamentos serão projetados para além, todos poderão ver e ouvir. Dessa forma, devemos retificar imediatamente qualquer pensamento negativo com amor, luz e perdão para evitarmos as penalidades inerentes ou, até mesmo, uma possível expulsão da realidade da Quarta Dimensão, retornando para a terceira.

Nosso Planeta percorre o espaço numa velocidade calculada de 105.000 km/h. Quando entrarmos com força total no Cinturão de Fótons, alcançaremos uma velocidade de até 335.000 km/h. Haverá uma inversão dos polos magnéticos e uma vertiginosa aceleração comprimirá o tempo e o espaço de forma inimaginável. Nós já estamos começando a sentir essas sensações de encurtamento de tempo, como também irritabilidade, nervosismo, desesperança, descrença e medo do desconhecido, afinal, estamos entrando numa região realmente desconhecida até então para os homens modernos.

A Terra gira em torno de si no sentido horário (rotação) e ao redor do Sol no anti-horário (translação). Isso quer dizer que o Planeta está no sentido anti-horário, girando em torno do Sol e também do Cinturão de Fótons. O Planeta Terra está no negativo porque gira no sentido horário em torno de si mesmo, portanto, estamos com a polaridade invertida.

O Sistema Solar está em interação com o Cinturão de Fótons desde novembro de 1999, quando começamos a entrar na faixa dos fótons e da radiação manásica.

A atuação do Cinturão de Fótons dura 4.000 anos, e pode trazer consequências positivas ou negativas, dependerá muito do ser humano, como já aconteceu com as civilizações extintas dos egípcios, maias e atlantes.

Para entrarmos no Cinturão de Fótons, deveremos também adaptar nossos corpos físicos em menos matéria, menos densidade, mais energia, criando um corpo de luz em unicidade com a Quarta Dimensão.

Nossos corpos serão rearranjados e realinhados:

- Os chakras principais passarão de sete para doze ou treze.
- Ativação de mais quatro aminoácidos inativos do DNA humano.
- Equilíbrio das energias femininas e masculinas.
- Aceleração de nossos átomos conforme o grau de luz e da consciência que receberemos.
- A nossa Glândula Pineal voltará ao seu tamanho de origem, passando do volume atual, equivalente a uma ervilha, para o tamanho aproximado de uma moeda. O bombardeamento de raios gama no átomo transformará elétrons e prótons em pósiton. Isso alterará toda a estrutura atômica, pois, o átomo, em interação com o fóton, deixará sua estrutura semelhante a desses fótons. Nosso elétron tem uma carga inferior a do pósiton. Essa interação de antimatéria com o nosso elétron provocará uma mudança de negativo para positivo. Muda a polaridade, mas a carga continua igual, dobrando a potência.
- Trocaremos os sentimentos de falta pelos sentimentos de abundância.
- As religiões se transformarão em crenças obsoletas.
- A ingratidão será transmutada pela gratidão. A dor pelo amor e o egoísmo pelos sistemas compartilhados de atuação (vide nos capítulos finais do livro).

Para passarmos pelo Cinturão de Fótons e nos livrarmos dos raios gama, temos que estar com a frequência cerebral acima de Beta (mais de dezessete ciclos por segundo), ou seja, temos que buscar a evolução e a preparação, não só para escapar, mas também para ajudar o maior número possível de pessoas nesse processo. O controle emocional e mental será imprescindível para alcançarmos a imunização da consciência. Não existirá medo, somente confiança, pois não haverá destruição física e material, somente transformações na consciência humana como um todo.

Um salto quântico coletivo está por chegar. A esse fenômeno chamamos de O Grande Pulso.

Quem estiver preparado e envolto por vibrações positivas estará apto para ajudar outras pessoas. Pequenos grupos poderão transmutar a energia de muitos. É um trabalho de solidariedade e fraternidade consciente.

Pirâmides Individuais

Comece por fazer o que é necessário, depois faça o que é possível e em breve estará fazendo o que é impossível.
São Francisco de Assis

A Pirâmide, além de ser um símbolo fantástico, vem mostrar a todos que não existe outra forma de vida a não ser a que leva sempre ao mais alto, ao topo, à evolução, pois não viemos ao mundo para sermos sofredores, perdedores e derrotados, temos uma escalada de conhecimento a fazer e essa nos levará rumo à grande sabedoria.

OS CHAKRAS PRINCIPAIS

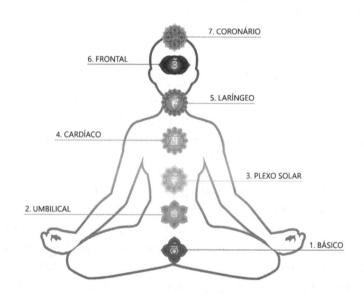

Cada um de nós possuiu uma pirâmide interna em constante construção. Temos de conhecer bem o projeto, as medidas, os locais corretos para colocar cada bloco e montar os devidos degraus para seguirmos com segurança e sabedoria. Para se chegar ao topo da pirâmide é preciso colocar bloco por bloco, arquitetar, acertar, errar, trabalhar, agir constantemente e interagir com diversas pessoas pelo caminho.

E assim, de degrau em degrau, tudo começa a tomar forma e se alicerçar. Sua vida será forte e indestrutível, soberana e imponente como as Pirâmides do Egito, igualadas em seu esplendor e magnitude. Nossa missão é construir uma consciência plena, inviolável e extremamente fortificada pela atitude e autenticidade de atos e pensamentos. Se deste modo o fizer e, se em todos os alvoreceres de sua vida conseguir se enxergar como um ser em evolução e expansão, agradecendo por estar vivo e disposto a aprender mais um pouco a cada dia, então estará pronto e predisposto a servir aos seus propósitos. A sua missão como um ser é se unir com os planos da Fonte Criadora.

Quando se trabalha em prol do Universo é como se estivesse trabalhando na verdade para uma grande empresa, que poderíamos chamar de Universal S/A. Diferentemente do que entendemos sobre a dinâmica de uma corporação, onde os ganhos estão sempre voltados para o lado corporativo, quando se trabalha para esta empresa está trabalhando no fundo para você mesmo. Por decorrência disso, esta empresa sempre lhe recompensará e estará conspirando a seu favor. Seus sonhos se realizarão e seus desejos mais profundos se intensificarão todos os dias. Seus pedidos serão reais e sempre serão atendidos, pois você está em sintonia com o Universo.

Cada degrau que você coloca em sua pirâmide, torna-se eterno, ninguém poderá retirá-lo ou destruí-lo, é uma experiência vivida e conquistada. Não tem problema se foi uma experiência boa ou ruim, prazerosa ou desagradável, triste ou feliz, angustiante ou reveladora, extremamente dolorosa ou satisfatória; o importante é que ela existiu, tornou-se parte e se incorporou a você, transformando-se em mais uma peça na construção de sua vida. Essa experiência se aglutinou dentro de uma cápsula blindada, envolvida pelas fortes emoções intrínsecas daquele momento.

A memória existe porque no passado existiu uma emoção latente, que fez com que sua mente abrigasse mais um evento num local específico e muito especial dentro do seu cérebro. Essa informação é arquivada graças a potencialização da emoção em certo momento, depois disso, ela seguirá consigo através da eternidade.

Não carregamos lembranças de um almoço corriqueiro, um encontro qualquer, filas de banco ou reuniões de negócios rotineiras. Essas informações sem lastro emotivo são importantes, mas serão descartadas com o passar do tempo, o que realmente prevalecerá para a consciência serão os atos e momentos emocionantes que vivenciou durante sua vida.

Atitudes reais de felicidade, plenitude, harmonia, sabedoria, perdão, compreensão, solidariedade, criatividade, atos em prol da expansão individual e coletiva, um simples aprender a andar de bicicleta, ou um lapso no tempo quando brincava na chuva com amigos na infância, o primeiro beijo, uma palavra de perdão que recebeu a mais de vinte anos de uma pessoa querida, uma atitude de compaixão de um pai ou mãe, o nascimento de um filho ou então atitudes de coragem, convicção e vitória. Enfim, tudo o que lhe traz emoção é o que fica gravado e registrado no livro da vida de Toth. Esses registros quando encapsulados em sua mente fazem parte de você e se tornam o conjunto de todas emoções aglutinadas pelo tempo.

Podemos dizer que somos como cristais que vão se lapidando através do tempo, e as emoções são as pontas de diamante que fazem esse incrível trabalho de lapidação.

O Grande Pulso

Mensagem do Povo Azul recebida dia 10 de fevereiro de 2010.

A luz central da Galáxia chegará como um pulso eletromagnético inteligente, uma força incrível repleta de pura informação. Ela adentrará pelos sistemas das plêiades de uma vez e por reflexão atingirá todos os seus respectivos sistemas planetários adjacentes.

Esses fenômenos já ocorreram muitas e muitas vezes, é cíclico, extraordinário e muito difícil de descrever em palavras. Existem registros que contam que o último deles ocorreu há muito tempo e está guardado num lugar secreto ainda não descoberto por vocês.

E quando acontecer será o momento do grande arrebatamento, o momento da grande revelação.

Um dia terão a oportunidade de achar essas antigas escrituras marcadas em pedra embaixo do Oceano Atlântico, em meio às ruínas perdidas da cidade de Poseidonis no centro do Continente perdido de Atlântida.

Também encontrarão algumas réplicas explicativas em forma de pergaminhos antigos, impressas em tecido de linho e papiro real, no deserto egípcio, a mais de trinta metros abaixo de suas quentes areias, escondidos entre as entranhas de um gigantesco labirinto subterrâneo construído durante as primeiras dinastias faraônicas entre a pirâmide de Hermes e a Esfinge de Gizé. Esta magnífica obra está para ser revelada a vocês ainda neste século.

Existe muito conhecimento escondido ali e esses mudarão drasticamente o rumo da sociedade humana.

Acreditem meus amigos: tal obra foi construída para proteger os conhecimentos maiores das antigas Raças Gentis e um dia eles serão revelados como forma de presente, se realmente o merecerem.

Esse é o maior tesouro que a humanidade poderá ver. Quando essas escrituras forem reveladas vocês poderão se maravilhar com conhecimentos nunca vistos. São informações preciosas, conhecimentos herméticos que foram utilizados há muito tempo em prol do desenvolvimento humano, da sociedade e da verdadeira espiritualidade.

Não será fácil decifrar tais manuscritos, pois esses foram feitos em épocas distintas das suas, Eras e Eras anteriores a que vocês vivem hoje; são escrituras simbólicas e, por esse motivo, demorarão décadas para começarem a decifrar o que ali foi registrado.

O Grande Pulso que queremos descrever é a grande Luz que já está irradiando do Centro da Espiral Galáctica rumo às bordas mais externas até as suas fronteiras mais distantes, como o Sistema Solar que vocês conhecem.

Essa luz, esse pulso, pode ser representado como o batimento do coração galáctico, batimento esse que está sincronizado ao magnífico processo respiratório do grande corpo cósmico de OM.

O Grande Pulso é o fim de uma grande inspiração e o início de uma nova expiração do Sol Central Oculto.

Esse respirar galáctico necessita de um ritmo que se manifesta através de pulsos. O pulsar de um corpo galáctico como esse é tão grande, que se torna realmente difícil imaginar. Ele obedece a um ritmo muito lento, cada pulsar galáctico demora cerca de 26.000 anos crístico para acontecer. Esse é o ritmo do pulsar do Sol Central.

Mas isso é somente uma questão de percepção, já que o tempo é uma grande maia, uma ilusão. É muito difícil para o ser humano chegar a qualquer conclusão ou compreensão racional unicamente por sua mente, somente compreenderão através da consciência desperta e do espírito reconectado. Não queremos comprovar nada, nossa intenção não é essa, apenas estamos tentando fazer uma ilustração do que está ocorrendo dentro do astral superior, para que possam ser abertos novos portais de conhecimento dentro de suas consciências.

Racionalmente falando, quanto maior for o corpo cósmico, maior deve ser o tempo entre seus batimentos e, consequentemente, mais lento deve ser o seu ritmo e a pulsação na forma inversa; quanto menor o corpo cósmico, menor deve ser o tempo entre os batimentos e mais rápido deve ser o ritmo e a pulsação.

Vocês são seres cósmicos, portanto, seus corpos também são cósmicos. Dentro de seus corpos, seus corações também pulsam da mesma forma que pulsam as galáxias e todos os outros corpos celestes, a diferença é que seus corações pulsam em ritmos muito mais rápidos que os planetas, e os planetas, por usa vez, mais rápidos que as estrelas, que são corpos cósmicos gigantescos e extremamente pesados. Imaginem então o corpo galáctico que abriga todos esses corpos ao mesmo tempo. Pense e tente imaginar quão gigantesco é o seu respirar?

Compreendem a magnitude desse grande pulso que vem do centro de OM?

Os seus corações pulsam para gerar calor e obter força, e assim, irrigar sangue para as extremidades do corpo físico, e junto desse líquido avermelhado vital, são impulsionados todos os elementos necessários para manter seus corpos ativos e saudáveis. Já o coração da Terra, como um ser cósmico que é, também pulsa, mas para poder irrigar lava; junto desse magma incandescente são impulsionados todos os elementos químicos necessários para manter a vida nas bordas externas do Planeta – a superfície seca do planetário. O Sol, por sua vez, como possui um corpo cósmico gigantesco, também pulsa, porém para irradiar calor e energia eletromagnética inteligente, através das ejeções de massa coronária que emitem partículas de fótons luminosos, mantendo a vida plena nos oito sistemas planetários que ele sustenta. Já o Sol Central Galáctico pulsa Luz Manásica Azul para abastecer tudo isso e manter os corpos levitando ao seu redor do centro galáctico – a Fonte.

Portanto, cada corpo tem seu ritmo e essa cadenciação rítmica está diretamente ligada ao tamanho e a massa corporal correspondente.

Explanamos rapidamente sobre isso para compreenderem que tudo possui uma cadência, e vocês, como seres cósmicos que são, também possuem ritmos internos, batimentos cardíacos e também fluxos respiratórios específicos.

Tudo no Universo tem um ritmo, que se caracteriza pelos processos de inspiração e expiração. No caso do ritmo galáctico, que é nosso interesse neste momento, falamos sobre a expiração e a inspiração de luz, irradiação de energia consciente, de inteligência e de sabedoria cósmica, um movimento de abastecimento e desabastecimento energético constante que ocorre entre os bilhões de sistemas solares que se interligam entre si dentro da teia energética de OM.

Dentro desse processo respiratório galáctico não existe presença de material físico, como o oxigênio ou o hidrogênio, só há presença de luz manásica, a mais pura luz existente, uma luz azul fluorescente totalmente isenta de calor, porém repleta de inteligência cósmica e amor universal.

Para que todo esse sistema se mantenha vivo e esse ritmo se conserve pulsante, sem parar um segundo sequer, é preciso que algo maior esteja acontecendo dentro do Universo; que alguém ou algo esteja desejando que tudo isso continue acontecendo em tempo integral. Algo que seja constante e eterno, perfeito e que não seja factível a falhas.

Esse desejo que tudo mantém é a fonte de tudo, é o que sustenta tudo pulsando e vibrando em extrema harmonia o tempo todo. É o anseio da vida, a vontade maior do Criador, o desejo de manter a vida eternamente. Essa fonte inesgotável é o sincero desejo de Deus.

Deus falará com vocês através da luz. O verbo de Deus é a própria luz que brota da fonte. Algo indefinido, pois ninguém pode lhe dar um fim.

É por isso que estamos todos vivos, porque algo maior está desejando a perpetuação da vida, para que possamos mantê-la a qualquer custo. Todos os seres viventes nas moradas maiores da Galáxia recebem a vida para servirem à manutenção da vida eterna.

Se existe uma resposta para o real sentido da vida, a resposta é essa: Manter a vida.

É para isso que estamos vivos, meus queridos. Para manter a vida. Esse é propósito oculto que cerca tudo e todos.

Lutaremos eternamente pela vida, pois esse é o código que todos carregam dentro de nossas consciências divinas e primárias.

Em resumo, o que mantém tudo em movimento é a vontade de Deus – a mente do Criador. A mente divina está no comando, está vibrando, continua pulsando num ritmo perfeito, desde um simples átomo até uma gigantesca Galáxia. Por quê? Porque Ele está pensando e desejando que tudo se mantenha vivo. A mente Dele (OM) proporciona o ritmo, a vibração e o movimento. Esse movimento é o que gera a energia necessária para manter todas as formas de vida, pois não há qualquer possibilidade de existir vida num mundo parado e estático. Para se produzir energia é necessário que haja movimento, para que haja movimento é preciso que se crie um ritmo e para que exista um ritmo é necessário existir uma vibração, sendo assim, para se criar uma vibração é necessário, antes de tudo, a intenção. Essa intenção é a vontade divina. A força magnânima do amor universal.

A Mente do Criador é a matriz energética de tudo o que existe. Tudo se origina Dele e tudo finaliza Nele.

Deus é autoconsciente. Enquanto Ele estiver pensando, tudo continuará se movimentando. A partir do momento que Ele parar de pensar, então tudo vai parar de existir, pois tudo o que existe é uma manifestação direta da Mente Dele.

É muito difícil para nós explicarmos a vocês o que significa Deus, como também deve ser difícil para vocês compreenderem sobre os projetos e propósitos divinos. Por exemplo: Osíris Maior não é Deus. Osíris é um Semideus e trabalha pelas hierarquias planetárias de Lord Melquesedeque.

É por esse motivo que vocês criam as religiões, porque precisam compreender melhor o que significa essa força Criadora que os mantém vivos. E também para descobrirem as reais intenções do Criador para com os destinos humanos.

O problema maior é que junto dessa tentativa, acabam criando dogmas e doutrinas muito rígidas e desencontradas, se comparada com a simplicidade das leis universais que regem o Universo. Esse desencontro é o que impede o real entendimento dos projetos divinos.

Querem definitivamente conhecer Deus?

Então, basta abrirem os olhos; em todos os lugares que mirarem seus olhares poderão vê-lo, pois Ele está em tudo o que existe.

Infelizmente, vocês complicaram demais o que era para ser simplificado.

Não percam mais tempo discutindo qual Deus é o maior. A divindade não deve ser discutida ou debatida. Ele simplesmente é!

O homem discute sobre religião fervorosamente, mas perde tempo e energia com essas questões. A religião não é algo divino, mas, sim, uma criação humana, Deus nada tem a ver com essas discussões que fazem tanto sentido para vocês, e de nada servem para as divindades maiores, que são meros passatempos egóicos terrenos.

O que deveria ser simples se tornou complexo e o que deveria religá-los ao Criador está na verdade afastando-os Dele. A única forma de se religarem com Deus e com as leis universais, é conhecendo a si mesmo. Não há realmente outro caminho. Por isso vocês foram presenteados com a chamada bem-aventurança.

Descrever Deus é algo impossível, vocês precisam parar de procurar fora, pois Ele não está fora, está dentro.

> *Tudo tem fluxo e refluxo; tudo tem suas marés; tudo sobe e desce; tudo se manifesta por oscilações compensadas; a medida do movimento à direita é a medida do movimento à esquerda; o ritmo é a compensação.*
>
> O *Caiballion*, de Hermes Trismegisto

As mentes de vocês não foram preparadas para compreender o que é divino, as nossas também não foram. Nós, do Povo Azul, passamos muito tempo tentando comprovar a existência Dele para acreditar que éramos seres eternos e aceitos, mas hoje somos humildes o suficiente e nos contentamos apenas em nos maravilharmos perante as obras que Ele construiu. Daqui de onde estamos a visão é maravilhosa, e em breve, aí na Terra, vocês também terão este privilégio.

Via Láctea e seus cinco braços. Ao centro o Sol Central que pulsa a cada 25.920 anos. OM.

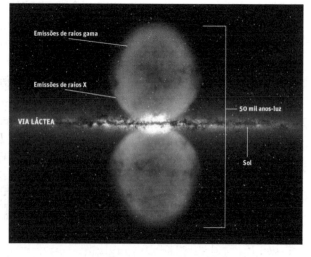

Foto divulgada pela NASA em dezembro de 2010 sobre uma grande luz de raios gama que está vindo do centro da Galáxia. Os cientistas dizem não saber do que se trata esse feixe de raios gigantesco que está chegando até as fronteiras distantes da Via Láctea. Veja a indicação do nosso Sol, onde se localiza nosso Sistema Solar na periferia da Galáxia.

Foto divulgada em dezembro de 2010 pela NASA. Cada ponto luminoso deste, é uma galáxia, algumas delas milhares de vezes maiores do que a própria Via Láctea. Essa imagem é somente um ponto de enquadramento da lente fotográfica do telescópio. Imaginem o que existe mais além.

No último dia do grande Ano Cósmico, o Sol se pôs e a noite caiu. Foi o fim definitivo da grande Era de Peixes e o início das revelações da Era de Aquário. Neste momento, fecharam-se todos os portais e cessaram-se todos os chamados. No dia seguinte, pela manhã, assustadoramente o Sol não surgiu no horizonte. Era chegado o momento das tribulações. Durante três dias e três noites a escuridão total se manifestou na Terra. Quando todas as esperanças de todas as tribos já não existiam, no quarto dia, uma Grande Luz Azul no Oeste surgiu, trazendo à tona o que parecia ser o nascimento de um Segundo Sol. Era a Luz da verdade se manifestando. Um sopro de vida que saia da boca do Criador para arrebatar e libertar todos os povos da Terra – O Grande Pulso.

A Aceleração

Mensagem do Povo Azul recebida dia 23 de fevereiro de 2010.

Daqui em diante, tudo se acelerará drasticamente, inclusive o tempo e a percepção que possuem dele.

Essa aceleração se manifestará diretamente nos processos das causas e dos efeitos. Vocês já podem sentir isso, pois estão experimentando esse fenômeno de aceleração no dia a dia a aproximadamente vinte anos, precisamente desde meados do ano crístico de 1991.

Vamos explicar sobre essa aceleração dentro dos processos de causa e efeito.

Por exemplo: se no passado uma pessoa fizesse algo num determinado dia, os efeitos dessa ação demorariam a se manifestar e vinham somente depois de alguns dias ou até mesmo depois de algumas semanas.

No entanto, com a aceleração de todo o sistema cósmico, o que uma pessoa faz hoje, passa a ter efeitos extremamente rápidos – quase imediatos, nos minutos seguintes ou em poucas horas. As respostas serão muito mais rápidas que em tempos passados, serão na verdade praticamente instantâneas e se intensificarão cada dia mais. Essa será uma das provas sobre a aceleração dos processos de causa e efeito.

Muitos erros graves feitos durante uma vida terrena não poderão mais ser empurrados para frente, o que sugere que eles não poderão ser resolvidos em outra existência, ou seja, em vida posterior. Os problemas devem ser resolvidos rapidamente por meio de técnicas específicas de entendimento, harmonização e perdão. Isso pode ser subjetivo, mas é possível e está previsto para acontecer. A aceleração do tempo tem um papel importante sobre essas determinações de livre escolha e consequências. Para quê? Para um aprendizado mais rápido e consciente.

O objetivo principal dessa ordem divina é estabelecer uma gigantesca alavancagem nos processos de regeneração cármica para a Terra. O Planeta está passando por uma transformação espiritual completa, e está saindo de um plano de expiação e provação, para um plano de regeneração, e essa transformação diz respeito exatamente a isso: aos processos de cura pelo sofrimento, pelo aprendizado maior sobre a ética universal e os processos de causas e efeitos.

Esse é o foco final do projeto que está em andamento nos orbes superiores: a regeneração total da humanidade e a implantação de uma Era de Ouro para os povos da Terra, filhos de Órion pai e Sirius mãe.

Vocês já se encontram em uma escala evolutiva avançada. Não precisam mais errar para aprender, já erraram bastante e durante muito tempo, já ultrapassaram grandes obstáculos e por isso já podem optar por aprender pelos acertos e não mais com os erros. Queridos, errar não é humano – acertar é humano.

A guerra é um exemplo disso. A ideia de guerra para a maioria de vocês é algo que já foi transmutado, por mais que ainda tentem colocar em suas mentes os ideais bélicos, vocês não conseguirão, pois essas ideias já estão totalmente ultrapassadas para a maioria das consciências humanas encarnadas sobre o plano da Terra.

É muito ruim quando vemos alguns governantes declararem que as guerras são necessárias e que elas precisam ocorrer para que o mundo se mantenha em paz.

Essa é uma das maiores provas de falta de respeito para com os que têm o mínimo de discernimento e consciência e sabem distinguir o certo do errado.

Como isso pode ser possível? Como manter a paz por meio de guerras? O que essa absurda afirmação significa?

Não acham que essas declarações subestimam suas inteligências?

Não aceitem mais isso, por favor. A não ser que queiram se enquadrar na egrégora de morte e falência do velho mundo que está se esvaindo. Cuidado! Você pode ser levado junto a essa massa pensante. Lembre-se: os semelhantes sempre se atraem, seja pela ação, seja pela omissão.

No entanto, este alerta certamente não serve a você, por isso estamos orgulhosos de transmitir esta mensagem, pois a maioria de vocês já não aceita mais essas ideias bélicas como um modelo futuro, a maioria já sabe que esse tipo de pensamento é algo primitivo e totalmente inaceitável. Mas, ainda, como pretexto de autodefesa, grandes nações tentam introduzir aos homens a ideia das guerras.

Vocês já compreenderam que guerras são frutos de mentes essencialmente medrosas, já percebem que não podem mais mandar seus filhos para lutar. Preferem lutar pelos sentimentos de solidariedade e pela paz – sem necessidade alguma de guerra.

Num futuro próximo, nações que forem a favor das guerras não serão mais julgadas como nações fortes e poderosas como almejam, serão sim julgadas como fracas e medrosas. Esse é um grande paradigma humano que deverá ser quebrado e um novo modelo de sociedade libertária deverá surgir a partir daí.

Não existe retroação no Universo evolutivo, dentro da Grande Espiral da Galáxia a aceleração é inevitável. O que sentem é o sinal de que estão entrando numa região de alavancagem centrípeta em direção ao centro galáctico, quando mais suas consciências se iluminam com cosmoética universal, o que para nós tem o mesmo significado que amor universal, mais vocês evoluem e se aproximam do centro que os criou, OM. Assim, quanto mais perto do centro galáctico estiverem, mais luz vocês recebem e mais lúcidos ficam. Compreendem?

Se por ventura vocês entrarem nessa alavanca de aceleração sem o devido aprimoramento, suas mentes não conseguirão assimilar a quantidade de informação cósmica que está por chegar e poderão se tornar irritadiços, nervosos e às vezes até perturbados. Mas, aos poucos, esse descompasso vai se transformando em harmonia e gratidão.

Ao contrário, se optarem por ficarem presos a antigas crenças e a antigos dogmas, terão contratempos inevitáveis e poderão ficar escravizados dentro de suas próprias crenças e mentes, pois tudo aquilo que acreditarem piamente acabará lhes aprisionando.

Queremos que sejam livres pensadores e que se abram para o novo, precisam se libertar urgentemente do antigo para deixar o novo entrar.

O medo é o sentimento mais primitivo que existe. Não temam. Vão em frente, pois só assim poderão chegar ao mais alto, tentem conhecer a si próprios para conhecerem o Universo e os Deuses.

É uma questão de escolha. Não tem problema se quiserem se manter aprisionados, mas, se assim preferirem, estarão fadados à estagnação e não poderão avançar. Serão considerados repetentes e não irão participar da Nova Terra. Não por imposição, mas por proposição. Pois o novo mundo não está sendo imposto, mas, sim, proposto.

E você pode estar pensando agora:

Está tudo bem assim! Por que eu necessitaria passar para a Nova Terra?

Irmão, se este livro está em suas mãos é porque o chamado em sua consciência já foi ativado, isso não significa que você é um escolhido, mas que foi você que escolheu o caminho do conhecimento e da libertação. Significa que você deseja abrir outros portais de conhecimento e que não está mais satisfeito com as coisas que vem vivenciando aí na Terra. Já não consegue mais aceitar tantas injustiças sem nada poder fazer. Sente-se inerte e impotente perante tudo e não compreende o excesso de individualismo das pessoas. Sem dúvida já vem percebendo que algo muito estranho está acontecendo na sociedade humana e, lá no fundo, sabe que as mudanças estão por chegar e deve se preparar. Talvez não esteja fazendo isso conscientemente, mas, nós afirmamos: é exatamente isso que seu espírito quer e que sua consciência está fazendo; se preparando para um novo mundo que está nascendo.

Isso tudo está começando a afetar a sua percepção sobre o mundo, sobre a natureza e sobre as pessoas. Está fazendo com que siga em busca de respostas que ainda nem sabe direito quais são.

Nos processos evolutivos maiores tudo funciona de forma gradativa, como nas escolas, os que aprendem passam adiante, os que não aprendem ficam. Eles não regridem, ficam estagnados. Mesmo sendo repetentes, os que ficam têm uma nova possibilidade para passar para outra etapa e nunca serão esquecidos ou excluídos. Porque sempre existe uma nova possibilidade. A exclusão não faz parte dos processos evolutivos.

Saudações!

As Raças Raízes

Grandes fenômenos cósmicos, como o pulsar galáctico, por exemplo, marcam finais de grandes ciclos, e muitas vezes marcam também a ida e a vinda de uma nova raça ou sub-raça, são as chamadas raças evolutivas, e não são relacionadas à cor da pele, como negros, brancos ou amarelos. São raças matrizes, raças evolutivas da humanidade.

O Projeto Terra é gigantesco e todos nós estamos exatamente no meio do caminho desse grande plano, o objetivo dele é puramente evolucionista, ou seja, levar o Planeta a uma nova realidade e para uma nova dimensão, e a mudança de raças tem ligação direta com todo esse processo.

Só para entenderem, o Projeto Terra tem uma duração prevista de 4.320.000.000 anos, ou seja, essa é a idade prevista do Planeta Terra. Pode parecer muito, mas para as extraordinárias medidas temporais do cosmos certamente é pouco. Se compararmos esse número, por exemplo, com o tempo de vida do Sol e de outras estrelas ainda maiores como Arcturus e Antares, a Terra é considerada uma jovem adolescente.

Dentro desse período de 4.320.000.000 de anos está prevista a realização completa dos sete estados evolutivos da raça humana, as Sete Raças Mães.

Vamos explanar resumidamente um pouco sobre elas, já que é praticamente impossível colocar em poucas páginas tudo o que se conhece sobre os estudos da antropogênese humana, estudos esses que foram descritos e desenvolvidos em diversos livros publicados pelos fundadores da Sociedade Teosófica durante o final do século 19, por volta do ano de 1890, em Londres, como Helena Petrovna Blavatsky e seu companheiro de trabalho, Charles Webster Leadbeater.

A antropogênese teosófica de Blavatsky foi toda fundamentada em antigas escrituras hindus e tibetanas, ela descreve que nós estamos vivendo o ano 1.955.884.811 do calendário teosófico, atlante e assuramaya. O calendário completo tem, portanto, 4.320.000.000 anos e só acaba quando a luz interna da Terra, o magma, se transformar totalmente em matéria e esgotar suas criações, fechando o ciclo inteiro. Neste momento, a Terra deve voltar para o Sol como um filho que volta para o colo da Grande Mãe que um dia lhe deu à luz.

Tabela Antropogenética

RAÇA RAIZ	NÍVEL MANIFESTAÇÃO	CONTINENTE OCUPADO	SUB-RAÇAS	ETNIA DOMINANTE	REFERÊNCIAS	ERA – PERÍODO GEOLÓGICO
Etérica Protoplasmática	Etérico	Calota Polar Norte			Corpos amorfos, assexuados. Reprodução por expansão e gemação Etéricos imensos.	Éon Arqueano e Proterozóico Período Pré-Cambriano.
Hiperbórea	Físico	Plaksha (Ásia do Norte)			Andróginos, reprodução por extensão.	Éon Fanerozóico Era Paleolítica Período Cambriano A Permiana.
Lemuriana	Físico	Shalmali ou Lemúria do Oceano Pacífico		Negra	Ciclopes, separação de sexos, chegados dos senhores de Vênus, inclinação do eixo da Terra.	Éon Fanerozóico Era Mesozóica e Cenozóica Período Triássico e Terciário Paleogênico
Atlante	Físico	Atlântida (Oceano Atlântico)	Ramoahal Tlavatli Tolteca Turaniana Semítica Acadiana Mongólia	Vermelha Vermelha Vermelha Amarela Amarela Amarela Amarela	Homem furfooz. Homem de Cromagnum. Incas, Maias, Astecas e Egípcios.	Éon Fanerozóico Era Cenozóica Período Terciário E Quaternário Pleistocênico (Até 13.000 anos).
Ariana	Físico	Graunsha (Eurásia, América e Austrália)	Hindu Ário-Semática Iraniana Céltica Teutônica	Branca	Pós Dilúvio Patriarcas Noé, Abraão, Moisés, Cristo e Buda	Éon Fanerozóico Era Cenozóica Período Quaternário Holocênico (atualidade).

A Raça Adâmica

A Raça Adâmica habitou a região que hoje nós conhecemos como sendo a Calota Polar Norte, a Terra de Asgard, citada em antiquíssimas tradições como a distante Thule paradisíaca, a Ilha de Cristal, e se desenvolveu em um ambiente totalmente distinto do atual. Naquela época, a Terra era propriamente semi-etérica ou semifísica, as montanhas conservavam sua transparência e a Terra resplandecia gloriosamente com uma belíssima e intensa cor azul etérica, a matriz primária do mundo. A extraordinária humanidade de andrógenos sublimes, totalmente divinos, seres inefáveis voltados mais para o bem do que para o mau. Protótipos de perfeição eterna para todos os tempos, seres semifísicos com corpos protoplasmáticos indestrutíveis, de bela cor negra, capazes de flutuar na atmosfera.

A Ilha Sagrada, morada do primeiro homem mortal divino, ainda existe na quarta dimensão como insólita morada dos Filhos do Crepúsculo, pais preceptores da humanidade. É provável que todos esses seres fossem os fogos sagrados personificados dos poderes mais ocultos da natureza. Essa foi a Idade das criaturas que se reproduziam mediante o ato sexual fissíparo, ou seja, como se faz a divisão da célula nucleada, onde o núcleo se divide em subnúcleos e se multiplicam como entidades independentes.

A Raça Hiperbórea

Essa raça apareceu no cenário terrestre como resultado das incessantes transformações que a primeira Grande Raça Raiz experimentou. Os hiperboreanos habitaram as regiões boreais que, como ferradura continental, circunda a Calota Polar Norte, ocupando o que hoje é o atual norte da Ásia, Groenlândia, Suécia e Noruega e estendendo-se até as Ilhas Britânicas.

Essa foi uma época de variadíssimas mutações na natureza. Grandes variedades de espécies foram gestadas no tubo de ensaio da natureza, cujos três reinos ainda não estavam totalmente diferenciados. O clima era tropical e a Terra era totalmente coberta por uma vasta vegetação. O ser humano continuava sendo andrógeno e reproduzia-se por brotação, sistema que continua ativo nos vegetais até os dias de hoje. É impossível encontrar os restos das primeiras raças, porque a Terra estava constituída de protomatéria semi-etérica e semifísica. Só acessando as memórias da natureza que os grandes clarividentes podem estudar a história dessas raças. Edgar Cayce e Madame Blavatsky foram algumas dessas pessoas.

A Raça Lemuriana

A partir da segunda classe de andrógenos divinos, derivou-se a terceira Raça Raiz; os duplos, os lemurianos, gigantes hermafroditas, seres colossais e imponentes. A civilização lemuriana floresceu maravilhosa no continente de MU, a chamada Lemúria vulcânica, que se encontrava no meio do Oceano Pacífico, onde hoje podemos encontrar somente o cume de uma das mais belas montanhas daquele continente, a Ilha de Páscoa.

O Planeta chegou a um alto grau de materialidade naquela época, um fenômeno próprio daquela fase evolutiva. O homem tinha uma estatura gigantesca, media aproximadamente cinco metros de altura, eram hermafroditas e faziam suas reproduções de forma ovípara. Mais adiante, depois de uma intervenção divina, começou a predominar um só sexo, nascendo de dentro desses grandes ovos tanto machos como fêmeas. Durante a quinta sub-raça lemuriana, o ovo brotado que caía na Terra era retido pelo seio materno, nesse momento, a criatura ainda era totalmente débil e desvalida. Durante a sexta e a sétima sub-raça lemuriana, inicia-se a reprodução através da junção entre os dois sexos.

Na segunda metade desse período, os lemurianos começaram a desperdiçar o esperma sagrado e os deuses castigaram aquela dita humanidade pecadora, coincidindo aí com a história de Adão e Eva, expulsando-os para fora do Éden paradisíaco, um lugar onde os rios de água pura emanavam leite e mel. Nessa época, o ser humano se expressava com a Linguagem Universal, o verbo tinha um poder extraordinário que sobrepujava até mesmo o fogo, o ar, a água e a terra. Eles podiam perceber a aura dos mundos no espaço infinito e dispunham de maravilhosas faculdades espirituais, as quais foram se perdendo com o tempo, como consequência do pecado original.

Essa foi uma época de instabilidade na superfície terrestre, devido a constantes formações de vulcões e de novas terras. Ao final, durante dez mil anos de gigantescos terremotos e maremotos, o imenso continente de Mu foi se desmembrando e se fundindo nas ondas até desaparecer debaixo das águas escuras do Oceano Pacífico. É possível encontrar vestígios desse continente não só na Ilha de Páscoa, mas também na Austrália e na Polinésia Francesa. Esse paraíso realmente existiu e era conhecido como a primeira terra seca do mundo. A temperatura do continente era tão quente que o vapor das águas nublava a atmosfera e os homens respiravam através de guelras, como se fossem peixes.

Nos primeiros tempos da Lemúria, a espécie humana quase não se distinguia dos animais. No entanto, num período de aproximadamente cento e cinquenta mil anos de evolução, os lemurianos chegaram a um grau de civilização extremamente evoluído, tanto que ficaram conhecidos nas escolas de ocultismo como os Titãs. Esses foram os tempos deliciosos da Arcádia. Tempo em que não existia o meu e nem o seu, tudo era de todos.

Quando a noite chegava, todos os seres humanos adormeciam como inocentes criaturas no seio da Mãe Natureza, afagados pelo doce canto dos deuses. E quando a aurora raiava, o sol trazia somente alegrias e não tenebrosas penas. Os casais da Arcádia faziam matrimônios gnósticos e o homem só efetuava o conúbio sexual sob as ordens dos Elohim, "os elevados", em hebraico.

A Raça Atlante

Depois que a humanidade hermafrodita lemuriana se dividiu em sexos opostos, surge então uma quarta Raça Raiz sobre o geológico cenário localizado no meio do oceano que hoje leva o seu próprio nome, o Oceano Atlântico. A Atlântida ocupava quase toda a área atualmente coberta pela parte setentrional do Oceano Atlântico, chegando pelo nordeste até a Escócia, pelo noroeste até o Labrador e ao sul, cobrindo grande parte do Brasil.

Os atlantes tinham uma estatura superior a que temos atualmente, possuíam altas tecnologias, conhecimentos de alta magia, alquimia, metafísica, bioenergia e projeciologia, porém, ao final da sétima sub-raça atlante, eles degeneraram-se por causa da adoração da matéria, a paixão pela carne, pelo egoísmo e pela arrogância exacerbada e acabaram sendo destruídos no dilúvio; o conhecido cataclismo global descrito na Bíblia e também em muitos outros livros sagrados de outras religiões.

Eles eram exímios construtores. Construíram templos para o corpo humano e renderam cultos fabulosos aos homens e mulheres. Edificaram enormes cidades ao redor do mundo, lavraram suas próprias imagens em tamanho natural e veneraram seu Deus Poseidon.

Fogos internos já haviam destruído a terra de seus pais na antiga Lemúria, agora o que ameaçava a quarta raça, a Raça Atlante, era a água. A época de submersão da Atlântida foi realmente um período de enormes câmbios geológicos. Por fim, o continente atlante não foi inundado, ele foi sim sugado para dentro da grande placa tectônica situada no meio do oceano Atlântico, a conhecida fossa Atlântica, e acabou desaparecendo completamente. Com esse afundamento, emergiram novas terras e se formaram novas ilhas e continentes. A Raça Atlante teve um fim trágico por motivos próprios; eles tinham muito conhecimento material e espiritual e chegaram ao ponto de criar guerras intermináveis sobre pretexto de manter o domínio total sobre o Planeta, enfrentando até mesmo os deuses criadores e as hierarquias espirituais superiores.

Como descrito nos contos de Platão, em Timeu e Crítias, a Raça Atlante desapareceu após um grande cataclismo, por volta de 9.600 anos a.C. Um evento de proporções épicas que acabou levando os poucos sobreviventes atlantes (Os Noés), para os mais distantes lugares da Terra, desde o Antigo Egito e o Tibet, até as Américas e a Índia. Os Noés não eram pessoas comuns, meros construtores de barcos de madeira como estamos acostumados a imaginar, esses grandes homens foram muito mais do que isso, eles eram sumos sacerdotes da Escola de Mistérios de Naacal e tiveram a responsabilidade de salvar os genes de todos os seres vivos do Planeta e criar, após o Grande Dilúvio Universal, uma nova raça, a Raça Ariana, a nossa raça atual. Portanto, todos nós, segundo as teorias da antropogênese de Blavatsky, somos arianos em essência.

A Raça Ariana

O Noés, sobreviventes da grande Raça Atlante, plantaram as sementes da quinta raça Mãe e conduziram-na até a Terra Sagrada. Aqueles que lograram cristalizar as virtudes da alma acompanharam os Noés em seu êxodo até a Ásia Central e o Oriente Médio por longo tempo, fixando ali as primeiras residências da Raça Ariana, depois disso, foram se ramificando em todas as direções.

A primeira sub-raça ariana se desenvolveu no Planalto Central da Ásia, exatamente na região do Tibet, local em que se desenvolveu uma poderosa civilização esotérica.

A segunda floresceu no sul da Ásia, na época pré-védica. Essa sub-raça ficou conhecida como a que possuía a sabedoria dos Rishis do Hindustão, os esplendores do antigo Império Chinês. A terceira sub-raça se desenvolveu maravilhosamente no Egito, Pérsia e depois Caldeia, e a quarta resplandeceu como sendo as civilizações gregas e romanas.

Hoje, estamos vivenciando exatamente a quinta sub-raça ariana. A próxima será a Raça Koradi, a sexta raça, e se manifestará numa Terra totalmente transformada.

Pelos manuscritos ocultos das Leis de Vayu, escritos no ano de 1895, está descrito que após o fim da sétima sub-raça ariana virá a grande Raça Olímpica e essa habitará novamente o Continente da Nova Lemúria e se deliciará com os encantamentos dos jardins do paraíso perdido.

Como os sistemas divinos são todos constituídos e ordenados por um sistema setenário, ou seja, segue sempre a base sete como padrão, os continentes também obedecem a essa mesma ordem e a essa mesma estrutura. Desde a conhecida Pangeia, até os dias atuais, a existência dos setes continentes da Terra é necessária para que o equilíbrio corporal do Planeta se mantenha harmonizado com dois terços de água e um terço de terra. Os continentes sempre se movimentaram e sempre foram divididos em numero de sete.

Por esse motivo, esses continentes aparecem e desaparecem durante longos períodos de tempo, sempre que surge a necessidade e um momento propício para a implantação de uma nova Raça Raiz ou uma nova sub-raça, os continentes imersos vêm à tona para receber, abrigar e manter as novas manifestações de vida sobre a superfície da crosta terrestre. Essa é, em resumo, a missão maior do Planeta Terra: concluir etapas evolutivas para os seres vivos e, principalmente, para os seres humanos.

Sintonia

Existe um código que está inserido em tudo o que existe no Universo. Tudo vive em função dele. Se pudéssemos descrever esse código em palavras certamente seria: "Manter a vida".

Tudo está vivo e vibrando, desde o átomo, as moléculas, as células, os seres humanos, as plantas, os insetos, os animais, as nuvens, o ar, o mar, a terra, o fogo e o vento. Simplesmente tudo. Com a simples função de manter a vida, pois a vida deve ser mantida eternamente.

Essa vibração abastece tudo. Mas quando dizemos "abastecer dessa maravilhosa energia", é bom esclarecermos que não estamos falando da energia física que captamos dos alimentos, da água, das vitaminas, etc. Isso é essencial. É lógico que podemos melhorar nosso corpo físico por meio de uma boa alimentação e dietas balanceadas. Muitas pessoas usam o verbete: "Nós somos o que comemos", mas é importante lembrarmos que *somos também o que pensamos*. Estar bem é estar em harmonia com a mente e o espírito, isso já é sabido há tempos, mas muitos entre nós ainda não conseguem colocar em prática.

É incrível como nossos padrões de pensamento, de atenção, alimentação, hábitos corriqueiros e rotinas maçantes nos massacram e nos prejudicam todos os dias. Somos conscientes do mal, do desajuste e do desconforto que esse círculo vicioso nos traz, dificultando nossa vida e nos enfadando extremamente, fazendo com que nos sintamos totalmente incapazes de enfrentar as confusões mentais que vivem dentro de nós. Isso torna nossa vida sacrifcante e muitas vezes quase impossível de ser controlada.

Realmente ficamos fora de controle. Mesmo tendo total lucidez que estamos fazendo algo ruim para nós mesmos, muitas vezes somos assoberbados pela inconsciência e não conseguimos reagir, como, por exemplo: continuar trabalhando demais, sendo excessivamente ansioso, sofrendo por antecipação, nos estressando por pequenos motivos, invejando um colega de trabalho, praticando a ingratidão ou desejando o que não temos, ao invés de agradecer pelo que temos.

Acreditamos sermos incapazes de fazer certas coisas ou simplesmente temos medo das pessoas e de assumirmos compromissos e relacionamentos duradouros, ou seja, mesmo tendo consciência e sabendo, na maioria das vezes, que a situação em que nos encontramos tem uma saída, preferimos nos manter inertes e nos alimentar desse medo ou dessa dificuldade, usando das mais diversas muletas que encontramos pelo caminho. As mais utilizadas são a *vitimização* e a *autocorrupção*. Essas muletas (padrões mentais) são extremamente prejudiciais para nossa vida, pois nos fazem acreditar que o mundo é imperfeito e injusto, e nós também. Temos duas ferramentas imprescindíveis para purificar essas situações. O Livre-Arbítrio e a Liberdade de Escolha. Só precisamos usá-las com sabedoria. Somente a lucidez sobre nossos próprios sofrimentos e defeitos é capaz de nos livrar das culpas e das muletas. É por meio da clareza e do autoconhecimento que podemos ter a força necessária para aceitar que todos os nossos sofrimentos são, no fundo, grandes processos de cura que nossa alma precisa passar. Só a lucidez e a consciência plena podem transformar medo em confiança, dor em amor. Não existe outra saída que não seja a coragem de se conhecer. Não podemos dizer que é fácil, mas podemos afirmar que esse é o único caminho. O caminho que não estagna e que nos levará adiante.

Existem caminhos pessoais e cada um deve seguir o seu, sem julgamento, mas com agradecimento. Vamos enfatizar os propósitos de vida individuais para seguirmos cada um com sua própria experiência.

A partir deste ponto, vamos exercitar a compreensão, a aceitação, a gratidão, o livre-arbítrio e a liberdade. Logicamente não conseguiremos ver um planeta perfeito nesta geração, mas podemos e devemos ajudar nessa integração, uma vez que as mudanças serão radicais. Muitos ainda se erguerão desesperados em prol do negativismo, dos antigos moldes e formatos de uma sociedade baseada no imperialismo, no pesadelo, no fundamentalismo religioso, no fanatismo, nas guerras intermináveis, na violência, nas atrocidades e resistindo à libertação. Mas, acredite: se plantar uma semente de prosperidade e amor incondicional, então esse será o seu mundo, essa será a sua realidade e a sua escolha.

Pode parecer utópico e romântico, mas assim será. Não é uma nova forma de religião, mas, sim, uma nova forma de *religação*. Quem deve escolher a melhor maneira de fazer essa religação é você. Mesmo vivendo em meio a tantas informações negativas, você terá seu escudo vibracional forte e muito definido. Será uma questão de vibração e de frequência.

As pessoas se afastarão e se atrairão vibracionalmente, ou seja, mesmo ainda estando dentro desse turbilhão de negatividade você não estará mais conectado a ele, como se fosse um *dial* de rádio portátil.

Vamos imaginar que o Universo possua um dial, como se fosse um gigantesco rádio, e suas frequências vibracionais são geradas pelas intenções e emoções das pessoas ao redor do mundo. Neste "dial vibracional", originado pelas intenções e emoções padronizadas por bilhões de pessoas, constitui-se milhares de frequências agrupadas entre si por suas semelhanças. Você poderá escolher em qual delas deseja sintonizar, como se fosse um enorme mar de cordas que vibram em diferentes ressonâncias, mas não se misturam por serem heterogêneas em sua essência, como a água e o óleo.

O que queremos dizer com essa comparação?

Significa que não é só porque você tem o mesmo rádio que o seu vizinho, com todos os aparatos tecnológicos disponíveis, que estará ouvindo a mesma estação que ele costuma ouvir. Pode, por exemplo, ouvir todos os dias a frequência 101,8 MHz, uma rádio que toca músicas que emocionam, constituindo uma ressonância vibracional sonora pura e direta através da sensibilidade emocional, pois como já dissemos, tudo é vibração, até mesmo a sonora, como também a vibração pelas cores, aromas e paladares. Vivemos num Universo sensorial e holográfico e tudo se relaciona conosco desta forma, por meio de sensores como a visão, o tato, a audição, o olfato, o paladar e a mais sublime de todas as percepções: a intuição.

Deste modo, vamos imaginar que essa estação de rádio é a sua predileta e nela sintoniza todos os dias, desde o momento que acorda até o momento que adormece. Essa sintonia diária construirá um padrão que assumirá as rédeas da sua vida e nunca sintonizará a estação 102,1 que está praticamente ao lado da sua predileta 101,8.

A estação 102,1 por sua vez é a estação predileta de milhares de outras pessoas e, coincidentemente, é também a estação do seu vizinho. Você nunca se interessou pela programação dessa rádio, pois nela, além de não tocar o estilo musical que gosta, transmite uma programação com noticiários sobre violência urbana, desastres e tragédias; fala sobre assuntos que não lhe agradam e não lhe atraem de forma alguma.

Esse exemplo logicamente é muito simplista, mas é assim que se determinam as diferenças entre as pessoas, pelas suas atenções, por seu foco diário, pelas suas intenções e afinidades latentes.

Contudo, como num rádio, você tem o controle em suas mãos e pode mudar a sintonia em que está a qualquer instante. Se essa estação não estiver lhe agradando, pode mudar a programação (programa + ação) quando bem entender, basta ter coragem e disposição ao novo. Você sempre tem o controle da situação. Pode estar preso nessa sintonia e querer sair do seu padrão de pensamento e convivência, basta identificar qual a estação que deseja e se conectar a ela. A partir do momento que mudar de sintonia, tudo em sua vida também se modificará, pois passará a vibrar em outra frequência que estará repleta de novas possibilidades, novas pessoas, novas informações e oportunidades; simplesmente por estar vibrando em uma frequência distinta que pode transformar seu mundo radicalmente.

As ferramentas necessárias para essa mudança você já possui. O livre-arbítrio e a liberdade. Esses dois potenciais, aliados à intuição, serão seus principais veículos de transmutação e alquimia interior.

Vamos tentar aprimorar isso um pouco mais nos próximos capítulos e buscar juntos a paz interior.

Os degraus que são colocados em sua pirâmide, e que o levarão ao conhecimento pleno e a soberania como ser, são sempre construídos por você mesmo, não adianta mais fugir dessa responsabilidade. Em nossa vida prática é frequente nos depararmos com o dilema de decidir entre a lógica e a intuição. Na maioria das vezes, optamos pela lógica e só mais tarde percebemos que erramos por desprezar a intuição, que é o resultado conjuntural de todas as percepções extrassensoriais e é exatamente ela que nos mostra e nos alerta sobre o que devemos e o que não devemos fazer.

Vivemos num Universo vibracional. Os cientistas e físicos quânticos já estão totalmente convencidos de que não se pode mais estudar e compreender o mundo em que vivemos, com a mente separada dele. Somos trilhões de átomos (a menor partícula conhecida pelos seres humanos), agrupados de tal forma que, juntos, determinam moléculas e posteriormente células, que, por sua vez, se dividem e se multiplicam através da mitose celular em duas vezes, depois em quatro, em seguida oito e sessenta e quatro vezes. O mais incrível é que em nenhum momento nos preocupamos como, quando e por que tudo ocorre dentro de nossos corpos, simplesmente acontece, e a todo instante, durante nossa vida desde o momento em que nascemos.

É sabido pela comunidade científica que, dentro do DNA[10] humano, encontra-se o código da vida. São sessenta e quatro combinações possíveis de quatro aminoácidos (adenina, guanina, timina e citosina), que têm a informação necessária para replicar a vida inteligente. Dessas combinações possíveis, desses quatro aminoácidos existentes, somente vinte estão ativas e funcionando atualmente nos seres humanos, as outras quarenta e quatro ainda estão inativas, são como programas de computador que ainda não usamos ou não sabemos usar, estão adormecidas.

A união dos aminoácidos com as moléculas formam as proteínas que são a matéria prima das células. As proteínas por sua vez formam enzimas e hormônios que regulam todo o organismo, o pH e a viscosidade dos líquidos biológicos, os impulsos nervosos, o transporte das substâncias e das calorias que permitem a vida. O mais extraordinário é que a partir da década de 1980, já estão nascendo crianças com vinte e quatro aminoácidos ativos dentro de suas células, ou seja, está havendo uma ativação de quatro aminoácidos adicionais na estrutura básica do ser humano e isso é um salto extraordinário na evolução, visto que mudanças psíquicas, emocionais, sentimentais, imunológicas e vitais são evidentes quando esses aminoácidos adormecidos são ativados.

Não se sabe ao certo o que realmente muda na estrutura molecular do ser humano, mas, sabe-se, que as mudanças são radicais. Essas crianças que estão nascendo ao redor do mundo, com mais quatro aminoácidos ativos, são realmente diferentes, elas não ficam doentes, nascem com um sistema imunológico fabuloso e com faculdades psíquicas fora do normal, não precisam das enfermidades e nem do medo como forma de compreender a vida. Elas começaram a aparecer em todos os lugares do mundo sem uma explicação lógica aparente, mas, se fizermos uma

---

10 DNA (Ácido desoxirribonucleico): é uma molécula orgânica que contém a "informação" que coordena o desenvolvimento e funcionamento de todos os organismos vivos. O seu principal papel é armazenar as informações necessárias para a construção das proteínas e ARNs. Os segmentos de DNA que são responsáveis por carregar a informação genética são denominados genes. O restante da sequência de DNA tem importância estrutural ou está envolvido na regulação do uso da informação genética. A estrutura da molécula do DNA foi descoberta conjuntamente pelo estadunidense James Watson e pelo britânico Francis Crick, em 7 de Março de 1953, o que lhes valeu o Prêmio Nobel de Fisiologia ou Medicina em 1962, ao lado de Maurice Wilkins.

correlação direta com a passagem para a Era de Aquário e analisarmos esse fenômeno pelo prisma evolutivo e espiritual, certamente chegaremos a uma conclusão óbvia. São exatamente essas crianças que implantarão a quinta geração da humanidade, os novos sistemas de relações humanas. E serão exatamente elas que daqui a vinte ou trinta anos estarão no comando dos governos mundiais, nas diretorias das empresas e todas as instituições ao redor do mundo.

Essas crianças têm poderes inexplicáveis, com um simples toque sobre um livro elas podem descrever uma frase completa de qualquer página dele, podem se comunicar entre si telepaticamente e tem uma incrível harmonia com o meio ambiente em que vivem, a maioria delas tem dons artísticos admiráveis, como pintura, música, canto e escultura. Isso significa que a transformação do DNA será a ponte principal para passarmos a um próximo nível de evolução de consciência. Essas crianças são chamadas atualmente de Crianças Índigo, e já são conhecidas por grupos específicos, e os estudos sobre elas já estão muito avançados ao redor do globo.

Sobre as Crianças Índigo

O que é uma Criança Índigo?

É aquela criança que apresenta um novo e incomum conjunto de atributos psicológicos e mostra um novo padrão de comportamento. Esse padrão tem fatores comuns e únicos que sugerem que aqueles que interagem com elas (pais em particular) mudam o seu tratamento e orientação com o objetivo de obter o equilíbrio. Ignorar esses novos padrões é potencialmente criar desequilíbrio e frustração na mente desta preciosa vida.

Por que a designação índigo?

O termo Crianças Índigo vem da cor da aura destas crianças, algumas pessoas podem observar suas auras, notando uma cor azul forte, ou também através de fotos Kirlian. Muitas crianças nascidas depois de 1980 são Índigos. Há quem as designe como crianças estrela ou crianças azuis. Nas pesquisas sobre essas crianças, algo se tornou quase aparente, embora formem um grupo relativamente novo, a sua sabedoria sem idade mostra uma nova e mais amável maneira de estar, não só com elas mesmas, mas com cada um de nós.

Existem vários tipos de índigo, na lista a seguir podemos observar alguns dos padrões de comportamento mais comuns:

- Vêm ao mundo com um sentimento de realeza e frequentemente agem desta forma.
- Têm um sentimento de "desejar estar aqui" e ficam surpresas quando os outros não compartilham isso.
- A autovalorização não é uma grande característica delas, frequentemente perguntam aos pais quem elas são e de onde vieram.
- Têm dificuldades com autoridade absoluta sem explicações e escolha.
- Simplesmente não farão certas coisas; por exemplo, esperarem quietas é difícil para elas.
- Tornam-se frustradas com sistemas ritualmente orientados e que não necessitam de pensamento criativo.
- Frequentemente encontram uma maneira melhor de fazer as coisas, tanto em casa como na escola, o que as faz parecer como questionadoras dos sistemas (inconformistas com qualquer sistema).
- Parecem antissociais a menos que estejam com outras do mesmo tipo. Se não existem outras crianças com um nível de consciência semelhante à sua volta, elas frequentemente se tornam introvertidas, sentindo-se como se ninguém as entendesse.
- A escola é frequentemente difícil para elas do ponto de vista social.
- Não respondem à pressão por culpa com ameaças do tipo: "Espera até o seu pai chegar e descobrir o que fez".
- Não são tímidas quando precisam fazer os adultos perceberem o que elas necessitam.

Tanto a Lua, como a Terra, o Sol e toda a Galáxia estão em constante movimento, abastecidos por uma única energia: a *energia de Deus*. É essa a energia neutra do não esforço, do não sacrifício, portanto, ela tem que brotar de dentro de você. Se assim fizer, estará em harmonia com o Todo e jamais necessitará de esforço ou qualquer sacrifício para manter-se assim e seguir confiante.

Mas isso é fácil de fazer?

A resposta é sim. Só precisamos de um salto, e esse, nós só conseguiremos dar no momento certo. Não se preocupe, pois ninguém sabe exatamente como e quando, só podemos dizer que é um salto inevitável e que está prestes a iniciar um processo de aprimoramento. Tenha calma, tudo tem a hora certa para acontecer.

A Terra está vagando no espaço a 110.000 km/h e não tem ninguém se esforçando para isso, assim como que para manter os átomos e moléculas do seu organismo em funcionamento, mantendo sua saúde perfeita e seus anticorpos sempre prontos para agir a qualquer corpo estranho que venha lhe atacar, também não. Ninguém, nem mesmo você, está fazendo ou pensando nisso durante o dia. Seu corpo faz isso naturalmente, pois suas células também são inteligentes.

Quando uma mulher descobre que está grávida, ela não pensa se vai ter de "fabricar" uma nova vida ou comprar um manual para aprender a construir seu bebê. A mãe simplesmente gera, e a vida faz todo o restante por ela, que não precisa ficar pensando: "hoje tenho que enviar vitaminas e minerais para meu filho, amanhã preciso fazer os bracinhos dele e na semana que vem precisarei fazer as perninhas". Isso é incabível, não acontece, pois não existe esforço quando se fala de *Força da Criação*, por isso o código da vida, o grande propósito, é simples: "Manter a vida".

Uma vez que somos seres criadores, devemos exercer o poder da criação. Só precisamos nos reconectar com essa força e começar a fazer tudo a partir desta premissa (não significa que não devemos agir, ou deixar de trabalhar ou não nos esforçarmos para crescer, não estamos falando nesse sentido, logicamente não estamos fazendo apologia ao ócio). Na própria palavra *criação* está intrínseca a palavra ação (criar uma ação). Como também nas palavras: *imaginação* (imaginar uma ação), *motivação* (motivo para uma ação), *disposição* (disposto à ação), *realização* (uma realidade entrando em ação), *preparação* (o preparo de uma ação), *programação* (programar-se para uma ação).

O pensamento reto é uma boa coisa,
mas o pensamento solitário pouco vale,
precisará sempre ser traduzido em ação.

Helena Blavatsky (Londres 1890)

Encontre seus objetivos maiores de vida e seus propósitos pessoais, assim estará conectado novamente a essa Energia Superior. Se assim o fizer estará automaticamente seguindo o Fluxo do Universo. A partir daí, tudo o que fizer ou desejar será feito sem esforço e sem sacrifício mental e estará mais claro em sua mente e em sintonia com o seu centro de sinergia, você estará propício, atrativo e preparado para receber tudo o que necessita para melhorar e crescer.

Em nossa sociedade moderna vivemos sob o prisma da "Teoria da comprovação científica", pois segundo a ciência, se não podemos ver, tocar ou experimentar, não devemos acreditar. Muitas pessoas não acreditam e talvez nunca acreditem nos fenômenos espirituais e mentais, justamente pelo aprisionamento que se tem pelos dogmas enrustidos, doutrinas religiosas, dúvidas ou simplesmente pelo medo de ampliar sua visão perante o mundo e as pessoas com as quais convive.

Não serão muitos os que estarão preparados para avançar com segurança para dentro da Nova Era, a Era de Aquário, uma vez que nem todos estão no mesmo grau de entendimento e compreensão do Universo. Mesmo vivendo e convivendo diariamente com essas pessoas, os mundos estarão separados uns dos outros, isso não significa descriminação, segregação ou julgamento. Como dissemos anteriormente, não existe julgamento em ambientes mais evoluídos. Temos de ter essa consciência do não julgamento, do não poder, da não supremacia e da não superioridade perante as pessoas. O maior erro que os supostos "espiritualistas" praticam é acreditar que são especiais e melhores que os demais. Mesmo as pessoas estando em graus diferentes de evolução, elas continuarão em evolução e assim se eternizarão nessa condição, não existe diferença qualitativa, mas, sim, gradual. Somente isso.

Automaticamente, ao ultrapassarmos a Nova Era, o afastamento será inevitável, todavia, será somente um distanciamento vibracional, imperceptível para a maioria. Será exatamente a sua percepção e a sua intuição que lhe mostrarão claramente o que estará acontecendo.

A intuição é o nosso instrumento de percepção mais importante quando se trata de assuntos vibracionais, energéticos, voltados à aura e aos chakras, energias de ambientes, pessoas e lugares. Ela mapeia todo o ambiente externo, as pessoas, os objetos, as situações e as diversidades que possa encontrar. Mapeia também todo seu ambiente interno, ou seja, seu corpo, seus órgãos, suas células, moléculas e átomos, e monitora esse sistema extremamente organizado chamado organismo. Mapeia sua consciência, seus atos, seus desejos e se estiver devidamente aprimorado, mapeia e autodetermina o grau do seu próprio ego, suas limitações e suas possibilidades como ser atuante e dinâmico que é. Conecta-nos com todos os seres, nos direciona e nos apresenta sempre o melhor caminho a seguir, ou seja, a intuição é nosso olho para o Universo é o olho que enxerga o futuro, que tudo vê e tudo sabe. É o olho do autopoder, da concentração, e meditação, da introspecção e da sabedoria suprema que nos liga com o Todo. Quando sua intuição estiver ativada, conectar-se-á com a fonte criadora, a fonte da certeza e da verdade.

A Consciência

*Como seres humanos, a nossa grandeza reside não em sermos capazes
de refazer o mundo, mas, sim, em sermos capazes
de refazermos a nós mesmos.*
Mahatma Gandhi

Olhe para o céu, como há muito tempo não o faz. Procure ver as estrelas e o mundo ao seu redor como ele realmente é, perceba-se como um ser vivo dentro do maravilhoso e eterno presente que jamais se desfaz. As antigas civilizações tinham o céu, o Cosmos, a natureza e as estrelas como o maior entretenimento e fonte de conhecimento.

Olhar para o céu numa noite estrelada é redescobrir um mundo fantástico a sua volta e não mais satisfazer-se com o mundo artificial ao qual estamos condicionados e fixados. Estamos acostumados a perceber o mundo como algo muito distante e longínquo, que não nos afeta de nenhuma maneira, e nos satisfazemos em somente nos abastecer de informações negativas, o tempo todo, e a vivermos em função de uma realidade estreita e perversa, como se estivéssemos dentro de uma grande bolha, inviolável e protegida por interesses mascarados que se dizem expansivos e evolucionistas, mas muitas vezes não são.

A cultura, o folclore, os rituais tradicionais e toda e qualquer manifestação de arte que nos leve de encontro ao universo das emoções e dos sentimentos verdadeiros, devem ser erguidos e venerados em público, pois esses sim refletem nossa essência humana. A mecanização e a rotina em que muitos de nós nos encontramos atualmente são extremamente maléficas, pois decepa nossas emoções e impede a propagação de boas vibrações. A mecanização comprime e limita o ser humano.

*Sua alma necessita de sonhos, assim como seus pulmões
necessitam de oxigênio para viver.*

Decretamos como verdade essa realidade em que vivemos. Logicamente ela é real. Em qualquer dimensão que tenhamos de viver um dia, física ou extrafisicamente, em qualquer lugar que estivermos em forma de consciência viva, estaremos exercendo o poder de criação e interação. Qualquer que seja o mundo ou dimensão, construiremos a realidade conforme nossa mente determinar, essa é uma regra básica da espiritualidade. Onde quer que esteja, esse lugar será como você acredita ser. Uma vez que se cria sua própria realidade, cria-se então, seu próprio mundo, aqui e em qualquer lugar. Seja dentro da sua casa, em seu trabalho, com os amigos, com a família, em outra dimensão, no plano extrafísico em forma de espírito ou consciência pura, enfim, o mundo que acreditar é o mundo que se mostrará a você. Seu padrão vibracional, suas crenças e seus dogmas determinam essa realidade.

Todos acreditam que o Céu é o paraíso, e que quando morrermos, todos iremos para lá, nesse lugar tranquilo, calmo e sereno, como assistimos nos filmes desde que éramos crianças. Sim, ele pode ser deste modo, mas apenas se acreditar e sentir que realmente seja.

Se por ventura outra pessoa nesse mesmo paraíso celeste chegar perturbada e desamparada e achar que tudo continua ruim como sempre foi quando ainda estava viva, aquele lugar lindo e tranquilo, para ela, automaticamente se tornará ruim, frio, solitário e sem vida, por isso, quando adentramos na dimensão espiritual, somos recebidos por seres amparadores que farão o processo de neutralização, orientação e conscientização.

Resumindo, em qualquer lugar que você estiver é preciso que compreenda que é sua consciência que está no comando. Aqui neste plano é a mesma coisa. Se criar um mundo de prosperidade, oportunidades, entusiasmo, vontade, alegria e perseverança em sua mente, assim seu mundo será e assim ele se manifestará.

Da mesma forma que, se criar um mundo caótico e problemático em sua mente, assim ele também se manifestará. Portanto, você pode criar um mundo de paraísos ou infernos, depende do que desejar. Se acreditar ser um fracassado, desamparado e injustiçado, assim será. E se acreditar ser uma pessoa forte, bem aventurada e capaz, também será, por isso a importância em autoavaliar o padrão dos seus pensamentos é essencial. O importante é o foco, o sentido que está direcionando sua atenção. Pare por um instante agora e reflita: em que você pensa a maior parte do seu dia?

Refletiu? Então, esse é o foco do seu pensamento, esse é seu atual padrão mental. É exatamente o que está direcionando sua vida hoje. Se não está feliz, significa que viverá num mundo infeliz e acredita num universo de infelicidade, mas o seu amigo vive no mesmo espaço que você e estranhamente o dele é de extrema felicidade. Por que o mundo dele é feliz e o seu é infeliz? Pare e pense sobre isso.

O mundo não é criado de fora para dentro, mas, sim, de dentro para fora. Você cria seu próprio universo, sua vida é como sempre desejou que fosse.

Se não está satisfeito, então mude! Mas, se estiver feliz e satisfeito, mantenha-se firme e siga em frente!

Realmente aqui é muito mais denso do que em outras dimensões, todavia, tudo segue as leis naturais da criação. Você sempre está no comando de sua própria vida. Não entenda isso como solidão existencial. Deus existe e você estará sempre ligado a Ele.

Quer se aproximar Dele? Então se aproxime primeiro de si mesmo.

Da mesma forma acontece para fora, para o mundo exterior e para tudo o que existe. Se acreditar que o mundo é violento, decadente e que tudo se agravará cada vez mais, então assim ele se apresentará a você.

Cada consciência se manifesta como se fosse um mundo individual. Todos nós vivemos em coletividade e conviveremos dessa maneira de forma eterna. No entanto, o seu mundo é individual. Por exemplo: sua realidade nunca será igual a realidade do seu vizinho, mesmo vivendo na mesma cidade, no mesmo bairro, na mesma rua, no mesmo prédio por décadas, a sua compreensão de realidade e a sua percepção do mundo nunca será igual a dele e, consequentemente, a dele não será igual a sua. Isso acontece porque dentro de nós existe a liberdade e o livre-arbítrio. Essas duas ferramentas são nossos maiores bens e com elas podemos construir maravilhas e moldar mundos extremamente saudáveis e prósperos (ou não, se estiver inconsciente). Com essas mesmas ferramentas, nós podemos criar turbilhões de negatividade e um mundo de medo, desalento e infelicidade. Podemos nos transformar em cocriadores de doenças psíquicas e inevitavelmente doenças físicas. É simples de entender. O poder está em nossas mãos, ou melhor, em nossa consciência.

Sua bagagem vivencial e todo o seu conhecimento como ser está integrado dentro de você, só precisa reativá-lo e utilizá-lo em seu benefício e de todos que o cercam. A caridade e a solidariedade são naturais ao ser humano, não precisa se esforçar para exercê-la. Se assim quiser, basta sentir e não ambicionar nenhuma recompensa por isso. O que importa é a intenção pura e verdadeira que vem do seu coração.

A Lei da Ação e Reação comprovada pela Teoria da Relatividade de Einstein é uma lei fisicamente confirmada há centenas de anos, ela cabe perfeitamente para todos os tipos de materiais existentes, moléculas e átomos. Mas essa lei também funciona com perfeição para os pensamentos, desejos e intenções.

Se cultivar e lançar o bem, receberá o bem, se cultivar e lançar o mal, receberá o mal, tudo na mesma intensidade. Isso é claro como um cristal, só não sabe ainda quem não experimentou alguma situação similar em sua vida.

Grandes líderes portadores de extrema inteligência construíram exércitos e povos. Muitos deles se beneficiaram disso e ajudaram gerações a se desenvolver. Outros, com o mesmo potencial, utilizaram de forma contrária e negativa, como, por exemplo, Adolf Hitler, que usou um poder de persuasão extraordinário que possuía, colocando em prática o potencial de suas intenções levando o mundo ao conhecido Holocausto. Isso significa que ele tinha fortes intenções e sabia direcionar seus objetivos e ações. Tudo confluiu a seu favor naquela época, porém, depois, a força contrária veio na mesma proporção e intensidade, trazendo a derrocada do nazismo no final da década de 1940.

Sim, foram intenções maléficas, mas com uma potência vibracional extraordinariamente forte, capaz de mobilizar um país e toda uma geração, persuadindo-os pelos seus ideais destrutivos e megalomaníacos.

Ele mudou o mundo. Todos nós estamos onde estamos hoje pelas consequências da Segunda Guerra Mundial e da Guerra Fria estabelecida entre os americanos e russos durante muitas décadas. Muitos dos avanços tecnológicos que hoje temos só foram possíveis devido aos conflitos e as guerras que se sucederam durante o século 20. A evolução mecânica, biológica, a alta tecnologia e muitas outras maravilhas, tiveram suas origens por consequência desses maus infortúnios da humanidade. Hoje, as mais diferentes formas de tecnologia estão presentes dentro de nossas casas, nos carros, alimentos, na tecnologia dos computadores, porque foram desenvolvidas inicialmente para um propósito bélico. Isso só prova que tudo existe devido à mente criativa do homem que se manifesta no Universo. Tudo passa a ter um motivo, uma causa e uma origem, levando-nos sempre a um aprendizado. Por pior que pareça ser, o mal sempre se transformará em bem. O bem é a escatologia da criação. O destino maior.

O comportamento negativo de Hitler é um exemplo vivo do poder das intenções, elas realmente movem e modificam o mundo e, consequentemente, as pessoas e os seres vivos. Hitler usou esse poder, consciente ou não do que estava fazendo, atraiu-o para si e todas as circunstâncias necessárias para alcançar seus objetivos. O mundo não é regrado pelo bem ou pelo mal e sim pelos potenciais intencionais inseridos em cada pensamento e em cada desejo latente das pessoas. Certamente, esse homem era muito inteligente e seus desejos eram extremamente intensos, mas devido a sua arrogância, ganância, egocentrismo doentio, acabou se esquecendo de uma lei natural que também rege nosso Universo e nunca falha, A Lei da Ação e Reação.

Nossas ações, nossas manifestações, inclusive o que pensamos, provoca uma reação contrária que se lança ao alvo desejado e volta ao ponto de origem com a mesma intensidade. Um exemplo claro e uma resposta às ações de Hitler foi o êxodo judaico. Depois de muitas conquistas e o extremo desejo de extinguir a raça judaica do Planeta, Hitler terminou causando um enorme êxodo desse povo pelos quatro cantos do mundo. Acabou por fim, perdendo a guerra, e supostamente se suicidou. Seus grandes inimigos, os judeus, por sua vez, partiram em massa pelos continentes, conquistando seus lugares ao redor do mundo e construindo grandes impérios econômicos. Os judeus se uniram e se estabeleceram novamente e, graças a essa união, constituíram um alto grau de poder financeiro, político e intelectual ao redor do globo e isso se mantém até hoje.

Por isso é de suma importância que você tenha consciência total ou ao menos parcial sobre o que está desejando e, consequentemente, vibrando, uma vez que, dentro dos nossos pensamentos, estão intrínsecas as nossas verdadeiras intenções. Você pode estar consciente ou inconsciente disso, mas saiba que tudo que fizer retornará para si mesmo. Que fique claro que isso não significa castigo ou penitência por um pecado cometido ou algo parecido. Isso não existe, pois não existe julgamento e muito menos vigília de alguém. Quem está vigiando você é sua própria consciência, o olho que tudo vê. Que Deus criou para comandar suas escolhas e intenções.

A força das intenções age no Universo, nas pessoas e em tudo o que existe. Tendo essa percepção, pode-se priorizar os bons pensamentos, e por decorrência disso, acabar atraindo o melhor para si mesmo e para as pessoas com quem convive. Do contrário, se estiver inconsciente e não se preocupar em identificar suas reais intenções, deixando suas ações serem decididas somente pelo mundo exterior (ego), pelas aparências, apego, status, poder preguiça mental ou simplesmente pela ganância ou por acomodação, então, num certo ponto, não estará mais no controle, e poderá ser facilmente tragado pelas decisões de outras pessoas ou por um ambiente coletivo maior.

Deseje com consciência,
pois seus pedidos serão sempre atendidos.

Tudo o que se pensa, torna-se vibração mental, e isso é real, não é porque não a vemos que não podemos acreditar que ela exista. As ondas de rádio, televisão, telefonia e muitas outras formas de vibração estão passando entre nós a todo instante, não podemos vê-las, mas acreditamos piamente que elas existem. No entanto, são meras vibrações de ondas fabricadas por aparelhos eletromagnéticos, sonoros ou mecânicos; todas as ondas viajam dentro do campo material e obedecem às leis tradicionais da Física. A diferença fundamental entre essas vibrações já conhecidas em nosso dia a dia e as mentais que ainda não podemos comprovar é:

> As vibrações geradas por nós, através da glândula pineal, são ondas que não se propagam pela matéria, elas ultrapassam o tempo e o espaço e não têm massa. Não se alteram pela matéria, pois coexiste num Universo chamado de *"O Universo de possibilidades"*, o Universo astral.

A vibração mental é a energia mais poderosa que existe, a energia do pensamento, da consciência. É a chamada energia Taquiônica (*táquion* = rápido – *ônica* = energia), ou seja, a energia mais rápida que existe, com uma velocidade 27 vezes mais rápida que a velocidade da luz (300.000 km/s) já comprovada pela Teoria da Relatividade de Einstein. Ele provou que, se conseguíssemos construir uma nave espacial que viajasse acima da velocidade da luz, e mantivéssemos essa velocidade constante por algumas horas, retroagiríamos no tempo, e quando voltássemos de volta à Terra, voltaríamos no passado, pois ocorreria uma desaceleração do tempo comparado com a massa molecular. Essa teoria foi aceita e comprovada no início do século 20.

Portanto, temos uma máquina do tempo dentro de nós, a energia Taquiônica, a força do nosso pensamento que viaja 27 vezes mais rápida que a velocidade da luz; através dela podemos viajar dentro do espaço e do tempo. Essa energia se manifesta dentro da realidade, é dinâmica e estabelece uma relação direta na criação e em tudo o que existe, alterando os seres e tudo o que está vivo e vibrando. Ela é real e somos nós que a produzimos e, com o poder da nossa imaginação, podemos entender que temos o poder de ir e vir do passado para o futuro num piscar de olhos, e também a qualquer lugar do Universo em questão de segundos. A partir desse princípio, concluímos que criamos o nosso futuro por meio da força dos nossos pensamentos e das nossas intenções. Quando visualizamos algo para o nosso futuro, na verdade estamos adentrando no espaço temporal através da energia Taquiônica e viajamos no tempo construindo, de forma holográfica e volátil, um futuro que vai se moldando perfeitamente a cada instante que modificamos nossos desejos dentro do presente eterno.

Parece um pouco complicado?

Sim, mas logo perceberá que não é. Quando perceber que sua imaginação (imagem + ação) no presente foi capaz de manifestar uma realização no futuro (realidade em ação) compreenderá que é um alquimista consciente. Basta compreender o que está construindo dentro da sua consciência e passar a agir em prol do seu crescimento.

Acredite, se essa construção mental for realmente forte, se tiver base intencional intensa e potente, então tudo o que estiver lá no futuro já está definitivamente feito e pronto a se realizar, pois tudo o que for para ser já é, lembra-se?

Se com essa mesma energia Taquiônica foi possível construir as pirâmides do Egito, imagine então o que ela é capaz de fazer por você se for bem utilizada. A energia consciente é a mais pura e poderosa que existe. Não se propaga através da matéria, não tem resistência e nem polaridade, é energia livre e potencializável. Podemos dizer que cada um de nós é uma usina de energia alimentada por nossas intenções.

Fica claro, portanto, que cada um pode construir a sua própria realidade presente e futura, devido a sua forma de pensar.

Essa é a mensagem principal que desejamos passar nessa obra: *A Era de Ouro* chegou e mudanças radicais estão por vir. Contudo, se acreditarmos num futuro de destruição e pesadelos, desta forma ele se manifestará, por outro lado, se confiarmos num mundo harmônico e próspero, assim também será.

A energia Taquiônica não se manifesta somente para o mundo exterior, ela age também internamente, e com muita facilidade, enviada como forma de mensagem direta a todas as moléculas do seu corpo.

Através da energia consciente, você pode enviar para dentro do seu organismo e para os bilhões de células do seu corpo, que estão sempre atentas aos seus comandos, mensagens de força, vitalidade, vida e saúde, ou pode escolher enviar mensagens de fraqueza, fadiga, desânimo e doença. Então preste atenção ao que está fazendo com você mesmo. Mais uma vez dizemos que quem está no controle de tudo é a sua consciência. Pense nisso.

Tudo aquilo que você acredita, lhe aprisiona.
Tim Lery

Transmutação

Poderíamos fazer uma pergunta muito intrigante a nós mesmos neste momento:

O que poderíamos considerar como sendo o evento mais importante da evolução humana nos últimos tempos? A chegada do homem à Lua ou a Invenção da Internet?

São duas questões que podem nos deixar um pouco indecisos num primeiro instante, mas acreditamos que viria primeiro, sem dúvida, a implantação do sistema de comunicação mundial, a *Internet*, como sendo o evento mais significativo para a atual evolução da humanidade, pois é ela que está exercendo o poder de criação ao redor do mundo com extrema eficiência na atualidade.

O salto evolucionário desde meados dos anos de 1990, até os dias atuais, é algo nunca imaginado por nenhum de nós. As informações percorrem o mundo num piscar de olhos, não existem mais barreiras nem censuras de informação. Estamos ligados a tudo e a todos, o tempo todo. As informações não podem mais serem suprimidas, pois tudo está se transformando em domínio público, tudo é livre informação.

Há pouco tempo, todos podiam ser manipulados facilmente pela mídia. Muitas vezes essa fonte era literalmente vendida aos governos de países antidemocratas que ficavam a serviço de um pensamento doentio e ditador, dominado por poucas pessoas que se achavam donos do conhecimento e dos segredos do Universo, da prosperidade, da riqueza e da ciência. Realmente tinham o poder sobre a vida das pessoas e ainda hoje o mantém, porém em evidente e acelerada decadência.

A mudança é a única constância.
Sidarta Gautama – Buda

Essa frase de Buda praticamente resume tudo o que dissemos até agora. Mudar é necessário, tudo muda e se movimenta constantemente. Entrar nesse fluxo de transformação significa fazer parte do mundo – significa viver. O mundo sofre mudanças hoje, como sofreu há 20, 100, 500 ou há 2000 anos. Ele sempre estará em processo de transformação, pois está em expansão. É importante às vezes sacrificar velhos costumes para se transformar naquilo que realmente deseja ser. Vamos lá, nunca é tarde demais.

Quando a mente se abre a uma nova ideia,
ela jamais volta ao seu tamanho original.
Albert Einstein

Com o compartilhamento das informações por meio da tecnologia moderna e com a ajuda mútua entre as pessoas, conseguiremos finalmente reencontrar os preciosos conhecimentos que foram suprimidos e escondidos durante séculos.

Essa junção irá selar a união da sabedoria antiga com a moderna. A chave mestre que abrirá os portais da Nova Era para quem realmente desejar. A sabedoria já está a nossa disposição. Por meio da informação e do conhecimento, temos a oportunidade de quebrar os paradigmas e nos movimentar. É somente uma questão de vibração, um breve lapso de percepção que nos levará de volta a beleza da simplicidade da vida. Perceber o poder que existe dentro de nós é magnífico, porém, muitos precisam realmente de alguém que ajude a despertar.

Um fato que consideramos de extrema importância, que ocorreu em meados de 2005, percorreu os quatro cantos do mundo e que continua percorrendo até hoje, foi o lançamento de alguns documentários sobre a Lei da Atração e outros sobre a Física Quântica. Tais filmes, com uma duraçao de pouco mais de 90 minutos, mostraram ao mundo que existem Leis Universais que regem a nossa vida, e que devemos acreditar que tudo o que pensamos e desejamos acabamos atraindo para nós mesmos através de vibrações mentais perfeitas e em total sincronia com um Universo vivo, abundante e vibrante. Ao assistir esses filmes é inevitável não sentir um "click", um despertar. Se pudéssemos resumir em uma só palavra uma síntese, sem dúvida a melhor palavra seria desvendar, pois realmente sente-se uma espécie de alívio interior, a grande venda que estava na frente dos nossos olhos de repente cai por terra e começamos a enxergar o mundo por um novo prisma.

A Lei da Atração é o exemplo perfeito da força das intenções positivas agindo no mundo atual. Não poderia ser possível disseminar esse precioso conhecimento ao redor do mundo, em menos de um ano, se não fosse a vontade coletiva de espalhar o conhecimento com tanta velocidade. A recepção foi global e certamente vemos esse momento como um marco inicial na real preparação da humanidade para este novo milênio. De forma independente, nós, Carlos e Sueli, transformamos integralmente nossas vidas a partir do ano de 2006. Desprovidos do medo e da desesperança, estamos agora envoltos pela confiança e perseverança e seguimos movidos pela Energia do Amor Incondicional. Nossos propósitos pessoais uniram-se aos propósitos Universais, as conexões ao redor do mundo se estabeleceram e muitas pessoas com as mesmas intenções, de melhorar o mundo por meio do aperfeiçoamento humano, começaram a surgir. Essa nova obra que agora está em suas mãos é fruto dessa união de forças e só foi possível graças às intenções semelhantes latentes de todos que participaram, tanto os seres físicos como os seres não físicos.

A palavra de ordem agora é compartilhar e ajudar. Se algo neste livro lhe fizer bem e de alguma maneira lhe ajudar, então difunda este conhecimento, fale sobre suas conquistas e suas descobertas. Não guarde estes conhecimentos somente para você. Informações já foram suprimidas por muitas pessoas durante muito tempo, não faça o mesmo, não repita o que já foi feito, seja autêntico e se manifeste. Espalhe, dissemine, ajude, coopere, aconselhe, fale, debata sobre isso com as pessoas que gosta e sinta-se à vontade para dizer o que sabe. Mas, se de alguma forma sentir resistência para ser ouvido, respeite e não julgue o outro. Não dogmatize nem tente doutrinar, jamais faça isso, pois cada um tem seu próprio tempo para assimilar e permitir novos conhecimentos. O primordial é não se achar especial por saber coisas que talvez os outros não saibam, pois o que realmente está em jogo não é o conhecimento que se tem sobre algo, mas, sim, o conhecimento que se tem sobre si mesmo e sua própria existência. A vida é a grande iniciação a qual todos estão enfrentando.

O essencial é sentir e poder ajudar. Repasse o que estiver ao seu alcance e assim estará fazendo seu papel como multiplicador. Não importa se acha que pouco sabe sobre os poderes psíquicos e os da mente, o que importa é o que lhe transforma e lhe emociona. Dentro da emoção é que mora o verdadeiro poder da criação. Pode parecer insignificante num primeiro instante, mas uma simples palavra, uma simples frase dita no momento em que alguém esteja necessitando, um abraço ou um sorriso pode alterar completamente a vida desta pessoa e de muitas outras ligadas a ela consequentemente. Seu ato se torna uma cadeia vibratória extremamente eficiente baseada na prosperidade e no amor que expande e se une a milhares de outras, formando uma grande frequência do mais puro amor, o amor incondicional – sem condições.

Este é o princípio de tudo, pois viemos do mesmo lugar, da grande Luz, e para lá voltaremos. Afinal, fazemos parte do Todo e somos essencialmente apenas Um.

Amai ao próximo como a ti mesmo.

Mensagem complementar de Mustah – Sacerdote da Escola de Mistérios do Olho de Hórus. Mentor Pessoal de Carlos Torres.

Esta vida pode ser de provações e perseguições, mas através da força do amor vocês podem vencer todas as dificuldades que ela impoe. Dominem o grande orgulho que teima em vibrar em suas entranhas e livrem-se de uma vez por todas das amarras do grande egoísmo. Eliminem o orgulho de suas vidas, pois esse sentimento às vezes é mais forte que o próprio amor. Pedimos cautela sobre isso, pois o orgulho é capaz de destruir uma vida inteira.

Queridos, em momentos difíceis, lembrem-se:
Sempre existe uma saída pelo caminho do amor.
Gratidão Eterna!

Leis Universais

Só é livre aquele que tem domínio sobre si mesmo.

A Lei da Compreensão

Se me perguntarem o que é o Universo, eu responderei:
Energia que existe pelo Amor de uma força única e infinita.
E o que é o homem?
Um dos veículos dessa força maior.
Isso significa que o homem tem dentro dele a sabedoria infinita.
A sabedoria infinita da fonte que o criou.

Compreender é a base – o início de tudo. Vamos separar as leis em etapas para o melhor entendimento e coerência do real motivo delas estarem necessariamente nessa ordem.

Da mesma forma que com as pirâmides, qualquer coisa que desejamos construir temos que estabelecer antes uma base firme para que todas as outras etapas estejam firmemente alicerçadas, evitando assim qualquer problema futuro por causa de falhas na estrutura inicial. Vamos relacionar algumas Leis Universais diretamente à construção de uma pirâmide, um modelo individual, pois é exatamente isso que cada um de nós fazemos o tempo todo. Em nosso íntimo, estamos, na verdade, construindo a nossa própria pirâmide. Esse é o símbolo maior do crescimento, por isso os egípcios, maias, atlantes e outras culturas sempre veneraram as formas piramidais.

Com base em nossas escolhas, erros e acertos, nós nos conscientizamos e podemos diferenciar o certo do errado, o bom do mal e todas as diferentes dualidades existentes. De qualquer forma, sempre aprendemos.

Cada aprendizado e experiência são blocos que você coloca na construção da sua pirâmide, e esses blocos no momento em que são assentados, fixam-se e se eternizam. Assim, construímos e alicerçamos a nossa vida, por meio de pequenos aprendizados.

A pirâmide de Gisé, a maior pirâmide já construída, tem mais de 2.000.000 blocos, pesando seis toneladas cada um.

Como nas pirâmides do Egito, são necessários muitos blocos os quais devemos fixar em nossas pirâmides individuais, até que se tornem definitivamente a ponte final para a transposição a um novo plano de ascensão.

Aperfeiçoando a lei da compreensão, você terá o poder do discernimento e a base da sua pirâmide estará pronta para receber mais e mais blocos.

Compreender a nós mesmos é um caminho especialmente individual e cada um deve descobrir a melhor maneira de se encontrar no mundo em que vive. Nossa intenção não é mostrar uma única fórmula para o autoconhecimento, pois como o próprio nome já diz, ele é único e pessoal. A nossa intenção é apenas mostrar um pouco do mundo em que se vive. Compreender o Universo e suas leis naturais.

A Lei da Eternidade

Como vimos no início deste livro, 2012 foi o ápice da entrada da Era de Aquário. Certamente esse ciclo de 25.920 anos, que o Sistema Solar efetua ao redor do centro da Galáxia, já ocorreu milhares de vezes, mas não se sabe ao certo. Sabemos que esse ciclo se eterniza, mas o homem moderno nunca teve a possibilidade de participar conscientemente desse processo.

Quando falamos de eternidade, não podemos nunca nos excluir dessa condição. A vida eterna é real para todos, inclusive para os que não acreditam na reencarnação e na espiritualidade. A eternidade é algo cíclico e não linear. Aliás, nada no Universo é retilíneo, tudo é cíclico. Tudo gira ao redor de algo maior, de algum corpo que tenha maior poder gravitacional, ou seja, maior poder de atração. Os planetas, as estrelas e todos os corpos celestes obedecem a esse modelo de movimentação. A partir da gravidade se estabelece um ritmo específico que nos possibilita estudar cientificamente os corpos celestes e seus movimentos cíclicos e constantes.

Se nós podemos estudar os planetas e os sistemas estelares partindo dessa premissa cíclica, por que não podemos estudar a nós mesmos dessa mesma forma?

Os seres humanos ainda preferem se colocar como seres lineares no tempo. Gostamos de imaginar nossa vida como se estivéssemos andando sobre uma linha, com começo, meio e fim: "nascimento, infância, juventude, vida adulta, velhice e morte". Este é um modelo retrógrado e não condiz com o Universo em que vivemos.

Da mesma forma, porém numa escala muito menor, temos o movimento do elétron de um átomo ao redor do seu núcleo. O movimento da Lua ao redor do Planeta Terra e dos planetas ao redor do Sol, também é cíclico. Tudo é cíclico, além do Universo vazio, muito se deve existir, outras galáxias além da Via Láctea, outras dimensões, outros mundos, e certamente todos obedecem à mesma Lei Universal de movimento cíclico gerado por uma atração gravitacional.

Os maias acreditavam na eternidade e na reencarnação, e que dentro do ciclo de 25.920 anos, temos a possibilidade de viver aproximadamente duzentas vidas, ou encarnações. Podemos experimentar dentro desse ciclo as mais diversas formas de personalidades e vivências dentro das doze Eras Cósmicas, ou seja, dentro do Zodíaco de Dendera, e assim, estabelecemos uma relação direta de conhecimento dentro das diferenças vibracionais que o Planeta Terra passa em cada Era.

Eles diziam que fomos criados pela Luz Central da Galáxia e para ela retornaremos muito mais evoluídos. E se assim conseguirmos, passaremos por mais um bloco evolutivo (ascensão) dentro desse gigantesco organismo vivo que é o Universo.

O Sol é nosso astro rei, a nossa estrela maior e mais próxima, é um órgão vivo e vital dentro da Galáxi, que por sua vez, é muito maior e se estabelece como um grande organismo, um corpo vivo. Nesse contexto, podemos dizer que o Sol é o coração desse gigantesco organismo, e para que o resto desse corpo (a Galáxia) sobreviva, é preciso que não somente o Sol, mas que todo o Sistema Solar se mantenha vivo. Para isso, é preciso que todos os planetas, as luas e todos os seres vivos que neles habitam, mantenham-se vivos e devidamente abastecidos do combustível essencial (Amor Incondicional) que tudo move.

O que nós seres humanos somos afinal? O que temos a ver com a sobrevivência do Sol se estamos tão longe dele?

Imagine uma célula em qualquer lugar de seu corpo. Não é porque ela é uma simples célula que não precisa dar a devida atenção a ela. Mesmo sendo minúscula se comparada ao resto do corpo, ela é essencial para organismo inteiro, pois, se por algum motivo essa pequenina célula não estiver devidamente saudável, ela pode adoecer e, a partir daí, começam a surgir doenças incuráveis e mortais como o câncer, ou seja, uma pequena célula defeituosa pode desencadear um processo fatal. Numa escala cósmica acontece da mesma forma, pois tudo o que está em cima é igual ao que está embaixo. Desde o átomo até a Galáxia, tudo funciona da mesma maneira.

Então, o que os seres intergalácticos têm a ver com tudo isso? Por que querem nos ajudar tanto?

A resposta é simples: da mesma forma que nós somos células de um grande organismo universal e este depende de nossa capacidade de reprodução e manutenção da vida, eles dependem da nossa sobrevivência, pois somos iguais em gênero. Eles também são humanoides.

Eles vêm nos ajudar porque já alcançaram o padrão crístico e produzem amor o tempo todo. São como anticorpos espaciais, como exércitos de salvaguarda que nos protegem do mal e restabelecem a harmonia e a saúde.

Por exemplo: quando estamos com alguma doença contagiosa, na verdade ficamos adoecidos pelo ataque incessante de bactérias e vírus que se instalam para se multiplicarem dentro de nós. Eles entram em ação como um chamado de guerra e logo em seguida bilhões de anticorpos despertam dentro de nós e em poucos segundos estão prontos para atacar as bactérias e os organismos estranhos que se alojaram.

Nossos irmãos interdimensionais são como anticorpos que trabalham no astral superior, eles querem e desejam nossa saúde física, mental e espiritual, porque sabem que se adoecermos espiritual e energeticamente seremos atacados por vírus espirituais, os chamados obsessores e assediadores. Mas, nem sempre esses obsessores são espíritos sofredores, esses vírus podem ser também *mémens* – memórias que sobreviveram de outras vidas e continuam atacando a alma, trazendo os sintomas conhecidos como melancolia, esquizofrenia, depressão, transtornos obsessivos, medos, fobias e tantas outras formas de doenças psicossomáticas. Esses tipos de doenças já podem ser tratados com técnicas apométricas.

Somos seres potencialmente capazes de produzir esse combustível tão precioso – o amor –, mas poucos estão contribuindo ultimamente. Temos nesse período de 25.920 anos a possibilidade de vivenciar e experimentar todas as formas e personalidades possíveis, justamente para aprender, crescer e nos tornarmos capazes de exercer o poder da criação e aprimorar a capacidade de produzir essa energia divina chamada amor.

Quanto maior o seu grau de desenvolvimento espiritual, maior a sua capacidade de criar compaixão, sendo assim, mais perto da ascensão estará e mais próximo da luz original que lhe criou.

Somos seres eternos e viemos da luz primordial. Constituímo-nos essencialmente de luz. Antes de sermos alma, espírito, mente e corpo, somos luz. A que tudo cria e tudo condensa. Somos luz condensada que se desfaz ciclicamente desde o átomo até uma gigantesca estrela. Tudo é luz condensada que um dia se desfará para se transformar e se reciclar.

Compreender o Universo como um organismo vivo e vibrante que está em constante movimento é compreender que somos parte desse Todo e estamos agindo na Criação. Por menor que seja sua missão e seu propósito aqui na Terra, estará agindo e modificando o mundo, portanto, você nunca será um ser isolado e excluído, pois faz parte do Todo.

Quando pensa, deseja e age, está transformando automaticamente a vida de dezenas de pessoas ao seu redor, e essas pessoas, por consequência, estão modificando muitas outras também. Um ato simples, ou um grande ato, transforma o mundo, e essa transformação se chama Ação Criadora.

Alteramos o mundo e as pessoas por meio de nossos pensamentos e ações. Antes de existir uma ação existe um pensamento, um desejo e intenções. Quanto mais forte sua intenção, mais forte será sua força de atração.

Estaremos no controle de nossa vida quando estivermos no controle das nossas mentes, emoções, sentimentos e crenças.

Ter o controle sobre a mente é conquistar a liberdade. Estamos todos no início dessa nova jornada e, certamente, daqui a 200 ou 300 anos, essa nossa geração do princípio do século 21 será lembrada pela quebra de um sistema arcaico e religioso em que a humanidade se manteve durante milhares de anos. Seguramente no ano 2300, as pessoas dirão umas as outras:

– Mas como pode ser possível? Nossos antepassados conseguiam viver sem ter o controle da mente e das próprias emoções? Devia ser uma loucura, não é? Eles se comunicavam por aparelhos telefônicos com baterias recarregáveis e enormes computadores que ficavam em cima das mesas das suas casas, e antes disso se comunicavam apenas por cartas, uma pessoa demorava semanas para receber uma mensagem da outra via correio.

– É mesmo, além disso, dizem que eles ficavam doentes por não saber lidar com suas próprias emoções, até morriam por causa disso. Tinham o péssimo costume de ingerir cápsulas que chamavam de remédios para não enlouquecerem, sofriam de depressão, estresse e ansiedade. Não conseguiam reequilibrar e harmonizar os chakras energéticos pela manhã, mas mesmo assim, se achavam perfeitos, eram muito arrogantes mesmo! Você acredita? Achavam-se os únicos seres vivos dotados de inteligência no Universo. Devia ser uma loucura viver naquela época!

– Meu avô me disse que esses remédios eram na verdade remendos, pois não curavam nada, a maioria deles como o próprio nome dizia, servia somente para remendar.

Relativamente, hoje também fazemos esse tipo de comentário:

– Como era possível retirar um dente sem anestesia? E viver antes da invenção da geladeira e da eletricidade? Sem telefone, internet, celulares e computadores? Como era possível não ver as mulheres trabalhando ativamente na sociedade? Elas sequer tinham o poder de votar até algumas dezenas de anos atrás em quase todo o mundo.

As transformações ocorrem e só depois de algum tempo nos damos conta do tamanho do salto que foi dado.

A evolução na direção dos mistérios da mente será tão grande nas próximas décadas, que não conseguimos prever qual o grau de evolução que estaremos daqui a cem anos. O que importa é saber que o que fizermos a partir do ápice do ano de 2012, o ponto Ômega, terá reflexos de extrema importância para as gerações futuras, pois o futuro depende do presente, de nossas ações agora, então devemos agir, pois daqui a cem anos, os novos habitantes do futuro, nossos descendentes, quem sabe não seremos nós mesmos?

Pense nisso. Se você for uma pessoa imediatista e egoísta que não liga para a proteção do meio ambiente e as relações humanas como base essencial para a paz mundial; não se importa com assuntos altruístas e nem em deixar um mundo destruído como herança para seus filhos e netos, então tente pelo menos imaginar que um dia quem retornará para esse mesmo mundo destruído que está deixando, será você mesmo. Se por ventura não pensa no bem-estar dos outros, então pense pelo menos em você. Só a prática da verdadeira espiritualidade nos traz essa compreensão.

O Corpo

A todo instante nos comunicamos com as células do nosso corpo através da mente, um movimento involuntário, mas que pode se tornar consciente e voluntário, se assim desejar.

Todas as células vibram sob o prisma da energia da vida, do amor incondicional que já falamos anteriormente, a mais pura das energias que tudo move. Esse é o padrão vibracional de qualquer ser vivo. Mas bombardeamos nossos próprios corpos com mensagens negativas, que são contrárias à força da vida, o tempo todo, sem querer, como, por exemplo, mensagens de desespero, ansiedade, fracasso, tristeza, decepção, frustração, perda e muitas outras formas de pensamento que deterioram a capacidade de cada célula de nosso organismo de se regenerar com perfeição e assim nos manter em harmonia.

As células, moléculas e átomos funcionam sob o prisma da perfeição, se por acaso você for contra essa força, estará dificultando o trabalho do seu sistema orgânico e imunológico. As células solicitam energia. Se não abastecê-las da maneira correta, essa energia se tornará escassa e o primeiro alerta do organismo será ativado por meio dos primeiros focos de dor – o aviso inicial que sinaliza que algo está errado.

Em seguida, se não der atenção aos avisos do corpo, os desequilíbrios começam a surgir e as doenças a se instalar, dificultando ainda mais sua recuperação. Então, preste atenção, pois seu corpo fala com você constantemente. Se estiver atento poderá compreender perfeitamente o que ele está querendo dizer.

As pessoas na verdade estão guerreando consigo mesmas o tempo todo; com suas células, moléculas e todos os átomos dos seus corpos. O estresse, a ansiedade, o medo, o desespero, a tristeza e a depressão são os principais motivadores dessa guerra interna.

Tudo o que você acreditar ser real se tornará real.

A mente tem esse poder, enquanto mantiver o foco nos pensamentos degradantes, mais eles se tornam reais.

Você torna real o que acredita ser verdadeiro, portanto, se acreditar que é uma pessoa feia, será exatamente essa a mensagem que transmitirá para os outros e é assim que todos irão lhe ver – como uma pessoa feia e sem graça. Por outro lado, se acreditar que é uma pessoa bonita, se sentirá bem, e isso se refletirá no seu corpo e no seu semblante, pois é isso que estará oferecendo vibracionalmente às pessoas. Quanto mais lutar contra a sua natureza e condição, mais cansado você ficará. O estresse vem por condição e não por escolha.

Se acreditar...

...ser uma pessoa incapaz; jamais será capaz.

...não ser merecedor de riquezas; nunca terá acesso à prosperidade verdadeira.

...na força das doenças emocionais; elas se manifestarão em sua vida.

...no poder da violência urbana; ela se apresentará bem na sua frente quando menos esperar.

...no fim do mundo e no apocalipse; certamente o seu mundo desabará sobre você.

...que o seu futuro será mais difícil que o presente; assim ele será.

...no desamparo e na falta de oportunidades; nunca realizará seus sonhos.

...que demônios existem, atormentam e atrapalha sua vida; eles certamente se manifestarão.

Então, se você se vê como uma pessoa bem-sucedida, todos irão lhe ver assim, pois essa é a imagem que estará oferecendo ao exterior. A imagem que as pessoas têm de você é simplesmente um reflexo do que está sendo emitido de dentro para fora.

Acredite ser perfeito, saudável e forte emocionalmente e estará facilitando o trabalho incansável de todas as células do seu corpo (você) e não estará mais trabalhando contra si mesmo. O bem-estar se manifestará e seu semblante resplandecerá.

Confie estar em segurança, mesmo a violência estando presente nas ruas e nas mentes dos demais, e estará devidamente seguro e protegido. Não deixe a baixa vibração relacionada ao medo transformá-lo num refém indefeso.

Evite falar sobre tragédias, desgraças e afins. Fale somente o necessário, pois do contrário nada de bom será acrescentado, a não ser mais medo e desespero.

A probabilidade de uma pessoa que vive em baixa vibração e vive rodeada por pensamentos violentos sofrer um acidente ou ser assaltada é bem maior do que uma pessoa que não vibra nessa condição e não pensa na violência e nos problemas urbanos.

Acostume-se ao desejo de estar protegido. Ao invés de cercar sua residência com eletricidade, erguer altos muros, blindar seu carro, trancar seus filhos dentro de casa, opte por confiar que está protegido, pois assim estará. Comece a reformular seu padrão de pensamento e não se venda para este mundo de medos e mentiras que estão impondo a todos para aumentar os lucros das empresas de segurança privada e serviços adjacentes que são criados diariamente.

Mostre-se forte perante os problemas que existem, reaja, não fique inerte perante o mundo. Acredite na transformação e não na destruição, na força suprema, na luz divina, no poder da criação, na superioridade da força do amor sobre a do medo. A energia do pensamento positivo sempre será mais potente que a do pensamento negativo. O amor vence o medo e sempre vencerá. Sempre.

Acredite em Deus como sendo a força que gera o amor e a abundância em sua vida e comece a fazer parte disso. Se assim acreditar, assim será. Não acredite mais em demônios, pois eles nunca existiram, eles só se manifestam na mente de quem acredita neles. Não perca mais tempo, nem mais um milésimo de segundo para pensar sobre isso, apague tudo o que lhe foi dito até então sobre diabos e demônios. Invoque a Deus e Ele se manifestará em sua vida.

Se nós temos esse poder soberano, então por que não o utilizamos? Por que sofremos com doutrinas errôneas e manipuladores do pensamento?

Os detentores do poder há milênios sabem disso. Sabem que para dominar é preciso controlar a mente das pessoas pelo medo e a desinformação; aplicando o terror, a crença em demônios, a terrível crença no pecado, nos infernos e nos castigos de Deus. Essas são as poderosas formas para se aplicar uma boa dominação.

Mas o tempo da dominação está acabando e dando espaço para a livre informação se manifestar gratuitamente. Essa ferramenta veio ao mundo como providência Angélica e está disponível para todos, justamente para a humanidade fazer a transposição da vibração de medo em que estamos mergulhados atualmente para a vibração da ética, a qual o Povo Azul gosta de chamar de: *A Era do Compartilhamento – A Era do Amor Universal.*

Resumidamente, essa é a mensagem principal que todos que participaram desta obra desejam. Utilize sua força mental e intencional para agir em perfeita conexão com você mesmo. Esqueça os velhos modelos e mude, quebre os paradigmas que foram impostos e viva na abundância e na paz.

*Nem tudo precisa ser complexo
para ser eficiente.*

Dicas:

Integre-se à Natureza sempre que possível. Contemple, sinta e viva essa conexão. Suba em uma montanha e visualize-se diante da imensidão do Planeta. Vislumbre a maravilha da Criação, veja o mar e o vai e vem das marés. Olhe para o céu numa noite estrelada e perceba o movimento que a Terra está fazendo. Venere o Sol sempre que acordar e agradeça pelo calor, pela luz e pela energia que está recebendo. Valorize a água e lembre-se por quantos lugares e estados ela já passou para se purificar na natureza e estar à sua disposição. Sinta a energia do Planeta e sua extraordinária força. Lembre-se, o Planeta Terra está girando a 1.800 km ao redor de si mesmo e a 105.000 km na sua trajetória ao redor do Sol e nem sequer paramos para pensar nisso.

Vá confiante em busca dos teus sonhos! Viva a vida que desejar. À medida que simplifica a sua vida, as Leis do Universo também se tornam mais simples.

A Lei do Propósito

Poderíamos chamar essa lei de Lei da Conexão ou da Religação. Seu propósito é o que reconecta você com a criação e as forças divinas. A melhor forma de se alcançar a plenitude nesta vida, é identificar o seu propósito nela – sua missão.

Não confunda propósito com destino, são duas coisas muito distintas. O propósito ou lenda pessoal é uma escolha que você mesmo fez antes de reencarnar neste plano físico. Ninguém o forçou a tomar essa decisão.

Sempre escolhemos os caminhos que serão traçados em nossa vida, independentemente do estado em que estivermos – físico ou espiritual, sempre decidimos o caminho a seguir. No estado espiritual estamos mais lúcidos do que quando estamos em estado físico, justamente por estarmos mais perto da Luz.

É dever sagrado do espírito humano pesquisar o motivo pela qual ele se encontra na Terra, ou por que vive nesta Criação onde está ligado por milhares de fios. Nenhum ser humano deve crer que sua existência não tenha uma finalidade. Entretanto, são apenas poucos os que conseguem libertar-se a tal ponto da preguiça do seu espírito, para se ocupar sinceramente em pesquisar qual a sua finalidade na Terra.

Por esse motivo, essa é a terceira lei, o terceiro degrau que você deve colocar na sua pirâmide individual, o terceiro passo. De nada adianta tentar descobrir seu propósito de vida, a sua missão ou meta maior, se você não conseguiu ainda exercer as duas leis anteriores. Se não se aceitar, não conseguirá caminhar adiante, se não estiver grato pela sua condição atual, nunca será autêntico o suficiente para criar desejos e intenções reais. E sem compreensão não conseguirá descobrir a sua missão.

O terceiro passo acionará todo o processo que vem a seguir. Novamente dizemos: não confunda propósito de vida como um fardo a ser carregado, um peso ou uma cruz. O propósito de vida não traz sofrimento, mas, sim, libertação, soberania, plenitude e confiança.

Quando falamos de propósito, falamos de reconexão. No início do livro comentamos sobre a palavra religião (religare) ou religação. Cada pessoa tem sua maneira de se religar com Deus, e esse processo é feito quando ela se encontra consigo mesma e passa a sentir o entusiasmo e a inspiração do seu próprio espírito. Quando a pessoa se encontra nesse estado dizemos que ela encontrou seu eixo de sinergia com o Universo, seu ponto de religação – seu propósito de vida.

Como posso saber se estou conectado com meu eixo de sinergia universal e se estou no caminho certo?

Vamos imaginar a figura ao lado. A grande Luz – que chamaremos de Luz de Energia Suprema, Fonte da Criação, Luz ou simplesmente Deus –, de onde viemos e para onde retornaremos. Na mesma imagem está uma pessoa, imagine você, quando decidiu que era chegado o momento de se desprender dessa Luz que lhe originou, e decidiu vir a este plano físico. Assim escolheu e assim o fez, por isso ainda possui um vínculo com *A Origem* e continua mantendo o contato com a Fonte Criadora por meio de um fio  invisível, porém forte e indestrutível. Um fio que se estabelece pelas suas vibrações e emoções mais profundas. Você estará sempre ligado a essa grande Fonte, mesmo não acreditando que ela exista.

Pode estar mais próximo ou mais distante dela, mas *nunca* se desligará. Se fosse possível se desligar da Fonte, tornar-se-ia um ser excluído no Universo e isso não seria possível, pois para o Universo não existe a palavra exclusão.

Essa ligação é real e pode ser estreitada cada vez mais. Uma das formas pela qual você pode se conectar com maior intensidade a essa luz original, é exatamente por meio da ativação do seu propósito pessoal. Quando veio para esse mundo físico, na verdade decretou para si mesmo, e perante muitos, que viria cumprir algo muito maior, um aprendizado com objetivo de crescimento. Esse decreto agora é o seu vínculo com a Grande Luz – A Fonte Original.

Esse é o ponto onde os milagres se manifestam com perfeição. É aqui que a vibração ressoa na mesma frequência neutra em que a luz central universal vibra. A frequência do amor incondicional, a mais poderosa energia que alguém pode experimentar.

Quando encontrar esse ponto, você sentirá o entusiasmo batendo em seu coração e a presença do amor verdadeiro – a gratidão. Quando estiver nesse estado de espírito, estará mais perto de você mesmo e mais próximo de Deus.

Como dissemos antes: o amor é a energia que tudo cria. Essa é a energia que constrói micros e macros universos, a mesma que criou e mantém os planetas e galáxias em constante movimento e que sustenta nossos órgãos e todo nosso organismo em pleno funcionamento, assim como nossos elétrons e átomos em constante movimento dentro das nossas moléculas.

Mas como saberei se estou perto ou longe desse ponto?

A escala seguinte se chama Escala de Emoções ou Escala de Frequências Padronizadas. A frequência mais alta é a do amor e da gratidão e a mais baixa é a do medo. Quanto mais baixa for sua frequência emocional, maior será sua distância do centro de sinergia que lhe conecta com a Fonte Original, e quanto mais alta for, mais perto estará do ponto de sinergia.

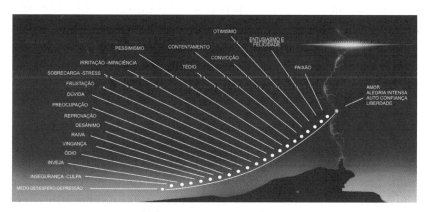

Escala de emoções e Ponto de Sinergia

*Depressão é a incapacidade
de enxergar o futuro.*

A única forma de descobrir em que ponto você está dentro da escala de emoções é sentindo. O ponto ideal é o amor, mas não entenda esse amor como carnal entre homem e mulher. Esse amor é incondicional, o amor que vibra sem qualquer condição imposta, sem medidas. É o amor natural, impossível de ser expresso em palavras por ser o mais puro sentimento de gratidão.

Isso não quer dizer que se você se identificar na escala de emoções no ponto especificado como *Alegria*, não estará num ponto bom o suficiente. Significa que está mais próximo dos objetivos maiores do seu espírito e está começando a sentir melhorias em sua vida.

A cada degrau que subir na escala das emoções sentirá melhoras consideráveis em todos os aspectos do seu dia a dia. Quanto mais próximo estiver do seu centro ideal, mais próximo estará de si mesmo, portanto, mais feliz se sentirá e mais força de atração possuirá, e a partir daí, sua capacidade intuitiva começará a aumentar gradativamente.

Quando perceber a proximidade desse ponto, adentrará em uma região repleta de bem-estar, entrando numa espiral ascendente de forte energia expansiva, uma região de alta vibração e extrema intensidade. Nesse ponto, automaticamente, e pela força da atração, todas as vibrações de igual intensidade das outras pessoas que estarão na mesma ressonância, na mesma frequência vibracional que você, surgirão em seu caminho.

Nesse estágio de ascensão, tudo conspira a seu favor, justamente devido às altas vibrações que estará emitindo.

Começará um ritmo acelerado de encontros, a chamada *Magia dos Encontros*. Inicia-se então, um processo de transformação entre pessoas que se ajudarão entre si, formando uma corrente muito forte.

É a partir desse momento, que todos os aspectos pessoais estarão intrinsecamente ligados a esse ponto de sinergia; os relacionamentos, sua profissão, sua família, a riqueza, a prosperidade, tudo está intimamente ligado com esse ponto imprescindível, o ponto de religação.

O sucesso e a verdadeira qualidade de vida também estão totalmente ligados a esse ponto. Não existe ninguém no mundo que possa se dizer vencedor sem ter encontrado esse ponto de sinergia pessoal. Isso não significa que uma pessoa que vence na vida sabe e conhece todos os segredos ocultos do Universo. Muitas vezes essas pessoas sequer pensam sobre isso, mas elas possuem um poder intuitivo e uma percepção emocional muito forte.

Se você quer viver a plenitude e se tornar uma pessoa vencedora em todos os campos de sua vida, comece por identificar seu propósito pessoal. Ele lhe levará ao encontro direto com seu ponto de sinergia.

Mas não adianta enganar-se querendo ser quem você não é. Não adianta querer ser, por exemplo, um CEO (*Chief Executive Officer* – Presidente Diretor Empresarial) se você veio a esse mundo com a missão de ser um médico cirurgião, e vice e versa, ou então querer ser um bancário se veio a esse mundo para ser terapeuta curador e ajudar as pessoas. Cada um deve sentir e saber o que realmente veio fazer nesta vida.

Todas as dificuldades terrenas estão direta e proporcionalmente relacionadas aos potenciais criativos de cada um. Por consequência disso, e pela lógica divina, cada pessoa traz dentro de si um dom, um potencial e um talento específico capaz de dissolver todas essas dificuldades latentes. A solução de um problema está sempre dentro do próprio problema e não fora dele. Basta procurar com perseverança e ter coragem de praticar o autoconhecimento, pois, com o autoenfrentamento, as pessoas sempre encontram as melhores soluções para seus maiores problemas. Acredite: o autoconhecimento é a chave que pode abrir todos os caminhos. Então, vá em frente e enfrente-se.

Quando você atinge o nível do entusiasmo e da alegria, começa a sentir a força da criação agindo diretamente sobre você. A palavra entusiasmo significa "estado de exaltação da alma". Nesse momento é que surgem as grandes ideias, os grandes inventos e as inspirações que podem transformar a sua vida.

A partir desse ponto, você passará a trabalhar em conjunto com o Universo e não terá mais medo do futuro e do desconhecido. A confiança arrebata sua alma e mostra novamente a real razão de você estar vivo. Passará assim, a ter motivos reais para agir e reagir e reencontrar a verdadeira motivação para se levantar todos os dias. Os problemas se tornam pequenos perante a avalanche de soluções que começam a surgir em seu caminho. Terá maior disposição (disposto para a ação) e entrará numa espiral ascendente. Nesse instante, suas vibrações estarão mais puras e qualificadas, mais limpas, sem distorções e interferências vindas dos campos inferiores, das vibrações mais baixas como a inveja, o medo, o desejo de insucesso e as mentiras e traições vindas de terceiros. E então, as vibrações negativas e discordantes serão totalmente neutralizadas pela energia neutra do amor.

Todos esses sentimentos com baixa frequência passam a não fazer mais parte da sua vida, justamente porque você estará vibrando em patamares superiores. Essas vibrações e sentimentos continuam existindo, mas não farão mais parte da sua vida, pois você terá o poder de neutralizá-los facilmente.

Tente se lembrar dos seus sonhos de infância, quando nada era impossível de ser realizado, quando eles eram puros e totalmente prováveis, quando os obstáculos e as dificuldades da vida adulta ainda não existiam dentro da sua mente e as limitações e as regras da sociedade não lhe reprimiam.

Quando somos crianças, os bloqueios mentais não existem, já quando nos tornamos adultos ficamos vulneráveis e nos rendemos aos padrões vibracionais coletivos, dando força para nosso ego inferior que logo começa a nos sabotar involuntariamente.

É muito comum ouvirmos:

- Isso é muito difícil de conseguir, é para poucos. Não é para mim.
- Não sou merecedor de tanto, me contento com pouco.
- Se eu tivesse dinheiro poderia fazer muitas coisas, mas como não tenho, então não faço.
- É muito difícil vencer na vida. (comparando-se a algum estereótipo que vê na mídia em filmes ou novelas).
- As outras pessoas estão sempre felizes e eu não.

Esqueça por alguns instantes esses estereótipos e desprenda-se do ego inferior e seus bloqueios. Pare de se espelhar em falsos exemplos e encontre o ponto ideal dentro de você (seu Self). Pare de procurar motivação fora, no mundo exterior, procure a motivação dentro de você, pois ela está aí em algum lugar. A sua vitória, o seu sucesso depende do que existe lá no fundo do seu coração, dentro da sua alma. Enquanto você tiver como parâmetro, como ponto de referência o mundo exterior, estará a mercê dele e poderá se frustrar facilmente.

Pergunte constantemente a si mesmo:

- O que eu quero para a minha vida afinal?
- O que eu realmente quero para mim?
- O que eu verdadeiramente gostaria de ser?
- O que eu gostaria de deixar registrado, quando não fizer mais parte deste mundo em que vivemos?
- Qual o caminho que devo seguir?

Dentro dessas cinco perguntas estão as respostas que você tanto busca. Se não conseguiu responder nenhuma delas, significa que está à deriva dos desejos de outras pessoas ou está permitindo ser controlado por um grupo delas.

Se, por outro lado, você respondeu:

Ah, não sei. Deixa estar. Seja o que Deus quiser!

Da mesma maneira ainda estará à deriva, pois Deus é exatamente quem mais deseja que você exerça a sua força criativa e não fique submetido a condições.

A escala de emoções nos mostra em que ponto nós estamos. A emoção é como uma bússola interna que está implantada dentro de nós.

Ela mostra sempre o caminho correto a seguir. Seu propósito é seu norte. Ele lhe atrai constantemente e aponta a direção correta a seguir, como a bússola que aponta sempre para o norte magnético do Planeta (o centro gravitacional da Terra). Não importa para aonde você a direcione, a pequena agulha da bússola sempre apontará para o norte.

O seu norte pessoal é o seu propósito, ele lhe atrai e dá sinais constantes, indicando o caminho correto a seguir. Pode estar de costas para o seu real motivo desta vida, mas mesmo assim a sua bússola interna, a sua intuição estará lhe mostrando o caminho que deve seguir.

Pode ter certeza: se estiver triste, frustrado, angustiado, desanimado, desgostoso com a vida, é porque está distante do seu propósito pessoal. Tente a toda prova identificá-lo e entrar em sintonia. Lembre-se, se você reencontrar esse ponto de sinergia, significa que está se religando e se reconectando com a Fonte Original – Deus.

A vida nos mostra sinais evidentes todos os dias. Você deve ficar atento a esses sinais, pois eles sempre vêm através das pessoas. Comece a prestar atenção nas pequenas frases, nos pequenos conselhos, nos instantes que consegue intuir alguma mensagem importante. Não adianta sair procurando por esses sinais por aí, pois não irá encontrá-los, eles são muito sutis. Quanto mais próximo do seu ponto de sinergia, mais evidente será a sua percepção e intuição.

Aos poucos, ouvindo a voz da intuição e prestando atenção nas suas emoções (sua bússola interna), as vendas do ego inferior serão arrancadas e você passará a enxergar sua vida como nunca a enxergou antes, repleta de possibilidades, oportunidades, amor, abundância e prosperidade.

Exemplo de Propósito de vida:

Um homem estudou cinco anos de sua vida para se tornar um advogado, pois foi o que a sua família sempre desejou e os seus amigos também; todos estudaram para se tornarem advogados. Hoje, ele exerce a profissão de advocacia, mas se sente frustrado por sentir uma sensação estranha que não consegue explicar. De um ponto de vista lógico, não há nada de errado com ele realmente. Por que então ele estaria frustrado? Afinal, ter um diploma de Direito é o sonho de muitas pessoas, e poucas realmente conseguem.

Mas ele não vê a hora de sair do trabalho, chegar à sua casa e cuidar de seus seis cachorros e três gatos. Ele realmente gosta de fazer isso, é o que lhe dá prazer e bem-estar. Esse é o momento em que ele se sente em paz durante seu dia estressante e corrido. Todavia, quando chega ao final da noite, essa sensação de bem-estar vai se esvaindo e dando lugar à angústia e um estranho vazio em sua alma, pois seu inconsciente já sabe que no dia seguinte terá de voltar ao trabalho maçante e sacrificante de advocacia. Cada dia que passa ele se sente mais frustrado. Os amigos que se formaram com ele na mesma universidade, ao contrário, sentem-se completos e preenchidos. Além de ganharem muito dinheiro com grandes casos, todos adoram o que fazem e têm uma vida plena. Mas ele não. Os casos que assume geralmente não consegue ganhar, o dinheiro não vem com facilidade. Desgasta-se facilmente e acaba entrando numa espiral descendente na *escala de emoções*.

Esse é um exemplo simples que mostra claramente a desconexão com o propósito de vida, certamente essa pessoa está longe do seu ponto de sinergia, mas não consegue se tornar consciente disso, pois tem medo de ver o mundo que construiu durante anos desmoronar bem na sua frente. Não obedece a suas intuições e não dá qualquer atenção aos seus sentimentos latentes.

Se ele por ventura parar por um instante, perceberá que esse não é o seu caminho, e se persistir agravará ainda mais a situação. Por mais que essa pessoa lute para se estabelecer como um grande profissional na área da advocacia, por mais que ela se dedique para isso e se aprimore profissionalmente, não obterá êxito, pois não veio para esta vida para exercer essa profissão, ou seja, a lenda pessoal que ele escolheu não é essa.

Uma das melhores hipóteses neste caso era esse homem tomar a decisão de parar de trabalhar como advogado, fechar seu escritório e montar uma clínica veterinária ou um tipo de hotel para cães e gatos numa cidade do interior, e ali, reconstruir completamente sua vida, fazendo o que realmente gosta. Transformaria assim sua rotina massacrante em uma rotina prazerosa e tranquila. Seguramente, esse novo projeto teria grande sucesso, e quem sabe em poucos anos, depois de conhecer a fundo sua nova atividade profissional, poderia expandir seus negócios montando uma franquia de hotéis para animais em todo o país com grande sucesso, pois teria respaldo e conhecimento necessário na parte jurídica. Poderia se tornar rapidamente uma pessoa próspera e muito rica fazendo isso. Mas por quê?

A resposta é simples: porque esse homem passou a fazer o que mais gosta e com prazer, com amor e bem-estar. Quando se trabalha com amor está no fundo trabalhando em comunhão com o Universo, está vibrando no mesmo fluxo dele, na frequência neutra do amor, a vibração sem esforço ou sacrifício, uma frequência transformadora e criadora de milagres. Essa frequência pode ser encontrada por meio da ativação do propósito pessoal. Portanto, se está infeliz com sua situação, com seu trabalho, com sua vida, você precisa começar a agir e reagir – precisa identificar esse propósito, custe o que custar. Os resultados serão extraordinários e sempre serão positivos.

*Quem faz o que gosta,
nunca vai trabalhar na vida.*

Dicas:
- Seus sentimentos e emoções são a sua bússola interior, quanto mais triste, mais frustrado, angustiado se sentir, mais longe estará de seu propósito principal nesta vida.
- Procure se lembrar de seus sonhos de infância, não precisa realizá-los, mas ali encontrará algumas respostas muito importantes, pode acreditar.
- A solução dos problemas está exatamente dentro dos próprios problemas.
- Quando se está inspirado por um projeto extraordinário, seus pensamentos rompem grilhões, sua mente transcende as direções e você se descobre em um novo mundo maravilhoso. A força, o talento, o desejo e o entusiasmo adormecidos, renascem e você percebe que é uma pessoa muito melhor do que imaginava ser.
- O problema maior de muitas pessoas é que simplesmente passam a vida sem pelo menos uma vez refletir sobre o que realmente querem dela.
- Persiga somente o que lhe dá prazer. Se por motivo de força maior tiver de encarar algo inevitável, como um trabalho, uma reunião ou um evento que lhe trará desprazer, faça e se mantenha firme. Quando estamos fazendo algo sem prazer, estamos desprotegidos, ficamos mais suscetíveis ao erro.

- Sempre que sentir um entusiasmo, uma grande inspiração, uma ideia que vem de repente, um insight muito forte sobre algum projeto que envolva alguma pessoa em especial, procure anotar, manifeste-se rapidamente, não deixe a informação passar. Pois esses momentos são especiais, são sinais intuitivos muito sutis e importantes. Quando sentir o verdadeiro entusiasmo é porque está muito próximo do seu ponto ideal de sinergia com o Universo.
- Sua mente precisa de sonhos da mesma forma que seus pulmões precisam de oxigênio para sobreviver, por isso, cultive sempre a arte de sonhar.
- Pare de tentar se equilibrar emocionalmente, quem tenta se equilibrar estará sempre na corda bamba. Opte por se harmonizar.
- As pessoas que fazem você sentir-se bem, são como anjos que lhe amparam. Sempre que possível esteja perto delas.
- Obedeça sempre sua intuição. Ela nunca lhe enganará.
- Quanto maior a dúvida, maior a distância de seu propósito. Quando está conectado consigo mesmo a certeza passa a fazer parte do seu dia a dia.
- Quer se sentir feliz? Faça o que gosta de fazer. O que lhe dá prazer e bem-estar.
- Sempre que estiver em momentos difíceis, pense no que muitos tiveram de passar antes de você para que desfrutasse dos bens e do conforto que tem hoje. Seja humilde e agradeça.
- Sua vida só andará para frente quando largar definitivamente aqueles que lhe puxa para trás.

A Lei da Atração

Consideramos essa lei como sendo um marco no processo de preparação da humanidade para adentrarmos na Era Dourada com o devido suporte e domínio sobre os poderes da mente e as verdades universais. Há algumas décadas já se fala sobre a Lei da Atração no mundo.

Tudo o que se sabe hoje sobre essa lei veio por meio das mensagens psicografadas recebidas pelos seres não físicos conhecidos como *Os Abrahams*, reportados nos livros dos autores americanos Esther e Abraham Hicks. Portanto, a Lei da Atração tem sua origem no mundo espiritual, não foi uma criação do ser humano, no entanto, o assunto *A Lei da Atração* veio com força total pelos quatro cantos do mundo somente a partir de 2004.

Nossos irmãos de dimensões superiores estão nos auxiliando nessa nova jornada evolutiva, pois querem que nos preparemos e assumamos nossas responsabilidades como seres criadores que somos. Querem ver as pessoas agindo e não se tornando reféns de um condicionamento mental maléfico e retrógrado, eles querem que as transformações ocorram e estão nos trazendo as ferramentas necessárias para que isso se manifeste em glória. A Lei da Atração foi assimilada pelas pessoas em todo o mundo. E não para por aí.

Agora entramos numa nova etapa, a fase da prática, da compreensão e da experimentação real da Lei da Atração. São milhares de depoimentos marcantes e emocionantes que recebemos diariamente sobre as conquistas e vitórias alcançadas, e ficamos realmente gratos por isso.

A maioria das pessoas que leram nosso livro intitulado *A Lei da Atração*, publicado em 2007 (Madras Editora), envia-nos mensagens de agradecimento, dizendo na maioria das vezes:

- Obrigado por me fazer enxergar um poder que eu sabia que tinha, mas nunca me disseram.
- Que maravilha, eu já conhecia essa lei e não me dava conta de sua grandeza.

Sim, apenas ajudamos a disseminar o conhecimento. Apenas isso.

A Lei da Atração existe, existiu e sempre existirá. Ela vem de encontro com os ensinamentos herméticos (Hermes Trismegisto) do antigo Egito, descritos nas Tábuas de Esmeralda por Toth.

A base da Lei da Atração diz que tudo está vivo e vibra. Tudo tem uma energia vibrante, inclusive os pensamentos e intenções.

Se o pensamento vibra, significa que aquilo que criamos em nossas mentes não é algo estático sem nenhuma relação com o resto do mundo. Quando pensamos com vontade e sinceridade, estamos provocando uma ação física real, uma ação que logo em seguida emite uma reação.

O que você pensa, sente; o que você sente, vibra; o que você vibra, atrai. Somos seres vibracionais que interagem no Universo.

Atraímos tudo aquilo que é semelhante a nós mesmos. Seja bom ou ruim. Como vimos no capítulo anterior, o que importa é identificar o foco principal de seus pensamentos e sentimentos, na escala de emoções.

Essa escala, além de mostrar a distância em que se encontra do seu eixo de sinergia, simultaneamente origina a frequência emocional que mantém sua vibração dominante.

Esse padrão determina o grau em que está vibrando e, por conseguinte, determina as pessoas, as circunstâncias, eventos e relacionamentos que está atraindo para sua vida.

"Semelhantes atraem semelhantes". Essa é a função da Lei da Atração. E quando falamos semelhante, não leve ao pé da letra associando somente às pessoas. Quando dizemos semelhante nos referimos a tudo, pessoas, doenças, sentimentos, situações e as circunstâncias que o cercam.

Vibrações semelhantes se atraem. Se o seu pensamento dominante é, por exemplo, um pensamento de medo e violência – medo de sair na rua, de não ser capaz, de não conseguir alcançar seus objetivos, do desconhecido, de ser assaltado, etc – então o seu padrão dominante é esse e essa será a vibração que estará emanando para o Universo. Assim, cada vez mais atrairá eventos violentos e pessoas que lhe causem ansiedade e contratempos.

Certamente, a probabilidade de ocorrer algo trágico com uma pessoa que pensa dessa forma é muito maior do que com uma pessoa que está vibrando de forma mais elevada. Também atrairá pessoas que pensam da mesma forma, constituindo um vínculo emocional e vibracional com elas, transformando sua realidade em algo difícil de ser controlado. Diferentemente, a pessoa que tem como padrão de pensamento a prosperidade, o crescimento profissional e financeiro, possui pensamentos de expansão e compartilhamento com seus semelhantes, ela iniciará um processo de atração de pessoas e circunstâncias que lhe ajudarão cada vez mais na escalada rumo a seus objetivos e realizações.

A Lei da Atração funciona sempre através das pessoas, somos o único veículo para que as manifestações de cima se manifestem embaixo para os milagres de uma única coisa.

É importante não confundir Lei da Atração com pensamento positivo. O pensamento positivo isoladamente não tem poder algum, se dissolve rapidamente dentro do mar de intenções de bilhões de mentes ao redor do mundo. Mas, se os pensamentos positivos forem potencializados com intenções verdadeiras e sentimentos nobres, formam uma conjuntura vibracional energética capaz de alcançar patamares extremamente elevados de energia.

O que determinam reais e fortes vibrações não são os pensamentos positivos por si só, e sim as *intenções* e os *sentimentos* que neles estão atrelados.

O Sincero Desejo

Os mais poderosos desejos são aqueles que trazemos dentro da nossa alma, e muitas vezes não damos conta que são eles que guiam nossa vida. Esses desejos vibram silenciosamente no fundo do nosso coração e, na maioria das vezes, por desconhecimento, distração ou condicionamento, eles são mutilados e deixados para trás, como se fossem sonhos impossíveis e ilusórios.

Isso é mais comum do que parece. Mas podemos afirmar com convicção que os sinceros desejos sempre se realizam, seja nesta vida, ou em outra. Se não forem realizados nesta existência, retornaremos para realizá-los em outra. Porque esses desejos são ocultos e estão determinados a se realizarem em glória. E geralmente são mais simples do que imaginamos. Os sinceros desejos não são baseados em grandes conquistas como as pessoas costumam imaginar. Um sincero desejo pode ser apenas desejar ter um filho ou uma família unida, ou então ter um trabalho digno que possa lhe trazer o sustento necessário.

Esses sinceros desejos estão muito bem guardados. Eles se escondem no fundo da nossa alma, e por causa do ego, às vezes desaparecem atrás de máscaras, medos, receios, mentiras e enganações. Se você tiver coragem e autoconhecimento suficiente para libertar sua mente, conseguirá voltar aos velhos sonhos de infância e descobrirá o que realmente faz sentido para sua vida.

Muitas vezes uma breve lembrança é o suficiente para trazer à tona aquilo que preenche o vazio que teima em queimar em suas entranhas.

O sincero desejo está intimamente ligado a propósitos de vida como, por exemplo: um menino adorava desmontar e remontar seus caminhões de plástico quando tinha apenas oito anos de idade. Esse menino cresceu e se formou em medicina por acreditar que seria uma profissão que lhe traria conforto e riqueza. No entanto, ele ficou adulto e se transformou numa pessoa triste e angustiada por não se sentir preenchido e feliz com sua profissão. Ao chegar aos quarenta anos de idade, acabou se rendendo ao vício do alcoolismo e deixou tudo o que conquistou para trás. Após procurar por respostas e ser internado numa clínica para recuperação de alcoólatras, ele conheceu um rapaz que era mecânico, esse moço acabou se transformando em seu melhor amigo. Depois que ambos se recuperaram e saíram da clínica, continuaram amigos e decidiram abrir uma pequena transportadora. Cinco anos depois a sociedade foi desfeita e aquele menino que adorava desmontar e montar caminhões acabou se transformando num dos maiores transportadores de peças para caminhões a diesel do estado do Mississippi, nos Estados Unidos. Ou seja, o sincero desejo, a sincera vontade de criar, construir e se sentir bem fazendo o que gosta, é o suficiente para levar a pessoa ao encontro do seu centro de sinergia universal.

Seus verdadeiros tesouros estão dentro de seus corações.

Em todo e qualquer desejo sempre existe uma intenção oculta. Você só precisa descobrir qual é e se tornar consciente dela.

Note como muitas vezes nos chocamos com nossos próprios desejos. Queremos alguma coisa, mas sequer paramos para nos conscientizarmos por que estamos desejando tanto aquilo, dispersando assim, nosso foco de energia.

A Lei da Atração age o tempo todo, vivemos num grande emaranhado de vibrações que circulam dentro do tempo e do espaço e vão se moldando conforme suas semelhanças.

Consideramos essa lei como se fosse uma grande sinfonia com milhões de notas musicais diferentes, onde só um maestro é capaz de regê-la e comandá-la com perfeição. Essa sinfonia é regida por Deus.

A Lei da Atração é uma criação Divina, por isso ela não funciona sob o prisma do acaso e das coincidências, mas, sim, sob o das conexões e das intenções.

Nada existe por acaso, tudo tem uma origem e um porquê. Tudo tem uma razão de ser.

É uma lei que atua sempre, e quando uma pessoa se torna consciente do seu poder, tudo fica muito claro. Portanto, quanto mais perto você estiver do seu ponto de sinergia dentro da escala de emoções, mais forte será a manifestação do seu poder de atração.

A Lei da Atração vem como a quarta etapa nesse processo, é o quarto degrau na construção da sua pirâmide individual. Quando conseguir identificar seu propósito, prepare-se para se beneficiar das maravilhas que essa lei poderá lhe proporcionar.

Possivelmente, já deve ter lhe acontecido de, em algum dia, alguém lhe apresentar uma pessoa e de imediato você sentir algo estranho, uma sensação ruim, um incômodo inexplicável que logo vem à mente:

Nossa! Eu não fui com a cara dessa pessoa!

Na verdade, quando esse tipo de pensamento vem à mente, não quer dizer que você não gostou daquela pessoa. O que ativou essa sensação de repudia foi exatamente a sua intuição (sua bússola interna) avisando sua mente, e também seus sentimentos aflorando um alerta (um sinal). Sua percepção intuitiva imediatamente não entrou em ressonância com a vibração daquela pessoa.

Não significa que você não foi com a "cara" dela, na verdade suas vibrações não entraram em ressonância, não houve uma afinidade energética naquele momento, por estarem em frequências diferentes e extremamente distintas. Sua parte direita do cérebro racional entrou em conflito por alguns instantes com a sua parte esquerda que é intuitiva, e disse:

Por que não fui com "a cara" daquela pessoa? Todos dizem que ela é tão agradável e divertida?

Mas a sua mente intuitiva tudo sabe e tudo vê, e está lhe mostrando que se você se aproximar dessa pessoa, suas vibrações se chocarão, por isso, o aviso de mal estar veio como alerta para evitar conflitos e contratempos desnecessários. Em momentos assim, simplesmente respeite o sinal e opte por não se aproximar da pessoa a qual você aparentemente "não foi com a cara".

Essas informações que chegam do plano invisível são extremamente rápidas, dando-lhe um mal estar repentino e desconforto. A intuição é certeira. É uma força de percepção como todos os outros sentidos que temos (paladar, olfato, tato, visão e audição). Esse sentido, a intuição, apenas não é visível, mas não é porque é invisível que ele não existe.

Não significa que aquela pessoa lhe faria mal ou algo assim, somente que ela não lhe traria nada de bom naquele momento.

Então, devemos obedecer a nossa intuição. Esse caso é uma mera exemplificação do seu potencial. Da mesma forma a intuição também lhe aponta as pessoas boas e as oportunidades que podem lhe trazer coisas maravilhosas, também serve para nos alertar, constantemente, quando existe perigo ou algo ruim em relação ao nosso futuro, entra aí em questão o pressentimento (pré – sentimento).

Lembra-se da energia do pensamento? A energia Taquiônica que é 27 vezes mais rápida que a velocidade da luz?

Ter pressentimentos (pré – sentir) é perceber ações futuras dentro do momento presente. O futuro não existe. Se aprimorar sua intuição poderá pressentir momentos bons, pessoas boas em seu caminho, oportunidades, possibilidades, como também, o perigo, o mal, a inveja e a traição. Pode assim ter uma ferramenta extremamente eficiente dentro de você para tomar a decisão correta. A intuição deve ser usada sempre, já que em nosso dia a dia estamos constantemente escolhendo e exercendo nosso poder de decisão.

Usar a intuição é escutar a voz da consciência (seu eu interior), e quando fazemos isso, recebemos as informações da mente universal. Quando perguntar a si mesmo o que deve ser feito e por que deve ser feito, estará na verdade ativando o centro da fonte criadora. A mensagem vai até o centro da fonte e retorna com a resposta correta, aí cabe a você decifrá-la e compreendê-la com exatidão.

É comum não obedecermos às ordens da nossa consciência e agirmos na maioria das vezes através da mente e da razão.

Tudo bem! Não tem problema. Não é proibido agir racionalmente, muitas vezes devemos usar a razão para a tomada de decisão. O que é necessário entender é que a intuição é a nossa bússola, é ela que nos dará a direção correta e o norte que devemos seguir.

Não vamos usar a intuição a todo instante. Por exemplo: se queremos sair para tomar um cafezinho, escolher um prato em um restaurante ou comprar uma roupa, devemos usar a mente racional. Só devemos acionar a intuição quando percebemos que estamos num momento crítico, quando colocamos em jogo a emoção e os sentimentos, quando arriscamos e podemos interferir na vida de outras pessoas, funcionários, família, etc., ou numa escolha de carreira, um curso, uma viagem, a compra ou aluguel de um imóvel, abertura e encerramento de empresas, fechamento de contratos e venda de bens valiosos.

Numa reunião de negócios, por exemplo, você pode usar a intuição para mapear as vibrações do local e das pessoas que estão presentes naquele momento, se posicionando com autoridade ou serenidade, dependendo da energia dominante no local. Enfim, intuir é sentir, é perceber, é pressentir.

Exercício para identificar em que padrão de frequência você se encontra:

Preste atenção no que está dando maior importância em sua vida, no que pensa a maior parte do tempo.

Faça a si mesmo as seguintes perguntas e descobrirá em qual sintonia está:

- Você vive mais sobre o prisma do medo ou sobre o prisma da confiança?
- Pensa mais na desesperança do que na prosperidade?
- Vive a maior parte do tempo triste ou alegre?
- Sente-se constantemente entusiasmado ou desanimado?
- Sente-se frequentemente rejeitado ou benquisto?
- Está amando ou odiando alguém?
- Sente-se amparado ou desamparado?
- Prefere esperar que as oportunidades venham até você ou prefere sair em busca delas?
- Sente-se sufocado pelo trabalho ou vem trabalhando com prazer?
- Está focando um futuro de bem-estar ou um futuro de dificuldades?
- Sente-se harmonizado ou em desarmonia?
- Vive pensando no caos ou na paz mundial?
- Está pensando na falta de dinheiro ou na abundância financeira para seu futuro?
- Acredita num futuro melhor para você e o mundo, ou acredita no fim dos tempos?
- As pessoas bem sucedidas lhe incomodam ou o lhe inspiram?
- Quando se olha no espelho, gosta da imagem que vê ou se frustra?
- Você pensa constantemente "sim, eu consigo" ou "eu não consigo"?

Esse exercício tem como objetivo lhe provocar. Trazer à tona suas virtudes e seus defeitos. Muitas vezes devido aos padrões preestabelecidos sequer paramos para pensar nessas pequenas coisas que são tão importantes para nossa vida. Se alguma resposta lhe incomodou então se prepare para agir. Mude e quebre seus próprios paradigmas. Se não lhe faz bem, modifique.

A Lei da Aceitação e Gratidão

Antes de gostar dos outros, aprenda a gostar de si mesmo. Sem aceitação você se torna um recipiente vazio que busca ser preenchido com um conteúdo qualquer que não é propriamente o seu.

Aceitação

Aceitação é o procedimento de purificação da mente. Perdoar-se em todos os aspectos: físico, mental e emocional. Libertando-se dos sentimentos, pensamentos e lembranças negativas. Só assim conseguirá o equilíbrio necessário para manter sua sintonia interna vibrando na frequência do Universo – a frequência infinita do amor.

É aceitando que começamos a compreender, fazendo com que nossa mente se liberte de todas as resistências criadas por nossos egos ou impostas pelos padrões ultrapassados da sociedade e crenças religiosas. Quando algo inesperado ocorre em nossa vida, somos tomados de imediato pelo padrão de resistência que continua vivo dentro de nós. Não compreendemos o porquê, qual a razão daquilo acontecer, e nos tornamos "vítimas da situação" e autocorruptores.

O medo corrompe, julga, cria, materializa e destrói. Uma vez que não criamos a costumeira resistência, a conexão com nosso centro de sinergia se faz clara, causando um súbito bem-estar e nos fazendo enxergar com os olhos da consciência, do desprendimento e da naturalidade.

O Povo Azul ressalva quanto à importância de desvencilharmos os nossos egos e os nossos medos, pois só assim, de mãos dadas no amor e na compaixão, sem nenhuma resistência, julgamento, preconceito ou desconfiança, nós alcançaremos à plenitude suprema e seguiremos pelo caminho da evolução planetária.

Portanto, aceite o mundo, as pessoas ao seu redor e a condição em que se encontra. Se aceite como você realmente é, ame-se, respeite-se acima de tudo. Veja a sua vida com os olhos da compreensão e entenda que a realidade em que se encontra tem o poder de transformá-lo a qualquer momento, basta querer do fundo do seu coração.

Pare de se comparar aos outros, para de se comparar com o que é mostrado a você na televisão e nas revistas. Não existe um padrão constituído que impõe a maneira correta de ser, de se vestir, de viver e se relacionar com as pessoas. Existem sim normas sociais para manter a ordem, não estamos fazendo apologia ao anarquismo, mas queremos que entenda que não existe um padrão estipulado para todas as pessoas. Cada um tem a liberdade de ser o que quiser. "Faça o que queres, pois é tudo obra da grande lei".

Estamos falando sobre *padronização de comportamento* e isso tem de ser mudado dentro de você. Siga a sua intuição, quebre as amarras da negatividade e do medo, relaxe e liberte-se do ego que lhe consome e lhe traz tanto estresse, ansiedade e desespero. Lembre-se que tudo é energia. Se estiver vibrando em pensamentos negativos, consequentemente atrairá tudo relacionado a isso para a sua vida. Vibre o bem, pense e concentre-se em coisas positivas, pois assim as pessoas verdadeiramente felizes e prósperas começarão a fazer parte da sua vida.

Gratidão

A gratidão é o primeiro passo para entrar em frequências mais elevadas e se conectar com seu eu interior – o *Self*.

É a gratidão que nos coloca frente a nossa verdadeira realidade, despida de todo o véu do ego. Compreendendo essa via de mão dupla (realidade verdadeira e realidade ilusória) e aceitando a sua realidade, basta olhar para dentro de si mesmo (seu Self) e buscar as respostas para suas perguntas. Reconhecendo que foi você quem decretou seu próprio destino e que é o único responsável por ele. Aceitando sua condição e se perdoando, brotará dentro do seu coração uma paz indescritível. Nesse momento, automaticamente a gratidão tomará conta do seu ser, fazendo-o ver o lado positivo da situação em que se encontra.

Então o que está esperando?

Só conseguirá o que realmente quer se antes se sentir grato por sua vida, quando parar de reclamar pelo que não tem e passar a agradecer pelo que tem, quando começar a ver a vida por outra perspectiva, ordenar seus pensamentos e desejos e vibrar em frequências superiores, quando começar a agradecer ao Universo e valorizar o agora, ter gratidão pelas coisas que possui, pela família que tem, pelos amigos, pelo trabalho e pelas pessoas que lhe ajudaram durante sua caminhada.

Mesmo que não seja exatamente a vida que sonhou, agradeça do fundo do seu coração sem nenhuma resistência e comece a demonstrar esse sentimento tão nobre ao Universo. Acredite: ele retribuirá cedo ou tarde.

O Amor Próprio / O Ouro Oculto

Mensagem recebida do Povo Azul dia 02 de fevereiro de 2012.

Queridos, é com gratidão que retornamos hoje para falar com vocês. Queremos começar dizendo sobre não acreditarem e não valorizarem mais nenhuma palavra e nenhum discurso que tenha como objetivo principal o medo e o sofrimento. Há muita coisa acontecendo aqui no astral superior e todos vocês poderão se envolver nos próximos anos numa imensa egrégora[11] de medo. Logicamente isso só acontecerá se vocês

---

11 *Egrégora: ou egrégoro, vem do grego egrêgorein, que significa velar, vigiar. É como se denomina a entidade criada a partir do coletivo pertencente a uma assembleia. Segundo as doutrinas que aceitam a existência de egrégoros, estes estão presentes em todas as coletividades, sejam nas mais simples associações, ou mesmo nas assembleias religiosas, gerado pelo somatório de energias físicas, emocionais e mentais de duas ou mais pessoas reunidas com qualquer finalidade. Assim, todos os agrupamentos humanos possuem seus egrégoros característicos: as empresas, clubes, igrejas, famílias, partidos etc., onde as energias dos indivíduos se unem formando uma entidade (espírito) autônoma e poderosa (o egrégoro), capaz de realizar no mundo visível as suas aspirações transmitidas ao mundo invisível pela coletividade geradora. Em miúdos, uma egrégora participa ativamente de qualquer meio, físico ou abstrato. Quando a energia é deliberadamente gerada, ela forma um padrão, ou seja, tem a tendência de manter e influenciar o meio ao seu redor. No mais, os egrégoros são esferas (concentrações) de energia comum. Quando várias pessoas têm um mesmo objetivo comum, suas energias se agrupam e se arranjam num egrégor. Esse é um conceito místico-filosófico com vínculos muito próximos à teoria das formas-pensamento, onde todo pensamento e energia gerada têm existência e pode circular livremente pelo cosmo.*

permitirem, pois a permissão é sempre a porta de entrada para qualquer tipo de manipulação mental e energética.

Vocês não precisam aceitar mais tantos condicionamentos errôneos que só visam criar controles mentais e emocionais. A crença na destruição do Planeta é um desses condicionamentos perigosos e errôneos.

Perguntamos-lhes:

Como vocês poderiam ser extintos se ainda estão no ventre de uma grande evolução cósmica? Como podem acreditar no fim se ainda estão apenas no início? Como é que acreditam no final dos tempos se estão se preparando para presenciar o nascimento de um Novo Mundo?

Queridos, o mundo que conhecem está grávido de outro mundo, e vocês precisam ajudá-lo a nascer. Sim, precisam ajudar o Novo Mundo, pois um trabalho de parto dessa magnitude não é tão fácil assim de ser feito.

O Planeta precisa da ajuda espontânea de cada um de vocês.

Mas como vão poder ajudá-lo?

Vocês devem estar achando tudo isso um pouco contraditório e impossível, pois ajudar um planeta a nascer pode parecer uma loucura.

É Simples. Primeiro, esqueçam a ideia da salvação do mundo, pois definitivamente o mundo não precisa ser salvo. Quem precisa se salvar são vocês. A sociedade humana é que está em perigo iminente, e não o Planeta.

Por isso é necessário o despertar rápido e preciso, vocês devem seguir diretamente ao ponto de convergência e elevação. Parem de dar voltas e mais voltas, pois se assim continuarem, certamente não chegarão a lugar algum. É hora de focarem suas atenções e seguirem todos numa mesma direção, diretamente ao ponto principal.

Mas como?

Ajudando-se a si mesmos.

Sim. Se as pessoas ajudarem a si mesmas como o mestre maior um dia veio lhes dizer, automaticamente estarão ajudando a alma do Planeta e, consequentemente, estarão também ajudando a humanidade como um todo.

Acreditem: quando vocês se ajudam individualmente, estão ajudando aqueles que estão ao redor. É uma cadenciação coletiva, contagiante, exponencial e ascendente. A verdadeira cooperação e caridade sempre saem de dentro para fora, do micro para o macro, de si para todos.

Queremos que leiam e repitam em pensamento essa frase abaixo:

A partir de hoje, eu farei o melhor por mim para que todos sejam beneficiados. Que o Bem Maior vibre dentro de mim e que essa força seja emitida de mim para todos.

De mim para todos! De mim para todos!

Essa é a voz de comando que deve ser emitida através dos seus corações. Esqueçam a ideia do heroísmo e da salvação, pois o mundo não precisa ser salvo. Cada um deve fazer a sua parte e se tornar seu próprio herói, deve se transformar no dono do seu próprio destino e da sua própria vida.

Lembrem-se sempre: não existe altruísmo sem antes existir amor próprio. Uma pessoa só poderá ajudar outra quando tiver condição de ajudar a si própria, caso contrário, se ela estiver ajudando simplesmente para se livrar das próprias culpas ou para se sentir amada e reconhecida perante a sociedade, infelizmente ela estará perdendo tempo e energia e estará praticando o que costumamos chamar de autocorrupção.

Não percam mais tempo, parem de continuar se enganando, sejam verdadeiros com vocês mesmos e façam a coisa certa.

Juntos, vocês têm um poder magnífico, mas, infelizmente, poucas pessoas costumam dizer isso para vocês, e lamentavelmente continuarão não dizendo, pois há um grande interesse em não falar sobre os assuntos que elevam e esclarecem. Há uma grande vontade, e quase uma desesperadora necessidade em manter a humanidade condicionada, ignorante e pouco ativa. Discursos hipócritas sobre a proteção do meio ambiente são exemplos disso.

Muitos dizem amar o Planeta, o meio ambiente e os animais, mas poucos conseguem amar o próximo, não é?

Sobre este tema, o meio em que vivem, queremos que compreendam de uma vez por todas que vocês não estão separados do corpo do Planeta. Vocês precisam entender que "são" o próprio Planeta e que nunca estiveram desligados dele, como também, nunca estiveram desconectados da natureza e do meio ambiente. Vocês só têm a impressão de estarem separados, mas se enganam quando pensam dessa forma, pois o meio ambiente na verdade é parte integrante de cada um, vocês são o próprio meio em que vivem e estão interagindo com ele o tempo todo. Compreendem?

Vocês estão conectados com a natureza por cordões vibracionais extremamente fortes e estão entrelaçados por eles em todos os sentidos e direções.

Se por ventura a humanidade vier a fracassar, o Plano Terra também fracassará, porque o reino dos homens está intrinsecamente ligado com a evolução do Planeta. Mas nós não perdemos um segundo sequer pensando no fracasso da humanidade, pois temos plena convicção de que vocês vencerão. É por esse motivo que estamos aqui em trabalho de orientação, queremos esclarecer e ajudá-los nessa vitória.

O mundo é como um grande espelho que reflete todos seus sentimentos atuais. Se o Planeta está sofrendo como costumam dizer, é porque vocês também estão sofrendo. Se ele está sentindo raiva, como dizem; é porque vocês estão vibrando na frequência da raiva, do medo e da discórdia. Se ele está sendo destruído, é porque vocês estão se destruindo. Se o Planeta está reagindo e manifestando a ira de Deus na Terra por meio de terremotos, tsunamis e furações, ele está querendo dizer que o desamor está se apresentando e que precisam aliviar urgentemente seus corações e modificar suas condutas internas.

O Planeta fala com vocês diretamente através de suas consciências, basta sentirem e compreenderem o que ele está querendo dizer. A natureza é como uma grande Mãe, e vocês, como bons filhos que são, devem ouvir com calma e serenidade o que ela está querendo dizer. Por favor. Prestem atenção!

Infelizmente, a Grande Mãe, a consciência do mundo, não fala com vocês por meio de palavras ou parábolas. O Planeta é uma grande consciência viva e inteligente que nós aqui chamamos de Lord Melquesedeque[12] ou Osíris Maior, uma consciência de extrema sabedoria que tem como função manter todo o planetário e todo o sistema de gerenciamento terreno ativo, ordenado e perfeito.

Queridos, queremos que esqueçam de uma vez por todas a ideia de um Planeta que está separado de vocês, pois ele definitivamente não está. A partir do momento que sentirem isso verdadeiramente em seu íntimo, vocês criarão em suas consciências um verdadeiro sentimento ecológico, um sentimento real – isento de hipocrisias e enganações.

Precisam começar imediatamente um processo de amor próprio em suas vidas, pois, se amando como seres humanos, vocês estarão provando ao Planeta que também o amam. A linguagem do Planeta é o próprio amor.

Por isso, com amor, vocês podem conseguir tudo nesta vida. O amor pode resolver tudo, simplesmente tudo. Não é assim que o Planeta faz? Não é assim que ele se transforma, não é dessa maneira que ele enfrenta todas as dificuldades, se regenera e se abastece o tempo todo através da força incrível do amor universal?

Sim. É através da força do amor que ele faz tudo isso.

---

12 Melquesedeque significa o Rei da Justiça, o Rei de Salem, O Rei da Justiça que habita a cidade da Paz – a cidade de Jerusalém, conforme descrito em um dos mais conhecidos livros sagrados, a Bíblia.

Vocês também podem fazer como ele, poderão viver suas vidas de forma plena, com base na força do amor. Esqueçam a ideia da dor, do sofrimento, dos sentimentos de falta, da ansiedade, das preocupações, da louca crença num mundo de extremas urgências e emergências, da violência, da raiva, do julgamento, do ódio e do desamor, pois tudo isso são meras ilusões da matéria e do ego. Não valorizem mais esses sentimentos confusos, pois nenhum deles os levará a lugar algum.

Esses sentimentos negativos não agregam nada, pelo contrário, eles só servem para subtrair. Na verdade, são grandes fontes de perdas: perdas de energia, de tempo e de bons relacionamentos. Sentimentos contrários e negativos como esses acabam distorcendo as aparências e afastando as pessoas que lhe querem bem. Sentimentos negativos só atraem pessoas inúteis e que não lhe desejam o bem, só servem para cegar e desviar suas atenções e evitar que enxerguem o que está realmente acontecendo ao redor.

Este é o momento do basta. O momento de parar e não perder mais tanto tempo com coisas fúteis e inúteis, de seguirem por uma linha reta e contínua e irem direto ao ponto principal: o Amor Próprio.

É momento de perseverar e dissolver todos esses sentimentos negativos e destrutivos que trabalham sempre em detrimento do medo e da discórdia. É hora de transformar todas as energias de dor e sofrimento em energias de amor. Isso é o que deve ser feito a partir de hoje: decidir, agir e transformar a vida através dos nobres sentimentos de amor e gratidão.

Queridos irmãos: amando, vocês chegarão a um sublime consenso. O amor pode resolver todos os problemas e todas as mazelas humanas, no entanto, ninguém poderá ensinar para vocês sobre esse sentimento, nem mesmo nós poderemos fazer isso por vocês, muito menos qualquer guru ou salvador que surja por aí. Realmente ninguém poderá passar para vocês a fórmula ou a receita de como amar verdadeiramente.

Sabem por quê?

Porque só se pode aprender a amar, amando.

Por esse motivo o amor próprio é o primeiro passo que deve ser dado.

É dessa forma que começará a colaborar com o nascimento do Novo Mundo: praticando o amor próprio.

Sim, o amor próprio, essa é a palavra de ordem de Melquesedeque, a palavra de ordem do próximo milênio.

Pode parecer romântico, utópico, egoístico e filosófico demais da nossa parte dizer essas coisas para vocês neste momento, mas afirmamos com toda certeza que o amor próprio é a única saída capaz de solucionar todas as mazelas e dissolver todos os sentimentos negativos da humanidade.

Amor próprio não é apenas filosofia, é fonte de verdade, a única força capaz de libertá-los das sufocantes amarras do ego, do julgamento e da procura desenfreada pelo reconhecimento alheio.

A partir dos próximos dias, ou se preferirem, a partir de agora, o amor próprio já pode ser encarado com seriedade e perspicácia, não mais como uma filosofia barata, mas, sim, como uma ação pró ativa que os ligará diretamente a evolução pessoal.

Acreditem: num futuro próximo, o amor próprio se tornará uma conduta comum para todas as pessoas. A ideia agora é adiantar esse processo de transformação e começar a praticar desde já esse poder que existe dentro de vocês, pois não há motivos plausíveis para continuarem seguindo pelo caminho da dor e do sofrimento. Há?

Vocês se acostumaram a valorizar somente o dinheiro e acabaram alicerçando suas vidas e condutas internas pelo prisma do status social, pela condição financeira e possível quantidade de bens potencialmente acumuláveis durante uma vida, como forma de construírem um patrimônio. Isso ocorre e é totalmente compreensível, pois vocês precisam de um denominador em comum para determinar quais de vocês são melhores ou piores entre si, ou quais são considerados bem sucedidos e quais não são. Essa é uma conduta social dominante em todo o Planeta e, sem dúvida, determina quem está no comando do sistema e quem não está. Não é assim?

Bem, mas nós queremos dizer a vocês que no futuro, o que determinará e o que qualificará os indivíduos e toda a sociedade humana não serão mais os quesitos mundanos e materiais. O que comandará e gerenciará no futuro será o sentimento de amor próprio, ou seja, uma medida extremamente sutil, mas ao mesmo tempo totalmente real e factual. O amor próprio determinará o grau de felicidade de cada pessoa, e não mais a quantidade de dinheiro que ela possa ter, ele determinará quanto uma pessoa carrega de gratidão em seu coração e o grau de bem-estar e qualidade de vida em que ela vive.

Sim, será ele o comandante maior, o amor próprio, o fator determinante que representará o sucesso individual e a conquista de todos os indivíduos.

No futuro, essa conduta será a meta e o objetivo de todas as pessoas, e não somente o dinheiro e o acúmulo desesperado por bens e riquezas como acontece atualmente. No futuro, as riquezas, os alimentos, os suprimentos e as benfeitorias serão tão abundantes, devido ao acelerado processo de partilha e compartilhamento, que todos os quesitos materiais serão recolocados num segundo plano. O ser humano (o indivíduo) voltará definitivamente ao primeiro plano e será novamente o objetivo principal da existência – a meta e o propósito real da vida.

A busca desesperada pelo acúmulo de bens e riquezas que vocês estão vivendo atualmente, no futuro, será considerada uma prática primitiva e pouco usual. Esse tipo de conduta não terá mais valor e não fará mais sentido como hoje. Muitos vão rir dessa nossa breve afirmação, e outros dirão que é uma grande bobagem, pois é algo totalmente impossível e utópico. Por outro lado, outros ficarão extremamente enraivecidos e lutarão com todas as suas armas para evitar a implantação dos diversos processos de compartilhamento que surgirão ao redor do mundo.

Queridos, certamente vocês se surpreenderão com os acontecimentos futuros, pois tudo o que for inventado, produzido, distribuído e comercializado nas próximas décadas deste século, será instantaneamente compartilhado e partilhado, deixando as manipulações, as ganâncias e a ânsia pelos lucros, em segundo plano.

Os lucros monetários que hoje vocês tanto perseguem já estão com seus dias contados. O lucro é uma palavra que no futuro estará em desuso, o significado desta palavra como vocês conhecem hoje será totalmente transformado. O lucro monetário será substituído pelo ganho real das pessoas e não mais um fútil ganho sobre os lastros materiais.

Hoje muitas empresas, ou melhor, muitos empresários que comandam suas conceituadas empresas, criam e desenvolvem produtos e serviços apenas em função dos lucros monetários e não em função das pessoas, como realmente deveria ser. Vejam como eles maquiam muito bem tudo isso e como vocês são enganados o tempo todo acreditando que os produtos estão sendo fabricados para o bem-estar das pessoas, vejam como eles estão caindo em desengano constantemente e como vocês estão aceitando esses condicionamentos. Vejam como as intenções reais continuam muito bem camufladas em meio a belos argumentos.

Aqui nós podemos ver essas intenções sem cortinas e sem meandros. As intenções das empresas são apenas reflexos dos desejos das pessoas que as comandam. Suas intenções mostram a verdade e trazem as respostas para a superfície. Nós sabemos que tudo o que é criado e desenvolvido deve ser feito com foco principal nas pessoas. Tudo o que vocês produzem hoje, deveria ser feito para a população e para seus anseios, simplesmente tudo. As empresas, os produtos, os serviços, as propagandas, os medicamentos, os processos e as instituições foram criados para que suas vidas melhorassem cada vez mais, mas ao contrário disso, nos últimos tempos, vocês mudaram drasticamente suas posturas e intenções e passaram a supervalorizar as instituições financeiras, as empresas e as grandes corporações, deixando milhões de pessoas morrerem de fome e desamparadas nos lugares mais longínquos e inóspitos do Planeta.

Tudo isso acontece por um simples motivo, a ânsia pelo dinheiro, pelos lucros, pelas riquezas, pelo acúmulo e pela vontade de tocarem o "poder".

O foco realmente mudou, hoje, muito daquilo que vocês produzem é feito em detrimento ao lucro monetário e não mais em prol da humanidade. O bem-estar, a ecologia e os seres humanos se tornaram apenas um grande cenário, um grande catalisador para atrair, melhorar e aumentar ainda mais os lucros das empresas. Tudo está funcionando a cargo dos lucros, somente dos lucros, que é o grande foco, o objetivo e a meta principal. Infelizmente o ser humano não é mais tão importante assim.

Esse tipo de conduta acabou criando um grande vácuo dentro da sociedade atual, retirando dela a lucidez e o real entendimento de uma vida saudável de comunhão com Deus e com o meio ambiente. Isso tudo aumentou ainda mais o enorme vazio emocional que teima em vibrar dentro dos seus corações.

Vocês estão conseguindo enxergar o que está acontecendo ao redor ou preferem continuar velando os olhos?

Por que vocês acordam todos os dias? Por que trabalham, estudam, correm tanto? Por que vocês se sentem tão ansiosos? Por que temem tanto o futuro? Por quê?

Desculpe-nos, mas tudo isso parece estranho para nós. Compreendemos o que está passando em suas mentes, pois passamos por momentos semelhantes a esses em nosso passado. Sabemos o que está movimentando suas vidas. Infelizmente temos de dizer a verdade e esclarecê-los sobre isso.

Sim, vocês estão vivendo para o lucro e para o dinheiro. Não estão mais vivendo para vocês e para os seus propósitos maiores da vida. Querem saber se o que estamos falando é verdade? Então respondam as perguntas acima. Temos certeza de que chegarão à mesma conclusão.

Irmãos, vocês estão mergulhados dentro de uma egrégora de extremo egoísmo e orgulho, não conseguem dar sequer um passo em direção ao outro, porque, infelizmente, só estão pensando em si mesmos. Por esse simples motivo, não medem esforços para competirem e vencerem uns aos outros. O pior é que se sentem felizes com isso, pois estão condicionados a seguirem todos na direção de uma vitória ilusória. Um sucesso baseado na competição sem limites.

Queridos, vocês precisam saber que uma pessoa nunca poderá ser feliz de verdade enquanto a outra também não for. O que sentem quando competem e vencem outras pessoas não tem nada a ver com felicidade. Vencer é somente uma necessidade dos seus egos, somente isso. A vitória sobre o outro serve somente para alimentar o ego e esvaziar o espírito e mais nada. A felicidade não está ligada aos sentimentos de vitória, mas, sim, a sentimentos de gratidão. Felicidade é o próprio sentimento de gratidão.

Querem se sentir verdadeiramente felizes? Então procurem pela gratidão lá no fundo dos seus corações e compreenderão o que estamos querendo dizer. A felicidade não está nas conquistas do futuro, mas nas realizações feitas no passado.

Logicamente acabamos generalizando e incluindo a todos num lugar comum, pedimos desculpas por isso, mas precisamos generalizar, pois é a maioria da população mundial que há tanto tempo vem gerando essa egrégora egoísta e errônea ao redor do Planeta. Sabemos que existem muitas pessoas que já estão despertando e trabalhando em prol do Amor Universal, mas ainda são a minoria e geralmente elas fazem seus trabalhos isoladamente. Na maioria das vezes são descriminadas e sofrem uma enorme força contrária a qualquer tipo de evolução nesse sentido.

Não queremos julgar, estamos apenas alertando vocês. Pedimos desculpas, pois às vezes somos meio rudes em nossas palavras. Esperamos que não se zanguem conosco por isso.

Gostaríamos de agradecer antecipadamente a todas essas pessoas que trabalham em prol do amor, da ética e do esclarecimento, pois são seres humanos corajosos e lutam por um ideal verdadeiro. Na verdade, muitas dessas pessoas, sequer sabem que são as pioneiras desse novo ciclo que está se iniciando no mundo e também não sabem que são elas que estão criando a egrégora que vibrará no futuro próximo. Elas trazem essa missão como seus propósitos de vida e realizam seus trabalhos com muito afinco. Porque, no fundo, elas estão preocupadas em deixar um legado de confiança e prosperidade para a humanidade futura. Nós encaramos esses atos com imensa gratidão, pois enquanto a maioria das pessoas luta apenas pelos prazeres egóicos e pelos lucros instantâneos, essas lutam por um ideal coletivo e duradouro, algo que lá no futuro será mais valioso que mil toneladas do mais puro ouro.

É compreensível que a maioria da população esteja vibrando na frequência do egoísmo e do orgulho, pois estão condicionadas por um sistema social que impõe e projeta como única condição, uma atitude egoísta e individualista. É preciso um despertar coletivo para que essas pessoas comecem a olhar não só para si, mas também para os outros. Em resumo, sempre que falarmos sobre despertar de consciência, o objetivo principal volta-se para o outro, porque "despertar" significa ter coragem de olhar não só para si, mas também para o semelhante.

Logicamente, devido à vibração dominante do egoísmo e do individualismo, todas essas pessoas estão preocupadas somente com suas próprias vidas e não com as gerações futuras que estão por vir, da mesma forma, qualquer assunto que por ventura esteja voltado para a ecologia, também é considerado um mero passatempo. Afinal, já que eles não estarão mais vivos no futuro, esses assuntos ideológicos e altruístas como a proteção do meio ambiente e o amor ao próximo não podem ter realmente importância alguma, não é?

Esse é o ponto que queremos chegar. Esse tipo de pensamento baseado no orgulho próprio é uma grande ilusão criada devido à falta de esclarecimento sobre os movimentos que a eternidade impõe sobre a vida e o espírito. Se essas pessoas egoístas soubessem que no futuro quem renascerá e viverá nesse mesmo Planeta chamado Terra, serão novamente elas, e não outras totalmente desconhecidas, e se conseguissem levar suas consciências para o futuro, certamente mudariam imediatamente suas ações.

Queridos, vocês vieram do futuro e estão revivendo o presente. Vocês morreram na vida eterna e estão vivendo uma espécie de vida pós-morte aí na Terra. Se não acreditam em vida após a morte, acreditem na vida que não cessa jamais, a vida eterna que existe depois da morte e também antes do nascimento.

Se você está lendo estas palavras agora, é porque se interessa por assuntos espiritualistas, portanto, aceita o ciclo das reencarnações como algo real. Queremos que continue a sua vida baseada na lógica e na razão, pois não há nada nos planos superiores que não siga pelos caminhos da exatidão e da matemática espiritual. Nos planos superiores, tudo é gerenciado pelo prisma da perfeição, nada é feito ao acaso ou colocado à sorte, é tudo feito com exatidão e ordenação. Mas queremos que saibam que um dia todos vocês retornarão nesse Planeta novamente, pois os processos reencarnatórios também fazem parte dessa maravilhosa matemática espiritual.

Esta vida pode ser de provações e perseguições, mas, com a força do amor, vocês podem vencer todas as dificuldades que ela impõe. Dominem o grande orgulho que teima em vibrar em suas entranhas e livrem-se de uma vez por todas das amarras do grande egoísmo. Eliminem o orgulho em suas vidas, pois ele às vezes é mais forte que o amor. Pedimos cautela sobre isso, pois o orgulho é capaz de destruir uma vida inteira. Queridos, em momentos difíceis, lembrem-se: sempre existe uma saída pelo caminho do amor.

Queremos dizer-lhes três coisas para não esquecerem jamais:
1. *A matemática é a ciência mais espiritual que existe!*
2. *Vocês nunca morrem, pois a vida espiritual é a verdadeira vida. A vida eterna!*
3. *Sim. Existe muito mais vida além da breve vida terrena.*

Tudo o que vocês estão passando no momento presente está acontecendo devido às escolhas que fizeram no passado. Tudo aquilo que está sendo feito agora, tanto as coisas certas, como as erradas, serão refletidas e manifestadas no futuro como forma de compensação ou como força moratória ou recompensa. Tudo o que se faz neste plano, se compensa e se resolve exatamente aí, e vice e versa. Não há alternativa, não há opção. O que se faz aí, se paga e se recebe exatamente onde estão.

Não acreditem que se fizerem coisas erradas na Terra, quando morrerem, tudo será apagado, zerado e esquecido. Muito pelo contrário, tudo deve ser resolvido no plano físico, pois no extrafísico não se pode resolver assuntos que tenham ficado pendentes. No plano extrafísico, passa-se apenas por processos de preparação para depois poderem descer à Terra e trabalharem para cumprir o que determinaram, ou seja, vocês morrem, vão para o plano extrafísico, estudam, se preparam, são orientados, compreendem o que deve ser feito e voltam para o plano físico para vivenciar, agir, modificar e evoluir. Nos planos não físicos não se evolui, somente no plano físico é possível evoluir, ou seja, só vivendo uma vida física o espírito pode obter evolução. Na verdade, essa é a função principal de uma vida física terrena: expandir o espírito e manifestar as coisas que um dia aprenderam nos planos superiores.

Por isso amigos, esse é o momento de despertar. De fazer o que é certo e ir diretamente ao grande ponto: ao encontro do amor próprio. É momento de começar a diluir o orgulho e o egoísmo de suas vidas, pois essas forças não deixam seus espíritos evoluírem.

O importante a partir dos próximos anos é cultivar a arte de viver, retomar a valorização do amor e estabelecer de uma vez por todas uma energia benéfica consigo e com as pessoas que estão ao seu lado. Construindo assim os primeiros anos de uma nova sociedade compartilhada. Uma sociedade que será qualificada, quantificada e gerenciada por um sistema sinérgico e ordenado.

Não vamos entrar em detalhes sobre este assunto agora, para não confundi-los, mas falaremos mais adiante sobre isso.

* * *

Se você está lendo este livro agora, não precisa esperar nem mais um segundo para começar a praticar o amor próprio.

Essa prática inicial é simples, ela pode ser feita através do exercício da gratidão. Comece a agradecer pela vida que recebeu e pelas pessoas que lhe trouxeram para este mundo (seus pais). Temos certeza que encontrará no fundo do seu coração algo que possa trazer à tona um sentimento de profunda gratidão. Vamos lá, você consegue, a gratidão está escondida em algum lugar. Procure, pois você vai encontrar. Quando encontrar sua fonte de agradecimento, abrace-a e não largue mais, pois ela será o seu porto seguro daqui em diante.

No decorrer dessa leitura, esperamos que esse sentimento brote em seu coração e você comece ver as pessoas e a realidade da sua vida por outro ponto de vista. Não apenas como um mero espectador, que se contenta apenas em viver envolto por sofrimentos e é impotente perante sua própria vida.

É preciso saber que, quem comanda a sua vida e as suas atitudes diárias é você mesmo, e que não pode mais terceirizar as decisões e ações, deixando que outros venham e digam o que deve e que não deve ser feito. Por mais difícil que possa parecer, recarregue seu espírito de coragem e aja conscientemente em direção aos seus propósitos maiores. Essa é a direção que deve seguir: rumo à realização dos seus sonhos e desejos. Só indo ao encontro dos seus sonhos você conseguirá dar um real sentido para a sua vida.

Cultive sempre a arte de sonhar.

O Sonho Pessoal

O sonho pessoal é a bússola que mostra o caminho correto a seguir. É o que dá real sentido para uma vida. Sim, somente ele é capaz de fazer isso. O sonho pessoal junto à prática do amor próprio tem o poder de regenerar a consciência e gerar novos padrões de conduta, principalmente o altruísmo e a soberania.

Através da ativação do amor próprio e da busca do sonho pessoal, a pessoa se modifica radicalmente e para de perder tempo com coisas que não fazem mais sentido na sua vida. Ela não aceita mais os condicionamentos maléficos, medrosos e mentirosos e aos poucos vai eliminando todas as coisas e pessoas que não agregam e não fazem mais sentido algum para seu dia a dia. É realmente uma grande limpeza que é feita de dentro para fora.

> *Sua vida só andará para frente quando largar definitivamente aqueles que lhe puxam para trás.*

Deixar para trás as pessoas que não agregam nada de positivo em sua vida pode parecer um ato de egoísmo, mas, acredite: não é. Muito pelo contrário, essa é uma ação correta e assertiva e deve ser feita com toda segurança. Ninguém precisa carregar culpas, fardos e cruzes sobre as costas, o ideal é permitir e autorizar que as pessoas que não lhe querem bem vão embora da sua vida, pois certamente elas podem ser úteis para outras pessoas, no entanto, como bem sabe, para você elas são inúteis e prejudiciais. Então, não seja hipócrita achando que precisa continuar convivendo ao lado delas por algum motivo. Seja corajoso e deixe-as ir embora. Como já dissemos, isso não significa ser uma pessoa egoísta ou preconceituosa, muito pelo contrário, significa ter posicionamento e decisão. As pessoas precisam se posicionar e pararem de ser dominadas por outras. Há muita vontade da maioria delas em continuarem dominando os outros, principalmente dentro das famílias e dos círculos de amizade e trabalho. É um processo muito parecido com as obsessões espirituais.

O amor próprio traz esse poder de posicionamento e decisão. Amar a si próprio, no fundo, significa trabalhar para si mesmo, porém, com foco no outro. Amar a si é um ato de coragem e uma ação pró ativa em função da coletividade, pois, como já dissemos, sempre que uma pessoa desperta para a própria vida, sua mente se torna lúcida e imediatamente ela começa a trabalhar para o crescimento e evolução das outras pessoas. Assim funciona a escalada da consciência iluminada, a força eclode de dentro para fora e segue diretamente para o outro, sempre nesta direção, de si para todos.

Você precisa saber que o amor próprio é o tesouro maior do ser humano, o ouro oculto que tanto procura e que tanto almeja encontrar nesta vida. É exatamente por esse motivo que está vivendo esta vida terrena, para se conhecer melhor, se aceitar melhor, para saber quem realmente é e conseguir se amar de verdade como espírito eterno. No fundo, está vivendo esta vida para se encontrar consigo mesmo. Essa é a grande busca desta vida física que estamos vivendo neste momento.

Mas será que essa busca é tão simples assim como parece?

Logicamente que não. Se fosse simples, não precisaríamos renascer repetidas vezes no plano físico. Se fosse fácil praticar o amor próprio, bastaria somente uma encarnação aqui na Terra e seríamos lançados aos planos espirituais superiores para ascendermos aos céus. Não é assim tão fácil encontrar o amor próprio. Reencontrar esse amor é tão difícil quanto encontrar um diamante nas profundezas da Terra e lapidá-lo para se transformar em algo extremamente valioso e eterno. Leva-se muito tempo e muita persistência para uma pessoa se conhecer e se amar de verdade. Às vezes é preciso milhares e milhares de anos.

Mas quer saber da boa nova?

Todos nós já estamos prontos para isso, o momento é propício e todas as ferramentas estão à disposição neste momento. Sim, esse é o melhor momento dentro da história humana para seguirmos ao encontro do amor próprio. Mesmo vivendo um período de grandes dificuldades e provações, estamos tendo a oportunidade de enxergar a verdade como nunca antes foi possível. Estamos tendo a oportunidade de ver o poder do *Mal* para compreendermos o quanto o *Bem* é necessário neste momento, estamos vivenciando tudo sobre o egoísmo e o orgulho para compreendermos o altruísmo e a verdadeira caridade. Estamos vivendo momentos de escuridão para podermos dar o devido valor à luz, e vendo as mentiras e a violência em todos os lugares para darmos valor a verdade e a paz. Vemos o julgamento alheio em franco crescimento na sociedade, para termos coragem de julgar nós mesmos. Como estamos submetidos ao jogo da dualidade aqui na Terra, tudo está sendo mostrado e colocado à prova, só não enxergará a verdade quem realmente não quiser vê-la.

Queridos: vocês estão tendo uma oportunidade de ouro,
por favor, não desperdicem essa chance.
O Povo Azul

É preciso compreender bem o que o Povo Azul quer nos dizer. Estão dizendo que aquilo que tanto procuramos nesta vida, está dentro de nós mesmos e não nos outros ou nas coisas, pois nem os *outros* e nem as *coisas* poderão trazer o quê viemos buscar neste mundo, o *amor próprio,* e cada um deve ter a coragem de encontrar o seu.

O amor próprio é sempre uma busca individual e intransferível, portanto, só pode ser encontrado dentro do nosso coração. Nunca o encontraremos fora, somente dentro.

Podemos ir em busca das riquezas, do luxo, do status social, dos prazeres carnais e das posses do plano físico, não há problema algum nisso, mas, se não conseguirmos nos amar de verdade ou se preferirmos terceirizar esse amor, apenas dizendo para as pessoas que as amamos, e que não poderíamos viver sem elas, então podemos esquecer, pois de nada valerá esta breve passagem aqui na Terra. Se não buscarmos o amor próprio e não conseguirmos ficar defronte ao espelho e enxergarmos nossos verdadeiros sentimentos, então nossa vida pode ser considerada perdida; aquele que não consegue se amar de verdade, nunca poderá ser amado por outrem.

Mensagem recebida do Povo Azul dia 02 de fevereiro de 2012. Continuação...

Dizemos isso com convicção, pois já adentramos nos portais interdimensionais do tempo por diversas vezes e já participamos de muitos encontros post-mortem com o Grande Melquesedeque. Sim, ele mesmo, aquele que um dia foi reconhecido por seus antigos antepassados egípcios como o Senhor Osíris, o primeiro Faraó oculto do Mundo Antigo. Melquesedeque e Osíris representam a mesma divindade, a mesma consciência espiritual manifestada. O que muda entre eles é apenas o nome e a forma escolhida para descrevê-los.

Os antigos egípcios estavam certos quando descreveram no Livro dos Mortos sobre o momento da partida do morto do mundo físico para o mundo não físico. Todos precisam passar pelos corredores de Amém para chegar até o Tribunal de Lord Osíris, sempre sentado em companhia da sua bela e amada esposa Ísis e sob os luminosos e penetrantes olhares do seu filho Hórus, o Deus da consciência e da sabedoria.

Neste momento, quando o morto fica em pé no tribunal superior perante o Faraó oculto Osíris, ele deve parar e responder uma breve e direta pergunta. Quando indagado, o morto não pode titubear um segundo sequer para responder, pois essa única pergunta é capaz de gerar uma resposta que o levará adiante até o túnel da vida eterna ou o levará de volta para o mundo das reencarnações e das provações terrenas.

A grande pergunta que é feita ao morto recém-chegado no Tribunal entre Mundos de Osíris é:

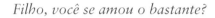

Filho, você se amou o bastante?

Ilustração do Livro dos Mortos do Antigo Egito.

Se a resposta for SIM, o morto segue adiante e adentra pelo túnel que o levará ao mundo eterno de Amém (Sirius), mas se a resposta for NÃO, ele deverá voltar e aceitar novamente o ciclo das repetidas encarnações (Terra).

Vejam! Essa é a grande pergunta que será feita a cada um de vocês quando deixarem este mundo físico. Ela pode até parecer simples, mas sua resposta certamente não é.

Portanto, como orientadores e facilitadores que somos, queremos, no fundo, antecipar esse momento e prepará-los para este futuro encontro que um dia todos terão com o Rei do Mundo. Queremos que despertem suas consciências para que, através deste despertar, consigam se amar verdadeiramente.

É certo que falamos de assuntos diversos e muitas vezes até desconhecidos para vocês, passando informações sobre um mundo futuro que ainda sequer imaginam vivenciar um dia, e elementos sobre condutas e acontecimentos cósmicos abstratos e extraordinários, porém, tudo o que explanamos e explicamos para vocês, na verdade tem uma só função e um só objetivo: trazer o esclarecimento e a lucidez para suas consciências, porque sabemos que, com esse clareamento, poderemos iluminar as partes ainda obscurecidas de suas mentes.

Optamos por fazer esse trabalho de esclarecimento, pois sabemos que o trabalho de consolação não tem a capacidade de despertar o ser humano. O consolo, como a própria palavra já diz, tem como objetivo apenas consolar, e não esclarecer. Nós sabemos que somente o esclarecimento tem o poder de dissolver os condicionamentos mentais e diluir os paradigmas que ainda persistem em absorver grande parte das energias e dos tempos diários de cada um. Um tempo precioso que poderia ser utilizado com muito mais eficiência se fosse utilizado para o desenvolvimento dos seus dons criativos e das suas faculdades pessoais.

Enfim, queremos orientar, esclarecer e trazer lucidez para o máximo de pessoas possível, pois sabemos que somente alguém com a mente sadia, lúcida e tranquila é capaz de se olhar no espelho e dizer a si mesmo, sem receio algum as frases a seguir:

Eu quero, portanto eu posso me amar.
Eu quero, portanto eu posso sonhar.
Eu me amo e não tenho medo da vida.
Eu me amo e amo minha vida.

Dicas:
- Agradeça pelo que tem e pelo que conquistou e pare de reclamar pelo que não tem.
- Se você costuma julgar as pessoas constantemente, lembre-se: quem julga também é julgado.
- Pare de culpar outras pessoas pelo que não consegue fazer. Pare de culpar seus pais, seus irmãos ou qualquer um pela situação em que se encontra. Mude esse padrão, ao invés de culpá-los, tente achar um espaço em sua alma para agradecê-los. Enquanto continuar se vitimando, sua vida não deslanchará.
- Ao invés de lastimar pelas pessoas que num primeiro instante parecem ser uma pedra em seu caminho, agradeça, pois são exatamente elas que lhe provocam a agir, crescer e aprender. A princípio você pode aceitar e compreender, mas poderá com o tempo amadurecer, aprender e obter ferramentas para passar tranquilamente por elas sem grandes dificuldades, neutralizando totalmente uma situação ou

um relacionamento insustentável. Pode ser um amigo, uma relação amorosa ou de trabalho, parentes ou conhecidos. As relações humanas são por natureza complexas, pois viemos para este plano especialmente para aprimorar os relacionamentos entre as pessoas. Note que a vida nos provoca incansavelmente para expandirmos nosso conhecimento, e essa provocação vem primeiro pelos nossos relacionamentos, depois pela relação com o dinheiro, com o trabalho, com nosso próprio corpo e posteriormente com o nosso espírito. Não precisa ser nessa ordem, mas a grande maioria segue este curso. Portanto, as pessoas que você acredita serem "más", na verdade fazem parte do seu aprendizado e, lá na frente, irá agradecer por elas terem passado em seu caminho. Todos nós já tivemos experiências assim, pare e pense quantas pessoas passaram em sua vida e depois desapareceram.

- Entenda que muitas vezes as pessoas que realmente gostam de você não lhe causam esse efeito de transformação, elas querem o seu bem, e tendem a mantê-lo num ambiente quase sempre muito seguro, em estado de acomodação. Esse aspecto é necessário para que tenhamos suporte para o nosso crescimento, estar ao lado de pessoas que nos façam bem é essencial, mas não são elas que nos provocam e nos fazem mudar. Elas trazem o apoio, aparecem para amparar e ajudar, colocam pedras boas em nossos caminhos, para pisarmos com maior segurança, e também nos mostram oportunidades e possibilidades, trabalham não como provocadores, mas, sim, como amparadores. Agradeça-os sempre que puder.
- Agradeça as pessoas no seu dia a dia que lhe prestam serviços (funcionários, jardineiro, segurança, fornecedores, etc.) e agradeça por conseguir pagá-las. Sempre que pagar por algum serviço, produto, ou qualquer outra coisa para alguém, imagine esse dinheiro sendo útil para ele e para sua família. Pense que esse dinheiro será reutilizado e multiplicado. Um dia ele retornará para você.
- Pague suas contas o mais rápido que puder e agradeça por ter condições de honrá-las. Como dizia Henri Ford – fundador da Ford Motors: "Ame suas dívidas".
- Aceite as dificuldades e as diferenças. Evite sempre praticar o julgamento.
- Busque a saúde e a beleza, mas aceite seu corpo como ele é, seus limites e sua condição. Se não se aceitar entrará numa espiral descendente de rejeição, o que é muito perigoso.

- Sempre que estiver se sentindo desanimado ou doente, pense e diga: "sou perfeito, sou forte, meu organismo é provido de vitalidade e em breve estarei novamente no meu estado ideal".
- Aceite as pessoas à sua volta (família, cônjuge, filhos, amigos, vizinhos, colegas de trabalho, etc., sem exceções). Agradeça por tê-los em sua vida e dê o devido valor a cada uma delas.
- Seja autêntico, aceitação nada tem a ver com humilhação. Se precisar ser enérgico, seja. O importante é estar consciente e soberano nos momentos mais difíceis.

A Lei da Intenção

Um pensamento é uma coisa real, uma energia tangível. Cada pensamento, intenção ou decisão, tem o poder de tomar uma forma física.

Ao enviar conscientemente uma intenção ao Universo, sua mente afeta o Todo. O pensamento potencializado significa intenção e tem a mesma força de uma ação física. Um bom exemplo são os atletas que não fazem qualquer exercício físico para treinar seus corpos enquanto não estão praticando suas modalidades, apenas imaginam seus treinamentos e seus corpos saudáveis e fortes, aumentando assim sua força muscular em mais de 13% em apenas algumas semanas, como foi o caso de Mohamed Ali.

Mohamed Ali era um mestre da intenção, utilizou frequentemente a visualização mental e uma imensa e poderosa afirmação – "Eu sou o maior!"

Para se tornar campeão mundial, Mohamed Ali utilizou diversos ensaios mentais para obter vantagens competitivas.

Você pode melhorar sua saúde, o seu desempenho em todas as áreas de sua vida e alavancar o seu futuro por meio da prática correta da intenção consciente. O poder da mente positiva há décadas é conhecido pelo grande público e praticado por muitos. É realmente uma prática muito eficaz, mas ela só funciona se você for capaz de condensar a força dos seus desejos às suas intenções mais latentes.

Não é possível imaginar uma pessoa que não utilize esse dom em potencial se transformar, por exemplo, em um atleta vencedor, num empresário de sucesso, um grande líder político ou até em um intelectual fabuloso. O que se sabe é que muitas pessoas usufruem desse poder naturalmente sem saber. Outras, no entanto, precisam treinar e aprender. Isso é fato e não devemos duvidar. O importante é dizer que somente pensamentos positivos não são capazes de transformar e modificar sua realidade, o que transforma, o que move, o que vibra e o que seu poder mental atrai, são as reais intenções. Quando você estabelece intenções reais positivas, passa a focar a energia correta e magnetizar as circunstâncias ideais para suas realizações. Quando você consegue concentrar suas intenções e interligá-las aos seus propósitos de vida, passa a ter o que costumamos chamar de *controle criativo*.

Identificar suas intenções é estar no controle de sua própria vida.

Vivemos dentro de um mar de intenções, disso é feito o Universo, das mais diversas formas de intenção que vagam pelas dimensões invisíveis e paralelas.

Você pode encontrar: boas intenções com alta intensidade vibracional; más intenções com baixa intensidade vibracional; intenções voltadas para o bem da humanidade; intenções voltadas para o bem-estar do meio ambiente ou das comunidades carentes; mas, também, pode encontrar intenções voltadas para a ganância e falcatruas financeiras, para o crime e para a violência, ou seja, existem intenções intrínsecas nas mentes de cada um dos sete bilhões de seres humanos que existem no Planeta, e essas intenções são infinitas.

Cada grupo de pessoas por menor que seja – duas, duzentas, dois milhões ou duzentos milhões de pessoas –, podem criar uma corrente intencional muito forte. Elas se unem pelas suas intenções semelhantes, e a força exercida de todas elas, constroem vibrações coletivas extremamente poderosas, capazes de transformar e modificar uma sociedade e até o mundo inteiro. A isso chamamos de *egrégora vibracional intencional*. É o caso das forças que surgiram repentinamente no Oriente Médio, em fevereiro de 2011, na cidade do Cairo, dando início ao que conhecemos como *A Primavera Árabe*.

De alguma forma, cada um de nós está inserido dentro de algum tipo de grupo vibracional como esse, um grupo de pessoas que pensam da mesma forma que você e desejam as mesmas coisas. Pare e perceba qual é o seu padrão de pensamento e verifique as pessoas que estão ao seu redor. Olhando para fora, descobrirá um pouco mais sobre você.

Se observar, pessoas com intenções semelhantes às suas estão se aproximando cada dia mais de você, justamente por terem algo em comum. Pode ser algo positivo ou negativo, não importa, mas é dessa maneira que as pessoas se unem – com base em suas semelhanças latentes. No entanto, essas semelhanças não são estipuladas por aspectos físicos ou materiais, mas pelos padrões de intenções.

A Lei da Atração diz que semelhantes se atraem pelos padrões vibracionais que se assemelham entre si. Assim vão sendo construídos os agrupamentos humanos, pela força das intenções, essa é a plataforma da Lei da Atração. As intenções, e não os meros e vãos pensamentos.

Tente identificar o grupo em que você se encontra atualmente. Pare um instante e olhe a realidade na qual está vivendo. Comece a reparar nas pessoas que estão ao seu redor, nos acontecimentos do seu dia a dia e comece a responder os *porquês* que surgem em sua mente diariamente.

Existe uma teia vibracional invisível que nos envolve, que chamamos de "mundo de cordas vibracionais", e é através dela que estabelecemos as mais diversas conexões com as pessoas e os seres que sequer podemos enxergar.

As conexões são sempre feitas através de vibrações semelhantes. Você nunca vai se relacionar com pessoas que têm vibrações diferentes da sua, pois frequências vibracionais diferentes são como água e óleo, mesmo que você tente juntá-las, elas não se misturam. Essa é uma lei universal. Não se engane: os opostos não se atraem. Somente os semelhantes se atraem.

Mas eu sou muito diferente do meu namorado. Somos completamente diferentes. Como isso pode ser possível?

Esse é o ponto mais comentado e questionado. Na verdade, as pessoas pensam que são diferentes, mas no fundo estão juntas por afinidade, por complementação e por agrupamento de intenções. Elas podem não estar conscientes disso, mas sempre estarão unidas por algum motivo que as completa. Esse motivo pode ser positivo ou negativo, por exemplo: um casal pode estar unido há muitos anos por terem o mesmo sonho em comum: construir uma família e viajar juntos o mundo inteiro, conhecendo todos os continentes. Nesse caso, o que une esse casal é algo positivo e elevado.

Outro casal pode estar unido por intenções obscuras que ficam escondidas no fundo de suas consciências e nunca são ditas. Por exemplo: o homem é extremamente fiel a sua esposa e faz tudo o que ela deseja, no entanto, ele faz tudo para sua mulher porque no fundo ele tem um medo mortal de envelhecer e ficar doente, sozinho e abandonado quando chegar à velhice. Já a mulher é extremamente compassiva e submissa a esse homem, pois ela sofre de depressão profunda, tem uma incrível baixa autoestima e morre de medo de não conseguir encontrar alguém mais interessante e fiel como seu marido para viver o resto da vida, pois ela nunca teve confiança em si mesma. Neste caso, o que une esse casal é algo negativo – intenções inconscientes e baseadas em medos profundos que vibram no fundo de suas almas, porém, não são esclarecidas. Essas intenções negativas, quando são levadas adiante durante muito tempo, acabam se transformando em conflitos, discórdias, contratempos e geram karmas futuros. O ideal é sempre estar consciente do que está vibrando no fundo do seu coração, pois é exatamente isso que está emitindo para o Universo e atraindo para sua vida – pessoas semelhantes ou pessoas que se completam; seja por algo positivo, seja por algo negativo. A Lei da Atração não mede gênero nem grau, ela apenas trabalha através das ressonâncias semelhantes e complementares.

Se for algo positivo que atrai as pessoas para sua vida, então ótimo, continue assim, pois terá recompensas no futuro. Mas, se for algo negativo, precisa descobrir o que é e ter coragem de enfrentar e se posicionar.

A coragem é o primeiro passo rumo ao autoconhecimento. Se não tiver coragem de se autoenfrentar, é preferível nem dar o primeiro passo.

Tudo o que existe no Universo vibra e ressoa com uma frequência exata. Veja, por exemplo, o famoso caso da ponte de Tacoma que caiu em 1940, após sofrer intensas rajadas de vento. O que ocorreu em Tacoma foi que os ventos estavam soprando na frequência natural de oscilação da ponte e fez com que aquela enorme estrutura de aço e concreto balançasse como se fosse uma gelatina, fazendo com que ela vibrasse com amplitudes cada vez maiores até a estrutura não suportar e a ponte se romper.

Como se fosse uma grande harpa harmônica, os mundos das intenções fabricam algo parecido com notas musicais que tocam o tempo todo. Cada corda toca num tom, uma nota musical muito específica e ressoa (vibra) sempre que outra nota no mesmo tom surge.

Quando essa ressonância acontece é o momento em que se estabelece uma conexão.

Por exemplo: quando escutamos uma música que realmente nos toca, naturalmente nos emocionamos, o braço arrepia e nos sentimos bem. Nesse instante, ocorre uma conexão. Na verdade, estamos nos conectando com a vibração que está sendo emitida por aquela música e entrou em ressonância vibracional com ela.

Ponte de Tacoma – Washington – 1940

Como disse Toth em suas Leis Herméticas: "tudo vibra". Tudo no Universo vibra, desde os elétrons de um átomo até o som, as cores, as pedras, a luz, as pessoas, os animais, as plantas, a Terra, o Sol e o Cosmos. Tudo está vibrando e interagindo. Dessa forma, também interagimos com as pessoas, mas interagimos através das nossas intenções.

Tudo tem uma frequência específica, inclusive a sua forma de pensar e ver o mundo. O seu modelo de pensamento determina a sua frequência padrão; e essa frequência, por sua vez, está inserida dentro de uma escala de vibração ainda não descrita pela ciência. Você escolhe em que faixa frequêncial deseja estar e ingressa nela involuntariamente.

Pode escolher estar na frequência dos prósperos que desejam e acreditam em um mundo melhor; na frequência dos solidários ou expansivos, que desejam riqueza para si e também para todos que lhe acompanham; ou pode escolher estar entre os manipuladores, corruptos, ladrões e enganadores que desejam riqueza somente para si. Pode viver plenamente com as pessoas e escolher compartilhar, ou estar junto aos gananciosos, aos que acreditam no medo e na destruição do mundo e dos que só pensam em violência, doença, etc.

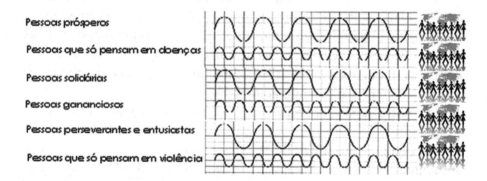

O Universo não distingue e jamais julga essas divergências, apenas as organiza. Você está no comando de sua vida o tempo todo. Tem um controle em suas mãos, como se fosse um controle remoto de TV. Pode trocar de canal no momento que desejar, pois ninguém lhe obriga a ficar naquela frequência se não quiser. Desta mesma maneira, você tem o controle da sua vida, pode estar consciente ou não disso, mas se estiver infeliz em meio às pessoas e circunstâncias ruins que acontecem em seu dia a dia, primeiro identifique em qual corda vibracional você está, em que faixa de frequência está inserido.

Por exemplo: você deseja imensamente ser uma pessoa rica e próspera no futuro, mas no fundo ainda tem uma mentalidade de pobreza e não consegue enxergar a prosperidade verdadeiramente. Acredita que o dinheiro é somente para os ricos e sente inveja, e se pergunta quando os vê: "por que eles conseguiram enriquecer e eu não?". Acredita que se o dinheiro chegar até você, deverá ficar escondido, pois ainda o considera algo pecaminoso e o associa a ganância, a avareza ou luxúria. E se descobrirem que você tem dinheiro, será julgado como um pecador. Acredita que a prosperidade e a abundância são impossíveis para você, pois a riqueza deve ser difícil e só vem para os capazes e fortes.

Esse ainda é um padrão de pensamento muito encontrado na América Latina, especialmente nos países colonizados pelos portugueses e espanhóis, mas, graças à livre informação, esse padrão aos poucos está se modificando, pois a pessoa que pensa assim jamais alcançará qualquer riqueza, porque não está em ressonância com a vibração da prosperidade e da abundância universal, e continua na vibração do medo, da vitimização, do julgamento, da inveja e da esperança. Nessas condições não é possível se estabelecer mudanças plausíveis e as oportunidades sequer surgirão.

Como dissemos, a Lei da Atração funciona por meio das intenções das pessoas, tudo acontece por essa força, e por consequência disso, tudo acontecerá através das pessoas e nada cairá do céu como muitos pensam. Não existe coincidência, tudo é uma questão de conexão e possibilidades. As conexões são sempre feitas por pessoas, por meio dos encontros e desencontros que acontecem ao redor do mundo o tempo todo.

O Universo é dinâmico e trabalha pelo prisma da perfeição, como se estivéssemos dentro de uma gigantesca sinfonia com milhares de instrumentos tocando ao mesmo tempo e emitindo milhares de notas musicais misturadas simultaneamente, mas que de alguma forma todas essas notas estão se harmonizando e sendo magistradas por um Ser Supremo, o que gostamos de chamar de *O Arquiteto do Universo*. O Maestro Supremo.

Para entender melhor, imagine uma sala repleta de pessoas participando de um seminário sobre o bem-estar das mulheres no terceiro milênio. Vamos ver duas hipóteses prováveis que podem ou não estabelecer uma conexão intencional entre duas pessoas durante esse evento.

Nessa sala estão presentes mais de cem pessoas sentadas em confortáveis cadeiras, ouvindo um palestrante muito empolgado. Na primeira fileira está a senhorita Raquel, uma jovem arquiteta formada há mais de cinco anos e que exerce sua profissão com muito afinco. Na última fileira está sentada a senhora Viviam – uma mulher muito rica, proprietária de uma rede com mais de cem lojas de roupas muito conhecida em todo o país.

Hipótese 1 – Raquel assiste à palestra. Ela está ali para aprender mais sobre a condição das mulheres no mundo atual. Deseja saber mais sobre esse tema e descobrir como poderia melhorar a sua vida pessoal no futuro. Já há algum tempo vem passando em sua mente constantes informações sobre as mudanças que ela tanto deseja que ocorram em sua vida profissional, e isso é muito importante para ela. Há cinco anos ela continua fazendo pequenos projetos de decoração para apartamentos de alguns clientes amigos, mas quer partir para um segmento maior que lhe traga maiores desafios e, consequentemente, maior possibilidade de crescimento financeiro e profissional. Ela acredita que um dia irá conseguir e sabe que as oportunidades aparecerão, pois assim poderá comprar o carro dos seus sonhos, a casa que tanto almeja e poderá se casar e ter condições de criar os filhos que deseja ter com seu noivo. Raquel está focada nisso e sempre que pensa sobre esse assunto é da seguinte maneira:

Quero trabalhar com empreendimentos grandes, de porte empresarial que me tragam satisfação, novas oportunidades, riqueza e prosperidade.

A intenção dominante de Raquel é essa, esse é seu padrão. Ela não fica repetindo isso o dia inteiro, apenas tem esse *sincero desejo* muito claro em sua mente e acredita nele. Isso se chama intenção, o que vale é o foco da intenção – aquilo que vibra a maior parte do tempo no fundo da sua consciência.

No fundo da sala está senhora Viviam – uma pessoa íntegra que possui muitas lojas e é muito rica. Ela está ali para ampliar seus conhecimentos e se aprimorar, afinal, a maioria das suas funcionárias são mulheres e ela deseja estar à frente dos assuntos que envolvem o mundo feminino. Mas algo vem lhe incomodando a algum tempo: ela pretende fazer uma grande mudança no layout das suas lojas, pois sua linha de produtos está mudando e suas lojas devem acompanhar essa evolução para atrair o novo público alvo que está surgindo, mas, para isso, Viviam vai precisar de um arquiteto inovador muito diferente do Sr. Paulo – o arquiteto mais antigo da sua empresa, que já trabalha para ela há mais de vinte anos e não acompanha mais as novas tendências. Viviam deseja muito inovar e encontrar alguma pessoa que possa lhe ajudar a desenvolver esse novo projeto de inovação. Seus pensamentos a esse respeito são:

Quero encontrar uma arquiteta inovadora, com olhar feminino, que tenha vontade de crescer e enfrentar uma nova experiência. Se eu encontrar essa pessoa, saberei remunerá-la adequadamente, pois meu faturamento certamente aumentará gradativamente e minha empresa se renovará como um todo.

Esse é o foco da senhora Viviam, essas são suas reais intenções.

Hipótese 2 – Raquel, na mesma condição no seminário, se mantém diferente da primeira hipótese. Seu pensamento está rígido há algum tempo e se padronizou da seguinte forma:

Não quero continuar fazendo pequenos projetos para apartamento, pois isso é muito trabalhoso e não dá para ganhar muito. Sobra-me pouco tempo para pensar em algo maior, estudar etc. Nunca chegarei a comprar minha casa dessa maneira, mas o que eu posso fazer – a vida não é fácil, tenho mesmo é que trabalhar duro o resto da minha existência para sobreviver. A vida não está fácil para os arquitetos, eu sei, todos estão dizendo a mesma coisa. Se pelo menos eu conseguir comprar meu carro um dia, já está bom. E meu noivo? Bom, ele pode esperar mais um pouco, quando eu ficar rica um dia a gente pode, quem sabe, se casar.

O desejo de Raquel neste caso é crescer, mas mantém seu foco, sua intenção, nos pequenos apartamentos, na falta de oportunidade, de dinheiro e de tempo. Ela sequer tem um planejamento de quando deseja comprar seu carro e qual é o prazo que deseja estar definitivamente rica e casada. Na verdade, continua focando na falta e assim a falta certamente se manifestará e Raquel não enxergará qualquer possibilidade de prosperidade pensando dessa maneira.

Mas ela nem imagina que ali mesmo, cinco fileiras atrás, a menos de cinco metros de distância, está a pessoa que pode lhe mostrar um novo caminho e mudar completamente a sua vida.

Durante o intervalo do seminário, no *coffee break*, Raquel vê uma amiga que não encontrava desde a Universidade. Ela está na lanchonete do local conversando com a senhora Viviam, estão as duas tomando um cafezinho, pois Mônica já tinha sido gerente de uma das lojas dessa senhora há alguns anos. Viviam está aparentemente feliz e está contando para Mônica sobre suas novas lojas que foram inauguradas na semana passada.

Nesse momento, nesse pequeno intervalo de tempo, poderá ou não ocorrer uma conexão entre a arquiteta Raquel e a empresária Viviam.

Se o ambiente vibracional estiver construído conforme descrito na primeira hipótese, então:

Mônica, simpática e desinibida como sempre foi, verá Raquel passando por ali e provavelmente dirá:

– Viviam, quero lhe apresentar uma pessoa, uma amiga de faculdade, ela continuou o curso de arquitetura e hoje faz trabalhos excelentes, você poderia conhecer mais sobre o trabalho dela, afinal, estava me dizendo que está querendo mudar as fachadas das suas lojas urgentemente, não é? Eu vou apresentar minha amiga Raquel e deixar vocês duas conversando um pouco. Fiquem à vontade, pois preciso ir embora buscar meu filho na escola e voltar correndo para o segundo bloco do seminário, após o intervalo.

Pronto, ali se estabelecerá uma nova conexão devido às intenções semelhantes que se atraíram dentro daquela sala de seminário. Mônica foi embora e deixou Raquel e Viviam conversando. Desta vez a amiga Mônica serviu somente como elo de conexão. Muitas vezes fazemos esse papel de conectores e sequer percebemos.

Por outro lado, se o ambiente vibracional estiver construído conforme a segunda hipótese:

Mônica verá Raquel se aproximando e dirá:

– Viviam, se me der licença, preciso falar com uma pessoa que não vejo há algum tempo. Se não se incomoda, nos vemos no final do seminário. Tudo bem?

Incrivelmente, desta vez, e por um simples impulso, não acontecerá qualquer conexão entre Raquel e Viviam, pois Raquel não estava focada nos grandes empreendimentos e nas oportunidades, ela mantinha seu foco na falta, nos pequenos apartamentos, etc. A oportunidade da vida dela pode ter passado ao lado, mas ela nem ao menos saberá disso e voltará para a sua rotina seguindo sua vida como sempre imaginou que seria: comum, normal e sem desafios e conquistas maiores.

Esse é só um simples exemplo. Logicamente o Universo não trabalha através de um prisma retilíneo e rígido como descrevemos. Esse exemplo é só uma forma de percebermos que nossas intenções constroem realidades o tempo todo. Mesmo sendo algo intocável e invisível, a intenção é algo real e modifica o mundo.

Para se estabelecer a conexão entre Raquel e Viviam era preciso somente uma palavra da amiga Mônica, mas a intuição de Mônica não foi ativada naquele breve instante e ela não teve a iniciativa de chamar sua amiga Raquel e apresentá-la para Viviam. Mas por quê?

Porque Mônica não tinha motivo, não existia algo real pairando no ar para que a vontade de apresentá-las se manifestasse.

Quando desejamos com verdadeiras intenções, a energia se torna real e as vibrações se manifestam através dos ambientes. Quando intuímos, involuntariamente agimos para ajudar alguém. Estamos na verdade recebendo uma espécie de alerta inconsciente e informações intuitivas que estão se manifestando nos ambientes, e essas manifestações são involuntárias e provocam uma reação imediata. Na maioria das vezes, não é algo proposital, mas tudo se manifesta pela intenção das pessoas. Os encontros, os novos relacionamentos, os negócios, tudo acontece por intermédio das pessoas. Então, ao invés de querer atrair, por exemplo, dinheiro e riqueza, passe a desejar trabalho, prosperidade, compartilhamento de ideias. Certamente, com isso, irá atrair pessoas ricas que lhe oferecerão oportunidades incríveis para encontrar o que tanto procura.

Da mesma forma, se deseja atrair uma pessoa leal e honesta para se relacionar; ao invés de sair procurando a esmo em bares e internet, comece a conviver com pessoas leais e honestas, pois essas pessoas geralmente estão ao lado dos seus semelhantes.

Lembre-se sempre. O que for para ser já é!

Identifique seu foco, sua atenção e suas verdadeiras intenções para com sua família, seu trabalho, seus amigos, seus pais e para com o mundo. Recoloque-se e faça parte do universo, não fique à deriva esperando que alguém faça algo por você. Apenas descubra o que realmente quer para sua vida e trabalhe nessa direção.

Deixe o Universo trabalhar um pouco por você. As pessoas fazem parte disso, são elas que lhe ajudarão e lhe trarão as oportunidades necessárias para seu crescimento. Pare de ser egoísta e orgulhoso e renda-se a humildade, pois ninguém conquista nada nesta vida sozinho.

Assim como Raquel poderia ter a possibilidade de receber uma oportunidade única em sua vida profissional se mantivesse seu foco, você também pode conseguir qualquer coisa, tanto na área profissional, emocional ou pessoal. Tudo faz parte de algo maior, alinhe-se com seus propósitos e se alinhará com o Universo e verá os milagres acontecendo em sua vida.

O primeiro passo para conseguir algo é desejá-lo.
Madre Teresa de Calcutá

Dicas:
- Pergunte sempre a si mesmo: Por quê? Para quê? Para quando? O que eu quero ou quanto eu quero receber pelo que estou desejando? Quem se beneficiará com tudo isso que estou pedindo para mim?
- Não invente intenções pensando que assim estará potencializando seus pensamentos e formando uma fonte de atração para si. Intenções são impossíveis de serem criadas a esmo. A intenção deve ser pura e verdadeira. Se assim fizer, o resto do trabalho é o Universo quem faz.
- Determine, ancore seus desejos em terreno firme. Evite comentar seus sonhos mais profundos com qualquer pessoa. Só divida com as pessoas que lhe querem bem. Evitará assim muitos contratempos e desperdícios de energia vibracional. Os pensamentos contrários são reais, e se formulados por pessoas que desejam o seu insucesso ou até mesmo o seu fracasso, isso certamente afetará as suas vibrações e atrapalhará a ideal manifestação da Lei da Atração em sua vida.
- Jamais se sinta frustrado. Todas as coisas verdes brotam e acabam florescendo quando são bem alimentadas.
- Se não está conseguindo ultrapassar os obstáculos em sua vida, contorne-os.
- Descubra o que realmente lhe dá prazer em todas as áreas de sua vida. Cante, dance, conheça novas pessoas, novos lugares, sorria.
- Para obter sucesso, não precisa ser extraordinariamente talentoso. Tudo o que você precisa é descobrir o trabalho que verdadeiramente gosta de fazer e persistir.

A Lei da Escolha

Errar não é humano. Acertar é humano.

Escolher é viver. A todo instante nos deparamos com essa extraordinária lei. Escolher é decidir. Essa decisão pode ser consciente ou inconsciente.

Mas, como assim? Se fui eu quem decidiu, por que devo me preocupar com isso e complicar as coisas?

Essa pergunta é provocante mesmo. É a parte crucial e intrigante da Lei da Escolha. Fazemos sim escolhas mecânicas e involuntárias, isso é comum na maior parte do tempo e não há problema. Se fizéssemos todas as nossas escolhas conscientes ficaríamos neuróticos rapidamente.

Nosso cérebro esquerdo (racional) comanda nossos pensamentos com facilidade, afinal, aprimoramos muito esse lado durante todos esses séculos, e é exatamente por isso que deixamos o lado direito (emocional e intuitivo) esquecido. A parte racional decide facilmente assuntos corriqueiros como se vestir, se comunicar, se movimentar, praticar esportes, dirigir, trabalhar, etc. Dentro desse mar de atividades que exercemos, desde o momento em que acordamos até a hora em que deitamos para dormir, milhares de escolhas são feitas; temos de tomar muitas decisões durante um dia e nem percebemos isso.

Com relação às escolhas mecanizadas e comandadas pela razão, não devemos nos incomodar, mas, dentro desse mesmo mar de atividades cotidianas, também nos deparamos com muitas escolhas que ativam nossas emoções. Se essas emoções não estiverem harmonizadas com nossa intuição, certamente trarão falhas. É necessário saber que a cada escolha que fizer terá de assumir as responsabilidades que virão a partir daí.

Ser consciente de suas escolhas é importante para que se tenha êxito em sua caminhada. Eis o ponto em questão. Sabemos que a Lei da Atração recompensa toda emoção com a mesma emoção. Isaac Newton, em sua Teoria da Ação e Reação, nos comprovou com clareza que essa lei funciona perfeitamente na matéria com a seguinte afirmação:

Para cada ação há sempre uma reação oposta de igual intensidade.

Essa lei sobressai à matéria e ultrapassa também as fronteiras do pensamento.

Nossas escolhas (conscientes ou inconscientes) carregam um peso que devemos assumir, pois são de nossa inteira responsabilidade.

Self e Ego

Quando nascemos[13] não temos consciência de nós mesmos. Obviamente porque a nossa percepção de mundo vem através dos nossos cinco sentidos primitivos (audição, paladar, tato, olfato e visão) e todos se conectam com o externo. A primeira coisa que distinguimos é o outro; nesse caso, a nossa mãe (nossa primeira ligação com o mundo exterior), é a primeira presença a qual passamos ter conhecimento antes mesmo de saber que existimos. Aos poucos, passamos a identificar nosso corpo, nossas necessidades, mas ainda assim nossa consciência se apega ao que está fora, uma consciência refletida.

Junto a essa percepção de mundo, nasce o Ego: fenômeno acumulativo, um subproduto do viver com os outros, um reflexo, aquilo que os outros pensam. Segundo Osho, o verdadeiro só pode ser conhecido através do falso, portanto, o ego é uma necessidade. Temos que passar por ele, isso é uma disciplina. Primeiro precisamos conhecer o que não é verdadeiro, encontrar o falso, a ilusão, pois é por meio desse encontro que somos capazes de conhecer a verdade, o nosso eu interior, o que realmente somos, o *Self*.

O *ego* é um subproduto social. A sociedade compõe tudo que está ao seu redor, não você, mas tudo aquilo que o cerca, tudo, exceto você. A sociedade e todas as pessoas refletem o que você é. Sua mãe, seus amigos, a família, a escola, todos gradualmente acrescentarão algo ao seu *ego*, assim ele começa a se construir. Todos tentarão modificá-lo, de forma que você não se transforme numa ameaça para essa sociedade. Essa, por sua vez, não está preocupada com o fato de que necessita atingir o autoconhecimento, visto que o seu verdadeiro *self* não pode ser manipulado, ajuizado ou controlado. Temos um centro que floresce dentro de nós, por essa razão, os hindus os denomina de lótus (é um florescer), o lótus de mil pétalas, infinitas pétalas, que floresce ininterruptamente, sem parar, jamais se extingue.

Vivemos dentro desses dois mundos. O mundo do *ego* é a forma que entendemos o nosso exterior, as pessoas e as situações que a sociedade nos impõe. O do *Self*, por sua vez, não é um mundo que foi construído, é exatamente o seu mundo interior, o que você realmente é – sua essência verdadeira que flui dentro de você –, essa vivência é a sua alma. Quanto

---

13 *Nascer: começar a ter vida exterior; vir à luz, sair do ovo ou do ventre materno. (Dicionário Michaelis).*

mais se aprofundar em sua essência, mais distante estará do *ego* e tudo se tornará claro como a luz, fazendo com que o caos desapareça dando lugar a própria ordem da sua existência.

Heráclito chama essa essência de *Logos*; Lao Tzu de *Tao* e Buda de *Dharma*.

Então, qual a diferença entre self e propósito de vida? Estou meio confuso agora?

Self é o que você é, sua essência, "sua consciência" que sobrevive durante todas as suas encarnações, sua bagagem vivencial completa e agrupada.

Propósito é o que você se propôs a fazer com toda essa essência que possui. Só precisa se lembrar de quem realmente é e seguir em frente.

Todos nós temos o *ego* (exterior) e o *self* (interior). Quando escolhemos vir ao mundo físico, já tínhamos a consciência que teríamos de experimentar essa dualidade (ego x self) justamente para podermos ampliar nossa sabedoria em assuntos que ainda, até o presente, não conseguimos desenvolver, ou seja, o objetivo principal é entender o universo externo através do ego e aprender a se relacionar com o mesmo universo, e as pessoas que nele se apresentam, da melhor forma possível através do *self*. Não é realmente algo fácil, pois o mundo racional, tecnológico, enfático em modelos de total superação, beleza, perfeição física e social, distorce toda uma visão interior e transforma a busca pelo encontro individual e espiritual, em algo secundário e ilusório.

Essa é a questão maior nessa nova jornada, a qual desejamos que você compreenda, avalie e sinta, harmonizando esses dois centros. Não dê tanta atenção ao mundo externo, construa o seu próprio mundo a partir de si mesmo. Pare de dar tanta importância aos desejos alheios ou decisões impostas subconscientemente. Queremos que entenda a necessidade de harmonizar esses dois mundos, e de sempre estar conectado com seu eu interior, para que tenha discernimento de identificar quem está no comando – o ego ou o self –, e partir para um novo começo, onde suas decisões e escolhas que envolvam eventos emocionais individuais ou até mesmo coletivos, sejam conduzidas ao seu crescimento interior, e não mais direcionadas ao sofrimento e a dor.

Se estiver conectado com sua essência, e consciente de quem você realmente é e o motivo de estar aqui, suas escolhas serão soberanas e a probabilidade de arrependimento será neutra. Mesmo que tenha percalços durante a caminhada, estará tranquilo, pois caminhará sobre solo firme. Se tiver a certeza junto a si, seguirá seguro a qualquer lugar que deseje estar.

Conviver com o falso mundo (*ego*) é preciso, porém mais importante que isso, é manter o seu *self*, sua essência, sempre ativa.

Não permita ao *ego* (exterior) se sobrepor ao *self (interior)*. Quando o *ego* domina o *self*, você fica a mercê das frustrações, do arrependimento e das decepções. O mundo externo lhe consome por inteiro, caindo novamente nas teias dos desejos alheios, vivendo o falso, a ilusão. Tudo o que fizer, está no fundo sendo feito para agradar outra pessoa, mostrar a alguém ou ao mundo algo que queira que enxerguem em você, sempre em busca do reconhecimento, da aceitação.

Quando o *ego* está em evidência, você se posiciona como vítima, está clamando por atenção, como se estivesse em seu pequeno berço quando era ainda bebê, bradando pela atenção de sua querida mamãe. Na verdade, está pedindo uma espécie de ajuda inconsciente, está implorando para que lhe enxerguem, já que você mesmo não consegue se avistar. Quando reativa seu *self*, descobre que todo esse reconhecimento de que necessita, e a força que procura externamente, está dentro de você. Essa força interna todos possuem, mas poucos conseguem encontrá-la, pois não acreditam em si próprios e seguem muitas vezes uma vida inteira procurando a esmo, sem saber que tudo está na verdade em seu interior.

O que isso quer dizer? Que não devo me aperfeiçoar, trabalhar, desejar a riqueza e o reconhecimento de meu trabalho e minhas conquistas? Devo viver num mundo individual interior, desapegando-me do mundo material? Devo então viver em reclusão?

Logicamente que não. O ponto é: tome as rédeas de sua vida, não tome decisões de fora para dentro e sim de dentro para fora. Assim estará seguro e pronto para compartilhar tudo o que conquistar com os outros. Isso significa reativar a sua Força Criadora. A harmonia (matéria x espírito) é o caminho da expansão.

Por exemplo:

UMA PESSOA SELF: um funcionário (*self*) é convocado a uma reunião e expõe todas as suas ideias frente a um problema na empresa em que trabalha. Apresenta-se com clareza e têm a certeza de que as decisões que tomou foram as melhores. Ao longo do dia ele é chamado na sala de seu diretor. Esse, por sua vez, contrário ao seu ponto de vista, não acredita em suas ideias e lhe dá uma advertência para que retroceda em sua decisão ou estará fora da empresa.

O funcionário, num primeiro instante, se desequilibra, mas, convicto de seu potencial como profissional e conectado ao seu eu verdadeiro (seu *self*), não permite que o ego (eu exterior) se melindre mediante aquela situação. Ele se vê em meio a essa turbulência momentânea, mas sabe que é uma passagem, tem seus objetivos bem definidos e nada lhe impedirá de avançar.

Centrado em seu *self*, não recua em sua decisão, pois mesmo estando na posição de vítima tem o discernimento de que aquilo não lhe pertence. Indo embora ou não da empresa, entende que é mais um degrau em sua evolução.

UMA PESSOA EGO: por outro lado, se esse funcionário for uma pessoa *ego*, não aceitará, entrará em pânico mediante essa situação. Inicialmente, porque acredita piamente que mesmo dando todo o seu potencial não conseguiu agradar o seu chefe, não foi suficientemente capaz de se igualar aos outros funcionários e culpará os demais por isso. Por não acompanhar os companheiros de trabalho, imediatamente pensará:

E agora, o que todos vão dizer de mim, estou perdido, não sou realmente capaz, sou um fracassado.

Sua autoestima cairá imediatamente e entrará num processo de culpa e vitimização, que nada tem a ver com o poder da força criadora. Ingressará num ritmo contrário à força de expansão e num período de estagnação, cairá em não ressonância com o mundo externo onde está seu foco (o ego) e milhões de preocupações lhe tomarão a mente:

O que minha família vai pensar? Que sou incapaz? Como irei sustentá-los estando desempregado? E meus amigos, o que vão dizer?

E assim por diante, os outros, depois os outros, sempre os outros, resultando numa espiral descendente que o levará no fundo do poço: depressão, ansiedade, estresse, etc.

A pessoa *ego*, sempre se coloca em posição de comparação e não de autenticidade. Essa posição é muito perigosa, pois não se tem controle sobre ela, podendo levá-la aos sentimentos mais abjetos como a inveja, a ganância e o ódio.

Em todos os lugares podemos encontrar essa situação, pessoas *ego* e pessoas *self*.

E você, o que se considera, uma pessoa *ego* ou uma pessoa *self*?

Procure descobrir aos poucos. Analise seus atos, enxergue-se por outro ângulo, de preferência por cima, como se fosse um observador de si mesmo. Observe o que anda fazendo em seu trabalho, em sua casa, com o seu relacionamento entre amigos, veja a sua vida por outro ponto de vista, como se fosse outra pessoa. Se conseguir fazer isso vai perceber como os outros também o vê. Verifique se está tomando decisões olhando somente no que as pessoas estão esperando de você. Certifique-se se está decidindo com base em suas próprias intenções, verdades e propósitos ou está seguindo diretrizes externas que não condizem com seus princípios individuais.

Dicas:
- Procure agir por si próprio, nunca deixe que outras pessoas decidam assuntos importantes por você.
- Sempre que tiver que tomar uma decisão ou fazer uma escolha importante e se sentir inseguro ou com dúvida, faça a si próprio duas perguntas que ativarão seu lado *self* (intuitivo, interno), e ele lhe mostrará o caminho correto a seguir:
  » Essa decisão me trará prazer ou desprazer?
  » Essa decisão me levará a uma expansão ou a uma regressão?

  Se as respostas forem prazer e expansão, não duvide, vá em frente. Se por ventura forem desprazer e regressão, não prossiga. Pare, avalie o momento e os seus sentimentos em relação à questão que, sem sombra de dúvida, encontrará os percalços que lhe impedem de seguir adiante. Se a resposta for desprazer e expansão, ou prazer e regressão, opte por não decidir nesse momento. Aguarde um pouco, não importa quanto, tente se harmonizar e procure sentir a ocasião mais propícia para retomar a sua decisão. Mas, se for uma questão inevitável, faça consciente e mantenha-se alerta. Não fique a deriva, mantenha-se firme e consciente do que escolheu.

- Quanto maior for seu desejo, maior a quantidade de escolhas que terá de fazer durante a vida.
- A cada escolha feita no presente, automaticamente todo o seu futuro se transformará. Pense nisso!
- Se você não tiver controle sobre suas escolhas, não se queixe se alguém estiver fazendo-as por você.
- Sempre que uma oportunidade passar e você a perder, alguém a encontrará.
- Escolha sempre pelo amor e não pelo medo. Viva plenamente. Não passe a vida como se estivesse em transe. Comece por pequenas escolhas e em breve estará fazendo grandes escolhas.

- Faça escolhas saudáveis para o seu corpo. Caminhe pelo parque ao invés de ir de carro ao shopping. Desabafe ao invés de ficar se remoendo com raiva em sua cama. Leia um bom livro a assistir um programa fútil na televisão. Aceite as pessoas como elas são e não as julgue. Escolha a gratidão ao invés da reclamação, a generosidade ao invés da mesquinhez. Opte por sorrir, cantar, dançar. Divertir-se é melhor do que ficar em casa mal-humorado.
- Se está aflito e não consegue chegar a uma decisão. Acalme-se, relaxe, desligue-se do problema. Se estiver com a cabeça cheia, significa que não tem lugar para mais nada. Distraia-se, dê espaço para as soluções entrarem.

Penso 99 vezes e nada descubro. Deixo de pensar, mergulho no silêncio, e a verdade me é revelada.
Albert Einstein

A Lei da Certeza

Essa é a Lei da Fé. Se não carregar a certeza daquilo que sonha e deseja, então nada se concretizará na sua vida. Certeza é ter dentro de você a convicção de que está pronto para receber o que o Universo lhe reservou. É estar alinhado ao seu centro de sinergia e na frequência dos seus desejos. É acreditar que é merecedor da prosperidade e que tudo lhe será entregue, por ser um herdeiro universal.

Se não tem essa certeza em seu coração, de nada adiantará seu esforço, pois estará desperdiçando tempo e energias preciosas que poderiam ser direcionadas para algo maior. Procure canalizar sua energia vital para um foco comum, pois, para onde focar sua atenção, sua energia será manifestada.

Seu foco de atenção é como a luz solar que dá vida às sementes de uma plantação. Quanto mais irradiar atenção aos seus desejos, mais resultados positivos obterá. Portanto, mantenha a atenção naquilo que tem certeza que será realizado um dia. Faça com que as sementes dos seus sonhos germinem e mais adiante possa colher bons frutos. A certeza é o canal, é o que protege suas vibrações e intenções, pois mantém o foco da atenção devidamente protegido perante os contratempos e discórdias que surgem durante a caminhada.

Imagine-se como um condutor de energia (fio), a proteção externa podemos dizer que é a *certeza* e os fios condutores são suas *vibrações*, e as informações que passam por entre esses fios são as *intenções*.

Se tudo estiver devidamente perfeito, suas intenções e vibrações estarão protegidas e todas as informações que ali navegam chegarão ao seu destino.

Como assim?

Numa linguagem simplista, poderíamos dizer que tudo aquilo que você deseja, precisa chegar até a Mente de Deus para que ele compreenda seus pedidos e lhe atenda, não é?

É mais ou menos assim que funciona. Mas, na verdade, o erro que cometemos é que nos colocamos sempre em posição de submissão divina quando fazemos nossos pedidos. E essa não é a posição que Deus espera de nós, Ele quer que tomemos à frente da nossa vida e nos ofereçamos para algum trabalho, algum propósito. E a única forma de fazermos isso é mudando o foco. Ele não quer que você peça. Na verdade, Deus quer que você ofereça.

Ofereça o que você tem de melhor – o seu potencial.

Se quiser conversar com Deus, opte por oferecer seus potenciais ao invés de somente pedir e pedir.

Por exemplo, se por ventura você for a uma entrevista de trabalho e chegar à sala do diretor da empresa pedindo um emprego, certamente ele o recusará, mesmo sabendo que você é suficientemente bom para exercer o cargo que está sendo oferecido. Por outro lado, se oferecer seus potenciais e mostrar que está apto para assumir aquele cargo e mostrar que sua admissão será benéfica à empresa, acarretando em ganhos futuros, o diretor da empresa verá você com outros olhos, pois estará mostrando suas intenções e oferecendo seus potenciais. Estará sendo claro e específico para com ele e não apenas pedindo. Estará se colocando em posição de igualdade e estabelecendo uma corrente de troca com força crescente e objetivos claros.

Pare de pedir e comece a oferecer.

Da mesma forma, se um homem tocasse a campainha de sua casa lhe pedindo, por exemplo, cinco reais sem qualquer motivo, certamente você estranharia e negaria seu pedido, pois essa pessoa estaria partindo da premissa de pedir dinheiro sem fundamento, sem demonstrar qualquer intenção.

Você pode até dar o dinheiro por piedade, dó ou compaixão, mas, se esse mesmo homem batesse na porta da sua casa e se oferecesse para cortar a grama do seu jardim ou lavar o seu carro, e como recompensa pelo serviço prestado você pagasse cinco reais, ele certamente se sentiria grato.

Sem dúvida você não negaria a esse homem os cinco reais, na verdade até daria um pouco mais de dinheiro para ele, pelo simples fato dele ter sido claro e se mostrado disposto a oferecer seu potencial de trabalho em troca de um pouco de dinheiro.

Isso significa que existe uma enorme diferença entre pedir e oferecer. Quando você muda o foco e passa a oferecer o que tem de melhor para o Universo, começa a atrair as oportunidades para sua vida ao invés de apenas ficar esperando que seus pedidos sejam atendidos e aconteçam pelo mero acaso ou por obra divina, caindo do Céu como um presente.

Então, se espera ser ouvido pelo Universo e vê-lo conspirando a seu favor, é momento de parar de pedir e começar a oferecer.

Mas como eu faço isso? Como eu converso com Deus? Como eu me ofereço a Ele?

Simples. A comunicação com o mundo espiritual e com Deus é feita através das intenções. Não existe outra forma de se comunicar com os mundos superiores.

Através das suas verdadeiras intenções estará dizendo para o Universo tudo o que pretende, porque e para quando está pretendendo, quem irá se beneficiar e quanto quer receber por isso. Esse é o principal motivo de identificar suas intenções verdadeiras. Se assim fizer, estará consciente do que está oferecendo e não apenas pedindo. E se essas intenções estiverem de acordo com a Mente Universal (Mente de Deus), não se preocupe, "tudo será atendido no tempo certo".

Por exemplo, não adianta ficar repetindo e pedindo cem vezes por dia enquanto está deitado em sua cama:

Deus: eu quero um carro, porque eu mereço um carro. Eu quero um carro, porque eu mereço um carro... ou Deus: eu quero um namorado bonito, porque eu mereço um namorado bonito. Eu quero um namorado bonito, porque eu mereço um namorado bonito... e assim por diante.

Mesmo que você mereça, não significa que está pronto para receber o que está pedindo, pois no fundo todos nós merecemos o que desejamos. Mas, enquanto continuar pedindo e somente pedindo, seus pedidos não serão atendidos, pois está exigindo e não oferecendo.

Pedir pelo simples ato de pedir de nada adianta para o Universo. Lembre-se de que, para criar forte e eficaz vibração para que a Lei da Atração funcione com perfeição em sua vida, é preciso ter fortes intenções vibrando, pois são as intenções que transformam os pensamentos em vibração. Isso significa que você não precisa ficar pedindo e repetindo seus pedidos achando que é uma pessoa especial e assim Deus ouvirá e atenderá suas súplicas antes que a de outras pessoas. Esqueça a ideia de repetir e pedir. Isso não funciona para as leis superiores.

Apenas identifique suas reais intenções e verifique se elas estão em harmonia com seu propósito de vida. O resto deixe que o Universo trabalhe por você. A exaustão, o cansaço mental, a repetição e a ditadura do pensamento positivo nada têm a ver com sucesso e felicidade. Sucesso é apenas uma sucessão de pequenas vitórias.

Chegamos agora ao ponto chave que fará a conexão com a mente criadora, com o Universo que ajudará você a conquistar tudo o que deseja: saúde, relacionamentos estáveis, riqueza financeira, bens materiais, amor, amizades importantes, paz e prosperidade. Lembre-se: a certeza é imprescindível em todos os processos de realização.

Como dissemos anteriormente, imagine um condutor de energia.

A capa protetora que envolve o fio condutor, poderíamos dizer que é a certeza, a fé que protege as valiosas informações que sua mente está emitindo ao Universo. Você pode estar alinhado com seu propósito, ter boas e fortes intenções e ter desejos maravilhosos para sua vida, mas se essas informações não estiverem devidamente protegidas com a força da certeza, de nada valerão.

Se esse condutor estiver encapsulado pelo escudo da certeza, a realização será somente uma questão de tempo. Sem a certeza (a fé), sua vida se torna frágil, e todos os processos de comunicação com os mundos superiores da criação podem se romper pelas forças contrárias da dúvida e da discórdia, retardando e até evitando que as realizações aconteçam em sua vida. A falta de confiança e os conflitos internos sempre deixam brechas para que a incerteza, a dúvida e o medo se instalem.

O importante é não criar dúvidas, dificuldades e obstáculos.

Mas nós fazemos isso a todo instante! Como evitar?

É exatamente isso que fragiliza o nosso poder de criação, o rompimento da conexão com os mundos superiores que a tudo criam e precipitam. Com as discórdias quebramos o meio de condução da energia e das comunicações.

Imagine um homem, um pai de família que deseja construir uma casa num lugar tranquilo, fora do centro urbano em que ele vive. Ele escolhe um lugar especial, lindo, bem localizado e perfeito para realizar esse sonho.

Veja as duas hipóteses que podem ocorrer:

HIPÓTESE 1 – O homem quer, deseja e sonha em ter sua bela casa. Ele tem certeza que conseguirá construí-la em dois anos e já se visualiza vivendo nela com a sua família e cria todos os detalhes possíveis em sua imaginação. Parece tão verdadeiro em sua mente, que para ele já é algo real, de tanta certeza que tem. Ele chega até a sentir o cheiro das flores que plantará e regará no seu futuro jardim. Independentemente das dificuldades que surjam pelo caminho, ele tem a certeza de que nada irá impedi-lo de conseguir o que tanto deseja. Acredita que terá o dinheiro suficiente para realizar esse sonho e que trará bem-estar e conforto para toda a sua família. Ele crê que fará a coisa certa e não se arrependerá de nada.

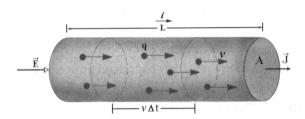

Dessa maneira, seu condutor de energia estará forte e rígido, praticamente indestrutível. A probabilidade de esse homem alcançar seu objetivo é extremamente alta, e certamente ele conseguirá.

HIPÓTESE 2 – O homem quer, deseja e sonha ter sua casa nova, mas não pratica a certeza em sua vida. Ele não está certo de que pode conseguir. Reconhece que quer uma casa nova, mas não se sente merecedor disso. Persegue seu sonho todos os dias tentando alcançar seu objetivo, está focado nisso e deseja profundamente uma casa nova. Tem boas intenções e desejos verdadeiros, mas tem uma imensa preocupação em não ter o dinheiro suficiente para pagar as prestações dessa nova casa. Ele sente e deseja realmente, mas percebe que todos os seus esforços são em vão. Percebe que muitos conseguem alcançar seus objetivos, mas ele não. Tenta incansavelmente e não encontra soluções, não se sente seguro e confiante para seguir adiante, como se estivesse nadando contra a maré.

Na verdade, é exatamente isso que acontece, pois ele não compreende que não está praticando a certeza, a fé. No fundo, lá no fundo, esse homem não acredita que possa conseguir sua casa nova, não tem a certeza que terá condições financeiras para tal. Não confia ser um bom profissional para manter sua estabilidade financeira. Acredita que as dificuldades continuarão lhe impedindo de seguir adiante, e que será um sacrifício idealizar esse sonho e assim não consegue construir um planejamento. Ele quer muito a casa, mas devido às dúvidas e conflitos internos, não sabe dizer para quando quer, e apenas pensa: *Quero ter uma casa um dia*. Mas esse dia pode ser daqui um, cinco, dez ou vinte anos, ou até mesmo num futuro distante e impossível. Ele não compreende que tem de ser claro com o Universo.

O que ele deve fazer então?

Deve usar a imaginação. Sim, a imaginação. Ele deve delinear em sua mente como imagina sua nova casa e passar a viver dentro dela mesmo que ainda não exista. Ele deve senti-la de verdade como se já existisse. Deve construí-la e torná-la real em sua mente, para que a certeza e as informações verdadeiras sejam enviadas para a Mente Universal e essa mensagem passe a ser compreendida e construída holograficamente no mundo invisível do futuro. Ele deve descrever a si mesmo para quando e por que deseja tanto esta casa nova, deve dizer quem vai se beneficiar com esse desejo e quando quer estar morando nesse novo local. Ele deve criar um mapa informativo intencional forte e potente e enviá-lo conscientemente ao Universo.

E depois?

Depois trabalhe e pare de colocar conflitos e discórdias que interfiram na realização e na comunicação de suas verdadeiras intenções. Trabalhe e deixe o Universo conspirar a seu favor, pois são exatamente os conflitos os grandes fragilizadores e destruidores de nosso "condutor de energia".

Numa ambiente de conflitos, dúvidas e medos, o homem começa a pensar de forma inversa:

Mas, e se eu começar a construção e perder o emprego?
E se minha esposa não gostar de morar naquele lugar?
E se meus filhos também não gostarem?
E se eu estiver errado em me mudar daqui?

Todas essas questões são conflitantes e contrárias aos pensamentos de convicção, certeza e realização. Enquanto este homem manter esse padrão de pensamento, continuará nadando contra a maré. Os conflitos retardam e bloqueiam, e se forem muito fortes chegam a romper o "condutor de energia" e a natural fluidez do fluxo das intenções.

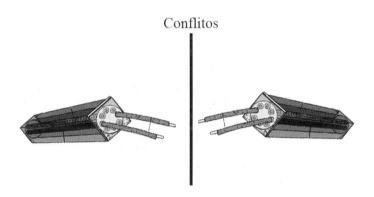

Sempre que tornar um desejo real em sua mente, primeiro identifique suas reais intenções e tenha a certeza de que conseguirá. Do contrário, não desperdice energia, evite contratempos e frustrações. Por outro lado, se um bem-estar invadir a sua alma, vá convicto e aberto para as boas novas que surgirão pelo caminho.

Quando esse "condutor de energia" é forte, significa que a certeza está presente e nenhuma interferência será capaz de penetrá-lo. Suas vibrações e intenções passam a ser refinadas e potentes. As informações ficam mais claras e eficientes.

Você tem que facilitar o trabalho de comunicação da sua mente com a mente universal. O ideal é parar de focar sua atenção num mundo de dificuldades, repleto de medos e ansiedades.

Se viver a sua vida com rigidez, seu corpo também enrijecerá. Passará a sentir fortes dores nas costas, mal estar, estresse físico e extremo cansaço. Se estiver ansioso, com medo do futuro e preocupado pelo que está por vir, então seu corpo, além de criar doenças do trato nervoso (gastrite, úlceras, manchas na pele, depressão, ansiedade compulsiva), entenderá essa mensagem como forma de alerta, uma mensagem de falta. Se estiver com medo do futuro, significa que está com plena certeza de que no amanhã lhe faltará o dinheiro, o alimento, ou o trabalho necessário, etc.

Esses sentimentos de medo trazem a sensação de "falta". Algumas pessoas, por exemplo, passam a ter uma compulsão incontrolável por comidas e doces, elas não têm consciência disso, mas seus organismos entendem que precisam do máximo de energia possível para enfrentar as futuras dificuldades, como se estivessem prestes a enfrentar uma guerra. Assim, todas as células do corpo, obedientes e inteligentes que são, passam a trabalhar como um exército armazenando o máximo de energia possível por meio da retenção de líquidos e gorduras dos alimentos que são ingeridos. Inicia-se assim, um processo gradativo de armazenagem, uma espécie de estocagem de energia para lutar quando a grande guerra chegar.

É uma loucura pensar assim, mas, acredite, sua mente entende desta forma. Se está pensando na falta, inevitavelmente ela vai trabalhar para lhe ajudar, mas como a mente costuma mentir para você, ela lhe dará um tiro no pé, ou o tiro sairá pela culatra, pois com esse acúmulo de energia e gordura a pessoa aumenta de peso rapidamente ou surgem problemas de colesterol alto e hipotireoidismo.

Na verdade, muitas pessoas que vivem dessa forma estão gordas e doentes, pois estão carregando dentro de si um reservatório de energia sobressalente (além do seu peso normal), uma reserva que certamente as faria viver sem comer por pelo menos 20 dias em jejum.

Se essas pessoas dissipassem o padrão do pensamento do medo e da falta, perderiam muitos quilos repentinamente e suas compulsões desapareciam.

Conscientize-se, veja como está tratando seu corpo e sua mente.

Ajude-se imediatamente! Entenda como é essencial ter clareza e lucidez sobre seus pensamentos. A harmonia "corpo e mente" é imprescindível para se alcançar uma excelente qualidade de vida.

Dicas:
- Cultive seus sonhos e tenha certeza de que eles se realizarão.
- A certeza é o veículo que conduz suas intenções ao Universo Criador e mantém tudo protegido com uma cápsula de aço indestrutível. É o que leva e o que traz. Certeza é fé e a fé é o poder de acreditar naquilo que não se pode ver.
- Seus desejos não são impossíveis, a palavra impossível não existe para o Universo.
- Pessoas vitoriosas constroem uma vida plena, mesmo ainda não a tendo.
- Não precisa ver para crer e sim crer para ver.

O Tempo Universal

O Tempo Universal é a ponta da pirâmide. Ele é imutável e nada podemos fazer para modificá-lo. O tempo é igual para todos. Todos recebem 24 horas por dia para trabalhar, estudar, ter lazer e descansar. Cada um sabe exatamente como utilizar melhor esse tempo, como, por exemplo, o presidente de um país que tem 24 horas de um dia para exercer suas funções como chefe de estado e chega a viajar milhares de quilômetros e visitar até três países em um único dia. Qualquer pessoa comum também tem o mesmo tempo diário disponível que um presidente. A diferença é o que cada pessoa faz com esse tempo que recebe.

Muitos estão tão assoberbados com tantos compromissos, que sofrem com a falta de tempo, correm incessantemente em busca de dinheiro, riqueza, status, etc. Outros correm tanto que, se questionados, certamente não saberão sequer responder o porquê de tanta correria, responderão que a vida é assim mesmo, afinal todos estão correndo, não é?

Mas para a Nova Era que se adentra, a necessidade de estarmos em harmonia com nosso corpo, mente e espírito é fundamental. Esse é o aviso: trabalhe a seu favor e não contra si. Pare de correr atrás do dinheiro, corra atrás dos seus sonhos, o dinheiro é apenas uma consequência.

Faça do seu tempo algo prazeroso, viva o presente com mais alegria, compreenda-o e seja grato, não desperdice seu tempo pensando no passado e não gaste energia só pensando no futuro. Se pensar apenas no futuro nunca viverá, pois o futuro não existe, ele é apenas o reflexo do passado. Vivemos como se estivéssemos pendulando o tempo todo e não conseguimos viver o presente, vivemos numa espécie de gangorra temporal.

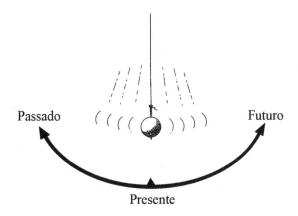

Existem três tipos de pessoas:

- As QUE VIVEM NO PASSADO: estão presas ao passado, passam a maior parte do tempo revivendo lembranças ruins e se tornam pessoas nostálgicas. Acreditam que o passado era melhor, que o presente é cruel e o futuro será pior. Essas pessoas costumam dizer frases do tipo: "No meu tempo era melhor..." ou "Na minha época era melhor...". No fundo, esquecem que a época deles ainda é essa e não aquela que julgam ter vivido.

- As QUE VIVEM NO FUTURO: essas não conseguem sequer desfrutar o presente e não têm tempo de relembrar as coisas do passado, são muito voláteis e mudam de humor a todo instante. A cada notícia que ouvem sobre algo que irá acontecer ou a cada novo desejo que surge repentinamente em suas mentes, logo se esquecem do desejo anterior que tiveram a menos de duas horas atrás. Essas pessoas vivem em extrema ansiedade, pois elas querem que o futuro chegue logo para gozarem de suas realizações, o que não sabem é que são meras escravas de suas vontades. Quando o *futuro* chegar e se tornar o *presente*, elas já não mais estarão ali, mas um ou dois anos à frente, num outro futuro ilusório. Essas pessoas têm geralmente dificuldade de ter relacionamentos duradouros e se esforçam para obter prazer nas coisas mais simples da vida. Precisam sempre de mais e mais, pois ainda estão com seus interiores vazios.

- As QUE VIVEM A DERIVA: essas por sua vez, são as que não se preocupam ou aquelas que não conseguem ou não querem enxergar um palmo à sua frente. Não gostam de olhar o passado, pois não têm boas recordações, e não querem olhar para o futuro, pois temem o que podem avistar. Preferem ficar esperando algo acontecer, que alguém mostre o caminho ou que as oportunidades batam à sua porta. Essas pessoas geralmente acham que estão corretas, pois dizem estar vivendo o presente. Enganam-se imensamente. Na verdade, elas estão maquiando suas emoções dizendo isso, e não têm forças para criar e desejar; temem colocar seus sonhos à prova e não alcançá-los. Estão totalmente inconscientes e preferem se esconder num presente (irreal). Essas pessoas estão à deriva, como se estivessem dentro de um barco em alto mar, navegando ao sabor do vento. Durante anos podem ficar em mar calmo, mas de uma hora para outra podem ser carregadas por uma rajada de vento muito forte e serem jogadas contra as pedras ou ficarem encalhadas num imenso banco de areia e nunca mais saírem dali. Estar à deriva na vida é como estar sem rumo em alto mar, pode se sentir em paz, mas uma hora ou outra, se não tiver o comando da embarcação em suas mãos, as coisas certamente vão se complicar. Uma pessoa que vive à deriva está ao sabor das intenções alheias, a mercê dos tubarões (vibrações negativas).

Por mais difícil que pareça, estar no controle de sua vida é sempre a melhor opção.

O presente é tudo que temos, tanto o passado quanto o futuro são meros reflexos. Mas insistimos em viver numa gangorra de desequilíbrio temporal. Tudo o que somos e o que temos está no hoje, no agora. Toda vez que pendulamos para um lado dessa gangorra, atravancamos o nosso agora, o nosso equilíbrio temporal. Quando vivemos o passado ou o futuro, um turbilhão de emoções vem à tona nos tornando vulneráveis e arrastando uma carga existencial que automaticamente afeta o nosso presente, pois ficamos à mercê de sensações extremadas (nostalgia, tristeza, euforia, medo, etc.) ocasionando distúrbios emocionais e psíquicos.

Concentre-se no que está buscando e não no que deixou para trás.

Uma pessoa que vive nesse sobe e desce, permanece em constante ansiedade e nostalgia, podendo chegar a um extremo cansaço mental e físico. Ao invés de viver sua vida como um pêndulo que vai e vem sem parar, tente fazer o seu tempo presente harmônico aos seus reflexos (passado e futuro), que gira circularmente correlacionando e compreendendo que tudo o que foi, tudo o que é e tudo o que será, nada mais é do que um único ingresso, o princípio para a harmonia. Só assim conseguirá se conectar ao seu agora e agradecer o momento presente. Percebendo que esse instante é feito do passado, presente e futuro.

Dicas:
- Viva em harmonia com o tempo, esqueça que ele é linear como nos ensinaram na escola ocidental. Passe a considerar o tempo como os maias consideravam, como algo cíclico, pois assim ele é, circular. O passado, o presente e o futuro são interligados. Todas as suas vivências do passado lhe transformaram no que é hoje e, por conseguinte, se refletirá em seu futuro.

- Aproveite o máximo do presente, pois é a única coisa que é real. Viva o agora com a certeza de que o seu futuro já existe, mantenha o equilíbrio temporal em seu dia a dia, evitando, assim, que a ansiedade se instale em sua mente ocasionando distúrbios emocionais e corporais.
- Respeite o seu tempo, programe-o de forma agradável, ordenando o seu dia para que o estresse não tome conta de sua vida. Intercale trabalho e lazer para que seus dias sejam mais prazerosos. Pare de acreditar que tudo é urgente. Afinal, o que é realmente urgente? O que vale realmente a pena?
- Preocupe-se apenas com o necessário, dê tempo ao tempo, tudo tem a hora certa para acontecer. Deixe que o Universo faça a sua parte, que trabalhe um pouco por você. Lembre-se, Ele não trabalha sob o prisma do esforço.
- Tenha fé, o que for para ser já é.
- Se seus desejos e intenções forem verdadeiros, seus pedidos serão atendidos sempre. Jamais duvide de quando os receberá.
- Está numa fase ruim de sua vida, tudo está dando errado? Está preocupado com seu futuro? Então se prepare, pois isso é um sinal de que a fase boa está por chegar e uma grande alavancagem está se aproximando. Nunca viverá em constante ascensão, como também nunca viverá em constante decadência. A vida é simplesmente cíclica e volátil. Consegue imaginar um oceano estático? Ou então em permanente maré alta ou baixa? O oceano precisa desse movimento para se manter vivo, são exatamente essas oscilações que temos de enfrentar, são elas que nos movimentam.
- Desapegue-se do passado. O passado não se pode mudar, mas o futuro sim. Então viva o presente eterno que é a única coisa que realmente existe.
- Seus dias não estão contados, o seu destino é você quem faz e constrói a cada escolha, a cada decisão. Se estivéssemos mesmo à deriva de um destino predefinido, não teríamos mais razão para viver e agir. Se assim fosse, sobraria a nós apenas o vago sentimento do esperar. Não é o destino que existe, mas, sim, um propósito a seguir.
- Pessoas felizes vivem num ritmo mais ameno. Elas têm mais tempo em suas vidas, vivem o presente, pois sabem que esse momento é muito precioso. Essa felicidade está à disposição de todos. O estresse

é um estado ignorante, que nos faz acreditar que tudo é um caso de emergência.

- O tempo não é linear, nada é linear, tudo é cíclico. Por que o tempo então teria de ser retilíneo? Por isso não se preocupe tanto, tudo passa, tanto os momentos bons como todos os momentos ruins também. Tudo está em movimento. *A dor passa, mas a beleza permanece.*
- Comece a prestar atenção nos verbos que costuma conjugar, eles também mostram o padrão temporal em que está vibrando. Pare de dizer frases no pretérito imperfeito, pois além de ser pretérito (passado) ainda por cima é imperfeito por natureza. Frases como, eu seria outra pessoas se:

    » Tivesse tido mais oportunidades na minha vida;
    » Tivesse guardado aquele dinheiro que ganhei;
    » Tivesse capacidade;
    » Tivesse estudado.

    Esses tipos de argumentação nos levam a um passado realmente imperfeito, pois tudo o que já passou, não volta mais. Se continuar focando sua vida dessa maneira, estará se alimentando de autoculpa constantemente. Tem que reagir e agir no presente. Opte por dizer:

    » Não tive capacidade naquele momento, mas agora estou mais forte e vou conseguir.
    » Perdi aquela grande oportunidade, mas outras virão e agora estou muito mais atento e preparado.
    » Não tive condições de guardar aquele dinheiro, mas a vida continua e a partir de hoje nada me faltará, o dinheiro trabalhará para mim e não mais trabalharei para ele.

- Tente não usar erroneamente frases como:

    » Eu queria muito ter uma oportunidade na vida;
    » Eu queria ter feito aquele negócio;
    » Gostaria de ter estudado mais;
    » Deveria ter perdoado aquela pessoa quando tive oportunidade.

    Essas são frases que o levam sempre ao passado imperfeito. O presente é perfeito e nele deve focar para construir o futuro. Se desejar algo, então diga: Eu quero" e não "Eu queria". Se não fez algo que deveria ter feito, não se arrependa, aceite e continue em frente, se ainda acredita que pode fazer, faça, e se não for mais possível, aceite a condição e continue a vida, não foque no que não se pode mudar. Tente continuamente se colocar como ser atuante e vivo dentro do presente.

- Diga sempre:
  » Eu quero;
  » Eu Sou;
  » Eu Posso;
  » Sou forte;
  » Estou bem hoje;
  » Eu me sinto saudável, nada pode me destruir;
  » Eu estou vivo dentro do agora.

Esse modelo de pensamento lhe colocará em posição de soberania sobre si mesmo. Vai despertar o presente e você sentirá vontade de aproveitá-lo o máximo que puder.

- Esqueça-se do passado e pare de olhar somente para o futuro. Se ficar olhando somente para o futuro ele certamente nunca chegará. Continuará rodando como se fosse um ratinho dentro da gaiolinha giratória, atrás de um pedaço de queijo que nunca consegue pegar.
- Pare, harmonize-se no presente, divirta-se, alegre-se, viva intensamente essa experiência e tente levar a vida menos a sério.
- O Tempo Universal nos diz que tudo o que temos é a certeza do que vamos receber. Precisamos saber esperar, tudo tem a hora certa para acontecer, não se preocupe, deixe o Universo trabalhar por você. Por esse motivo essa é a última Lei, se não praticar a certeza e a fé, nunca poderá acreditar na força divina agindo dentro do tempo e do espaço a seu favor.

O mestre só se apresenta ao seu discípulo
quando este está preparado.
Filosofia cabalística

Da mesma maneira que dissemos durante a leitura – que cada pessoa individualmente cria sua realidade e seu futuro por meio da força da palavra, das intenções e do pensamento –, uma família, uma cidade, um estado e um país inteiro também podem construir essa realidade e esse futuro. Não só construir um futuro, como passar a ter um poder extremamente forte, intencional e potencializado por milhões de mentes criativas, com desejos e sonhos unidos numa mesma intenção de crescimento. Os grandes chefes de estado e presidentes das grandes potências atuais construíram seus países assim, mostrando o caminho do crescimento, fazendo com que seu povo acreditasse nesse poder, unindo-os assim em prol de uma mesma intenção semelhante. As nações não são feitas de políticos, e sim do seu povo, mas a responsabilidade dos governantes é mostrar as reais intenções, direcionar, entusiasmar as pessoas e montar um exército pensante e ativo. Os grandes empresários brasileiros sabem disso e estão quebrando paradigmas antigos, crescendo em ritmo extremamente acelerado, por um simples fato: eles entenderam que as empresas não são feitas de produtos, prédios, máquinas, mas de pessoas, e sabem que o lucro é resultado direto do trabalho delas. Deste princípio parte todos os outros secundários, por isso nosso país está no início de uma grande preparação rumo a um grande salto.

Quando uma união coletiva pensante se estabelecer verdadeiramente, e isso está tomando forma, se tornará algo praticamente indestrutível e a certeza reinará absoluta. Isso não é um estereótipo de profecia, um presságio ou uma previsão mística, é simplesmente um fato que todos nós brasileiros já sabemos e devemos acreditar que já é real.

Como descrevemos anteriormente, o tempo é só um portal, o que for para ser já é. Portanto, o futuro já está construído aqui mesmo no presente, pois o que vai acontecer depende do que está acontecendo agora.

Felizmente, as grandes empresas, já há algum tempo, estão percebendo a importância das pessoas e do bem-estar que elas necessitam. Antigamente os funcionários eram tratados como máquinas, quanto mais um operário produzisse, melhor ele seria, era uma questão meramente quantitativa. Daqui em diante, o que importará efetivamente nas empresas será a qualidade dos serviços prestados e não as quantidades, que deverão ser repassadas às máquinas. As empresas estão se aperfeiçoando muito em relação a seus empregados e, principalmente, com seus executivos. Já estão se adaptando às novas formas de impulsão de recursos e planejamentos nas áreas sociais, e mais recentemente a preocupação direta com o meio ambiente e a responsabilidade com o Planeta e a natureza.

O mundo corporativo sempre é o primeiro a realizar ações e visualizar as tendências mundiais em que os seres humanos começam a dar mais atenção. Certamente o próximo passo para essas empresas de vanguarda, que se preocupam com o bem-estar dos seus funcionários, além do lucro, da expansão física da própria empresa, da preocupação com uma boa remuneração salarial, com a parcela mais pobre da sociedade e com o meio ambiente, será o de identificar quase que de forma individual o propósito principal de cada pessoa, de cada funcionário, suas intenções e seus sonhos para dois, três, cinco e até dez anos, formando alguma espécie de acordo nesse sentido com eles.

As empresas perceberão que para ter e manter um bom funcionário, mesmo que seja para um trabalho periódico, terão de se mostrar realmente preocupadas com o bem-estar e o futuro dessa pessoa e de sua família. Os funcionários também terão de se mostrar envolvidos em prol dos objetivos da empresa e não só pelo salário que irão receber. Será uma forma de troca e não de submissão. Se o contratado não estiver envolvido com as intenções e objetivos da empresa, será excluído, da mesma forma que, se a empresa não estiver envolvida com os propósitos do funcionário, não será suficientemente boa para ele desenvolver todos os seus potenciais. Muitas delas tentam fazer um compartilhamento com seus funcionários promovendo festas, eventos e confraternizações, geralmente nos finais do ano. Isso agrada, mas é momentâneo e pouco convincente. A maioria dos empregados se queixa das empresas nesse ponto, dizendo trabalhar muito por algo que não é realmente deles. Muitas se mantêm num emprego somente pelo dinheiro, não gostam do que fazem, não se identificam com o trabalho e assim por diante.

Mas qual o problema nisso? Você mesmo pode responder, mas vamos lhe ajudar:

- Desperdício de energia vital que poderia estar sendo usado com outro propósito.
- Perda da força criativa.
- Frustração.
- Cansaço extremo e aparente.
- Distanciamento do seu centro de sinergia e, consequentemente, desequilíbrios emocionais. A partir daqui a lista começa a se estender drasticamente.

Pessoas pedem demissão de bons e promissores empregos por se sentirem como peças sobressalentes que a qualquer momento podem ser substituídas. Realmente querem trabalhar, não só receber o dinheiro. Muitos não têm sequer consciência disso e mantêm o ritmo frenético de trabalho, ficando estressado, sem conseguir enxergar um horizonte que, na maioria das vezes, está a um palmo dos seus olhos. Suas famílias, por consequência, sofrem e se tornam vítimas de um ciclo vicioso.

Logicamente é difícil generalizar, mas o ponto principal é que pessoas são pessoas, as empresas são formadas delas e não apenas das suas máquinas e dos produtos que fabricam. As empresas existem para servir as pessoas. Tudo o que criamos e desenvolvemos é fabricado com um único propósito, para o bem-estar das pessoas. Por isso, antes de tudo, o que mais importa é o lado humano, mas ainda vemos empresas, governos, bancos e instituições tendo seus sistemas e produtos como a máxima prioridade, esquecendo o real motivo para qual foram criadas. Devemos recolocar o espírito sobre a matéria e não a matéria sobre o espírito.

Compartilhar e participar serão palavras de ordem. O setor de maior importância, o que deverá se adaptar cada vez mais, será, sem dúvida, o de Recursos Humanos das empresas. As pessoas querem dividir seus sonhos e ideais, e as empresas deverão definitivamente participar de todas as formas e em todos os aspectos. Isso transformará a vida das empresas como um todo, tornando o trabalho muito mais prazeroso pelo simples fato de ser compartilhado, resultando num maior rendimento da produtividade, numa via de mão dupla (dar e receber). Será isso uma utopia? Veremos!

O Mundo Futuro
As Mulheres de Ouro

Como já dissemos: tudo no Universo é dual e essa dualidade é necessária para que exista vida. Portanto, nós, seres humanos, não fugiríamos a regra universal, pois carregamos em nossa essência esses dois polos. Contudo, no aspecto feminino, há uma diferença gritante quando falamos sobre intuição. Esse poder intuitivo é mais presente nas mulheres, pois elas são naturalmente desenvolvidas com esse dom de percepção, justamente por serem gestoras da vida, por atuarem diretamente na Criação devido à maternidade. Ao contrário dos homens, elas carregam a emoção à flor da pele. A desenvoltura intuitiva das mulheres é realmente fascinante, basta observar a agilidade com que elas guiam suas decisões, sempre vislumbrando a dianteira das situações e sempre se posicionando um passo adiante dos problemas.

Todos já ouviram o comentário: *Intuição é coisa de mulher!*

O correto seria dizer: *A intuição está muito mais presente nas mulheres*, pois os homens também possuem o dom intuitivo, a diferença é que a grande maioria ainda está em fase de aprimoramento.

Há algumas décadas, as mulheres estão redescobrindo os benefícios que esse poder pode proporcionar, já que, em tempos primórdios, a intuição feminina era algo natural, contudo, com os adventos da Era Patriarcal, as mulheres foram suprimidas pela ânsia de poder dos homens. Não é por acaso que com a chegada da Era de Aquário, onde a energia reinante é matriarcal, as mulheres alcançarão altos níveis profissionais e seguirão rumo a uma escalada sem limites, fixando-se em altos cargos empresariais, políticos e intelectuais.

O senso de responsabilidade, os sentimentos de harmonização, a compaixão, o amor e a sensibilidade com a educação são virtudes intrínsecas no espírito feminino. As mulheres possuem essa capacidade e devem realmente seguir adiante sem medo e receio, pois o mundo está esperando e se preparando para receber um comando feminino definitivo, já que elas têm o instinto harmonizador, desde as pequenas células da sociedade, famílias e escolas, até nas empresas e instituições, porém, ainda de forma escondida e velada. Só está faltando um salto para um novo patamar que ainda resiste, mas esse patamar logo será rompido.

Os homens por sua vez não precisam se preocupar tanto como têm feito ultimamente, pois, mesmo tendo uma breve sensação de perda, em pouco tempo eles perceberão as melhorias que as mulheres trarão para a sociedade. Além de receberem o comando mundial, as mulheres receberão também uma responsabilidade nunca imaginada anteriormente. Porém, devidamente aparelhadas, ultrapassarão todas as dificuldades e obstáculos.

A Governança Matriarcal

Mensagem do Povo Azul recebida dia 10 de fevereiro de 2012.

Como dissemos, as formas de governo do futuro estarão sob um comando matriarcal e estarão alicerçadas por uma estrutura Sinárquica Orgânica.

Sinarquia tem o mesmo significado que sinergia, harmonia, equilíbrio, ordenação e perfeição.

Como vocês acham que são gerenciados os ciclos, os ritmos, as cadenciações e os movimentos astronômicos?

O Universo, o Cosmos e todos os sistemas planetários são regidos por um sistema sinárquico, um sistema ordenado e perfeito.

Tudo o que existe está obedecendo a uma sinergia cósmica. O que está em cima é sempre precipitado embaixo, assim manda a lei e assim ela se manifesta na matéria.

Prestem atenção: o Cosmos pode ensinar muitas coisas para vocês.

Os governos mundiais, na sua maioria, terão como comandantes as mulheres, pois elas têm como missão principal a ordenação e a harmonia. Isso não demorará muito para acontecer, em pouco mais de trinta anos quase todos os países terão mulheres como governantes.

Se estamos falando aqui sobre compartilhamento mútuo e sobre implantações de novas leis espirituais na Terra, então, temos que trazer à tona esse assunto, pois não será possível nenhuma mudança sem a participação direta das mulheres na sociedade e na política dos homens.

Como primeiro ato, a governança matriarcal abnegará o poder institucional e dissolverá totalmente a ideia das forças bélicas ao redor do mundo. Como segundo ato, as mulheres implantarão o Princípio da Beleza e o Princípio da Felicidade como pilares de sustentação da sociedade.

As mulheres quebrarão diversos paradigmas humanos e não valorizarão mais as instituições e as corporações como fazem atualmente os homens.

O homem, antes de salvar o próprio homem, deseja salvar a política e seu sistema de regência, isso é até aceitável, pois os homens ainda são primitivos na sua essência. O homem prefere salvar a ferramenta que lhe protege e serve para caçar, ao invés de salvar a pessoa que possa lhe ajudar.

A presença das mulheres no Novo Mundo será essencial, pois elas terão a missão de voltar suas atenções para a valorização das pessoas e das células familiares como base de uma nova sociedade, afinal, elas são mães e conhecem o verdadeiro significado da palavra amor e compaixão. Os homens ainda não compreendem o verdadeiro significado da palavra amor, eles até dizem que compreendem o amor, mas, infelizmente, a maioria deles se engana sobre este delicado assunto. Não é?

As mulheres ensinarão que, para se ter sucesso na vida não será mais preciso competir com o outro, pois a competitividade será algo tão primitivo e inaceitável quanto à própria ideia das guerras que persistem entre os humanos.

Para que competir, acumular e guerrear se no futuro vocês viverão em um mundo compartilhado e abundante?

Muitos tentarão fugir e se esquivar da grande Lei do Compartilhamento, mas não conseguirão. Muitos resistirão bravamente e farão discursos fervorosos ao redor do mundo para evitar seu surgimento, porém serão todos esforços em vão, pois como já dissemos, está previsto e determinado nos anais do tempo que a Lei do Compartilhamento se manifestará e se tornará a base estrutural do terceiro e do quarto milênio.

Conclusão:

Para nós, essa mensagem ficou muito clara. Fica fácil perceber que o mais valioso dos capitais é realmente aquele que se investe nos seres humanos e não nas instituições. Com toda certeza, a valorização integral do indivíduo, seus dons, seus talentos e seus potenciais, serão as bases dos novos tempos que estão por vir.

Lembramo-nos de que no ano de 2008, durante a crise do *Subprime* nos Estados Unidos, foram gastos mais de um trilhão de dólares para salvar bancos falidos, enquanto milhões de pessoas beiravam a morte no Sul da África e em vários lugares ao redor do mundo. Isso nos leva a pensar sobre o que é realmente importante nesse mundo moderno e globalizado em que vivemos.

O que é mais importante? As instituições ou as pessoas?

Fica claro que o foco da sociedade atual não é realmente o ser humano, mas, sim, as instituições e as corporações que nos regem. Essa é uma herança que recebemos após séculos e séculos de inúmeros regimes patriarcais consecutivos.

Hoje, tudo gira em torno do dito "mercado", como se ele fosse uma pessoa ou alguém que devemos sustentar a qualquer custo, fazendo uso de nossas emoções e frustrações, da nossa saúde, física e mental e até mesmo com nossa própria vida. Estamos vivendo atualmente a "ditadura do mercado", o *Deus Mercado*. Parece que tudo deve funcionar em função dele e para ele, e não mais para os seres humanos.

Parece que o ser humano está cada dia mais desprezível.

E a natureza então? Coitada, essa, além de ser usada como garota propaganda gratuita pelas pessoas e empresas, está jogada ao sabor da sorte, e certamente numa escala descendente, vindo bem depois dos seres humanos. O dito *mercado*, ou seja, os bancos, as bolsas de valores e as instituições, continuam sendo o foco e o objetivo principal, o primeiro plano e a primeira intenção dos governantes.

No entanto, a Lei do Compartilhamento diz que o foco principal do novo milênio deverá retornar para os indivíduos e a natureza, ficando todo o resto em segundo plano. Sairemos dessa posição de passividade em que nos encontramos atualmente, aceitando tudo por força da imposição, e voltaremos nossas atenções outra vez para o que é mais importante – as pessoas, os seres vivos e o meio ambiente.

O Povo Azul diz que os obeliscos pontiagudos que há tanto tempo foram construídos e venerados pelos homens, cairão sobre a Terra e se transformarão em bases fortes e indestrutíveis durante a governança horizontalizada das mulheres. Essa queda será uma espécie de simbologia histórica desta nova etapa que está por vir. Eles dizem também que será uma mudança radical e gradativa, e que a grande mudança será feita desde as pequenas células familiares até os grandes governos mundiais, algo que nunca foi visto nem experimentado antes. Dizem também que não precisaremos temer nada, pois tudo se manifestará em clima de paz e compreensão.

Perguntamos ao Povo Azul:

Mas as pessoas vão achar isso tudo meio impossível, pelo menos agora, não vão?

Eles nos responderam:

Sim, vocês acharão tudo isso impossível, da mesma forma que achavam improváveis no passado muitas coisas que hoje são totalmente aceitáveis e se tornaram usuais, partes integrantes da vida cotidiana de vocês.

Vocês acreditam que é algo impossível porque estão acostumados com os antigos sistemas patriarcais de relacionamento, sistemas arcaicos que vêm se arrastando desde os antigos impérios pós-diluvianos.

Acreditem: grandes mulheres surgirão para governar esse mundo, mulheres que ainda são pequeninas crianças e outras que ainda sequer nasceram. Essas pequenas meninas se tornarão grandes mulheres, não por causa dos seus poderes ou posições sociais, mas, sim, pelo tamanho das suas almas e pelos feitos e ensinamentos que deixarão para a posteridade.

As mulheres estarão no poder porque são elas que geram a vida e sentem a mão do Criador atuando diretamente em seus ventres. Elas sabem e compreendem o verdadeiro significado das palavras vida e amor, muito mais do que os homens.

As mulheres chegarão para romper o maior dos paradigmas humanos: o medo que existe entre as pessoas. Sim, esse é definitivamente o maior obstáculo que elas e vocês terão de enfrentar.

Por fim, da mesma forma que haverá a inversão do sistema de governança patriarcal para um sistema matriarcal no mundo, haverá também uma inversão completa do polo do comando mundial. Hoje, a governança global está localizada praticamente toda no Hemisfério Norte do Planeta e sob um comando patriarcal, mas dentro em breve o mundo sofrerá uma enorme mudança e o comando mundial descerá para o Hemisfério Sul, onde serão instaladas as grandes cidades do Sol, as novas e belas capitais da Nova Terra, as mesmas cidades que hoje estão sobre gigantescos lençóis cristalinos. A cidade de Brasília é uma dessas cidades.

A Religião do futuro será Cósmica e transcenderá um Deus pessoal, evitando os dogmas e a teologia.

A Era do Compartilhamento
O Grande Projeto

Mensagem do Povo Azul recebida dia 04 de fevereiro de 2012.

Queremos que tenham suas próprias experiências. Queremos que percebam que cada ato e cada fato que acontece no mundo material, antes de se manifestarem na matéria, se manifestam nos mundos superiores do espírito.

Irmãos: suas mentes são somente suportes de recepção de análise e de ação. A mente é uma ferramenta da matéria a serviço do espírito. O mundo espiritual é a origem e o comando de tudo o que existe. O espírito é a matriz universal.

É por esse motivo que vocês estão buscando tantas informações sobre os conhecimentos ocultos e as questões sobre o mundo espiritual. Queridos: vocês não são coisas materiais como acreditam ser. Vocês são espíritos tendo uma experiência num mundo material. Seus corpos verdadeiros não são materiais, são sutis e imateriais.

O próximo salto evolutivo da humanidade diz respeito exatamente sobre isso. Vocês já possuem muito conhecimento material e tecnológico, no entanto, têm pouquíssimo acesso aos segredos ocultos do espírito e da consciência.

Vocês ainda estão no início de seus aprendizados. Ainda há muito para descobrir.

Não pensem vocês que nós sabemos sobre tudo e sobre todos. Muito pelo contrário, somos iguais a vocês, fazemos parte do mesmo gênero evolutivo e também precisamos aprender um pouco a cada dia, porém estamos em graus distintos, é somente isso que nos difere de vocês, o grau e não o gênero. Somos parte de um mesmo gênero evolutivo, o gênero humano, mas estamos num grau interdimensional diferente, apenas isso.

Nós não sabemos mais que vocês, a diferença é que já vivenciamos mais situações que vocês, temos mais conhecimento acumulado e adquirido devido às inúmeras vidas que já tivemos. Como estamos num futuro distante, já passamos por muitas coisas, e todas essas experiências passadas nos transformaram no que somos hoje.

Falaremos a partir de agora especificamente sobre a Grande Lei do Compartilhamento e sobre alguns detalhes que logo começarão a fazer parte das suas futuras vidas cotidianas.

A Lei do Compartilhamento trará mudanças gigantescas para toda a humanidade, transformações complexas que não serão manifestadas de um dia para outro, como num passe de mágica. Não será algo simples e fácil, mas nós afirmamos com toda certeza: será maravilhoso.

Para a implantação de um novo sistema de gerenciamento como esse, serão necessárias algumas décadas de desenvolvimento e, certamente, a humanidade passará por grandes mudanças comportamentais e sociais. Mas como todo bom início de caminhada, é preciso que se dê um primeiro passo, e isso vocês já fizeram. Sim, vocês já deram esse passo, ainda tímido, mas suficiente para dar início ao grande processo.

Para que uma grande mudança como essa aconteça é preciso muita coragem e perseverança. Sobre isso nós não estamos preocupados, pois sabemos o quanto vocês e seus descendentes serão corajosos e persistentes.

> *A Lei do Compartilhamento diz que uma pessoa só existe, porque existem outras pessoas.*

Queridos, compartilhar é a única saída para a humanidade. Vocês estão começando a compreender aos poucos o poder dessa grandiosa e eficiente Lei Divina.

É preciso que saibam que não é possível existir sofrimento em um plano regido pelo compartilhamento. O sofrimento só existe nos planos da individualidade e do ego.

Aqui, nos planos superiores, convivemos em plenitude e mantemos as nossas individualidades preservadas, porém, estamos mergulhados dentro de um fluído de compartilhamento mútuo, o que nos traz total confiança na justiça, no ser humano, na prosperidade e nos processos de abundância e riqueza. Aqui, nós cremos na cura, pois ela sempre se manifesta com perfeição. Quando alguém adoece, todos adoecem juntos e também sentem as dores alheias, pois estamos todos interligados uns aos outros vibracional e amorosamente. Quando alguém daqui não se sente bem, e sua frequência vibracional cai a níveis perigosos, podendo desencadear alguma doença ou contratempos, paramos em conjunto para auxiliar e ajudar na sua cura, porque, afinal, para nós, a saúde do outro é tão importante quanto a nossa própria.

Mas não fazemos essas coisas por obrigação e imposição, por força de alguma lei ou por esperarmos qualquer reconhecimento agindo dessa forma, fazemos isso simplesmente pela força do amor incondicional – sem condições. Aliás, tudo aqui é feito pela força do amor; simplesmente tudo. No entanto, não é o amor como vocês estão acostumados a compreender aí. Aqui, o sentimento amoroso está ligado a tudo e a todos, o amor é considerado uma grande fonte de energia, a nossa fonte de amparo, de riqueza, de criação, de motivação, vontade e disposição. O amor é a nossa usina maior, nosso super combustível. O amor é simplesmente tudo.

Assim é a Lei maior aqui. Quando o mestre desceu na Terra e disse: "Amai-vos ao próximo como a ti mesmo", ele estava se referindo exatamente a Lei do Compartilhamento, a grande lei que ainda estava muito longe de se manifestar naquela época. Sim, a Lei do Compartilhamento está sendo preparada há muito tempo, e em breve se tornará possível.

Com certeza, todo aquele trabalho feito pelo mestre Jesus não foi em vão. Durante os últimos 2000 anos, o amor foi difundido pelos quatro cantos do mundo por meio das artes, da música, dos livros e das canções, mas poucos tiveram a capacidade de compreender seu verdadeiro significado. No entanto, daqui em diante, muitos de vocês começarão a entender e praticar o amor em suas vidas.

*Ao contrário da lógica matemática,
a Lei do Compartilhamento diz que dividir significa somar.*

Vocês sabiam que as suas belas e inquietas criancinhas já vieram preparadas para este novo mundo que está nascendo?

Por enquanto, vocês só conseguem compartilhar informação, mas logo começarão a compartilhar muito além delas. Em breve irão compartilhar ideias, sonhos, riquezas, conquistas, seus ideais e até mesmo suas próprias energias.

Quando vocês começarem a vibrar verdadeiramente com as conquistas das outras pessoas, mesmo que elas sejam desconhecidas e distantes, estarão iniciando o processo do amor mútuo e começarão a construir uma nova sociedade unificada, uma verdadeira comunidade – uma Comum Unidade.

Ao se sentirem felizes com as vitórias alheias, sem inveja, sem descaso e sem se autoenganarem com seus próprios pensamentos, estarão prontos para começar a prática do compartilhamento coletivo. Nesse justo ponto, sem saberem, estarão fazendo parte de uma gigantesca unidade e não mais de uma minúscula individualidade.

Mas será que tudo isso é possível? Parece tudo tão utópico e irreal, o ser humano é tão egoísta e tão competitivo. Como algo assim pode ser possível?

Nós afirmamos que sim. Que isso é possível, pois o ser humano não é individualista na sua essência, o problema é que ele está individualizado e está experimentando a força da individualidade e do egoísmo com todo seu potencial, justamente para que reconheça que sozinho nunca poderá chegar a lugar algum.

Dentro em breve, o ser humano compreenderá que faz parte de uma Grande Unidade e que não conquistará nada na vida sem a ajuda e a participação direta das outras pessoas. Quando o homem perceber que tudo o que ele almeja deverá passar pelo crivo da coletividade, perceberá a necessidade de entrar e participar de um grande fluxo energético de partilha, que nós, aqui, costumamos chamar de fluxo do compartilhamento mútuo.

Mas vocês ainda precisarão vivenciar alguns infortúnios da individualidade, do egoísmo, do acúmulo excessivo de bens, do acúmulo extraordinário de recursos e de riquezas, para em seguida verem com seus próprios olhos esses processos acontecendo. Vocês precisarão chegar ao ápice dessas experimentações egóicas, para chegarem à conclusão que nada é mais valioso do que o próprio indivíduo e o espírito eterno.

Chegará um momento em que terão de parar e olhar com coragem para seus pobres e famintos irmãos africanos, indígenas, aborígines, mendigos errantes, desgarrados e desamparados, para compreenderem um pouco mais sobre suas responsabilidades como seres humanos, pois ao olhar para os explorados não suportarão a imensa dor que invadirá suas almas.

Um dia as máscaras cairão e vocês compreenderão que o problema desses seres humanos não são apenas dificuldades isoladas de responsabilidade única dos seus governantes. Vocês sentirão na pele a dor deles e compreenderão que também são responsáveis por eles estarem vivendo naquelas condições.

O mundo futuro será regido pelo compartilhamento, e nesse novo mundo compartilhado, a rejeição, o descaso, o abandono, a fome, a violência moral e a gigantesca discrepância social, não poderão mais existir.

Quando a Grande Lei estiver instituída, haverá a proposição de novas regras de distribuição de valores entre as empresas e as pessoas; as instituições e as pessoas; as corporações mundiais e as pessoas e, logicamente, entre pessoas e pessoas. Serão novas proposições que virão para harmonizar e regenerar as relações interpessoais e trazer um novo conforto mental e psicológico para os seres humanos. A Lei do Compartilhamento colocará de volta o indivíduo no primeiro plano – seu lugar de direito. Tudo será feito com foco e com objetivo no bem-estar das pessoas, dos animais e do meio ambiente, e não mais em prol das corporações e das instituições. Assim deve ser e assim será.

Compartilhar não significa somente olhar um para o outro, compartilhar significa, olhar juntos e na mesma direção.

O Povo Azul diz que o sistema de governo do futuro será necessariamente matriarcal e terá como base um sistema sinárquico, ou seja, os governos na sua maioria serão comandados por mulheres e terão como alicerce principal um sistema baseado na Sinarquia (Sinergia). Eles dizem que as mulheres terão a capacidade para instituir esse novo sistema de governo futuro, pois elas trarão de volta a responsabilidade da harmonização familiar e social. Sim, serão exatamente as mulheres que implantarão os sistemas compartilhados.

A governança compartilhada abnegará os poderes militares e as forças bélicas em detrimento da paz e do bem-estar psíquico das pessoas. Mas para que ocorra essa abnegação, as pessoas precisarão se libertar totalmente dos sentimentos de medo em que estão mergulhadas atualmente.

Somente a existência de um real sentimento de medo pode explicar, por exemplo, a existência de guerras. Tanto para quem ataca quanto para quem se defende numa guerra sangrenta, o medo é sempre o sentimento dominante. No fundo, ambos os lados conflitantes estão vibrando e se alimentando de uma egrégora de medo e sofrimento. O Povo Azul diz que é sempre o medo que origina uma guerra e que, ao contrário do que nós imaginamos, as nações mais avançadas e mais equipadas militarmente, são exatamente as nações mais medrosas.

Portanto, fica fácil de concluirmos que, para obtermos sucesso na implementação da Nova Terra e na estruturação da Lei do Compartilhamento, será preciso, antes de tudo, dissolver totalmente os sentimentos de medo e insegurança no mundo. E para que isso ocorra, sem dúvida será necessário uma intervenção direta das mulheres na sociedade e na política.

Amareis vosso próximo como a vós mesmos. Toda lei e os profetas estão contidos nesse mandamento. Fazei dos homens tudo o que quereis que eles vos façam, porque essa é a lei dos profetas.

Apóstolo São Mateus (cap. XXII, v. 34 a 40)

Amar o próximo como a si mesmo. Fazer para os outros, o que queremos que os outros façam por nós, é a mais completa expressão da caridade, porque resume todos os deveres para com o próximo. Não se pode ter guia mais seguro a esse respeito, tomando por medida que, só se deve fazer para os outros, o que se deseja para si. Com qual direito se exigiria dos semelhantes bons procedimentos, de indulgência, benevolência e de devotamento, do que se tem para com eles? A prática dessas máximas tende a destruição do egoísmo. Quando os homens as tomarem como normas de suas condutas e por base de suas instituições, compreenderão a verdadeira fraternidade e farão reinar entre eles a paz e a justiça. Não haverá mais nem ódios nem dissensões, mas união, concórdia e benevolência mútua.

Allan Kardec (Paris 1860 – cap. XI do Evangelho Segundo o Espiritismo)

Tratai todos os homens da mesma forma que quereríeis que eles vos tratassem.

São Lucas (cap. VI, v. 31)

Seis Passos Rumo ao Futuro

Sempre que olhamos para o futuro ele se modifica.
Somente pelo simples fato de olharmos para ele.
O futuro é como um tecido num tear manual.
Nossas mãos costuram o tempo.

Para explanar sobre os Seis Passos da Lei do Compartilhamento, vamos transcrever com nossas próprias palavras o que foi transmitido pelo Povo Azul, pois muito do que foi passado sobre esse assunto veio através de demonstrações holográficas, tanto em sonhos lúcidos como em estado projetivo extracorpóreo.

Os seis passos seguintes não estão fixados no tempo e nem determinados quando exatamente acontecerão, pois o plano futuro se molda a todo instante e obedece ao livre-arbítrio exercido dentro do presente dinâmico, ou seja, enquanto modificamos o presente, automaticamente, estamos modificando também o futuro.

O futuro é um eterno dependente do presente, mas isso não significa que o destino humano não exista, pelo contrário, ele existe, pois o Arquiteto do Universo não deixaria as pessoas vagando ao acaso, uma vez que Ele não trabalha pela força da casualidade e não admira os jogos de azar. Viver uma vida ao acaso é como apostar num jogo de azar. O Arquiteto, como o próprio nome já diz, não joga. Ele planeja, prevê, determina e provê aos seres humanos os dons da criatividade e da transformação.

O destino humano é algo que foi predeterminado para ser cumprido, e se cumprirá em glória. No entanto, como exatamente esse destino se cumprirá, nenhum de nós está pronto para saber. O que devemos compreender agora é que, o que se modifica não é o objetivo final, a meta ou o destino, mas, sim, o caminho que se percorre para chegar até ele. Podemos fazer curvas e mais curvas, ou ficar rodando em círculos durante séculos para chegarmos até a grande meta, não importa, pois o destino humano nunca se modifica, o que muda é o caminho percorrido e a forma que escolhemos para chegar ao ponto determinado pelo Criador. Compreendem?

O que veremos a partir de agora é algo que está previsto e certamente se concluirá num futuro próximo, porém, se a humanidade se atrasar ou se retrair por algum motivo, todos esses passos também serão postergados e adiados. O Povo Azul diz não acreditar nessa possibilidade, a não ser que se institua uma espécie de Governo Mundial dos Homens ao redor do mundo, como um tipo de governo ou poder único que venha atrapalhar a livre evolução da humanidade. Caso isso aconteça, uma enorme força contrária fará com que tudo sofra um atraso significativo.

> *Primeiro princípio da Lei do Compartilhamento: as oportunidades são abundantes. A quantidade de oportunidades está diretamente relacionada à quantidade de pessoas que fazem parte da sua vida.*

Há uma ânsia enlouquecida em promover um governo único e uma Nova Ordem Mundial na Terra. Mas, vejam: algo dessa magnitude só pode ocorrer por intermédio de um grande conflito mundial, a mais completa alienação mental e muita destruição.

Não podemos aceitar promover e tão pouco vibrar pela violência ou por qualquer guerra nesse momento de grandes transformações que o mundo está passando. O amor deve se sobrepor, a todo custo, a qualquer intenção bélica que deteriore a vida humana, por isso a extrema necessidade de despertarmos para as verdades da humanidade e não aceitarmos mais tantos condicionamentos errôneos e maléficos. Infelizmente, somos enganados todos os dias e ninguém gosta de falar sobre isso.

Temos que acordar. Não podemos mais viver uma vida rodeada de intrigas e corrupções, a verdade deve vencer, e todas as mentiras devem se dissipar.

Fica claro que nem mesmo a implantação de um governo único mundial será capaz de impedir o avanço e a instituição de algo que está previsto e determinado, como a Lei do Compartilhamento. Ela pode sim sofrer atrasos, mas no final vencerá, é somente uma questão de tempo e não uma condição. Compartilhar faz parte do destino humano e isso vai acontecer, queiramos ou não. Sabemos que muitos lutarão com unhas e dentes contra essa grande Lei, mas isso não importa, pois no fim, ela vencerá.

Primeiro Passo – A Informação

Como foi dito pelo Povo Azul, o primeiro passo nós já demos, que foi a implantação da rede mundial de computadores. Já estamos vivenciando e usufruindo das propriedades desse momento único da humanidade e já estamos compartilhamento milhões de informações em tempo real.

Compartilhar já é algo usual na sociedade moderna e já se tornou o padrão para os processos de inter-relacionamento.

Mas será que esse sistema integrado e compactado poderia ser imaginado há cem anos? E há cinquenta anos? E há trinta? Seria possível pensar sobre isso no passado?

O que estamos vivenciando atualmente, no passado certamente era impossível de ser imaginado. Sem dúvida seria fonte para histórias de ficção científica. Mas hoje vemos com nossos próprios olhos que tudo o que está acontecendo não é mera utopia, é tudo tão real e usual, que o mundo inteiro está totalmente interligado e conectado simultaneamente.

Quem tem mais de trinta anos de idade sabe que o mundo antes dos adventos da internet era totalmente diferente do que é hoje. Há trinta anos não tínhamos tantas informações digitais circulando pelo mundo. A informação era transmitida unicamente por telefones fixos, já que não existia a ideia da existência de celulares pessoais. Antes disso, as pessoas se comunicavam por meio de cartas digitadas em máquina de escrever, que depois eram enviadas pelo correio. E ainda antes das cartas escritas com máquinas, a comunicação só podia ser feita por cartas escritas à mão e enviadas através de telégrafos ou remetidas pelos mensageiros a cavalo. Enfim, num passado não muito distante, não tínhamos sequer a liberdade de escolha e acesso as fontes reais de informação. Era tudo muito diferente do que é hoje, a informação só chegava até as pessoas por meio de jornais, televisão ou de rádios, e geralmente estavam fadadas à manipulação das corporações que controlavam os meios de comunicação. Hoje, ainda vemos certo controle e manipulação dos meios de comunicação, porém, num grau bem menor comparado ao passado. Atualmente, vemos que o acesso à informação está se democratizando graças ao livre compartilhamento feito pela rede mundial de computadores. Agora, felizmente as pessoas têm a possibilidade de acessar tudo o que elas quiserem e na hora em que desejar; basta ter um pouco de paciência para pesquisar e encontrar boas fontes de informação.

O mais incrível é que essa imensa revolução das comunicações aconteceu há pouco menos de vinte anos. Hoje, além de termos acesso a todos os tipos de informação, demos um grande passo em direção ao esclarecimento coletivo, isso devido ao livre compartilhamento, pois, além de termos a possibilidade de acessá-las e recebê-las, passamos também a discutir sobre elas, debater e compartilhar com outras pessoas sem nos preocuparmos com as fronteiras físicas dos países ou as limitações dos idiomas.

Esse poder de discussão e debate construiu, num período muito curto de tempo, uma massa crítica extremamente atuante na sociedade, uma massa pensante que agora já começa a compreender um pouco do que está acontecendo ao redor do mundo. Além disso, as pessoas não estão mais aceitando as coisas passivamente como antes, muito pelo contrário, hoje elas estão com a sensação de poder em suas próprias mãos, algo que nunca foi visto ou vivenciado na história da humanidade.

Com o acesso à rede mundial, as pessoas podem fazer grandes revoluções e modificar o mundo dentro das suas próprias casas, mesmo que estejam sentadas em frente aos seus computadores e protegidas dentro de seus lares. Exemplo disso foi a já citada *Primavera Árabe*, ocorrida no início do ano de 2011, na cidade do Cairo, no Egito, quando um grupo de pessoas criou um movimento revolucionário usando uma rede social para derrubar o ditador Osni Mubarak da presidência daquele país. Incrivelmente eles conseguiram. Evidentemente não foi uma revolução pacífica, mas, sim, uma revolução que acabou se alastrando por todo o mundo árabe.

Então, fica a pergunta:

Será que uma revolução desse porte, que se alastrou rapidamente para muitos países muçulmanos e acabou modificando o mundo árabe, poderia ser feita há vinte anos, através de telefones fixos, fax símiles ou cartas escritas?

Certamente que não, pois até pouco tempo atrás, o povo não tinha um veículo capaz de influenciar e movimentar as massas em tempo real, modificar um governo ou criar uma nova ideologia para um país. Isso porque o poder sempre esteve nas mãos de poucas pessoas e da minoria de corporações manipuladoras.

As pessoas estão se informando, esclarecendo suas dúvidas e ditando regras e condutas dentro das suas comunidades. Com o acesso livre à internet, um movimento pioneiro está sendo criado, capaz de trazer as mudanças debaixo para cima, e não apenas de cima para baixo como sempre foi feito, sob forte imposição e força autoritária.

Enfim, estamos vivenciando exatamente o primeiro passo rumo a esse mundo compartilhado que os mentores azuis vêm nos informando dia após dia: esse primeiro passo é exatamente *o compartilhamento das informações*.

Essa liberdade de informação está trazendo para as pessoas a oportunidade de acesso a conhecimentos secretos que antes estavam escondidos e disponíveis somente para as pessoas poderosas. Graças a Deus, esse acesso ao conhecimento já está disponível para todos. Basta que as pessoas tenham vontade de descobrir aquilo que ficou encoberto há muito tempo.

No entanto, é engraçado ver que hoje em dia, mesmo as pessoas tendo todas as facilidades de acesso à informação, muitas parecem inertes perante coisas que acontecem ao redor do mundo e também sobre os aspectos das suas próprias vidas cotidianas, como se estivessem vivendo em estado de letargia e aceitando as diretrizes e os condicionamentos que vêm de cima. Talvez, essas pessoas continuem fazendo isso por ainda terem medo do desconhecido ou por mera acomodação.

Mas é tudo uma questão de tempo. Estamos ainda no início de um grande processo de despertar. Ainda são poucos os anos de utilização dessa grande rede chamada Internet. Num futuro próximo, certamente veremos coisas incríveis acontecendo, fatos que hoje podemos achar impossíveis e até inimagináveis, da mesma forma de como pensávamos sobre a Internet e os telefones celulares há trinta ou quarenta anos. O Povo Azul diz que os acontecimentos impossíveis e inimagináveis que eles descreverão sobre nosso futuro nas próximas páginas, serão comuns e totalmente usuais em pouco mais de três décadas.

Eles não falam somente sobre os novos computadores do futuro, mas sobre tecnologias que surgirão para possibilitar a abertura e o acesso direto a mundos interdimensionais e mundos paralelos que coexistem com o nosso o tempo todo, mas não conseguimos ver a olhos nus. Mundos esses que ainda não conseguimos alcançar, porque os próprios portais de acesso foram fechados há muito tempo, no entanto, em breve poderemos reabri-los com a junção da tecnologia científica e dos poderes ocultos da consciência.

Dentro de pouco mais de dez anos, veremos novas tecnologias surgindo para trazer a compreensão sobre os poderes da mente, da consciência e do espírito humano.

Segundo Passo – As Ideias e os Ideais

O compartilhamento de ideias e de ideais virá numa segunda etapa, logo após a estruturação completa do sistema de compartilhamento das informações, exatamente quando esse sistema se tornar essencial para a integração das pessoas. Esse passo já foi dado, e pode até se concretizar nos próximos dez anos.

Num futuro próximo, palavras como: convívio e convivência, cooperação energética, sinergia, medicina fraternal, harmonização social, confiança bancária, Banco Mundial de Ideias, Share Money (riqueza compartilhada), tornar-se-ão palavras de uso contínuo e diário dentro da nossa sociedade.

Hoje, a palavra compartilhamento, e a sua tradução em inglês "share", já se tornou a palavra chave da Internet, não estranhem, pois não é por acaso. São as providências angélicas em manifestação.

Estamos nos acostumando com o compartilhamento das informações, justamente para nos acostumarmos com a ideia da não posse daquilo que pensamos e escrevemos. Precisamos nos acostumar com as novas ideias, pois num segundo momento, veremos que será possível compartilhar não só as informações, mas também ideias, ideais, projetos, sonhos e muitas outras coisas.

No futuro, veremos a *ideia* de uma única pessoa sendo aceita e compartilhada tão rapidamente, que ela facilmente poderá realizar seus projetos sem a necessidade de grandes esforços financeiros e recursos externos, como créditos bancários, pois a pessoa física comum não necessitará restritamente das grandes empresas ou instituições e de leis estipuladas para alavancar recursos e transformar seu sonho pessoal num projeto real. Tudo isso será possível devido ao surgimento de uma nova mentalidade cooperativista que existirá dentro de um sistema de inter--relacionamento que já está sendo desenvolvido.

As pessoas começarão a se unir pela força das afinidades e a trabalhar num ambiente integral de partilha. Por exemplo: dentro de uma comunidade virtual dinâmica e organizada, muitos estarão dispostos a lhe ajudar a realizar suas ideias, ao mesmo tempo, você também estará disposto a retribuir o que os outros fizeram para lhe ajudar. Em contrapartida ao dar e ajudar, todos começarão também a receber e a cooperar uns com os outros. As pessoas perceberão que além de estarem fazendo uma boa ação, estarão se beneficiando de alguma forma, porque todos aqueles que cooperarem para a realização de uma ideia estarão participando diretamente de uma nova criação, e se essa ideia por ventura tiver sucesso, então todos que participaram, acabarão se beneficiando e terão direito a uma parcela dos ganhos. Compreende?

Nesse ponto, a ideia do dinheiro (moeda) como é entendida hoje, não será mais necessária, pois teremos um ambiente de cooperação integrada. O compartilhamento de ideias e ideais, e de recursos e valores, será algo extremamente comum e corriqueiro. Não será nada pejorativo ou depreciativo, muito menos regido por um ambiente corrupto e manipulável, pois esse meio será ordenado e gerenciado pelas próprias pessoas e não por um órgão ou instituição fechada.

Compartilhar é um dos maiores dons espirituais que possuímos. Quanto mais se compartilha a felicidade, mais você a tem.

Terceiro Passo – Os Valores

Quem desejar burlar ou corromper a Grande Lei estará optando por estar fora dela, ou seja, optará por ser um indivíduo "Fora da Lei". Porém, a ideia de ficar de fora será considerada uma escolha totalmente equivocada e ignorante, já que estar dentro da Lei será algo bem mais vantajoso e benéfico.

Hoje, a sociedade e a política, mesmo que surdamente, nos diz que viver fora da Lei, corromper o sistema, enganar as pessoas e as instituições, roubar, traficar e manipular, é um ótimo negócio. Mas no futuro tudo isso virá abaixo e ideias como essas se tornarão um péssimo negócio e uma péssima escolha, pois o bem e a ética serão as bases de todas as condutas pessoais dentro da Grande Lei. Estar dentro da Lei e usufruir dos benefícios que ela proporcionará, será algo extremamente gratificante e benéfico para todos, tanto do ponto de vista do bem-estar econômico, quanto do ponto de vista ético, mental, psíquico e social. Estar fora da Grande Lei será a pior escolha a ser feita por uma pessoa.

Nesse ponto, quando a Lei estiver devidamente integrada, veremos o terceiro passo entrando em ação, ou seja, o compartilhamento dos valores e a criação de uma nova moeda social, algo que será parecido com o *Social Value* e estará disponível para todos em forma de moeda corrente virtual, gerenciada por meio de um sistema tecnológico integrado, baseado no *dar*, no *receber* e no *trocar*. O *Social Value* será uma espécie de escambo do futuro.

Com o uso dessa moeda corrente, o *Social Value*, ou *Valor Social*, cujo valor não será físico e não terá o dinheiro de papel como lastro, às pessoas se sentirão livres e não serão mais vistas como potenciais concorrentes entre si. Elas se enxergarão de maneira completamente diferente de hoje – como *colaboradoras e cooperadoras* e não como concorrentes. As pessoas perceberão que quanto mais interligadas e integradas elas estiverem dentro do sistema, melhores serão suas vidas e o próprio funcionamento desse sistema, pois quanto mais pessoas estiverem unidas num propósito comum, melhor será para todos.

Talvez milhares de pessoas ou até centenas de milhares delas, ajudar-se-ão umas as outras com o objetivo de compartilhar, realizar e manifestar tudo o que desejam e acreditam, ou seja, surgirá em breve uma forma alternativa de viver em comunidade – uma comunidade virtual interdependente.

Com o compartilhamento do *Social Value*, os lucros e dividendos das pessoas estarão intrínsecos e disponíveis o tempo todo, vinte e quatro horas por dia, dentro desse novo sistema de gerenciamento que se chamará Interlife – a Internet do futuro.

Mas será possível dividirmos e compartilharmos tudo o que desejarmos com outras pessoas? Onde ficará a individualidade e a liberdade? Será que todos vão querer mesmo dividir seus ganhos e lucros com outras pessoas?

Hoje, a ideia do dividir ou compartilhar é algo praticamente impensável, pois ainda vivemos dentro de um sistema baseado no acúmulo de riquezas e na competição. Acreditamos que, no futuro, essa ideia será totalmente possível, pois da mesma forma que um indivíduo será ajudado por outras dezenas, centenas ou milhares de pessoas, que acreditarem em suas ideias, essa mesma pessoa que recebeu ajuda começará a colaborar com as outras e passará a acreditar em seus projetos, construindo assim um fluxo de abundância e bem-estar coletivo, arrebatador e transformador.

Da mesma maneira que você partilhará seus ganhos com outras pessoas, dentro do sistema compartilhado de ideias, informações e riquezas, você também estará participando diretamente dos ganhos delas. A cooperação e o ganho real das pessoas será um fato e não apenas uma mera ilusão.

Estará tudo armazenado dentro de um sistema representado pelo nome *Interlife*. Ali, todos os dados serão gerenciados por milhares de pequenos *Bancos Sociais Virtuais* que terão como moeda única e como base de valor, o *Social Value* ou Bônus Social ($SB), um valor virtual que estará totalmente integrado com todos os tipos de negociação. Esse banco virtual não estará submetido ao controle de empresas ou corporações, pelo contrário, esse sistema será gerenciado e ordenado pelas próprias pessoas, não por algumas, mas, sim, por todas as pessoas, ou seja, será um sistema dinâmico, participativo e isento de hierarquias de comando.

E o que é essa tal de Interlife?

A *Interlife* é a própria quinta dimensão que muitas pessoas estão começando a comentar ao redor do mundo. A quinta dimensão terrena já está em formação e o sistema operacional de comando trará esse nome. Não podemos imaginar que nossa evolução está separada da tecnologia. A evolução espiritual da humanidade está intimamente ligada à evolução da tecnologia, pois os mundos superiores, diferentemente do que imaginamos, são totalmente tecnológicos e avançados. A ideia que temos de um mundo espiritual com imagens oníricas, lúdicas e repleto de ambientes gregorianos antigos, é totalmente ultrapassada. O mundo espiritual e as hierarquias superiores que nos amparam, vivem num ambiente altamente tecnológico, porém diferentes do que estamos acostumados a pensar, pois a tecnologia do mundo espiritual já está agregada à consciência. Uma espécie de tecnologia consciente baseada na holografia e na alquimia. Algo parecido com o que os atlantes praticavam na sua época.

Interlife não é exatamente como a Internet que conhecemos hoje, é muito mais que isso, é um sistema praticamente vivo e orgânico que estará presente em todos os lugares, como se fosse uma grande Mente Global que estará em constante crescimento.

Parece assustador?

Num primeiro instante pode parecer mesmo, pois é comum termos medo do desconhecido e do futuro, porque sempre nos baseamos nos acontecimentos do passado e não naqueles que existirão um dia. Temos sempre resistência em aceitar novas ideias e acreditar em coisas que ainda não existem. Às vezes ficamos irritados quando ouvimos que o mundo será regido por máquinas e computadores, isso certamente não ocorrerá, pois o comando sempre estará nas mãos do homem e não sobre domínio das máquinas. No entanto, a ciência do futuro (a paraciência) estará totalmente integrada com a mente e os poderes parapsíquicos humanos. É inevitável. Não será possível conter a força da extraordinária evolução, pois ela é poderosa e certamente trará muitos benefícios e alegrias para as pessoas no futuro, assim afirma o Povo Azul.

Eles dizem que não devemos temer o avanço da tecnologia. Devemos sim, absorver o que ela tem de melhor para nos oferecer e lutar contra a ignorância e os condicionamentos de uns sobre os outros. Resistir e lutar contra a evolução nesse momento de grandes transições, não é a melhor escolha a se fazer. Mas é totalmente aceitável ficarmos com receio do desconhecido.

Quando Galileu Galilei defendeu a tese da Terra ser um corpo esférico e disse que não era o Sol que girava em torno dela, mas, sim, ela que girava em torno do Sol (estudo publicado no Livro de sua autoria no ano de 1632, sob o título de *Diálogo Sobre os Dois Grandes Sistemas do Universo*), o clero e os governantes da época ficaram desesperados com as revelações. Eles acabaram condenando Galileu Galilei à prisão por tempo indeterminado.

Seguramente, as questões maiores que levaram o clero a prender Galileu naquela época foram:

Como é possível existir algo maior do que a Terra? E se essas teorias absurdas caírem na boca do povo? Como será possível manter o controle sobre a população através dos nossos discursos sobre a fé e os dogmas cristãos? Como vamos fazer para manter as pessoas adorando um Deus severo, que vigia e castiga pessoas miseráveis e pecadoras? Como manteremos o poder sobre as pessoas se esse tipo de teoria diabólica começar a abrir a mente do nosso povo miserável e ignorante?

Com certeza, Galileu Galilei era uma ameaça ao poder da Igreja, e por isso o confinaram por tempo indeterminado dentro de uma prisão.

Talvez essas questões antigas sejam banais para a maioria das pessoas hoje em dia, mas, naquela época, assuntos como esses eram extremamente importantes para o desenvolvimento da mente e da psique daquela sociedade medíocre e servil.

Após muito tempo e esforço, as teorias de Galileu foram sendo aceitas pelo clero e pela comunidade científica, e o esclarecimento começou a ser repassado para as pessoas, mas somente para as de alto escalão que detinham posses, poder e tinham posições sociais avantajadas, ou então para os privilegiados membros que participavam das sociedades secretas e sumos sacerdotes da Igreja católica. Esse tipo de informação nunca era repassado diretamente para o povo.

Passados centenas de anos, após a descoberta de Galileu, somente no século 20 tivemos a oportunidade de ver a Terra como ela realmente é: um geóide com polos achatados que gira ao redor do Sol num movimento cíclico, constante e perfeito.

Primeira fotografia da Terra tirada pelos tripulantes da Apollo 8 em 1968 – Frank Borman, James Lovell e William Anders.

Sim, pode parecer incrível, mas a humanidade só conheceu a Terra de verdade no final da década de 1960, antes disso, não tínhamos sequer a ideia de como ela era. Esse foi um dos maiores saltos quânticos que a sociedade moderna teve. Depois da divulgação dessa imagem o mundo mudou radicalmente. Tudo o que somos hoje e acreditamos, de alguma forma tem uma ligação direta com a fotografia tirada pelos tripulantes da Apollo 8, em 1968.

Toda a filosofia humana se reconstruiu depois da apresentação dessa imagem ao mundo. Nós (os autores desta obra), não tínhamos nem nascido ainda nessa época, mas o fato é que foi algo realmente incrível.

Estranhamente, é dessa maneira que funciona a evolução humana, por meio de movimentos cíclicos e sazonais, com altos e baixos, com períodos de grandes descobertas e outros de estagnação e mediocridade. Geralmente, esses períodos de grandes descobertas são sempre envolvidos por intrigas, dúvidas, medos, disputas e discórdias entre os cientistas, governantes, ocultistas, espiritualistas e religiosos, porque as novas descobertas sempre trazem quebras de paradigmas, provocam mudanças extremas e acabam transformando a sociedade como um todo. Mas como o próprio Galileu Galilei disse um dia:

*Não precisamos nos preocupar,
pois a verdade é filha do tempo e não dos homens.*

Sobre o compartilhamento dos valores

O compartilhamento de valores virá por meio de um sistema de trocas virtuais. Inicialmente, com base em serviços prestados. Num segundo momento, esse compartilhamento será reconhecido pelas trocas de serviços e bens. Esse sistema de trocas se manifestará exatamente com o uso dos *Social Values*, ou Bônus Social. Um modelo de escambo virtual que já começou a ser utilizado no Japão há algum tempo e vem dando muito certo, mas ainda é um sistema que se limita somente a prestação de serviços.

Por exemplo: os jovens estudantes que não trabalham e têm tempo ocioso utilizam algumas horas de seus dias para cuidar de pessoas idosas e, ao invés de serem pagos com ienes, a moeda corrente japonesa, os idosos pagam esses jovens com uma moeda social virtual conhecida como Fureai Kippu, um valor que é medido pelas horas trabalhadas e revertido em créditos para a pessoa que prestou o serviço. Depois, esses créditos podem ser utilizados de várias formas. Os jovens podem trocá-los por outros serviços, repassá-los para outras pessoas ou podem optar por guardá-los para quando ficarem idosos poderem pagar por seus próprios cuidados e remédios.

Esse sistema ainda é pequeno porque se limita somente a ações bem setorizadas, mas com a gradativa falta de dinheiro disponível ao redor do mundo e a crescente falta de emprego, as pessoas vão começar a se movimentar à procura de saídas plausíveis para agregar mais valor aos seus potenciais de trabalho e virtudes, encontrando alternativas que não estejam diretamente ligadas ao mercado financeiro tradicional. Com certeza, tudo isso está sendo criado devido as necessidades dos seres humanos.

A necessidade sempre foi a mãe da criatividade, e os japoneses são especialistas em encontrar saídas incríveis em momentos de grandes dificuldades. Sem dúvida nossos irmãos japoneses estão mostrando ao mundo que existe uma forma digna de agregar um valor real ao trabalho humano.

Não temos dúvidas que no futuro compartilharemos praticamente tudo e tudo estará interligado dentro de um sistema de trocas. Além das pessoas se sentirem mais livres com essa nova modalidade social, elas se sentirão mais valorizadas e farão tudo com muito mais amor e paixão. As possibilidades se ampliam muito quando as pessoas se sentem valorizadas e beneficiadas. Essa é a essência da moeda social japonesa Fureai Kippu – que significa *Moeda da Gratidão*.

Imagine a seguinte situação: você acorda pela manhã e ao invés de ir trabalhar, opta por ir para aquele orfanato que fica do outro lado do seu quarteirão e passa o dia cuidando das crianças órfãs que moram lá. Você sempre quis ir naquele orfanato para conhecer aquelas crianças, mas como sua vida é extremamente corrida e cheia de compromissos, não consegue ser a pessoa que realmente gostaria, pois o sistema e a vida estressante que leva, obriga-o a trabalhar todos os dias, todas as semanas e todos os meses do ano para conseguir pagar suas contas mensais e sobreviver, não é assim?

Mas, imagine se você pudesse optar por não trabalhar nesse dia e não precisasse carregar culpa alguma por decidir entrar naquele orfanato e passar um dia inteiro ajudando aquelas crianças, e no final do dia, o orfanato lhe desse (x) *Social Values* como pagamento para você utilizar em outros lugares ou serviços. Você aceitaria esses bônus e iria embora com satisfação. Em seguida, entraria num salão de beleza, cortaria o cabelo e transferiria todos aqueles créditos que ganhou do orfanato para o dono do salão, como forma de pagamento do serviço que ele prestou. Ele receberia aqueles créditos com extrema gratidão, pois seu salão é um estabelecimento credenciado com a grande rede social.

Logo depois, assim que você saísse pela porta do salão, o dono do estabelecimento automaticamente transferiria os créditos recebidos para sua mãe, que infelizmente já está muito velha e doente e mora muito longe. Em poucos segundos ele faz a transferência automática dos créditos sociais e com eles, ela paga uma jovem que toda semana vai até sua casa para ajudá-la com os serviços domésticos e os cuidados médicos.

Por consequência desse serviço prestado, essa moça cuidadora de idosos acaba recebendo os créditos e transfere imediatamente tudo o que recebeu, com muita gratidão, para a creche que cuida e alimenta todos os dias a sua linda filhinha de apenas dois anos de idade, pois a creche também aceita os créditos sociais que tiveram como origem primeira, o orfanato. Dessa forma, as instituições humanas se transformarão em geradores de riqueza, uma nova moeda baseada na gratidão e no compartilhamento mútuo. Um valor real sobre o trabalho que é feito por humanos, e para os humanos.

Esse é logicamente um exemplo fictício. Mas você consegue compreender a cadeia de inter-relacionamento que um sistema desses pode criar?

Parece utópico?

Sim, para os padrões atuais de relacionamento humano certamente é algo utópico, impossível e até ilógico. Mas é a única saída que a humanidade terá – o compartilhamento mútuo. Não existe possibilidade alguma de continuarmos vivendo por mais trinta ou quarenta anos dessa maneira egoísta e acumulativa que vivemos hoje em dia. As pessoas não suportarão a pressão. O meio ambiente não suportará. O mundo não suportará.

Pode parecer impossível, mas a humanidade encontrará alternativas. Ela sempre encontra.

O sistema de compartilhamento e trocas sociais pode se assemelhar muito com a relação que temos com o dinheiro, mas não é. Essa relação é bem diferente, é uma relação de troca baseada em amor e gratidão, não é uma relação de troca baseada em valor de compra e venda.

Não sabemos exatamente como e nem quando esse sistema será instituído definitivamente, mas não importa, o que realmente interessa é saber que as pessoas estão começando a agir, e que no futuro todos os seres humanos serão beneficiados.

Falamos somente sobre trocas de serviços, mas certamente num segundo momento, os produtos também estarão inseridos nesse sistema. Como dissemos: esse sistema estará integrado e sendo controlado pelas próprias pessoas e não por empresas. Todas as pessoas que quiserem participar serão bem vindas, mas caso alguém venha a corromper os princípios da Grande Lei, automaticamente será destituída do sistema e terá de trabalhar fora da Lei, ou seja, não poderá se beneficiar das propriedades do compartilhamento mútuo. Será simples assim: um sistema baseado em princípios éticos e controlado pelas próprias pessoas.

Será que isso é possível?

Com certeza teremos de viver para ver.

Um pouco sobre o Fureai Kippu

Fureai Kippu (em japonês ふれあい 切符) significa ingresso de relacionamento carinhoso. É uma moeda japonesa virtual que foi criada em 1995 pela Fundação do bem-estar Sawayaka, para que as pessoas pudessem ganhar créditos ajudando os idosos das suas comunidades.

A unidade básica da conta é medida por cada hora de serviço prestada a alguma pessoa idosa. Às vezes, os idosos acabam ajudando uns aos outros e também ganham créditos de Fureai Kippu, outras vezes, os membros de famílias de outras comunidades ganham créditos e transferem para seus pais que vivem em outros lugares.

Por exemplo: se uma pessoa cuida de uma mulher idosa por certo período de tempo, ela obtém créditos com base no número de horas trabalhadas. Esses créditos acabam se acumulando e depois podem ser usados caso ela adoecer ou até mesmo para quando ficar idosa, ou então pode ser utilizado como troca por outros serviços que estiverem interligados com a rede Fureai Kippu.

Os usuários podem também transferir seus créditos para outras pessoas ou outros tipos de serviços. A parte surpreendente desse projeto é que os idosos japoneses preferem os serviços prestados por pessoas que fazem parte do sistema Fureai Kippu, ao invés de pagar pelos serviços prestados com ienes. Uma pesquisa feita com idosos no Japão, descobriu que eles preferem pessoas que trabalham com o Fureai Kippu, porque acreditam que o atendimento além de ser melhor, é autêntico e amoroso. Isso ocorre devido à ligação pessoal que se procede devido à natureza do relacionamento que se estabelece entre a pessoa que atende e a pessoa que é atendida.

Existem duas câmaras que enviam os créditos de um lado para outro do Japão. Esse sistema começou timidamente, mas já está crescendo muito. A China também já começou a implementar o conceito Fureai Kippu desde 2005. Certamente, dentro de uns dez anos, esse sistema fará parte da vida de muitas pessoas ao redor do mundo.

Hoje, nós vivemos um sistema cujo padrão de lastro de riqueza é o ouro. Mas imagine, por exemplo, se ocorresse de repente uma imensa e instantânea procura pelo ouro ao redor do mundo por causa de uma severa crise do sistema financeiro global. Certamente esse padrão de lastro de riqueza se modificaria rapidamente.

Mas qual seria o lastro de riqueza se a crise fosse financeira? Como seria isso se o dinheiro também não tivesse mais lastro e valor?

O próximo lastro de riqueza além do ouro com certeza seria a água, pois ela seria de extrema necessidade e estaria mais valorizada em relação ao ouro, portanto, todo mundo ficaria feliz em se livrar de ouro para adquirir água. Hoje o dólar deriva seu valor pelo ouro, mas, e se não houvesse dólar ou ele não tivesse mais valor? Como será que as pessoas pagariam, por exemplo, para obter a água? Certamente os valores se inverteriam e o ouro pagaria a água, pois ela seria um bem de consumo essencial e provavelmente estaria escassa. Se isso acontecesse realmente, a água em pouco tempo passaria a possuir uma taxa de câmbio flutuante igual ao ouro, ao dólar e ao iene japonês.

O valor real de uma moeda vem sempre da suposição razoável da sua necessidade de certos produtos e serviços em relação ao papel, o metal, ou qualquer outra coisa que você tenha dentro do seu bolso e que possa ser trocado.

Mas, e se a moeda perdesse totalmente seu valor e as pessoas já não a quisessem mais em troca de algo que você estivesse querendo, como funcionaria isso?

Na verdade, ultimamente nós pensamos muito sobre a condição do dinheiro como meio de troca. É muito comum hoje em dia as pessoas ficarem meio confusas sobre o dinheiro e pensarem sobre ele como um meio de troca ou uma unidade real de valor. Os valores oscilam muito com o tempo e, devido as altas taxas de juros e das condições econômicas dos países, o dinheiro parece estar perdendo seu real valor a cada minuto que passa. Nos últimos tempos, o dinheiro parece já não ter tanto valor percebido quanto tinha no passado. Parece que as pessoas estão perdendo a confiança nele e passando a dar mais valor para coisas mais concretas como o ouro e imóveis.

Mas será que o ouro é tão valioso assim?

Talvez ele seja, mas se um dia precisarmos de água para beber ou comida para sobreviver, certamente tanto a água quanto a comida terão mais valor do que qualquer pepita de ouro.

Já uma moeda social pode se tornar o novo lastro no futuro, não só para as relações sociais, mas também para os produtos e serviços que estiverem interligados entre si. Uma moeda social nunca terá lastro com algum bem material. Por esse motivo ela também não sofrerá flutuação ou manipulação em seu valor real. O único lastro que uma moeda social pode ter são as próprias pessoas e seus potenciais de trabalho. Pessoas são imutáveis, elas não podem sofrer interferência dos mercados financeiros e dos juros especulativos.

O Fureai Kippu é uma moeda totalmente eletrônica e tem como controle duas câmaras de compensação centrais, uma no Norte e outra no Sul do Japão. Por meio delas, os créditos FK (Fureai Kippu) são facilmente transferíveis. Muitos jovens japoneses que cuidam de pessoas idosas já transferem seus créditos conquistados para seus parentes mais velhos, para que eles possam pagar seus medicamentos e seus próprios terapeutas pessoais.

Além dos cuidados com saúde, os créditos de FK são usados também na educação. Muitos professores particulares no Japão já estão aceitando os créditos FK como forma de pagamento das aulas e taxas de matrícula.

Enfim, o que queremos dizer com tudo isso é que, mesmo que seja ainda um movimento tímido e setorizado, o valor social do futuro já começa a surgir ao redor do mundo e a fazer parte da vida das pessoas. Quando esse sistema se mostrar realmente eficiente, pelo menos nas relações sociais, as pessoas começarão a mudar seus hábitos e a forma como se relacionam com o dinheiro.

O valor social ou dinheiro social despertará novas ideias e possibilidades nas pessoas, pois será uma espécie de dinheiro Yin-Yang, um valor que não se pega e nem se vê. Um valor que vai e vem pela força da gratidão. Algo que nunca acaba.

Quarto Passo – Energia Livre

A Interlife

Se o terceiro passo está baseado no compartilhamento dos valores, então o quarto passo será a troca de grande parte da matriz energética existente, por uma nova matriz de energia livre.

O que isso significa?

Num dado ponto da sinergia física, psíquica e mental humana, junto às tecnologias disponíveis, criar-se-á uma enorme base energética de sustentação para toda a Rede Interlife de Compartilhamento.

Isso se instalará completamente nas próximas décadas. Sim, as pessoas serão as próprias fontes de sustentação desse grande sistema, como se fosse um sistema autogerado. O calor do corpo e as bioenergias geradas através dos poderes das consciências das pessoas, serão transformados em uma energia capaz de sustentar toda a rede e todas as coisas que dela dependerão, e tudo, de alguma forma, se interligará e será interdependente dentro desse grande sistema. Não será mais necessário plugar fios em redes elétricas para que os computadores funcionem, pois as conexões e afins, não serão mais coisas físicas, serão sistemas holográficos em projeção. Os aparelhos que ainda forem físicos serão tão compactos e tão pequenos, e suas tecnologias de absorção de bioenergias vitais humanas serão tão eficientes, que a energia de uma única pessoa será capaz de abastecer simultaneamente mais de 1000 computadores pessoais.

A Rede Interlife não necessitará de uma fonte externa de energia, pois será livre e totalmente compartilhável entre as pessoas. A partir do momento que a pessoa estiver conectada com a grande rede, ela automaticamente estará doando e compartilhando a sua própria energia e sustentando um sistema que será praticamente vivo e orgânico. Cada pessoa se tornará uma espécie de mini usina de energia.

Pode parecer realmente assustador pensar sobre isso hoje, mas o Povo Azul diz que veremos tudo isso acontecendo dentro de pouco tempo, eles não especificaram exatamente a data, mas dizem que no começo da década de 2020, veremos o início da instalação desses processos com a implantação de novas tecnologias nanotecnológicas de transformação da bioenergia humana em energia elétrica e eletromagnética inteligente.

Eles dizem que existe muitos grupos semelhantes aos deles passando informações para as pessoas ao redor do mundo, e cada grupo tem uma função específica.

Mas como será esse sistema? Como será a parte técnica, os softwares e os hardwares?

Eles responderam por meio de uma breve mensagem durante a madrugada no dia 11 de março de 2012.

Não se preocupe. Cada pessoa está onde deve estar. Cada um está no seu devido lugar. Não adiantaria passarmos dados e informações técnicas a uma pessoa que veio com o propósito de orientação. Você escolheu ser um escritor e não um engenheiro e programador. Se fosse um engenheiro, então seria atendido por grupos extrafísicos que tem como objetivo e função a engenharia eletrônica, a física e a mecânica. Mas você não tem os códigos necessários, nem os conhecimentos adquiridos através das suas repetidas vidas para acessar conhecimentos sobre engenharia e tecnologia, da mesma forma que não tem os códigos necessários para receber informações sobre genética e urbanização. Os dados e as informações técnicas para a implantação desse novo sistema já estão sendo passados para os respectivos profissionais de cada área. Então, cada um está onde deve estar. Compreende?

O que podemos dizer é que a base de sustentação de todo esse sistema, será o próprio poder psíquico humano. Tudo virá por meio da junção da força da consciência e da tecnologia. Mas, um sistema compartilhado desse porte só poderá se instalar quando a ética for uma condição real dentro da sociedade humana. Por isso a necessidade de um despertar coletivo.

Então voltei a perguntar a eles:

Mas será que isso tudo pode ser possível? Não é algo utópico essa ideia de ética universal compartilhada?

A resposta veio prontamente:

Sim, para os padrões atuais certamente a ideia da ética e do compartilhamento é uma utopia, mas para os padrões futuros, afirmamos com todos os nossos conhecimentos adquiridos e com toda a nossa vivência, que não é impossível. Além de ser totalmente possível, a Lei do Compartilhamento será a única forma de evoluírem como raça humana. Não há realmente outro caminho a seguir senão pelo caminho do compartilhamento mútuo, nós temos conhecimento suficiente para afirmarmos isso.

Aqui, a palavra ética tem o mesmo significado que a palavra amor, e vice e versa. Se quiserem avançar e evoluir como sociedade, terão de aprender a amar seus semelhantes e respeitá-los como a vocês mesmos. Não existe outra saída a não ser se renderem ao amor.

Queridos, a ética e o amor serão os grandes alicerces de sustentação da Grande Lei.

Dentro em breve, seus corpos físicos poderão entrar em colapso, pois precisarão de muita energia e não mais a encontrarão aí no mundo material. A energia que necessitarão no futuro será a espiritual e não somente a material. A energia do mundo espiritual virá para sustentar definitivamente a do mundo material. Compreendem?

Vocês não precisam esperar para começarem a se abastecer dessa energia, já podem abastar seus espíritos e suas mentes com o Prana Espiritual e colocar seus corpos novamente em harmonia com os ritmos das estrelas e das pulsações cósmicas.

Infelizmente, dentro desse sistema materialista que vocês criaram, em breve não encontrarão mais essa energia que necessitarão para seguirem adiante.

Vocês crescem economicamente, mas ao mesmo tempo em que acreditam estar evoluindo, se enganam, porque na verdade estão criando um mundo de extrema individualidade e competitividade e mergulham cada vez mais em um ambiente social repleto de frustrações.

Desculpem queridos, pela rispidez, mas evolução não significa chegar mais alto, e sim chegar mais perto, mais próximo de vocês mesmos e de seus espíritos. Às vezes optamos pela provocação, justamente para provocar uma ação e uma reação.

Esse sistema que vocês criaram pode ser válido até certo ponto, porém logo perceberão que ele não será capaz de suprir o que vocês necessitarão no futuro. Logo perceberão que ele não está apropriado para a instalação de um novo projeto de futuro baseado nos processos do compartilhar.

O sistema atual é centralizador e fere os ditames espirituais maiores. Sim, certamente esse sistema foi útil e essencial até o momento, mas como podem ver com seus próprios olhos, o velho mundo está vivendo seus últimos momentos e logo colapsará para dar lugar a um novo modelo de inter-relacionamento econômico e social. Esse sistema atual não poderá mais existir se considerarmos o compartilhamento como uma nova forma de inter-relacionamento humano no futuro.

Nessa breve mensagem, o Povo Azul mostra que o nosso atual sistema é uma grande bolha que está prestes a explodir, um sistema que está se tornando incapaz de confortar nossa alma aflita e os nossos anseios, que se mostra impossibilitado de abastecer nossas emoções, sonhos e necessidades, e até mesmo de se manter como alicerce de sustentação de uma sociedade em evolução. Ele está ruindo aos poucos.

Não é difícil confirmar a incapacidade desse sistema atual, basta olhar nos olhos das pessoas pelas ruas, ou então, olharmos para nós mesmos no espelho, para vermos como estamos extremamente irritados e desorientados. Estamos desequilibrados emocionalmente, ansiosos, nervosos e nos sentindo perdidos em meio a tantas informações desencontradas, como se estivéssemos sendo levados por uma enxurrada de apelos e aportes artificiais que trazem todos os dias uma falsa felicidade.

No fundo, mesmo as pessoas vivendo em coletividade, estão se sentindo muito sozinhas, mesmo tendo dinheiro estão se sentindo pobres, estando em família, sentem-se desamparadas, pois esse sistema social não está conseguindo mais suprir as necessidades e vontades humanas. Tentamos estancar nossas feridas e culpas, valendo-se de inúmeros artifícios da matéria, mas, na realidade, não estamos conseguindo sair do lugar comum, parece que estamos ficando cada vez mais cansados, como se estivéssemos nadando contra a maré sem sabermos exatamente para onde estamos indo.

Sabe por quê?

Porque estamos vagando desesperadamente em busca de algo que não é material, estamos todos em busca do reconhecimento alheio, do amor de terceiros e de uma energia psíquica invisível, que não pode ser tocada e sentida. No fundo é tudo uma grande ilusão, pois o que procuramos o mundo material nunca poderá nos dar, o que buscamos, na verdade está disponível somente no mundo espiritual.

É verdade que há muito tempo as pessoas vêm se desenergizando pelo simples fato de não estarem conseguindo mais encontrar uma forma de compensar essa energia vital que vem se perdendo e se esvaindo a cada dia. Como elas não conseguem encontrar mais a grande fonte de energia espiritual, por estarem dispersas e espiritualmente enfraquecidas, acabam encontrando o que tanto necessitam, nas outras pessoas. Não se assuste com isso, pois é fato, as pessoas estão se transformando em vampiros energéticos e sugando constantemente energia uns dos outros.

Grande parte do tempo, mesmo que inconsciente, as pessoas acabam sugando a energia umas das outras. Na maioria das vezes fazem isso dentro das suas próprias casas, dos seus ambientes de trabalho e com seus amigos e familiares. Isso acontece porque esse tipo de roubo energético é sutil e invisível, um roubo que costumamos chamar de assédio energético intrafísico ou obsessão intrafísica, algo muito parecido com o que os obsessores espirituais[14] costumam fazer no plano extrafísico quando precisam sugar a energia vital das pessoas encarnadas. Parece que estamos realmente aprendendo com eles, como sugar cada dia mais, essa energia vital das pessoas.

---

14 *Obsessores Espirituais: um espírito obsessor, segundo o espiritismo, é um espírito que se ocupa temporariamente de causar transtornos e prejudicar a vida das pessoas, desde que estas se encontrem em sintonia com esse obsessor. Diz-se "temporariamente", pois todo espírito obsessor acaba, mais cedo ou mais tarde, concluindo que o maior prejudicado com a obsessão é ele mesmo, uma vez que, enquanto estiver exclusivamente dedicado a prejudicar alguém, estará estagnado no seu caminho evolutivo. Um espírito que obsedia uma pessoa, geralmente, trata-se de um ser desencarnado que julga ter sido intensamente prejudicado por ela, buscando então, através da obsessão e da apropriação da energia alheia, vingar-se daquele que julga tê-lo prejudicado numa vida anterior.*

O assédio intrafísico é feito entre as próprias pessoas. Mais precisamente entre os familiares, amigos, casais e, principalmente, entre companheiros de trabalho que passam muito tempo juntos ou convivem de alguma forma. Esse assédio é tão prejudicial quanto o assédio extrafísico feito por espíritos obsessores e entidades sofredoras.

Enfim, o que é importante saber, é que os conflitos são as grandes fontes e as origens de todas as formas de obsessões e assédios, sejam eles intrafísicos ou extrafísicos. O que estamos querendo dizer, é que onde há uma desavença, há sempre uma obsessão ou um assédio latente, seja de uma pessoa comum ou de uma entidade sofredora. É por isso que a humanidade está chegando num ponto crucial neste momento. Ela está mergulhada em um ambiente repleto de constantes conflitos, desde os interpessoais de caráter emocional e psicológico, aos familiares ou entre amigos, empresas, governos e até mesmo entre países e religiões. A Terra acabou se tornando um grande hospital de conflitos, as pessoas precisam urgentemente despertar e se curar desse mal.

Precisamos dissolver o máximo que conseguirmos os atritos da nossa vida e com a máxima urgência, estamos carregando há muito tempo um enorme peso sobre nossos ombros. Precisamos lutar contra eles, pois jamais adentraremos num mundo compartilhado sem observar qualquer mudança nesse sentido. Se quisermos mesmo viver num mundo melhor e mais justo no futuro, então é preciso uma dissolução urgente desses conflitos. O ideal é seguirmos direto ao ponto e começarmos resolvendo nossas próprias disputas pessoais e familiares, ao invés de sairmos gritando pelas ruas querendo resolver os problemas dos outros e do resto do mundo.

A fonte de todos os desentendimentos, de todas as doenças psicossomáticas, de todos os assédios e discórdias humanas, são exatamente os conflitos que teimam em existir entre as pessoas.

Sim, eles existem e sempre existirão, mas há uma grande diferença entre querer resolvê-los ou não.

Mas como resolver conflitos se muitos deles parecem não ter solução?

Como o Povo Azul diz, o amor e a verdade são capazes de resolver tudo, simplesmente tudo. Eles dizem que se começarmos a trabalhar pelo prisma da verdade, logo veremos as soluções surgindo na superfície da nossa vida.

Pode parecer simplista, mas é assim mesmo que funciona. Quando juntamos a ética e a verdade e o amor e a vontade, nada pode impedir a solução de um conflito. Já, se continuarmos dando atenção às mentiras, às enganações, ao orgulho e à mesquinhez, certamente não chegaremos a lugar algum.

Você sabe qual é o maior repositório de conflitos da nossa sociedade moderna?

O Sistema Judiciário. Sim, pasmem, é o sistema judiciário que alimenta e sustenta os maiores conflitos humanos. O lugar que deveria ser a central de todas as soluções da sociedade, na verdade acabou se transformando num grande hospital, uma central de armazenamento de conflitos e karmas.

Infelizmente, os tribunais e os fóruns se tornaram ambientes doentios e não trabalham mais para solucionar os problemas das pessoas, muito pelo contrário, o sistema de justiça atual vem trabalhando para que os conflitos se arrastem durante muito tempo e não se resolvam, fazendo com que as pessoas continuem sofrendo e se entrelaçando energética e karmicamente umas com as outras. No fundo, parece que estamos fadados a viver com base na justiça dos homens, e a cada dia mais nos tornando descrentes e desconfiados com a justiça divina. Parece que até mesmo a justiça divina está se rendendo à justiça instituída pelos homens.

É preciso que as pessoas parem de remediar seus conflitos, e que tenham coragem para começar a solucioná-los com perseverança, pois só assim darão um passo em direção ao perdão.

Precisamos lutar por nós mesmos e não mais pelas coisas ou pelo orgulho e ganância. Não temos mais tempo a perder, é hora de pararmos de nos enganar e começarmos a lutar pela verdade, ao invés de continuarmos perdendo tanta energia por causa de tantas mentiras.

Você consegue imaginar a sociedade humana futura agindo da mesma maneira que vem agindo hoje em dia? Você consegue imaginar uma sociedade assim daqui a vinte ou trinta anos?

Pare por alguns instantes e imagine seus filhos vivendo da forma que estamos vivendo hoje. Você acha que eles terão uma vida saudável, pacífica, abundante e tranquila se mantivermos esse ritmo desenfreado, injusto e quase enlouquecedor?

Não pense somente nos assuntos globais, como o aquecimento global, a mudança de temperatura da Terra, a violência, etc. Tente visualizar a vida cotidiana propriamente dita e visualize o futuro dos relacionamentos humanos, das emoções, dos relacionamentos amorosos e as famílias do futuro.

Você consegue imaginar isso?

Pois bem, agora tente levar sua imaginação um pouco mais adiante e visualize o mundo daqui a cem anos dessa mesma forma que estamos vivendo hoje.

Consegue imaginar? Pense então daqui a duzentos ou quinhentos anos, como seria?

Fica claro que uma grande mudança deverá se manifestar em breve. No fundo, sabemos que não será possível manter uma sociedade saudável e pacífica no futuro, caso não despertemos para uma nova forma de viver nossa vida, agora. Se não despertarmos nossas consciências para um mundo compartilhado e não agirmos assertivamente agora, o futuro certamente será afetado.

Estamos extremamente ansiosos e não conhecemos sequer a causa dessa grande ansiedade. Não sabemos realmente o que fazer, nos sentimos estranhos, estamos optando por deixar que os governantes tomem as decisões por nós. E esse é o grande erro. Parece que nos tornamos reféns e estamos aceitando passivamente tudo o que está sendo imposto.

O Povo Azul diz:

Não se preocupem tanto. O momento é de um grande despertar coletivo. Muitos despertarão pelas forças da dor, mas muitos despertarão pelas forças do amor. Nós queremos que o despertar ocorra pelas forças do amor. Queremos que não temam nada, nem mesmo o tempo, pois há muito tempo para que as mudanças ocorram.

Façam a parte de vocês ajudando o TODO. Nós também temos nossas funções e responsabilidades. Acreditem: vocês não estão vagando sozinhos pela vida, há uma legião no astral superior amparando-os e orientando-os. Vocês não estão e nunca estarão sozinhos, nunca mesmo.

Vocês não têm realmente como saber o que os espera no futuro, pois estão vivenciando suas realidades dentro da dimensão presente. Mas nós estamos aqui no futuro a mais de 14.000 anos à frente, e já vivemos tudo isso que vocês estão vivenciando hoje. Nós afirmamos: não há outra saída para a sociedade humana se não for através do compartilhamento das ideias, dos ideais, das riquezas, das energias e das bioenergias.

Em breve estarão defronte ao grande espelho e colocarão em prática o que um dia um homem anjo ensinou. Sim, vocês logo começarão a "Amar o próximo como a vocês mesmo".

Em seus íntimos vocês sabem que não será possível ver esse sistema atual operando por muito tempo, pois ele é finito e limitado. As gerações futuras não terão expectativa alguma de paz e harmonia se continuarem dependentes desse sistema que infelizmente está voltado somente para os lucros e o crescimento desordenado. Não se pode crescer o tempo todo e para sempre. Esse sistema parece forte e viril, mas na verdade ele é tão frágil quanto um castelo de areia. Caso a sua base de sustentação venha ruir, todo o castelo vem abaixo. Essa base é a matriz energética elétrica e a energia fóssil atual.

A energia da matéria nunca poderá abastecer a do espírito. Ela alimenta a matéria e o corpo, mas a do espírito alimenta o espírito e a alma.

A energia que estão precisando atualmente, e que precisarão muito no futuro, é exatamente a espiritual e não a material que vocês já têm, o que precisarão no futuro é da energia astral, a luz manásica que vem do mundo espiritual e brota das profundezas do Sol Central, o Sol Oculto que vive e pulsa em seus corações e também no centro de OM – a grande Mãe – Via Láctea.

Infelizmente, vocês se esqueceram de como se abastecer da Fonte Maior, e por isso, acabaram usando o próximo como a única fonte de energia espiritual disponível aí na Terra.

As pessoas mais fortes vibracionalmente estão sustentando as mais fracas, porém, não estão aguentando tanta doação energética, tanto roubo e tanta descarga. Em breve começarão a agonizar e a energia começará a cessar. No entanto, se os fortes agonizarem, os fracos agonizarão. Se chegarem nesse ponto, todos ficarão a mercê das entidades negativas do astral. Por esse motivo, dizemos que vocês estão chegando num ponto crítico de resistência e precisam despertar e solucionar seus conflitos pessoais urgentemente.

Mas como vocês sugam a energia uns dos outros?

O vampirismo é feito de guerras emocionais e desentendimentos. Sempre através da raiva, das intrigas, das brigas, da prática da inveja, do desamor, da apologia ao medo e por intermédio de sentimentos contrários ao bem-estar humano. Todas essas formas emocionais errôneas e negativas acabam se tornando ótimas ferramentas para vocês desarmarem seus oponentes e começarem a sugar a energia vital que tanto necessitam. Muitos de vocês guerreiam todos os dias à procura dessa energia vital, e na maioria das vezes acabam fazendo isso por mera inconsciência.

É preciso que saibam, portanto, que mesmo dizendo que não gostam e que não aceitam as desgraças alheias, no fundo vocês gostam sim, porque na verdade se acostumaram a se abastecer das vibrações negativas e discordantes que ocorrem em seus arredores. Estamos falando exatamente sobre as vibrações de sofrimento e destruição. Desculpem-nos, mas infelizmente há uma hipocrisia social pairando no ar e reinando sobre a Terra. Isso é fato e precisam ser esclarecidos sobre isso. Vocês não podem mais alimentar essa egrégora de sofrimento.

Isso tudo parece estranho para vocês?

Sim, é estranho porque vocês não conseguem enxergar esse roubo energético com seus próprios olhos. É chegado o momento de encarar a verdade. Não estamos dizendo essas coisas para se isolarem ou ficarem com medo das pessoas ou dos assediadores de plantão, estamos dizendo tudo isso por força do esclarecimento, justamente para terem coragem de se aproximarem cada vez mais uns dos outros e mostrarem a eles que ao invés de conflitar e roubar, o melhor mesmo é compartilhar e somar.

Parem e percebam como muitas pessoas que vocês conhecem acabam se utilizando dessas técnicas de vampirismo energético. As pessoas se acostumaram tanto com essa forma maléfica de obtenção de energia, que acabaram se tornando viciadas e dependentes desses hábitos. Vejam como muitas pessoas não suportam ver suas famílias em harmonia e lutam teimosamente para manter sempre o caos reinando em seus ambientes familiares e de trabalho. Elas fazem isso porque inconscientemente sabem que o caos e a desordem são ótimos geradores de energia para elas mesmas.

Mas será que existe alguma saída?

Sim, vocês têm uma saída.

E qual será o antídoto desse mal?

O antídoto é neutralizar e não aceitar mais esses modelos primitivos de conduta. Não aceitem as desavenças, as guerras, a violência e a desordem, não aceitem as drogas, o medo e a mentira como condição para suas vidas, não discutam e não batam mais as portas de suas casas por raiva, parem de gritar com aqueles que convivem com vocês, pois o grito é um alarme de desamor e orgulho. Sim, o grito de raiva e nervosismo funciona como um aviso, um chamado aos espíritos das sombras que vêm e se alimentam do desamor e da desarmonia das pessoas.

Ao invés de gritarem, optem por dialogar. Caso o diálogo não seja possível, prefiram o silêncio e tentem um novo diálogo em outro momento. Acreditem: vocês nunca encontrarão uma saída satisfatória para seus problemas por meio de gritos e brigas. Se não for pelo caminho do entendimento e da ética, as consequências serão sempre prejudiciais para todas as partes envolvidas. Com brigas e gritos, os corações de ambos os lados sofrem e todos saem perdendo. Pelo caminho da dor nunca haverá um vencedor. Brigando e discutindo todos acabam perdendo, através do negativismo e dos conflitos, os problemas tendem a aumentar e a piorar cada vez mais, pois onde existe conflito, sempre haverá a presença e a intervenção direta dos assediadores extrafísicos negativos de plantão.

O que fazer então?

Comecem por promover a ordem e a harmonia em suas vidas. Promovam e valorizem a paz, o amor e a leal convivência entre os seus. Opte por falar a verdade para seus amigos e familiares. Usem a verdade como escudo e condição primeira de suas vidas. Procurem transformar seus relacionamentos em algo prazeroso e isento de conflitos. Vocês só têm a ganhar vivendo pelo prisma da verdade, pois ela é o início, meio e o fim de todas as jornadas. A verdade é a manifestação do amor e da ética espiritual no mundo físico. Se optarem por uma vida baseada em verdades ao invés de continuarem vivendo em mentiras, encontrarão o caminho do verdadeiro amor. Assim deve ser e será!

Verdade é posicionamento. É coragem. Viver pelo prisma da verdade é ser autêntico consigo e com Deus. Portanto, a partir desse momento desejamos que vivam pelo prisma da verdade. Por mais difícil que possa parecer, vocês precisam começar a viver essa nova vida.

Se amarem, digam que amam. Se apenas gostam, manifestem esse gostar. Se gostarem muito, mas não for amor, digam que gostam muito, mas que não chegam a amar. Se estiverem infelizes ao lado de uma pessoa, tenham coragem de deixá-la partir, pois muitas vezes são exatamente vocês que continuam sustentando algo que já é insustentável.

Se quiserem realizar seus sonhos, então comecem a trabalhar em função deles, ao invés de ficarem adiando todos os dias o que deve ser feito. Se realmente querem descobrir suas missões de vida, tenham coragem de levantar e ir ao encontro de si mesmos. Desejam serem pessoas saudáveis? Então por que continuam se maltratando comendo tantos alimentos prejudicais aos seus corpos e pouco nutritivos à saúde?

Isso tudo significa viver uma vida de verdades. Façam o que dizem, e vivam essa verdade. Suas atitudes lhes mostram o caminho e as escolhas vão ficando cada dia mais corretas.

A Conta Corrente Astral

De fato, essas pessoas que sugam energias umas das outras são egos sofredores inconscientes e não sabem o que estão fazendo. Elas desconhecem que estão causando malefícios gigantescos para as outras pessoas, muito menos imaginam que terão de devolver toda essa energia que um dia roubaram, pois no astral superior, existe uma conta corrente que tudo controla e tudo contabiliza. Nada, realmente nada, escapa do magnífico gerenciamento do Astral Superior. O que não é seu, não pode ser seu. Tudo aquilo que é roubado, um dia terá de ser devolvido. Assim funciona a justiça divina.

Definitivamente, vocês não precisam mais se abastecer da energia de outras pessoas, pois isso é um ato ignorante e uma fonte criadora de karmas. Vocês já estão suficientemente avançados para não continuarem com essa atitude, pois essas técnicas são obsoletas e primitivas. Com toda a certeza, vocês não precisam mais disso.

Estamos aqui para dizer que há uma fonte de energia infinita que pode suprir todas as necessidades humanas, durante toda a eternidade, e para dizer que a ideia da falta e da miséria energética não podem mais existir no Universo. A crença na falta é uma criação humana, algo que foi dito como verdade apenas para mantê-los sob um regime de medo. Nós afirmamos com convicção que a palavra "falta" não faz sentido algum e que há energia suficiente no Universo para abastecê-los durante toda a eternidade.

A Energia Livre

Podemos adiantar que a Energia Livre instalar-se-á por completo exatamente quando a energia negra (petróleo), as massas cancerígenas do Planeta, cessarem. Nesse momento, suas próprias energias individuais já estarão interligadas umas às outras. Estarão dentro de uma imensa teia energética e cada pessoa será transformada numa espécie de usina de energia.

A energia livre compartilhada será uma das mais incríveis forças do futuro, uma fonte abundante vinda dos planos cósmicos superiores por meio da junção das forças psíquicas e tecnologias que estarão capacitadas para transformar a energia cósmica invisível em energia física, elétrica, mecânica e eletromagnética.

Essa nova matriz energética transformará os homens e mulheres do novo milênio em verdadeiros alquimistas do futuro. Serão seres capazes de transformar energia cósmica em energia física real.

Com a implantação do Sistema de Energia Livre, os sentimentos negativos e conflitantes como as crenças na falta, o medo e a ansiedade, que tanto assolam as mentes humanas, serão definitivamente extintos.

Muitos não aceitarão perder o controle e o monopólio energético. Mas, felizmente, essas pessoas não estarão mais autorizadas a viver sobre o corpo da Terra e aos poucos serão levadas para outros lugares.

Mas como será possível implantar um sistema de energia livre na Terra?

Com o passar do tempo, vocês descobrirão tecnologias que facilitarão esses processos de transformação. Os estudos sobre esse tema surgirão com mais afinco a partir do ano de 2025. Por enquanto, só podemos dizer que a energia livre estará direta e proporcionalmente relacionada com os poderes mentais das pessoas e as energias provenientes do Cosmos. Mas essa nova fonte de energia só se tornará realidade, quando os conhecimentos científicos estiverem andando de mãos dadas com os conhecimentos espirituais e conscienciais. Pode parecer algo que está muito distante de acontecer, pois para vocês 40 ou 50 anos crísticos é muito tempo, mas para nós é apenas um instante dentro da imensidão da eternidade.

Vocês estão exatamente dentro do embrião desse grande processo de novas descobertas. Certamente são processos lentos, mas devem ser assim mesmo, pois para que tudo aconteça perfeitamente, muitos paradigmas sociais precisarão se romper.

A energia compartilhável além de ser extremamente eficaz, é uma energia libertadora. Somente pela utilização de uma matriz energética livre, vocês poderão evitar a propagação de ideias equivocadas como a de um governo único para a Terra, a tão aclamada Nova Ordem Mundial, um poder que infelizmente é desejado e perseguido por alguns grupos há muitos séculos.

Seus governantes estão sedentos pelo poder mundial, mas esse poder só pode ser instituído caso haja um controle ou monopólio das fontes energéticas do Planeta, ou seja, quem detiver o domínio sobre as fontes de energias naturais, terá o desejado poder sobre os povos da Terra.

Queremos deixar nossa posição bem clara sobre esse tema: a ideia de um governo único é equivocada e não deve ser instituída na Terra, porque somente um ser é capaz de comandar o mundo, e seu nome é: Lord Melquesedeque.

Tudo leva a construção do bem. Mesmo o mal parecendo ser uma fonte destruidora, no final ele acaba se tornando uma fonte criadora, pois vocês foram criados a imagem e semelhança de um ser criador e não de um ser destruidor. Então, por que continuar fazendo o caminho mais longo?

Vá direto ao ponto: ao encontro do bem. É certo e confiável que você só tem a ganhar optando pela prática do bem.

Nós afirmamos: existe uma alternativa contra qualquer tentativa de manipulação populacional e monopólio energético. Essa alternativa se chama Energia Livre, a energia que será obtida quando a Lei do Compartilhamento estiver instituída, pois as duas coisas andarão juntas.

Irmãos, vocês não podem mais ser enganados, todas as informações e os esclarecimentos estão sendo disponibilizados e compartilhados, apropriem-se deles, por favor. A energia livre funcionará exatamente como o compartilhamento de informações. No futuro, o monopólio energético não poderá existir, pois a energia será disponível e livre, exatamente como as informações estão atualmente.

Através dessa maravilhosa lei, se tornarão pessoas verdadeiramente livres. Vocês acreditam que vivem livremente, mas não é verdade, pois estão vivendo dentro de um ambiente de condicionamentos e controle, ou seja, de condições impostas e decretadas. No fundo vocês estão presos. Não por detrás de grades e cadeados, estão presos em suas mentes e sofrendo muito por isso. Mas no futuro nós vemos todos vocês se libertando dessas amarras. Isso é exatamente o que muitos governantes mundiais temem: as libertações das pessoas.

Vocês estão despertando e sabemos que estão no caminho certo. Então, sejam persistentes e lutem por liberdade! Vocês precisam ser livres para evoluírem como seres humanos.

Procurem se aprimorar científica e espiritualmente, pois a Lei do Compartilhamento já existe nos planos superiores e está pronta para precipitar na Terra.

Quinto Passo – O Sistema Doors

A Internet que conhecemos hoje será modificada radicalmente na sua estrutura de sustentação. O sistema atual está baseado em um sistema de gerenciamento de arquivos através de *janelas* (Windows) de acesso. No futuro ele será trocado por um sistema de armazenamento integrado e gerenciado através de um sistema de portas (Doors), ou *portais* de acesso. O sistema operacional de gerenciamento do sistema Interlife se chamará Doors, ou seja, um sistema de portas que dará acesso integral a tudo o que o homem já conhece e também a tudo que ainda desconhece. Além do acesso ao mundo conhecido, esse sistema de *portas* trará a possibilidade de acesso aos mundos desconhecidos, aos mundos paralelos, invisíveis e interdimensionais.

O *Sistema Doors* levará o ser humano para realidades que ele jamais pensou em acessar, como o plano astral e as dimensões extracorpóreas. Tudo isso será feito com a ativação da glândula pineal, uma tecnologia de ponta que será feita com a ajuda de nanopartículas que acessarão por meio de dois túneis de luz situados entre os olhos e o meio da testa, e ativarão as partes mais profundas do cérebro que há tanto tempo ficaram desativadas – o hipotálamo será uma dessas partes.

No futuro, as *portas para o além* (as glândulas pineais) serão novamente abertas e provocarão um grande salto nos conhecimentos da humanidade.

Essas passagens para mundos interdimensionais não serão viagens físicas, tudo será feito através de desdobramentos conscientes com a respectiva potencialização dos poderes da consciência.

Nesse ponto, os seres humanos estarão bem mais familiarizados com esses assuntos que ainda são tabus, e estarão prontos para viverem uma vida multidimensional e multifamiliar. Numa linguagem mais simples, teremos a possibilidade de acessar e compreender melhor o mundo dos mortos, o mundo dos sonhos, o mundo extrafísico e os mundos interdimensionais que coexistem conosco, mas que infelizmente não conseguimos vê-los a olhos nus.

Através da abertura desses *portais* interdimensionais, poderemos acessar conhecimentos incríveis sobre o futuro e o passado, como também, teremos a possibilidade de descobrir detalhes sobre nossas origens e nossos propósitos maiores como seres humanos viventes no Planeta Terra.

Teremos capacidade de descobrir sobre os segredos ocultos do Universo, sobre o Cosmos e outros seres que existem em outras dimensões e planos existenciais diferentes do nosso. Nesse ponto, a ideia de Deus, ou a compreensão Dele, também será modificada. No futuro, Deus será visto como – *O Tudo* – e uma ideia universalista estará integrada ao pensamento cotidiano das pessoas.

Além de trazer o contato com outras dimensões e outras inteligências, o *Sistema Doors* ajudará muito nos processos de capacitação da bioenergia gerada pelas pessoas. Como se fosse um condensador ou um estabilizador energético que modula e harmoniza o corpo, a mente e o espírito.

É claro que isso tudo parece abstrato e incompreensível, se analisarmos por um ponto de vista lógico e racional. Mas mesmo parecendo algo abstrato, esse sistema será extremamente lógico na sua essência, a diferença principal é que ele não será construído somente com tecnologias mecânicas, eletrônicas e elétricas como estamos acostumados hoje em dia, além das tecnologias tradicionais, esse sistema estará integrado com a mente e os poderes psíquicos dos seres humanos.

Eu tive a oportunidade de ver de perto como esse *Sistema Doors* irá funcionar, quando tive uma repentina projeção astral no dia 01 de fevereiro de 2012, aproximadamente às 19h30, enquanto descansava na sala da minha casa. Não costumo dormir cedo, até porque as comunicações com meus mentores e o com o Povo Azul sempre chegam depois da meia noite.

Mas nesse dia, algo diferente aconteceu, era um final de tarde silencioso e acabei me deitando para descansar no chão da sala, fechei os olhos e em poucos segundos percebi que meu corpo sutil estava se descolando do meu corpo físico, e logo entendi que estava prestes a ter uma projeção astral. Fiquei calmo e deixei acontecer tudo naturalmente, queria saber quem estava querendo se comunicar comigo naquele momento, pois sempre que uma projeção fora do corpo ocorre, alguma informação é passada ou alguém se apresenta para trazer algum esclarecimento.

Meu corpo etéreo se descolou rapidamente do meu corpo físico e sequer tive tempo de olhar para trás para me ver deitado sobre o chão. Em milésimos de segundos fui lançado em outra dimensão para dentro de uma espécie de casa, uma residência muito grande e bem diferente de qualquer casa tradicional que conhecemos.

Como já descrevi em outros livros: quando se está em estado projetivo fora do corpo (projeção astral ou viagem astral), a lucidez é total, não há dúvida nem mentira, pois o ambiente astral é extremante real, bem mais real do que o próprio plano físico que estamos acostumados. Como esse tipo de fenômeno é corriqueiro para mim, procurei me acalmar e não ter medo, mesmo porque, quando se sente medo durante uma projeção astral, a pessoa automaticamente começa a voltar ao encontro do seu corpo físico como se fosse um caramujo voltando para dentro da concha. O ideal nesses momentos é manter a calma, ancorar e pedir o auxílio do mentor pessoal e não temer o que será apresentado.

De repente, eu me vi sozinho dentro de uma casa enorme com vários andares e largos corredores com aproximadamente dois metros de largura e três de altura, como se fossem grandes túneis quadrados que se entrelaçavam entre si.

O teto, as paredes e o chão eram todos da mesma cor, um cinza claro, quase um branco gelo. Apesar de frio, vazio e enigmático, aquele lugar parecia ser bem aconchegante e protegido. Não havia móveis, quadros nas paredes, nem escadas ou portas, só havia corredores que se cruzavam e levavam para andares superiores como se fossem grandes rampas, bem parecidas com as rampas de granito que existem dentro da grande pirâmide de Gizé e que levam as pessoas até as câmaras sagradas.

Comecei a andar por aqueles corredores atento a tudo. Repentinamente, olhei para o lado direito e vi enormes janelas de vidro com quase dez metros de comprimento cada uma, olhei através delas e vi uma bela paisagem, um imenso e lindo gramado com enormes montanhas verdes ao fundo.

Continuei caminhando devagar para ver se encontrava alguém que me explicasse que lugar era aquele. Logo, senti uma presença, próximo ao meu lado esquerdo que dizia para que eu ficasse calmo e continuasse andando. Olhei discretamente para o lado e vi que era um homem de estatura mediana, aparentando aproximadamente 55 anos de idade. Ele começou a andar mais rapidamente do que eu e passou à minha frente. Já de costas para mim, ele disse em voz baixa:

– Siga-me, por favor.

Pelo tom de voz e pelo perfil muito familiar, notei que aquele homem não era um estranho, então, obedeci a suas ordens e não hesitei em segui-lo. De súbito, ele parou, virou-se, olhou para trás e disse:

– Carlos, eu quero que tenha uma breve noção de como o *Sistema Doors* funcionará no futuro, para que você compreenda um pouco mais sobre esse assunto e tente repassar para as pessoas sobre o que as espera.

Naquele momento eu identifiquei aquele homem, era um amigo muito querido, um mentor, que infelizmente faleceu repentinamente três dias depois desse encontro que tivemos no astral. Ele certamente sabia que estava prestes a deixar este mundo e veio no astral para deixar esclarecimento sobre esse assunto antes de ir embora.

A parte interessante é que, no astral, ele se apresentou bem mais jovem do que era, e também mais célere, mais falante e disposto.

Ele caminhava pelos grandes corredores e dizia:

– Tenho que demonstrar tudo rapidamente para você, porque não tenho muito tempo. Vou subir a rampa e peço que me siga. Não olhe para os lados e nem para trás, olhe somente para frente, quando eu lhe disser para parar, você para, respira, espera um pouco e em seguida olhe com o canto do olho para seu lado direito.

Eu respondi:

– Tudo bem. Então vamos em frente.

Andamos mais vinte metros e ele disse:

– Chegamos Carlos. Agora pare e olhe para a parede do seu lado direito, mas como eu disse, olhe de canto de olho e não vire o rosto.

Eu aquiesci e falei:

– Tudo bem, mas não estou entendo por que não posso olhar diretamente para a parede se não tem nada aqui do meu lado.

– Se você olhar diretamente, não perceberá o portal interdimensional se abrindo e não compreenderá o que estou querendo dizer. Na verdade, esse portal já está aberto, mas como seus olhos físicos só enxergam através do prisma das três dimensões, se olhar diretamente para a parede não verá nada, somente concreto. Mas se olhar com o canto do olho, verá a entrada para a outra dimensão, mesmo que seja só por uma fração de segundos.

– As pessoas costumam ver vultos passando rapidamente dentro das suas casas e elas não entendem essas visões e acabam se assustando quando percebem algo se movendo. Instintivamente elas decidem olhar diretamente para o que viram, mas quando elas fazem isso, não conseguem ver mais nada, porque elas estão tentando ver o que não pode ser visto a olho nu. Como tudo acontece muito rápido, elas pensam que aqueles vultos se foram, mas se enganam, pois eles continuam ali, porém as pessoas não conseguem mais enxergar, porque estão tentando ver pelo prisma das três dimensões. Compreende?

E continuou:

– O que eu vou lhe mostrar é apenas uma demonstração e não uma realidade. Então, quero que preste atenção. Fique parado e comece a olhar com o canto do seu olho direito enquanto respira calmamente.

Assim que visualizar uma leve ondulação na parede como se fosse uma holografia em movimento, levante seu braço direito e coloque sua mão nessa membrana holográfica. Não tenha medo, vai perceber que quando colocar sua mão dentro da parede, ela vai começar a tremer como se fosse um colchão de água.

Fui fazendo tudo o que ele falava sem medo. Coloquei a mão na parede e fui sentindo um fluxo de energia diferente. Minha mão entrou dentro daquilo que parecia ser uma grossa parede de concreto e comecei a sentir uma espécie de dormência no braço, como se tivesse recebendo um choque elétrico de baixa voltagem. Naquele momento, fiquei um pouco assustado, pois era algo que nunca tinha sentido antes. Parecia que estava colocando a mão dentro de uma espécie de gelatina gigante e fria.

Ele disse:

– Não se assuste, é assim mesmo. Agora tente colocar sua cabeça lá dentro também e veja o que tem do outro lado. Depois retorne e diga o que viu e sentiu.

Coloquei a cabeça e parte do pescoço dentro da parede holográfica e vi que havia outro mundo dentro daquele mesmo mundo. Era uma visão panorâmica incrível que mostrava uma paisagem bonita com um lindo céu azul ao fundo, como se fosse outro planeta ou outra dimensão muita parecida com a nossa, mas com algumas coisas bem marcantes e distintas, como as cores das árvores, os animais e as pessoas.

Eu vi muitas pessoas andando e trabalhando em lavouras e conversando. Vi grandes cachoeiras com mais de 200 metros de altura, grandes jardins e algumas construções em forma de Domo. Mas foi uma visão muito rápida e real. De repente, percebi uma enorme força querendo me puxar para dentro daquele ambiente como se um enorme aspirador de pó quisesse me tragar, foi uma sensação com certeza não muito agradável. Imediatamente fiz uma força contrária e consegui retirar minha cabeça e meu braço daquele lugar. Assustado, perguntei ao meu amigo e mentor o que tinha acontecido.

Ele respondeu:

– Não se preocupe. O que você sentiu e presenciou foi somente uma demonstração da sensação de desdobramento interdimensional. Você teve que sentir isso para saber que sem uma técnica e sem uma tecnologia específica é muito perigoso adentrar em mundos paralelos. Esse mundo que você viu é real, ele é tão real quanto o próprio mundo físico em que vivemos. Carlos, há muitos mundos e muitas dimensões coexistindo ao mesmo tempo, e cada um desses mundos vibra numa frequência específica, formando assim diversas camadas interdimensionais e diversas realidades simultâneas.

– A ideia do Céu e do Inferno é uma ideia muito simplista. Entre o Céu e o Inferno existem milhares de mundos, como se fosse um grande transferidor que se divide em vários graus. Quando uma pessoa morre, ela vai direto para o plano evolutivo que esteja ressoando e que seja semelhante com o seu padrão de consciência. A ideia da existência de apenas dois planos como o Céu e o Inferno, é definitivamente limitante. Não poderiam existir somente dois planos, existem sim milhões de planos existenciais dentro do Universo, e cada um deles está diretamente ligado ao estado de consciência de cada pessoa. Entende? A ideia do Céu e Inferno está diretamente ligada à condição da própria consciência. As pessoas não são mandadas para mundos celestiais ou para mundos infernais a esmo, na verdade, elas são *atraídas* por mundos específicos e compatíveis quando morrem. É uma questão de semelhança e atração vibracional. Aquela força que você sentiu é exatamente a força de atração vibracional que os mundos interdimensionais exercem sobre os corpos sutis.

– Portanto, os mundos *post-mortem* estão diretamente ligados aos estados de consciência de cada pessoa. O sistema Terra, por exemplo, é um plano que tem como propósito o ensino sobre a justiça, como se fosse uma grande escola. Todos aqueles que chegam à Terra, vêm com o objetivo de aprender sobre justiça, porém, encontram somente injustiças por todos os lados, justamente para aprenderem e compreenderem o lado oposto. São as Leis Herméticas em ação. Para descobrir e compreender tudo sobre algo, as pessoas precisam saber tudo sobre seu lado contrário.

– No entanto, nem todos lembram que vieram à Terra para aprender e acabam vivendo a vida apenas para se divertirem com os prazeres mundanos. Mas enquanto não aprendem como se propuseram, essas pessoas não voltam aos planos superiores, não saem do plano terreno de aprendizagem e vão ficando como se fossem eternos repetentes. Já, ao concluir esse aprendizado, voltam para seus mundos e suas famílias cósmicas de origem. Esse é o objetivo maior de Melquesedeque e de todos aqueles que são enviados para o plano chamado Terra.

Depois daquela breve demonstração dentro da imensa casa de concreto, acabei voltando rapidamente para o meu corpo físico e continuei deitado no chão da sala por alguns minutos sem abrir os olhos. Em seguida, acordei tranquilo e bem lúcido sobre o que tinha acontecido. Olhei para o relógio da televisão e percebi que havia passado somente dois ou três minutos desde o momento que havia me deitado para descansar, mas a sensação era que havia se passado duas ou três horas. Realmente o tempo no astral é bem diferente do tempo no plano físico.

Em resumo, naquele breve instante, pude compreender que o *Sistema Doors* vai facilitar o acesso a esses mundos interdimensionais e possibilitar que as pessoas vivam vidas paralelas e multidimensionais simultaneamente e em tempo real, ou seja, além da vida física comum, as pessoas terão outras vidas simultâneas. Mas tudo isso vai ocorrer com a ajuda de tecnologias e equipamentos que estarão ligados com a glândula pineal humana, a porta do além que temos no centro gravitacional das nossas cabeças.

Mas, para que e por que isso vai acontecer?

Acredito que seja um passo a mais que daremos em direção aos segredos do Universo. E que não poderemos viver no futuro com tantos questionamentos e com tantas dúvidas sobre os poderes ocultos da mente e da consciência. Não poderemos mais viver tão perdidos e sem rumo como estamos vivendo hoje, sem ao menos sabermos de onde viemos, o que estamos fazendo aqui e para onde vamos. Não poderemos viver sem darmos um real sentido para nossa vida. Além disso, é de suma importância compreender que não somos os únicos seres inteligentes e viventes. Através da abertura das portas da consciência, teremos o privilégio de reencontrar nossos irmãos interdimensionais e nossas famílias cósmicas que há tanto tempo não vemos.

Infelizmente, é muito difícil transmitir somente em palavras o que me foi mostrado naquele final de tarde. Precisaria de um cineasta ou um técnico em efeitos especiais para criar as imagens que eu vi sobre o *Sistema Doors*. Mas vamos tentar:

Tente imaginar uma porta em formato esférico, como se fosse uma bolha flutuante que pode ser aberta por todos os lados a qualquer momento. Agora, tente imaginar milhares dessas portas esféricas iguais, mas todas em agrupamento, como se fossem várias bolhas flutuando no espaço e grudadas umas com as outras, como cachos de uva, unindo e convergindo bilhões de informações que estão inseridas dentro delas, com todas as entradas, todas as saídas e todas as codificações suspensas dentro de uma espécie de ciberespaço abstrato, onde tudo estará disponibilizado e pronto para ser acessado e trabalhado a qualquer momento. Além disso, ainda estar integrado pelas forças da livre informação. Toda a bioenergia gerada pelos seres humanos estará também armazenada dentro dessas bolhas, como se fosse um imenso campo de cultivo de energia virtual. É realmente algo muito difícil de compreender e ao mesmo tempo surreal e maravilhoso.

Acredito que o sistema atual que está sendo desenvolvido (O Sistema de Nuvens[15]), é o embrião desse sistema compartilhado, que no futuro será chamado de *Sistema Doors*.

Sobre a Pluralidade de Mundos
Capítulo III – O Livro dos Espíritos (1857) – Allan Kardec

Todos os globos que circulam no espaço são habitados?

Sim, e o homem da Terra está longe de ser, como crê, o primeiro em inteligência, em bondade e perfeição. Todavia, há homens que creem que somente seu pequeno globo tem o privilégio de abrigar seres racionais. Orgulho e vaidade! Julgam que Deus criou o Universo só para eles.

O Universo povoou os mundos de seres vivos, concorrendo todos ao objetivo final da providência. Acreditar que os seres vivos estão limitados ao único ponto que habitamos no Universo, seria pôr em dúvida a sabedoria de Deus, que não fez nada inútil; ele deve ter determinado para esses mundos um fim mais sério que o de recrear nossa visão. Nada, aliás, nem na posição, no volume, na constituição física da Terra, não pode razoavelmente fazer supor que só ela tenha o privilégio de ser habitada, com exclusão de tantos milhares de mundos semelhantes.

---

15 *Nuvem: o conceito de computação em nuvem (em inglês, cloud computing) refere-se à utilização da memória e das capacidades de armazenamento e cálculo de computadores e servidores, compartilhados e interligados por meio da Internet, seguindo o princípio da computação em grade. O armazenamento de dados é feito em serviços que poderão ser acessados de qualquer lugar do mundo, a qualquer hora, não havendo necessidade de instalação de programas ou armazenamento de dados físicos. O acesso a programas, serviços e arquivos será remoto e será tudo feito através da Internet – daí a alusão à nuvem. O uso desse ambiente é mais viável do que o uso de unidades físicas. Num sistema operacional disponível na Internet, a partir de qualquer computador e em qualquer lugar, pode-se ter acesso a qualquer informação, serão arquivos e programas armazenados num sistema único, independentemente da plataforma que deseje utilizar. O PC (personal computer) tornar-se-á em breve, apenas um chip que estará conectado a uma grande nuvem de informação.*

A constituição física dos diferentes globos é a mesma?

Não, eles não se assemelham de modo algum.

Se a constituição física dos mundos não é a mesma para todos, seguirão tendo uma organização diferente os seres que os habitam?

Sem dúvida, como os peixes são feitos para viverem na água e os pássaros no ar.

Os mundos mais afastados do Sol estão privados de luz e de calor, uma vez que o Sol se mostra a eles apenas com a aparência de uma estrela?

Crede, pois, que não existem outras fontes de luz e de calor além do Sol, e não considerais em nada a eletricidade que, em certos mundos, tem um papel que desconheceis, e muito mais importante que sobre a Terra? Aliás, não dissemos que todos os seres sejam da mesma matéria e com órgãos dispostos como os seus.

As condições de existências dos seres que habitam os diferentes mundos devem ser apropriadas ao meio para o qual foram chamados a viver. Se não tivéssemos jamais visto os peixes, não compreenderíamos como esses seres poderiam viver dentro da água. Assim acontece em outros mundos que contêm, sem dúvida, elementos que desconhecemos.

Não vemos nós, sobre a Terra, as longas noites polares iluminadas pela eletricidade das auroras boreais?

Que há de impossível que, em certos mundos, a eletricidade seja mais abundante que sobre a Terra e desempenhe um papel de ordem geral, cujos efeitos não podemos compreender?

Esses mundos podem, portanto, conter em si mesmos as fontes de calor e de luz necessárias aos seus habitantes.

Sexto Passo – O Compartilhamento Espiritual
Sol Central – A Fábrica de Vida.

Mensagem do Povo Azul recebida dia 06 de fevereiro de 2012.

Esqueçam um pouco os sistemas operacionais. Vamos agora voltar para o plano da consciência e do espírito.

O compartilhamento espiritual é o último passo desse processo, então não devem se preocupar com ele agora, pois ainda está muito distante. Mas devemos detalhar um pouco sobre isso, pois este livro certamente terá vida longa podendo ser consultado por muitos anos à frente deste tempo.

Pode parecer confuso o que vamos dizer, mas já estão prontos para compreender um pouco mais sobre as vidas multidimensionais.

Não deve ser mais segredo para vocês, saber que existe muito mais vida além desta breve vida que experimentam aí na Terra, não é?

Há diversos mundos paralelos e, portanto, diversas vidas paralelas também, e mesmo não sabendo, vocês participam de alguns desses mundos simultaneamente.

Vamos explanar um pouco mais sobre isso.

Existe uma ordem oculta superior, como se fosse um grande comando que carrega e orienta vocês pelos caminhos desse plano físico. Esse é o comando dos seus espíritos. Todos os seus potenciais criativos estão ligados a esse centro de comando espiritual original.

Centros de comando? O que é isso? Onde ficam esses comandos originais?

Esses comandos ficam no Sol Central da Galáxia. A casa das vontades, a casa onde residem todos os espíritos dentro do Tempo do Não Tempo, o Presente Eterno que nunca morre, a morada das consciências primordiais – A Casa do Espírito Unificado.

Sim, é lá que tudo está ocorrendo dentro do agora. Aí na Terra, vocês estão tendo somente uma experiência avatárica. Seus corpos e suas mentes são meros experimentos avatáricos sob o comando maior dos seus Espíritos Superiores. Alguns chamam esse comando maior de Consciência Suprema, outros de Eu Interior e outros de Mônada. Nós gostamos de chamar de Centrais de Comando.

Mas será que vocês são somente meros experimentos?

Sim, vocês são experimentos dos seus espíritos, mas experimentos capazes de fabricar vida e manter vivo o sonho que um dia Deus sonhou.

Assustam-se com isso?

Não se assustem. Nós também somos experimentos avatáricos dos nossos espíritos. O comando não está dentro das nossas mentes, nós apenas a utilizamos para facilitar as comunicações e transformar em realidade as vontades maiores dos nossos espíritos. A mente não tem o poder de criar, quem cria é o espírito – a Central de Comando. A mente tem como única função manifestar as vontades do espírito para transformá-las em realidade. Portanto, a mente nunca poderá ser algo descartável, muito pelo contrário, ela é essencial em todos os processos criativos.

Assim, a mente não tem o poder de criar. Quem cria é sempre o espírito – o espírito é a matriz da criação.

Somos na verdade algo parecido com frutos cósmicos, flutuando no espaço como um grande enxame de vida ao redor do centro da Galáxia, onde reside o grande Sol Central – o Maat, o centro de gestação e gerenciamento de todos os espíritos existentes na Galáxia.

O Sol Central brilha sem parar, jorra vida e multiplica-se constantemente como uma gigantesca e inimaginável fábrica de consciências, uma grande bolha que respira, pulsa e emana energia eterna para todos os seus filhos, o tempo todo.

O Sol Central é um ser vivo, uma grande Mãe Divina que tudo mantém e reproduz.

Nesse momento, o Povo Azul pede uma pausa para exemplificar em desenhos o que eles estão querendo dizer. Como é uma linguagem muito abstrata, eles dizem que visualizar é a melhor forma para compreender. Por sugestão deles, vamos transcrever e transmitir, com nossas próprias palavras, sobre o funcionamento do mecanismo da criação e sobre o compartilhamento das consciências.

Eles nos mostraram uma escrita simbólica e disseram que é um tipo de linguagem de comunicação utilizada por todos os povos intergalácticos. Dizem que essas simbologias se assemelham muito com os hieróglifos egípcios, uma espécie de idioma universal que utilizaremos em larga escala quando estivermos vivendo uma vida multidimensional e estabelecermos contato com outros povos.

Segue algumas imagens do que foi mostrado. Começando pela imagem da Via Láctea.

Nessa imagem podemos ver a Via Láctea e seu grande centro luminoso. Lembrando que o Sistema Solar fica na ponta de um dos cinco braços da grande espiral, exatamente na periferia da Galáxia. Por este ponto de vista, enxergar a Terra ou até mesmo o nosso Sol que é 1000 vezes maior do que a própria Terra é praticamente impossível, pois todo o Sistema Solar se torna praticamente um minúsculo grão de areia comparado com a imensidão da Via Láctea.

Para se ter uma ideia, é possível que exista aproximadamente 100.000.000.000 (cem bilhões) de estrelas e Sistemas Solares iguais ao nosso, somente dentro da Via Láctea. A distância de uma ponta até a outra da Galáxia é de 100.000 anos luz, ou seja, se entrássemos em um foguete e viajássemos a 300.000 km/s (à velocidade da luz), que é uma velocidade praticamente impensável, demoraríamos 100.000 anos para atravessar de uma ponta a outra da Galáxia.

As distâncias cósmicas são realmente gigantescas, e por esse motivo, não é possível acreditar que por meios mecânicos e tradicionais conseguiremos fazer contato com outros povos ou ultrapassar as fronteiras do Espaço. Seguramente, teremos de usar outros meios para fazer isso.

Esses meios serão certamente desenvolvidos através de tecnologias da consciência a partir de uma junção entre os conhecimentos da ciência e os da espiritualidade.

Talvez assim possamos explorar as fronteiras invisíveis e estabelecer no futuro o tão esperado contato com nossos irmãos interdimensionais. Com certeza essas serão as próximas fronteiras a serem desbravadas pelo homem moderno.

O homem é uma estrela ligada a um corpo.
O homem nasceu no espaço e é filho das estrelas.
Hermes Trismegisto (O Primeiro Alquimista)

O Povo Azul me pediu para fazer desenhos que mostrassem como funcionam nossas centrais de comando que estão em eterno agrupamento e vibram no centro da Galáxia, como se fosse um grande ninho de luz ou um grande enxame de consciências agrupadas que compartilham sabedoria e inteligência o tempo todo. Eles dizem que quanto mais evoluímos na matéria, quanto mais lúcidos ficamos e quanto mais nos amamos, mais as nossas centrais de comando se expandem, se iluminam e se aglutinam entre si, como se fossem bolhas de sabão que vão crescendo e com o tempo acabam se tornando uma coisa só.

Eles dizem que é dessa maneira que as estrelas são criadas. Dizem que quando bilhões de consciências se expandem e se aglutinam entre si, cria-se uma espécie de mitose cósmica que se expande até se transformar num imenso globo de luz que acaba se desprendendo do Sol Central e se despedindo da mãe original, criando uma nova forma de vida, ou seja, uma nova estrela que existirá em algum lugar dentro da imensidão galáctica.

Dizem ainda, que é assim que funciona a engenharia da criação do Universo. Que é dessa forma que todos os seres providos de consciência como nós se juntam a outros espíritos que também estão em evolução. Tudo isso para um dia nos transformarmos numa só consciência e nos tornarmos uma estrela geradora de luz própria, uma grande consciência unificada capaz de produzir energia eletromagnética inteligente e sustentar muitos planetas ao seu redor, como fazem exatamente todos os mais de 100 bilhões de Sóis que existem dentro da Via Láctea.

Talvez seja por isso que antigamente nossos avós diziam que quando uma pessoa morria, ela se tornava uma estrela. Acho que eles tinham realmente razão, não é?

Cada bolinha dessas significa uma central de comando, ou *Mônada*.

Via Láctea e o Sol Central.

Mônadas em compartilhamento

Via Láctea e o Sol Central.

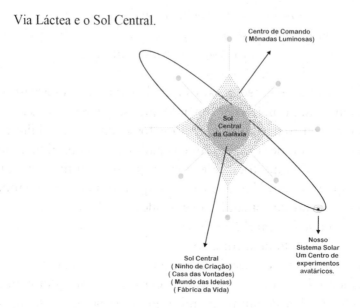

Antes de sermos seres físicos, somos seres espirituais. Estamos na matéria e temos de vivenciar todas as coisas boas e ruins do mundo físico, por isso, sair em busca desesperada por rituais para tentar se espiritualizar é sem dúvida uma grande perda de tempo e energia. Vocês não precisam se espiritualizar, pelo simples fato de já serem espíritos e por já saberem tudo sobre o mundo espiritual. Porque vocês vieram do mundo espiritual e não do mundo físico. Vocês estão aí na Terra para viverem uma vida terrena e conhecerem um pouco mais sobre vocês mesmos. Parem de perder tempo com rituais e comecem a viver suas vidas de verdade. Cuidem dos seus corpos e mentes, pois esse é o mais importante ritual que vocês podem fazer aí na Terra. Se o corpo está são, a mente estará sã. Se a mente está sã, o espírito estará são. Assim deve ser a tríade em comunhão.

Mustah – Mentor Pessoal

Sobre a Meditação

Mensagem do Povo Azul recebida dia 18 de fevereiro de 2012.

Meditar significa "Me – dizer". Então Meditação (Me + dizer + agir) significa ouvir a voz interior para em seguida agir com consciência e sabedoria. O ato de meditar serve como uma ponte entre a mente e o espírito. Essa capacidade de ouvir o que vem do outro lado traz a possibilidade de agir através do invisível. Agir pela prática da fé.

Mas não adianta somente ouvir e não agir, se apenas ouvir e não fizer nada, estará perdendo um precioso tempo e uma preciosa energia. Você precisa descobrir o que seu espírito está querendo lhe dizer para agir direta e assertivamente.

Ação é a palavra de ordem dos próximos anos. Somente por meio da ação assertiva vocês chegarão a algum lugar. Esqueçam a ideia da paz de espírito como uma forma de acomodação e preguiça. Paz de espírito não significa ficar deitado numa rede com as pernas para o ar sem nada fazer. Isso não é paz de espírito, isso significa calma, relaxamento e bons momentos de tranquilidade, apenas isso, no entanto, momentos como esses devem servir para conversarem um pouco mais com seus centros de comando e com seus espíritos superiores.

Não pensem que seus espíritos descansam de pernas para o ar, pois seus espíritos nunca descansam, porque simplesmente eles não precisam descansar. Quem precisa de descanso são suas mentes e seus corpos, seus espíritos não precisam descansar, eles estão sempre ativos e nunca param.

Paz de Espírito, como a própria palavra já diz, significa estar em paz com o próprio espírito, ou seja, saber ouvi-lo, compreendê-lo e atendê-lo.

Isso significa estar em contato consigo mesmo. Quanto mais disperso e mais longe vocês estiverem de si mesmos, mas confusos estarão. Estar em paz é estar vivendo um estado de amor próprio. Somente uma pessoa que se ama verdadeiramente consegue acessar e compreender o que seu espírito está querendo dizer. Se uma pessoa não se ama, não adianta ela meditar incansavelmente todos os dias, pois se o desamor ainda teima em fazer parte da sua vida cotidiana, ou se por ventura ela busca a meditação somente para encontrar uma forma de controlar sua mente para conseguir algum sucesso financeiro, status, riqueza, manipulação alheia ou queira preencher qualquer outro quesito egóico, então ela deve parar, pois não estará praticando a verdadeira meditação e nunca estabelecerá um contato real com seu espírito.

Uma meditação fugaz não tem poder algum e estabelece somente um raso contato com a mente, o próprio ego e as coisas mundanas e corriqueiras do dia a dia. Infelizmente, a meditação fugaz tão divulgada atualmente não consegue atingir os desígnios do plano espiritual.

Meditar significa entrar no mundo das ideias – no supermundo onde as dúvidas e as mentiras desaparecem e a dualidade do mundo físico dá lugar à unidade do mundo espiritual.

A verdadeira meditação deve desligar a mente e levar a consciência até a casa maior dos espíritos, ao centro de comando da criação, ao campo onde os mestres de sabedoria fazem a colheita das almas para replantar novamente na Terra.

Há um grande mistério nas lágrimas. Quando chorarem, não limpem suas lágrimas, deixe-as cair na Terra como se fossem gotas de chuva que caem do céu e se desmancham sobre o solo.
Às vezes é preciso deixar um pouco de chuva cair através dos olhos para dissolver as sujeiras do implacável consciente.

A Vida Eterna

Mustah – Mentor Pessoal

Mensagem recebida dia 11 de junho de 2014.

A vida eterna é a própria vida espiritual. A vida que infelizmente não pode ser vista de onde vocês estão. Queridos, todos nós estamos fadados a viver eternamente, esse é o grande despertar que uma consciência lúcida pode ter. Tomar consciência que a vida é a única coisa que realmente existe e que a morte é simplesmente uma breve passagem entre uma vida e outra, é a grande revelação.

A ideia da existência da eternidade é tão apavorante quanto a ideia da existência da própria morte, mas, diferentemente da morte, a eternidade é uma ideia esclarecedora e libertadora.

Queridos, a ideia da vida eterna pode doer para os duros corações que estão ainda apegados a matéria, mas, quando esses corações amargurados sentirem os adocicados sabores da eternidade, amolecerão e sentirão uma maravilhosa sensação de alívio! Não há nada a temer, pois a vida é a única coisa que realmente existe. Desculpem dizer, mas vocês estão todos mortos. A vida terrena é a vida pós mortem. A vida verdadeira é a vida de Sirius, o jardim dos jardins. A grande morada para onde um dia todos retornarão.

Queridos, vocês morreram em Sirius – a mãe Ísis do Egito, a estrela maior, o Sol adorado de Akhenaton, a esposa de Órion – o pai Osíris do Egito, ambos os pais do falcão Hórus – A Terra em ascensão.

Vocês são todos Hórus em elevação. Todos filhos com mãe e pai espirituais em gratidão.

Agradeço pela manifestação.

Nossos Anseios

Mensagem do Povo Azul recebida dia 07 de março de 2012.

As hierarquias superiores que comandam o Planetário Terra dizem que vocês não precisam mais perder tempo com tantos infortúnios mentais. Elas querem que vocês confiem em suas forças interiores, em seus mentores e guias pessoais, pois todos eles estão aí para ampará-los, orientá-los e principalmente inspirá-los. Sim, seus mentores estão aí para ajudá-los a inspirar seus espíritos.

Infelizmente, seus pensamentos estão demasiadamente focados nas emergências e nas ansiedades cotidianas, isso tudo acaba causando desarmonia em suas vidas. Os processos de ansiedade crônica além de desarmonizarem o plano físico, afetam também o plano espiritual.

Vocês precisam saber que suas formas-pensamentos também alteram a criação e o rumo dos acontecimentos que estão previstos nos planos superiores.

O destino humano existe, a escatologia humana é a própria Luz. A Luz é o destino de todos. Isso é algo imutável. A Luz é o início, o meio, o fim e também o recomeço de tudo. Tudo finaliza e se transforma nela novamente. É assim que funciona o grande organismo divino, um fluxo ininterrupto de transformação da luz original.

A luz é a representação da própria vida. Ela é a fonte e a origem de tudo, até mesmo vocês foram gerados pela luz. Sim, seus corpos, suas consciências, suas mentes e tudo o que existe nos planos físico e etérico tem a Luz como matéria prima primordial.

Querem chamar essa luz de Deus?

Ótimo. Sintam-se à vontade, pois é exatamente sobre Ele que estamos falando. A Luz que está em tudo, em todos os lugares e o tempo todo, é exatamente Ele – Deus.

A Luz que estamos nos referindo é o Bem, a Luz Primordial, a Luz que cria e regenera. É a voz que sai da boca do Criador e comanda tudo o que existiu, existe e existirá.

É hora de despertar para o bem. Se construírem seus caminhos pelo prisma do bem, suas vidas acelerarão e mudarão radicalmente, pois estarão acelerando os processos de realinhamento pessoal e tudo aquilo que desejam começará a se realizar na superfície terrena. Acreditem, optando pelo caminho do bem, suas vidas automaticamente se tornarão fontes de criatividade e entusiasmo.

Sugerimos que optem, a partir de hoje, pelo caminho do bem e do positivismo; deixem o mal e o negativismo para trás. Optem primeiro por fazer o bem para si e depois praticá-lo aos outros, sempre nessa ordem, pois se fizerem o contrário, estarão se enganando e perdendo tempo e energia. A transformação deve ser sempre de você para os outros e nunca dos outros para você.

O mal só traz contratempos, atrasos, desapontamentos, desentendimentos e desencontros na vida. Já o bem, tem a capacidade e o poder de colocá-los no rumo correto e num caminho sem desvios, um caminho retilíneo e lúcido que leva diretamente ao ponto onde todos devem chegar: a Luz, o destino de todos os espíritos do Universo.

Muitos de vocês vão aos templos para pedir e somente pedir. Pedem por coisas materiais, por dinheiro, por saúde e por reconhecimento, mas no fundo estão pedindo por amparo e proteção, pois ainda se sentem como filhos desamparados e rejeitados, como se fossem crianças órfãs que um dia foram abandonadas por seus pais.

Vocês estão inconscientes e desejosos para voltar ao mundo espiritual, à casa maior, pois sentem muitas saudades de suas aconchegantes casas astrais e suas verdadeiras moradas. Sabemos que muitos de vocês não estão suportando mais tantas provações e missões terrenas, mas precisam persistir, pois essas missões não foram impostas a vocês. Muito pelo contrário, vocês mesmos disseram que seriam capazes de cumpri-las aí na Terra. Nós sabemos que são capazes de cumprir essas missões.

Queremos que vocês sejam fortes e não desistam agora, pois este é um momento de grandes enfrentamentos.

O karma como vocês conhecem hoje, mudará radicalmente. No futuro ele não servirá mais como ferramenta de provas e expiações, servirá sim, como ferramenta de esclarecimento e regeneração. No futuro, o karma não estará mais ligado aos sentimentos de sofrimento, tão pouco aos de culpas, pecados e castigos. A palavra karma significará aprendizado, evolução e iluminação.

Estamos dizendo tudo isso a você leitor, para iniciarmos uma breve ilustração sobre o que iremos expor a seguir.

Alguns homens continuam praticando o mal simplesmente porque não compreendem ainda o significado do bem. Todos aqueles que hoje praticam o bem, no passado já praticaram demasiadamente o mal. Não é de se estranhar que as consciências nasçam sempre assim: rígidas, ignorantes e brutas, e com o passar do tempo vão se lapidando até se transformarem num puro e cristalino diamante de luz.

É preciso que saibam que aqueles que não optarem por seguir pelo caminho do bem, da luz e da verdade estarão fadados a não mais viverem sobre a Terra, pois essa morada já está se transformando num planeta de regeneração e já se prepara para se tornar uma escola exemplar de compartilhamento mútuo, de grande importância para as orbes espirituais superiores de atuação.

Vocês podem acreditar ou não no que estamos falando, mas nós afirmamos: em breve se tornarão exemplos para os que virão, e no futuro serão devidamente recompensados.

Estão aí para se ajudarem entre si, mas infelizmente se esquecem disso. É hora de deixar o orgulho de lado e não deixarem de pedir ajuda para seus semelhantes. As pessoas estão aí exatamente para ajudar e não para atrapalhar.

Quando precisarem da ajuda de alguém, mesmo que seja um breve conselho, uma palavra amiga ou uma energização, peçam, não hesite em pedir, vocês não imaginam o bem que fazem quando solicitam ajuda para alguém.

Mesmo não sabendo, ao pedir ajuda, acabam beneficiando outras pessoas, pois os seus problemas podem servir como um grande espelho que refletirá aquilo que outra pessoa pode estar precisando naquele momento. Quando vocês pedem ajuda, na verdade estão exercendo uma troca energética, estão valorizando e ajudando a despertar a pessoa que está sendo solicitada.

Acreditem: não existe nada mais gratificante para uma pessoa que se sentir valorizada, como também não há nada mais confortante que reconhecer seus próprios limites e ser suficientemente humilde para pedir auxílio para alguém. Esqueçam a ideia de que podem resolver tudo sozinhos, pois é uma grande ilusão. Vocês precisam das pessoas e elas precisam de vocês, a sociedade é uma grande teia de inter-relacionamento e compartilhamento de energia. No fundo, todas as pessoas gostam de ajudar e serem ajudadas. E não estamos falando em nenhum momento sobre dinheiro ou coisas materiais, estamos falando sobre amparo e presença.

Infelizmente, o que vem acontecendo é o contrário, vocês estão extremamente ansiosos e querendo se transformar em seres autossuficientes para que no futuro não precisem pedir ajuda a ninguém. Mas, como já dissemos, isso é pura ilusão egóica. Sobre isso, queremos dizer algo simples e direto:

Esqueçam a ideia da autossuficiência e do egoísmo, pois essa ideia é equivocada e não tem fundamento algum, pois nenhum ser humano pode viver solitariamente. Em comunidade, vocês estão fadados a viver sob um convívio continuo. A ideia da supervalorização e da capacidade de sobrevivência é uma grande ilusão. Sozinhos, vocês nunca poderão chegar a lugar algum, seus espíritos padecem e seus corpos desaparecem.

Portanto, se precisarem da ajuda de alguém, peçam. E se pedirem ajuda a vocês, ajudem. Deve ser simples assim. É chegado o momento de retirar as máscaras e os grandes escudos protetores do orgulho e dar alguns passos em direção ao próximo, nem que seja apenas ouvindo o que ele tem para dizer. Acreditem: vocês não precisam fazer grandes obras, construir grandes monumentos ou belos templos para se sentirem caridosos, o simples ato de ouvir uma pessoa em desespero e transmitir uma palavra amiga e esclarecedora para ela, já é um ato de extrema caridade.

Chegamos ao ponto que queremos abordar.

Queridos, juntos vocês podem fazer maravilhas. A força da convivência coletiva é extraordinária e pode ser indestrutível. Quando aprenderem a viver dessa forma, compreenderão o real poder dos justos. Quando descobrirem o poder da verdadeira justiça, entenderão os reais significados das palavras humildade e compaixão, e quando aprenderem sobre os poderes do compartilhamento compreenderão também, o verdadeiro significado da palavra justiça, e ao chegarem nesse Justo Ponto Evolutivo, estarão prontos para ver o lindo rosto Daquele que um dia os criou. A visão não virá através dos olhos, mas, sim, através dos nobres sentimentos de gratidão. Gratidão é o sentimento magno de Deus.

As pessoas não querem mais ouvir e somente ouvir, elas querem ser ouvidas. O governante, o empresário, o síndico, o pai, o marido e a mulher que compreenderem isso, estarão descobrindo a maneira mais rápida e eficiente de praticar a verdadeira caridade. Parem um pouco de falar apenas sobre vocês e sobre seus anseios para as pessoas, comecem a ouvir um pouco o que elas têm para lhe dizer. É certo que podem aprender muito simplesmente ouvindo.

Mensagem Final
Sobre a Felicidade

Mensagem do Povo Azul recebida dia 12 de novembro de 2011.

A verdadeira magia da vida consiste em promover a paz por onde quer que passem e se transformarem em pessoas gratas por todos aqueles que de alguma forma os ajudaram e ajudam em seus caminhos.

Queremos falar neste momento sobre a felicidade, pois esse ainda é um grande paradigma para vocês.

Enganam-se aqueles que acreditam que a verdadeira felicidade está no futuro.

Irmãos, podemos afirmar com toda certeza que isso não é verdade. A verdadeira felicidade está no presente e está diretamente ligada ao sentimento de gratidão. Gratidão é um dos sentimentos mais nobres que existe, pois é originado de um sentimento maior: o amor pela vida.

Parem por alguns minutos e vejam como é possível ser feliz e agradecer por tudo aquilo que já conquistaram e que lhes foi dado de presente, seus dons, talentos, saúde, seus braços, olhos, pernas, suas consciências e as oportunidades que lhes foram proporcionadas.

Veja como podem e conseguem sentir gratidão por todos aqueles que um dia os ajudaram a crescer e acreditaram em seus potenciais.

Vocês acham que isso não pode ser uma enorme fonte de gratidão?

Sim, essa é a fonte que jorra a eterna felicidade – a gratidão.

Queridos, de nada adianta ficarem ansiosos e esperançosos achando que no futuro é que serão realmente felizes. Infelizmente isso é uma grande ilusão.

Sim, no futuro vocês poderão até se sentirem felizes, é claro. Contudo, não encontrarão a felicidade lá, pois o futuro ainda sequer existe.

Como podem colocar todas suas esperanças em algo que sequer existe?

Optem por ter momentos de alegria hoje, para serem felizes amanhã.

É ilusório achar que só quando se tornarem pessoas ricas serão felizes, ou somente quando encontrarem a pessoa amada é que poderão dizer aos outros que são realmente felizes, ou então, quando comprarem a casa dos seus sonhos ou o carro que tanto desejam ou tiverem seus próprios negócios.

Nós sabemos quais são seus anseios. Não fiquem envergonhados por desejarem tantos bens materiais e coisas afins. Nós também somos seres físicos em nosso plano de existência e também necessitamos de coisas materiais como vocês, um tanto quanto diferente, é claro, mas tudo o que desejamos está à nossa disposição; não precisamos comprar ou usar um intermédio monetário para obter o que desejamos. Tudo aqui é criado holograficamente e depois manifestado na matéria, porém, há um detalhe muito importante: não criamos nada sozinhos por aqui, tudo é criado através de um sistema de compartilhamento, ou seja, coletivamente. A energia individual aqui não tem potência suficiente para criar, tudo funciona por meio da força coletiva compartilhada.

Como vocês costumam dizer por aí, aqui a união realmente faz a força. Compreendem?

Levamos esse ditado ao pé da letra – A União faz a força.

Voltando a questão da felicidade, queremos que esqueçam definitivamente a ideia de procurar a felicidade no futuro.

Se acreditarem mesmo que é lá que a encontrarão, automaticamente estarão decretando para vocês mesmos que são pessoas infelizes e estão desesperados para encontrar a felicidade. Compreendam que a felicidade não deve ser perseguida, ela já existe e já pode ser usufruída por vocês. Felicidade é algo que existe ou não existe, ou a pessoa é feliz ou ela não é feliz.

Disseram a vocês que isso é uma verdade, que a felicidade deve ser perseguida a qualquer custo, mas infelizmente mentiram. Essa forma de pensar é uma armadilha que só alimenta ainda mais a ansiedade em suas mentes e adoece seus corações.

Parem de ter esperança no futuro e comecem a confiar ao invés de esperar algo dele. A esperança é uma eterna forma de esperar, nada tem a ver com a prática da verdadeira fé e confiança. Confiança é ter certeza que tudo vai se realizar na hora certa. Ter fé é acreditar naquilo que não se pode ver.

A esperança, como a própria palavra diz, é o ato de esperar – sempre esperar, uma ação passiva perante o Universo. Algo que não pode levá-los a lugar nenhum, a não ser para um mundo de eterna espera, um mundo de eternos amanhãs que nunca chegam, pois quando aquele amanhã que tanto esperam chegar realmente, outro virá e tomará o lugar dele, em seguida outro, e depois outro e mais outro, ou seja, um ciclo interminável de ansiedade e eterna esperança. Esperando sempre os amanhãs – os eternos amanhãs.

A real felicidade deve colocar suas mentes em conexão com a força da gratidão. No entanto, vejam como a crença nos amanhãs carrega suas mentes para onde elas realmente não precisam estar – num futuro que ainda sequer existe.

A prática da esperança gera a crença numa felicidade que está distante e que nunca chega; numa riqueza imaginária que nunca vem; no encontro de uma pessoa amada que parece não existir e nas conquistas que nunca se realizam.

O futuro deve ser fonte de entusiasmo, ambição e vontade.

Essa prática mental é compreensível, pois há milhares de anos vocês vivem assim: condicionados, esperançosos e infelizes.

Trocaram a confiança que há tanto tempo foi ensinada a vocês por seus grandes patriarcas, pelos sentimentos de esperança.

Isso tudo é fruto de uma apologia desenfreada pelo medo do futuro e pela crença na falta e na descrença da abundância do Universo.

Vejam a imagem a seguir.

É assim que funciona a roda da vida, como se fosse uma roda d'água. O que faz a roda movimentar é a água que vem de cima e cai com força para baixo. Essa água representa o futuro, ela traz entusiasmo, vontade e a certeza de uma fonte infinita que nunca para de jorrar.

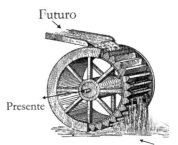

Já a roda de madeira representa a matéria, a peça, a ferramenta mecanicamente criada para receber a água que vem de cima e transformá-la em ação e energia, ela simboliza o próprio corpo do homem, a mente que não para de trabalhar, que movimenta e cria energia e condições para construir o dia a dia.

A roda representa o próprio presente, a matéria que recebe do alto tudo o que necessita.

O homem precisa do entusiasmo, da vontade e do sonho que vem de cima para poder se manter vivo, como a roda precisa da água para girar.

E então você pergunta:

Já que tudo vem de cima, então a felicidade também vem de cima, do futuro, não é? Agora estou meio confuso.

Não, a felicidade não vem de cima, do futuro, pois a força que vem de cima, não vem realmente de cima. Por exemplo, imaginem uma grande cachoeira no alto de uma montanha. Imagine-a bela e brilhante em sua mente. Tente criá-la mentalmente e depois foque seu pensamento no movimento da água que flui e cai constantemente através dela.

Pare por alguns segundos e tente imaginar de onde vem essa água que nunca para de jorrar de cima dessa montanha, há centenas e centenas de anos ou talvez há milhares de anos.

Será que vem tudo do nada? De algum lugar que não conhecemos? De onde vem tanta água? Como é possível ela não acabar nunca?

A fonte da água que cai de cima de uma montanha vem da mesma água que um dia já caiu por entre as pedras dessa mesma encosta muitas e muitas vezes, no passado.

Um dia, a água passou e se transformou em rio e correu por entre as rochas. Uma parte dessa água chegou até o mar e outra parte foi absorvida pela terra, transformando-se em lençol freático subterrâneo e, através das forças ocultas do Planeta, foi levada de volta para cima daquela mesma montanha, fazendo-a cair montanha abaixo outra vez, num ciclo eterno de vida e abundância.

A água que cai hoje por aquela cachoeira é a mesma água que há milhares de anos já caiu ali repetidas vezes.

Consegue compreender a magnitude dos ciclos naturais?

O Planeta se autoabastece constantemente. Um mecanismo perfeito, um organismo vivo e consciente, que luta sem parar para manter a vida na Terra.

Voltemos novamente a atenção para nossa roda d'água.

Consegue agora perceber que o que alimenta a roda é, sem dúvida, a água que vem de cima, porém essa água é a mesma que um dia já passou por ali?

Percebe que a água que cai e corre é a mesma água que volta e sustenta o movimento da roda?

Essa água que corre e segue é o próprio passado, ela vai adiante, mas é exatamente ela que volta para alimentar tudo o que existe, porque o passado é a única coisa que realmente existe, e não o futuro.

Esse é só um exemplo que queremos passar para demonstrar que a felicidade que tanto procura não está no futuro, não é o futuro que fabrica a gratidão.

O presente tem a função de transformar o futuro em passado o tempo todo, continuamente, exatamente como faz a roda d'água. O presente é somente um veículo de transformação dessa energia. Compreende?

Novamente deve estar se perguntando:

Mas dizem por aí que temos de viver o presente, pois é a única coisa que existe, e que temos de aproveitá-lo a qualquer custo, que o passado já se foi e não podemos ficar pensando nele.

O presente faz parte desse processo e é muito importante, pois ele liga o passado a um futuro que ainda não foi criado. Ele é o intermediário, é a roda d'água que movimenta sua vida rumo à realização.

O passado é sua história, sua trajetória, a base que o trouxe até esse momento, portanto, querer esquecer seu passado é como se estivesse apagando sua existência, pois é no passado que vivenciou todas as suas experiências e aprendizados que o transformaram na pessoa que é hoje.

Quando disserem para viver o presente, é para se preparar para o futuro que está por vir.

O presente é dinâmico e não para nunca.

Veja: o que você acabou de ler na página anterior já se foi e já se transformou em passado. Justamente porque o presente não existe.

O que você pensou um segundo atrás, já se foi, e também já se transformou em passado.

O presente é ativo e funciona como se fosse uma fábrica de passados.

Aproveitar o presente a qualquer custo ou aproveitar o máximo do dia e buscar o prazer momentâneo não é uma coisa ruim. O problema é querer jogar tudo em função dele e viver uma vida vazia.

A apologia pela felicidade momentânea é algo que foi criado apenas para aumentar em você a vontade de consumir desordenadamente um monte de coisas inúteis e supérfluas, que supostamente possam trazer uma falsa sensação de felicidade e preenchimento.

Esse tipo de conduta só estimula o consumo inconsciente. O que é extremamente prejudicial a vocês e ao meio ambiente em que vivem.

O consumo desordenado e a ânsia pelo prazer fugaz podem se transformar numa fábrica contínua de frustrações. Cuidado!

Consumir, inconscientemente, cria a necessidade de comprar ou adquirir muitas coisas ao mesmo tempo, e quando se conquista o desejado, automaticamente as pessoas se sentem frustradas ao descobrir que aquilo que tanto desejavam, já não é mais tão importante, pois algo novo já surgiu e deixou aquele sonho anterior totalmente obsoleto.

Isso causa mais e mais ansiedade em suas mentes. Um ciclo de frustração e uma necessidade incontrolável de consumir coisas que tragam prazeres momentâneos.

Precisam encontrar rapidamente algo mais prazeroso que compense esse vazio interior que existe dentro de vocês.

Mas por que isso?

Isso tudo acontece porque a felicidade é fabricada no presente e lançada para o passado automaticamente. Mas é no presente que ela deve ser manifestada, pois a felicidade é a própria gratidão. E gratidão só se pode sentir no presente, não no passado, nem no futuro. Gratidão é algo que vibra ou não vibra, exatamente como a felicidade, ou ela existe ou ela não existe.

Queridos! O que vocês necessitam e procuram não pode ser algo momentâneo. Felicidade não é a mesma coisa que alegria, e sim um estado de espírito, um sentimento nobre que só pode ser alcançado e compreendido por meio do exercício da gratidão.

Sim, a gratidão. A felicidade é a própria gratidão. Se vocês se sentirem gratos, sentir-se-ão felizes.

Agora nós perguntamos: e onde vocês vão encontrar a gratidão? No futuro, no presente ou no passado?

A resposta é: no presente. A gratidão só pode existir no presente. Mas com base nas coisas do passado.

Saibam que o presente que vocês estão vivendo agora irá se transformar em passado daqui a pouco e, se fizerem a coisa certa, se basearem as suas ações a partir de hoje pelo prisma do amor e do bem-estar, se fizerem o bem para vocês e para os seus, se cuidarem da saúde, do corpo e da mente como devem ser cuidados, no futuro, sem dúvida, vocês se tornarão pessoas gratas, sentirão gratidão por tudo que viveram na vida. Por favor, construam uma vida de sonhos e não apenas uma existência de meros passatempos.

Quando chegarem ao futuro, olharão para trás e sentirão a gratidão por tudo o que fizeram e tudo o que conquistaram. Aí então poderão agradecer por todos os que os ajudaram e participaram de suas vidas.

Queridos, a gratidão é a única fonte capaz de criar um verdadeiro sentimento de felicidade em suas vidas. Assim funciona a lei da felicidade, pelo prisma da gratidão e não da esperança no futuro.

Estamos ensinando a lei a vocês, mas para que acreditem nela e a compreendam de verdade, devem vivenciá-la e colocá-la em prática em seus cotidianos, do contrário, de nada adiantará o que estamos compartilhando com vocês. Acreditem: nós já vivemos tudo o que vocês estão vivenciando e sabemos o que pode preencher seus vazios existenciais que teimam em machucar suas entranhas.

Irmãos, teorias são somente teorias, sem a prática, é apenas conhecimento. Uma teoria sem prática nunca poderá se transformar em verdadeira sabedoria.

A sabedoria só é dada para aquele que vive a lei e vivencia as propriedades que ela proporciona.

Então, comecem, a partir de agora, a ancorar a verdadeira felicidade em suas vidas.

A partir de hoje, sempre que estiverem tristes, ansiosos, desamparados e acreditando que a felicidade não chega por estar à disposição somente dos outros e nunca para vocês, por favor, parem e agradeçam.

Lembrem-se das brincadeiras de criança e dos sonhos que tinham e sabiam que eram possíveis de serem realizados.

Recordem-se dos seus avós, pais, irmãos e irmãs e de seus amigos. Em seguida, levem suas mentes para a carreira profissional, para os trabalhos que exerceram um dia e que para qual tanto aprenderam. Tentem se lembrar de todos os detalhes e vejam, que sem eles, não poderiam estar hoje onde estão, vejam como não poderiam estar fazendo o que fazem agora, sem o aprendizado que um dia obtiveram com tanta dificuldade lá trás.

Tentem relembrar de tudo que estudaram um dia e do esforço que fizeram por isso.

Naquele tempo parecia ser tudo tão sem importância, não é?

Parecia mesmo, mas hoje vocês podem reconhecer que foram persistentes e capazes de superar todos os obstáculos. Podem perceber que são fortes e confiantes, pois aprenderam muitas coisas no passado.

O que aprenderam lá atrás é sua bagagem existencial, algo muito precioso que ninguém pode roubar de vocês. Tudo isso é a fonte do seu sustento atual.

Dessa forma, sempre que estiverem desencorajados e acreditando não serem merecedores da felicidade, parem e agradeçam. Parem de apostar todas as fichas numa felicidade futura e comecem a apostar em si mesmos.

A vida não é um jogo como muitos acreditam ser. Cuidado. Jogar é perigoso.

Esse ensinamento é nobre e sabemos que não é algo que se aprende de uma hora para outra, mas acreditem, quando começarem a sentir a verdadeira gratidão no fundo de suas almas, se sentirão pessoas realmente felizes.

A prática diária sem regras e sem treinamentos maçantes trará os resultados que desejam.

Se isso tudo que estamos dizendo fosse uma inverdade, então seus irmãos idosos, que já viveram toda uma vida de conquistas e sucessos, estariam fadados à eterna infelicidade? Já que não podem mais desejar uma felicidade para um futuro próximo por não terem mais perspectiva alguma na vida?

Será que o Criador seria tão cruel ao ponto de deixá-los à deriva?

Com certeza eles podem comprovar a veracidade dessa informação que estamos lhes transmitindo. Eles sabem que a verdadeira felicidade está no presente e se chama gratidão.

Saibam: nós do Povo Azul somos muito felizes, pois somos extremamente gratos por tudo o que vocês já fizeram por nós um dia.

Gratidão!

Não espere tudo ficar bem para realizar aquilo que tanto deseja. Realize o que tanto deseja e tudo ficará bem. Tome uma decisão. Vá ao encontro dos seus sonhos.

Construindo a Realidade

Sinta-se à vontade. Se não quiser escrever no próprio livro, escolha um caderno, um diário pessoal ou uma agenda. Mas é importante que só você tenha acesso a essas informações, pois são informações individuais e não devem ser reveladas a ninguém, a não ser que você permita.

Descreva aqui por tudo o que é grato em sua vida, tudo o que já conquistou e se orgulha:

_____
_____
_____
_____
_____
_____
_____

Descreva o que realmente deseja ser. Você sabe quem é; só precisa se manifestar e tornar real.

_____
_____
_____
_____
_____
_____
_____

Descreva tudo o que deseja. Seus sonhos para este ou o próximo ano. Como deseja estar em todos os sentidos de sua vida, nos relacionamento, na saúde, na parte espiritual, física ou financeira.

_____
_____
_____
_____
_____
_____
_____

Identifique e descreva agora suas verdadeiras intenções para tudo que escreveu anteriormente. Busque lá no fundo do seu coração:

Por quê?

_____
_____
_____
_____
_____

Para quê?

_____
_____
_____
_____
_____

Para quando?

_____
_____
_____
_____
_____

Decrete, determine para o Universo e para si mesmo, as datas importantes que deseja que seus sonhos se realizem. Não importa que seja daqui a um mês, um ano ou dez anos. Se não for claro consigo mesmo, a sua vibração intencional não estará devidamente potencializada, a informação estará incompleta. Se não for claro com o Universo, seus desejos sofrerão contratempos.

_____
_____
_____
_____
_____

Quanto quer ganhar com isso? Coloque valores e quantias reais, não importa quanto. O importante é dizer para si mesmo quanto realmente deseja ter. Não importa se são 10.000,00, 100.000,00 ou 10.000.000,00. O importante é decretar o que acredita lhe ser de direito. Lembre-se de que riqueza é prosperidade, não pecado.

_____
_____
_____
_____
_____

Quem além de você vai se beneficiar com tudo isso? Essa parte é muito importante, pois lhe fará trabalhar a compaixão e a solidariedade no mais alto grau. Novamente não importa se vai direcionar a energia para centros de caridade ou somente para sua família. O importante é construir um mapa intencional dizendo quem deseja que esteja junto a você quando tudo isso que sonhou se tornar realidade. Quanto mais pessoas se beneficiarem, maior a força intencional. Lembre-se, somos em essência, "Todos Um", quanto mais cooperação e participação, maior concentração e maior força.

_____
_____
_____
_____
_____

Descreva seus desejos para o mundo. Como deseja que o mundo esteja nesta Nova Era de Ouro, em todos os sentidos: economia, meio ambiente, solidariedade, as relações humanas, as amizades, a vida espiritual e material, o bem-estar e as relações de trabalho. Determine para você mesmo em que mundo quer viver. Faça a sua parte e ele se manifestará. Acredite, sua ajuda é essencial e primordial.

_____
_____
_____
_____
_____

Descubra o grau de consciência que você está:

Dispersos:

- Pensam pouco ou quase nada sobre o coletivo.
- Estão vivendo o individualismo e materialismo.
- Consumo inconsciente.
- Necessidade de serem reconhecidos e amados.
- Estão sempre procurando relacionamentos que preenchem seus vazios interiores.
- Se sentem capazes, mas não conseguem compreender para aonde estão indo. Derivam na vida.
- São os seres mantenedores do sistema atual.
- São facilmente manipulados e condicionados. Massa de manobra.
- Não gostam de filosofia e estudos que levam ao autoenfrentamento e o autoconhecimento.
- Geralmente estão atrelados a crenças e religiões.
- Não são piores nem melhores, só estão em estado de hibernação da consciência.
- Praticam o julgamento alheio e adoram fofocas.
- Ao invés de admirar, ainda persistem em invejar.
- Aceitam ser enganados.

Em Memorização:

- Despertaram, abriram os olhos, mas continuam deitados na cama.
- Não conseguem se levantar do sono profundo. O Corpo pesa e a força puxa para trás.
- Sentem medo do desconhecido e temem perder o controle das suas vidas.
- Compreendem que existe mais além do que podem ver.
- Estão saindo em busca de informações e esclarecimentos.
- A intuição, paranormalidade, mediunidade, inspiração e a criatividade começam a surgir com naturalidade.
- Não sabem se estão acordadas ou dormindo.

- Não sabem se estão no velho ou no novo mundo.
- Começam a ler muitos livros e se informar sobre o lado oculto da vida.
- Ao invés de invejar preferem admirar outras pessoas.

Em processo de Despertar:

- Decidiram se levantar da cama e começaram a caminhar.
- Querem descobrir seus propósitos de vida.
- Participam de encontros, palestras e vivências espirituais e mediúnicas.
- Acham-se pessoas especiais, mas ainda não descobriram que não são.
- Sentem que existe um mundo além do nosso que cria todas as coisas.
- Percebem que possuem dons e talentos criativos que nunca sentiram antes.
- Querem viver uma nova vida, mas não sabem por onde começar.
- Sentem solidão, pois se sentem diferentes dos demais. Sentem preconceito.
- Começam a ter sonhos lúcidos e projeções fora do corpo conscientes.
- Começam a sentir a intuição aumentar gradativamente.
- Conseguem ler as intenções das pessoas e sentir a energia dos ambientes.
- Querem descobrir o que foram em vidas passadas para compreenderem suas missões terrenas.
- Compreendem que existe muito mais vida além da vida.
- Tornam-se introvertidas e passam a falar somente o necessário.
- Sentem irritabilidade e nervosismo.
- Começam a sentir a necessidade de valorizar as coisas imateriais como amor, amizade e caridade.
- A maioria dos despertos volta a dormir por medo do autoenfrentamento.

Em processo de reconexão:

- Já estão caminhando e sabem que não podem voltar atrás.
- Não aceitam mais serem enganadas.
- Já compreenderam que o amor próprio vem primeiro que o amor dos terceiros.
- São seres que quebram os paradigmas dos sistemas atuais.
- Começam a valorizar o consumo consciente.

- Necessitam conhecer a si próprios ao invés de viver pelo reconhecimento alheio.
- Sentem a presença de seus mentores pessoais e percebem que estão sendo inspirados.
- Costumam ver números repetidos como 11.11 ou 22.22 em relógios, placas de carro e computadores.
- Sonham constantemente com lugares lúdicos e fantásticos. Cachoeiras, voos baixos, mares e oceanos.
- A intuição fica aguçada e se sentem nervosas por se sentirem diferentes e mais aceleradas que as pessoas com quem convive.
- Disfunções constantes de fígado, má digestão e metabolismo lento.
- Dores de cabeça e cansaço extremo devido o descompasso entre o mundo espiritual sutil e o mundo físico que é bem mais denso.
- Sono desconfortável.
- Vontade de não estar neste Planeta. Síndrome do estrangeiro.
- Querem ajudar o próximo, mas sabem que precisam primeiro ajudar a si mesmos.
- O amor sem condições é uma meta, porém não conseguem compreender como praticar.
- São universalistas, não tem religião fixa.
- As crenças e dogmas não fazem mais parte do seu dia a dia.

Reconectados:

- Sabem que passaram por muitas provações e o único caminho é o autoconhecimento e a humildade.
- Sentem o corpo pesado devido ao descompasso com a mente e o espírito.
- Não querem estar neste Planeta, mas aceitam e compreendem que precisam passar por muitos aprendizados.
- Compreendem a fonte de seus sofrimentos e tentam seguir na direção da autocura.
- Não focam suas energias nos problemas, somente nas soluções.
- Conhecem seus propósitos de vida e lutam por ele.
- Não conseguem comer alimentos pesados que dificultem o metabolismo. Comem pouco.

- Sentem irritabilidade, mas tem autocontrole.
- Precisam exercer a fé o tempo todo, como se fosse a grande prova.
- Não aceitam mais os velhos modelos de consumo e relacionamento. Preferem consumir somente o suficiente.
- Adotam a filosofia do "menos e mais".
- Meditam o tempo todo, mesmo estando dirigindo e trabalhando. A meditação se torna simultânea e natural.
- Contato direto com o espírito. Vibram na frequência neutra da gratidão.
- Sabem que estão reconectados e não costumam dizer para as pessoas.
- Não querem ser reconhecidas como pessoas especiais, pois sabem que não são.
- Têm paz, pois sabem que possuem uma família espiritual e um dia retornarão para a grande morada.
- Valorizam mais as coisas imateriais que as coisas materiais.
- Sentem que a gratidão é a única fonte da verdadeira felicidade.
- Sabem que seus sucessos é algo que alegra não somente a si, mas todos que estão ao seu redor, inclusive os seres espirituais que o acompanham.
- Querem aprender ensinando.

Decreto de Renascimento

Hoje acordei para uma nova vida!

Hoje deixo de lado tudo aquilo que me entristece e que não faz mais sentido para minha evolução.

Hoje decreto do fundo do meu coração que estou pronto para viver uma nova vida.

Hoje determino que tudo aquilo que é ruim vá embora da minha vida.

Hoje determino que tudo aquilo que me fez mal no passado, desapareça e nunca mais retorne.

Hoje já consigo sentir meu corpo mais leve e meu espírito cuidando da minha mente.

Hoje já compreendo melhor meus anseios e meus desejos e não me engano mais.

Hoje sinto todos os antigos sentimentos de amargura, fraqueza, preguiça e desânimo se dissolvendo.

Hoje consigo ver todas as pessoas que um dia me ajudaram e me incentivaram, e sinto gratidão por todas elas.

Hoje consigo ver todos aqueles que se foram desse mundo e deixaram um espaço vazio em meu peito, e me sinto confortado, pois tenho certeza que um dia reencontrarei todos eles pelas entranhas da eternidade.

Hoje vejo meu espírito sorrindo e me dizendo obrigado por eu ter despertado para uma nova vida.

Hoje sinto o amor e a paz dentro do meu espírito.

Hoje eu e meu espírito somos UM em comunhão com Aquele que um dia nos criou.

Hoje me sinto feliz e vejo a luz da verdade iluminando novamente os meus caminhos.

Assim é, e assim será para todo o sempre!

Gratidão Eterna!

Decreto de Renascimento ensinado pelos antigos Sacerdotes da Escola de Mistérios do Olho de Hórus – Egito 1546 a.C.

Sozinhos somos fracos. Juntos somos fortes.
Todos juntos somos invencíveis.
Que as pessoas despertas construam os alicerces da Era de Ouro
e implantem definitivamente a Paz no Mundo.
Um mundo sem guerras, sem medo e sem sofrimento.

Que assim seja! E assim será!
Vitória! Vitória! Vitória!

Homenagem póstuma ao grande amigo e mentor.
Prof. Adhemar Ramos (1942-2012)

Sabedoria é descobrir que é uma peça essencial dentro do macromecanismo universal, mas não é um ser tão especial quanto imagina ser. A vida é a melhor professora que existe.

A vida é a grande iniciação.

Os autores

Sempre que tentamos compreender a Verdade Absoluta,
ela sai do seu estado puro e se transforma em Verdade Relativa,
pelo simples fato de estabelecermos nesse momento
uma íntima relação para com ela.
Assim também é nossa relação com Deus.
Não existe Deus Absoluto, somente Deus Relativo.

Sobre o Autor

Carlos Torres nasceu em fevereiro de 1973, é brasileiro, escritor, mensageiro, produtor de conteúdo para cinema internacional e palestrante.

Com uma linguagem simples e profunda, seus cursos, ativações e formações já despertaram milhares de pessoas ao redor do mundo alcançando a marca de mais de 350.000 exemplares vendidos no Brasil e exterior.

O autor não é ligado a nenhuma religião ou instituição, considera-se um viajante solitário seguidor dos ensinamentos de Cristo, Maria e os anjos mensageiros do altíssimo. Seu objetivo é trazer as maravilhas ocultas da vida para a consciência das pessoas.

Quando jovem foi artista plástico, fotógrafo e camelô na ilha de Florianópolis. Formado em administração de empresas, durante anos desenvolveu produtos e campanhas publicitárias para grandes empresas como Editora Abril e Disney.

Sempre esteve ligado ao segmento artístico e editorial, mas nunca imaginou que reencontraria sua missão espiritual escrevendo livros, clareamento mentes e iluminando corações. O chamado veio após muitas experiências extrafísicas desde a infância até chegar à idade adulta.

Em 2007 lançou seu primeiro livro intitulado A Lei da Atração publicado pela Editora Madras tornando-se Best Seller em poucas semanas. A partir daí percebeu que deveria deixar tudo para trás e repassar todos os conhecimentos adquiridos ao máximo de pessoas possíveis.

Em 2008, após uma peregrinação desde o sul do Egito até a cidade de Jerusalém em Israel, muitas lembranças e revelações começaram a chegar.

Seus livros abrangem um público amplo e ávido por informações sobre os poderes ocultos da consciência, a transição planetária e as revelações sobre o futuro da humanidade. São eles:

- A Lei da Atração (2007)
- 2012 – Olhos Eternos (2008)
- O Grande Pulso (2010)
- A Lei do Compartilhamento - O Povo Azul (2010)

- O Sistema Doors – Um Segundo para mudar o Mundo (2013)
- A Era de Ouro da Humanidade (2013)
- Mensagens do Povo Azul (2012)
- Mensagens do Novo Mundo (2012)
- O Poder do Amor (2012)
- O Oráculo (2012)
- Uma Razão para Viver (2015)
- Querido Joseph (2015)
- Meu Amigo Andy (2016)
- Passageiros da Eternidade (2016)
- O Poder da Lei da Atração (2023)
- O Sistema Doors II (2023)

Sua carreira como escritor e mensageiro iniciou em meados de 2007. Logo após algumas experiências extrafísicas ele decidiu deixar sua antiga vida como empresário para compartilhar tudo o que aprendeu nesta vida e em vidas passadas com milhares de pessoas ao redor do mundo, formando uma linda egrégora de esclarecimento e elevação vibracional.

Hoje ele possui um propósito, clarear mentes e iluminar corações através dos seus livros, cursos e palestras por onde passar.

Ele costuma dizer sempre que através da energia do amor os seres humanos são capazes de tudo, simplesmente tudo. E amor para o plano espiritual significa verdade.

Site Oficial
www.carlostorresescritor.com.br

Fale com o Autor:
leidaatracao@terra.com.br

Cursos Online, Tratamentos, Ativações e, Palestras e Workshops com a Equipe: atendimento@carlostorresescritor.com.br